中文社会科学引文索引
（CSSCI）来源集刊

JOURNAL
OF
MODERN
CHINESE HISTORY

华中师范大学中国近代史研究所 主办

近代史学刊

第20辑

马 敏 主编

社会科学文献出版社
SOCIAL SCIENCES ACADEMIC PRESS (CHINA)

本刊编委会

目　录

主持人语（刘迅）

本期的宗教史研究栏目刊出两篇研究论文。杨卫华论文的研究题为清代和民国政府为完成其现代化的宗教治理而对基督教（包括天主教）的目的所进行的几次全国性调查，其分析框架运用了近几十年西方和中国学界对现代国家治理社会的目的以及所运用的方法和手段的研究论述，同时通过对各地实际案例的细致分析和总结，梳理了清末和民国政府在这方面实践中所遭遇的各种特殊历史环境和差异，并对清末民国政府历次调查的目的、政策和施行方面的应对手段及措施做出了基于史实的精确翔实的判断，实为 2018 年国内宗教历史和社会学研究领域的一篇好文。

从明代中期至清末，天主教和基督教东渐入化给明清两朝的地方社会造成了诸多文化、信仰和经济财产方面的纠纷，同时也给地方郡县政府带来了行政管理方面的困惑和挑战。到了晚清和民初，由于西方列强的入侵和影响，在华西方宗教组织和教会更成为历次各地教案中冲突的主角，也成为晚清政府和地方官员都避之不及而又无法摆脱的噩梦。正是在此教－民、教－官之间冲突愈演愈烈的背景下，清末朝廷开始重视对天主教和基督教在各地财产、信徒人数和活动范围等情况的了解和把握。从 1853 年直隶总督讷尔经额倡议造册统计起，至 1911 年辛亥鼎革，清朝在全国范围内对基督教展开了数次造册登记调查，方法上经历了暗访、明查和普查三个阶段。从清代历次调查的目的来看，最初显然是为了解各地教民矛盾和化解及避免涉外冲突，然而到后来则逐步演进到为方便各地政府实施宗教管理，为晚清的立宪和全国性的宗教立法和宗教治理提供依据。

进入民国后，随着高涨的民族主义情绪和不平等条约的逐渐废除，以及民国政府依法进行社会管理的诉求，一系列全国性的宗教（包括基督教）调查也逐渐趋于制度化。杨文也非常精当地分析了对基督教调查所遇到的各种敏感因素和挑战，如宗教权益和教产保护、国际地缘政治、战争冲突及行政资源短缺等因素对基督教调查产生的诸种影响。此外，杨文还对民国政府不同部门所主导和实施的基督教调查的不同目的做出了细致的分析，并指出了其不同的动机和目的。

关万维所探讨的是关于儒家思想的宗教特质这一熟悉课题，其分析框架源自西方宗教理论所定义的一般宗教的四大基本特征，即宗教的普世悲悯性，宗教的苦行及殉道情怀，宗教严格的仪式系统，以及以最高神明为主体核心的自身话语系统。作者在其文中，首先通过对儒家的经典论述进行梳理和解释，详细总结了传统儒家思想、理论、礼仪和实践诸方面所具有的一定宗教情怀和特质，同时也指出由于儒家的入世、经世、教世教义和实践传统，以至于其宗教特质具有相对的局限性。作者认为与一般意义上的宗教比较，儒家具有相当浓厚的现世关怀和人文理性，一如 Roger Aimes 所说，它是一种没有神明和来世，但积极肯定人类的一种宗教。如同关万维所说："在儒学丰富的内涵中不难找到与宗教相类的因素，但这些因素在富有宗教意味的同时，还有更纯正的人文主义色彩乃至理性主义属性。这就是为什么儒学宗教化运动无法获得更进步的成效的主要原因之一。"

为施政和立法之依据：近代中国政府基督宗教调查研究[*]

杨卫华

内容摘要　为应对对外交涉和化解民教冲突，清政府开启了基督宗教调查，特别是 1891 年开始的全国性普查持续多年，取得了较大的成绩，其主要由外交机构总理衙门和外务部主导，带有强烈的外交化印记。进入民国后，为了消解外交化的弊端，同时将基督教纳入内政治理的范畴，基督宗教调查作为整体宗教调查的一部分，转由北京政府内务部和国民政府内政部主导，体现出内政化的新趋势。但到 1943 年，为应对不平等条约废除后的新局面，国民政府掀起了针对基督宗教的专项调查，以为施政和立法提供依据。不同时期的调查都取得了一些成绩，为历届政府明了基督教在中国的存在真相奠定了基础。但受中央权威、调查的实际困难等多重因素的影响，调查结果参差不齐，呈现较大的省际差异，中央政策在地方实践中有它的力度和限度。

关键词　基督宗教　宗教调查　近代中国

近代外国教会在华以条约体系为支撑，但晚清民国政府均试图将其纳入国家治理范畴，以内政化消解外交化所带来的弊端。基督教在近代中国的出现，对中国政府而言是相对陌生的行政事务，而随着其在全国的拓展，更卷入内政和外交的旋涡，给历届政府带来巨大的挑战。不管是为化解国内民教冲突还是应对对外交涉，或者完成政府的现代转型，加强对宗教的国家治理和法制建设，都必须首先明了其真实的存在样态，所以从晚清到民国，历届政府都曾发动过大规模的宗教调查，来为施政或立法提供依据。

＊　本文受教育部重点研究基地重大课题"近代中国宗教的转型与发展"（17JJD77006）资助。

对这些调查，目前学术界研究不多。① 本文即试图在前人研究的基础上，对近代各个不同时期政府开展基督教调查的起源、目的和调查结果等进行较深入的讨论，在了解其整体面貌的同时，对不同时期中央政策在地方实践中的复杂性——力度和限度，进行初步的探讨。

一 化解民教和中外冲突：清政府
基督教调查的外交化

近代中国政府对基督教会的调查始于晚清。鸦片战争后，随着天主教的解禁，基督宗教在华传教合法化，传教士和中国信徒数量逐年递增，教堂、学校、医院等各项教会事工发展起来，遍布各地，同时也致使民教冲突激化和中外交涉繁杂。为加强对基督教的管控，避免祸端，清政府也不断试图通过各种方式对其加以调查，以图了解其真实情况。早在 1853 年，直隶总督讷尔经额就鉴于"每州县有无习教及习教者若干人，地方官不可不知"，而"显查则事涉形迹，暗查则易有疏漏"，向朝廷建议于编查保甲之际，按册稽考而"得真实数"来加强控制。② 根据杨大春的研究，晚清对基督教会的调查经历了暗查、明查和普查三个阶段，借用编列保甲明了国人奉教的实况是各地一个较普遍的做法，同时可避免列强的外交干预。不过这更多限于对教民的了解。进入 19 世纪 60 年代后，清廷各级政府又命令地方官以便于保护的名义要求各教会、教士、教徒甚至驻华使领册报各地教会情况。③ 1860 年后，传教士广泛进入内地，致使应对传教成为地方官的一项日常行政任务，各地都亟待了解辖境内教会情形，以便监管，避免出事。

特别是 1891 年前后，长江沿岸教案迭起，总理衙门鉴于防不胜防，为免洋人借词饶舌，特于光绪十七年（1891）六月发布通令，要求各处将教

---

① 目前学术界对这些调查的研究比较薄弱，可见的有杨大春《晚清政府基督教政策初探》（金城出版社，2004，第 97—105 页），对近代基督教统计调查有一定的深入探讨，但尚未明了其整体脉络和实际情形。另李传斌《基督教与近代中国的不平等条约》（湖南人民出版社，2011，第 236 页）也有涉及。这些研究给本文启发的同时，也成为本文研究的基础。

② 《直隶总督讷尔经额奏报遵旨查办安肃等县习习天主教等情形折》，中国第一历史档案馆、福建师范大学历史系编《清末教案》第一册，中华书局，1996，第 143 页。

③ 杨大春：《晚清政府基督教政策初探》，第 97—105 页。

堂地点、所属何国、教堂样式、教士姓名国籍、堂内有无育婴施医各事等，分别确查，按季册报，以凭稽核。① 目的主要是防范和弥合民教冲突，即使发生教案也方便妥善应对。但此举遭到法、德等国驻华公使的反对，强调调查对各地教会冲击太大，会变相为地方官对教堂教徒的为难，恐生意外酿造祸端，长江教案未了，会使本来激化的民教冲突恶化，致使总理衙门不得不收回成命，通令暂停，等长江教案结束再查。最终总理衙门在光绪十八年（1892）八月三十日恢复了此项通令。② 对这次清查，总理衙门曾与法国驻华公使商议，据薛福成所言"法人勉允一二"，③ 所以总理衙门才得以通令清查。到1896年，御史陈其璋请定教案章程，建议对教堂处所、教民人数册报。总理衙门在奏章中提到，自从1891年通令后，"近今数年均已册报"，对延迟未报者将催报，同时也指出所查只是地名房式，教士有护照可凭比较明了，只是教民人数众多，不但造册不易，且恐徒增烦扰。④ 到1898年，内阁学士瞿鸿禨再请将教堂教民册报，总理衙门也答复自从1891年通令以来，对教堂处所式样造册各省"业经照办"，但对教民造册，为免生枝节未令地方官自行办理，而是商请各国使臣转令教士将教民姓名、户口年报。但目前只有美国年终汇报，其他国家未一律应允。⑤ 所以事实上这次全国性调查延续多年，各省践行程度不一，而对教会实情的了解还比较有限，不过这毕竟是清廷试图通过调查明了进而加强管理的一次努力，开启了教会普查统计制度化和常规化的契机，为清廷了解基督教现状、改善官教关系和制定基督教政策提供了依据。

对于1891年开启的基督教普查在地方实践中的力度，总理衙门1892—1900年的档案留下了较为清晰的记录。大多数省份有报告，结果除部分地区查无教堂外，其他地方多有调查册报，包括很多边远省份。比如在1892年12月，察哈尔都统即将万全县等地呈报的11处教堂地点、房屋样式和教

---

① 《总署致各省督抚咨文：清查教堂式样处所造册咨部》，廉立之、王守中编《山东教案史料》，齐鲁书社，1980，第420—421页。

② 杨大春：《晚清政府基督教政策初探》，第102—103页。

③ 薛福成：《薛福成日记》（下），蔡少卿整理，吉林文史出版社，2004，第734页。

④ 《总署奏遵旨议复陈其璋请定教案章程折》，王彦威、王亮辑编《清季外交史料（5）》，李育民、刘利民、李传斌、伍成泉点校整理，湖南师范大学出版社，2015，第2388页。

⑤ 《总署奏遵议瞿鸿禨请饬各省册报教堂教民数目折》，王彦威、王亮辑编《清季外交史料（6）》，李育民、刘利民、李传斌、伍成泉点校整理，湖南师范大学出版社，2015，第2618页。

士情况呈报总理衙门。① 另以台湾为例，从 1892 年秋季到 1895 年割让给日本，台湾都严格遵循了总理衙门的季报规定。② 到 1900 年 6 月，盛京将军仍在报送 1899 年各季的教堂清册。③ 最晚给总理衙门的报告是南洋大臣刘坤一 1901 年 8 月的册报。④ 之后此项工作由新成立的外务部接手。当然，对于各地调查的可信度，尚需进一步的研究。

庚子之后延续了这项调查。以上海县为例，庚子前，1899 年 3 月松江府太守濮紫泉曾行文上海县令，命令将境内大小教堂共有几所，速即造册详复以便稽考，上海县署得令即派差役遍往城乡调查。⑤ 到 7 月濮紫泉得知上海有新增教堂，又命上海县署查明传教士姓名国籍等，按季汇入清册报明，上海县令汪瑶庭也遵照办理。⑥ 庚子之后，1901 年两江总督刘岘庄通令将境内天主、耶稣教堂共有若干处，按季造册申报，如有添设及迁移等事亦须从实报明，因夏季之册已经申报，汪瑶庭要求差役查明秋季情形，一无缺漏。⑦ 从中可见，上海县确实遵循了按季册报的命令。到 1904 年 1 月，江苏巡抚恩寿又令汪瑶庭调查上海县境教堂有无增添，汪呈报并无增添，乃将旧有教堂造册申报。⑧ 而到 7 月，汪又奉令将本年夏季所有教堂详查造册，并令各图地保具呈图内，并无遗漏，失察切结，存案备查。⑨ 来年 5 月，江苏按察使朱之榛再饬汪县令将境内教堂大小各处及教士姓名一律查

---

① 《咨复各属大小教堂查明呈报由》，《总理衙门档案》，台北：中研院近代史研究所档案馆藏，馆藏号：01 - 12 - 006 - 03 - 005。

② 《咨报十八年秋季分台湾各属教堂清册由》，馆藏号：01 - 12 - 007 - 01 - 001；《咨送十八年冬季分台湾各属教堂清册由》，馆藏号：01 - 12 - 007 - 01 - 007；《造送本年春季各属教堂清册由》，馆藏号：01 - 12 - 007 - 02 - 001；《咨报本年夏季台湾各府州县境内教堂处所由》，馆藏号：01 - 12 - 008 - 02 - 001；《咨送十九年秋季分教堂清册由》，馆藏号：01 - 12 - 008 - 03 - 002；《咨送十九年冬季分教堂清册由》，馆藏号：01 - 12 - 008 - 03 - 009；《咨送本年春季教堂处所清册由》，馆藏号：01 - 12 - 008 - 03 - 018；《咨送本年夏季分台湾各处建设教堂清册由》，馆藏号：01 - 12 - 008 - 03 - 037；《造送二十年秋季各处建设教堂清册由》，馆藏号：01 - 12 - 008 - 06 - 001。以上均出自《总理衙门档案》，台北：中研院近代史研究所档案馆藏。

③ 《咨送二十五年各季分各国教堂清册由》，《总理衙门档案》，台北：中研院近代史研究所档案馆藏，馆藏号：01 - 12 - 202 - 05 - 011。

④ 《咨送二十七年春季分江宁等府州厅设立教堂处所清册》，《总理衙门档案》，台北：中研院近代史研究所档案馆藏，馆藏号：01 - 12 - 081 - 03 - 002。

⑤ 《札查教堂》，《申报》1899 年 3 月 7 日，第 3 版。

⑥ 《札查教堂》，《申报》1899 年 7 月 13 日，第 3 版。

⑦ 《饬查教堂》，《申报》1901 年 10 月 7 日，第 3 版。

⑧ 《饬查教堂》，《申报》1904 年 1 月 14 日，第 3 版。

⑨ 《饬查教堂》，《申报》1904 年 7 月 13 日，第 3 版。

报具报，汪也即派员详查。① 《申报》的报道可能并不全面，但确实可以看到上海县在教会调查上的连续性，以及江苏省在基督教调查上较为严格地执行着中央政策。

当然，这项调查不仅仅局限在一省，而是全国性的。在安徽，据曾任安徽巡抚的冯煦主修的《皖政辑要》介绍，1902 年外务部通行各省饬查教堂数目，颁行格式，遵填具报，于是皖省"乃有教堂造报之册"。② 可见外务部成立后，延续了总理衙门的政策，并且外务部制定了统一的格式，让各省遵照查报。报章也曾报道 1903—1907 年先后担任安徽巡抚的诚勋和恩铭，都曾以教堂遍布城乡，平民无知，稍有龌龊，动辄酿成交涉重案，命令将各属教堂处所及教士人数姓名，一并造册呈明在案，以便保护，避免衅端。③ 1902 年，云南巡抚李经羲、湖南巡抚赵尔巽都在各自省内通令册报教堂。④ 1904 年，北洋大臣袁世凯在其管辖的直隶、山东、奉天也重新发布了 1891 年总理衙门清查教堂的告示。⑤ 1906 年，鄂省大吏以频年教案迭出，防不胜防，命令各州县将所属一切教堂详细调查，"何年设立，是何地名，掌故何人，教民若干，属于何国，册报省城，以备查考"。⑥ 1908 年，江苏巡抚陈启泰也以盗匪猖獗，担心其抢劫教堂，酿成交涉，所以要求各州县将各教堂数量、西人住宅位置等造册呈报，以便保护。⑦ 同年，浙江巡抚冯汝骙奉外务部命令调查教堂教民现时实在数目，开列呈报，有绍兴等呈报在案。⑧ 上述并不全面，但可见一斑。防范教案和避免中外交涉冲突是各省调查统计教会现状的重因，在教案问题上，清廷加重了对地方官的追责和处罚，促使各级官员不得不尽心尽力，中央政策在省一级确实得到了贯彻。

不过中央政策在转化为地方实践中，到底能在多大程度上落实仍是未知数，特别是对于命令下达后，各基层官员的执行情形以及调查统计的结果尚需进一步考察。目前这些统计资料非常缺乏，仅能从安徽个案中略知一二。据光绪三十四年（1908）安徽冬季的册报，经调查统计，该省大小

---

① 《苏臬饬查教堂》，《申报》1905 年 5 月 14 日，第 18 版。
② 冯煦主修、陈师礼总纂《皖政辑要》，黄山书社，2005，第 29 页。
③ 《催查教堂造册呈报》，《北洋官报》第 1010 期，1906 年，第 8 页。
④ 杨大春：《晚清政府基督教政策初探》，第 103 页。
⑤ 《续登北洋大臣袁宫保颁发各州县教案简明要览》，《申报》1904 年 7 月 28 日，第 1 版。
⑥ 《鄂省拟饬属调查教堂》，《申报》1906 年 6 月 16 日，第 4 版；《饬查阖属教堂数目》，《北洋官报》第 1050 期，1906 年，第 8 页。
⑦ 《通饬各属查报教堂处所》，《北洋官报》第 1641 期，1908 年，第 9—10 页。
⑧ 《调查教堂确数》，《沪报》1908 年 5 月 22 日，第 12 版。

教堂共 500 余所，册报根据外务部颁发的格式，分为八项：教堂名目；处所
式样；成立年月；教士男女；教民若干；产业什物值银若干；有无附设育
婴、施医、义学；邻近有无营汛。对每个教堂的基本情况都有详列，不过
《皖政辑要》提到，"皖省自札行填送以来，五十州县惟繁、巢两县尚称明
晰，余俱粗略"。两县的过人之处在于对每个教堂的教民人数和产业价值有
较详细的统计，而其他地方则主要集中在教堂地点、房地来源、教士姓名
和学校医院等附属事业上。① 前面已提到总理衙门多次述及教民造册的难
度，从安徽的个案也可知教徒统计包括产业价值调查确为短板。这一点在
山西也得到印证，先是外务部令将教堂房地产及教士教民姓名房屋等造册
报，但山西巡抚岑春煊报告教民时有增减，而田产时有典售，不免参差，
所以未一律办理。到 1903 年，继任的护理山西巡抚吴廷斌也提到教士姓名
和教堂房产等可列，但"教民一层未允照办"。他担心引起教民的惶恐，
所以上奏请求毋庸查询教民名姓。外务部也表示可以理解。② 不过，从安徽
500 多所教堂的具体信息来讲，已较具规模，基本能够明了安徽教堂分布、传
教士人数和教会事工的全貌，在晚清调查统计能达到这种程度，已属不易。
虽不能以一省而推论全国，但也足以证明清季的教会普查取得了一定的成功。

此外，1907 年为推行宪政做准备的宪政编查馆成立，将统计政要作为
工作要点，并在各省设立调查局调查统计民政，而宗教调查也成为其中一
部分。该馆为编撰法典及统计年鉴，开展教堂、教产、教民、户口、田产
等调查，曾命令各省调查局请洋务局等照会各地天主、耶稣两教各主教，
转饬各教堂遇调查员调查时须详报。以 1909 年浙江为例，该省多地有报，
未报各县正在催报。③ 不过这次调查在很多地方引发教民恐慌，遭遇到教会
的疑虑，在直隶，天主教副主教曾就此向法国驻天津领事申诉，宪政编查
馆不得不解释调查事关宪政，凡宗教等都须调查统计，但指令不必再照会
司铎，以免误会。④ 而这种地方事件很快上升为中央交涉，法国和意大利驻

① 冯煦主修、陈师礼总纂《皖政辑要》，第 29—61 页。
② 《护理山西巡抚吴廷斌为地方官毋庸查询教民名姓事咨呈外务文（1903 年 4 月 15 日）》，中
　国第一历史档案馆、福建师范大学历史系编《清末教案》第一册，中华书局，1996，第
　610—611 页。
③ 《调查局移洋务局照会天主耶稣各主教转饬各教会教堂遇调查员调查时须详细报告文》，《浙
　江官报》第 16 期，1909 年，第 29—30 页。
④ 《督宪陈准宪政编查馆咨各省调查教民户口田产等事毋庸照会教堂司铎以免疑误札饬司道
　转饬遵照文》，《北洋官报》第 2321 期，1910 年，第 4—5 页。

华使馆接到各地传教士报告后，向外务部抗议，强调与光绪十七年总理衙门照会各国暂缓清查相违背。宪政编查馆也只得解释本次调查是为统计本国民政起见，关系宪政要端，凡属中国人民无不在调查统计之列，各宗教均需一律调查，并非对教民有所歧视，且与外交无涉。① 宪政编查馆的调查是全面铺开的，并非针对基督教的专门性调查，其作为中国最早的官方调查统计机关，在包括教会统计在内的民政调查上取得了一定的成绩。但随着1911年该馆的裁并及清廷的倒台，这项调查并未继续下去。

除上述全面清查教堂外，清廷还有针对基督教的专项调查：教产调查。前述岑春煊已点出教会房地产调查的难度，但教产问题一直是民教冲突的导火线，"推原教案之祸始"，"实由教士欲在内地置产"。② 特别是自1895年教会置产毋庸预先报官后，争地案易趋频发，庚子之后掀起高潮。1904年，浙江洋务局曾感叹"浙江省内地交涉日繁，尤以教堂购地纠葛为多"，③促使清廷不得不重视教产问题。1906年外务部曾因各省教案迭出，议赔各款，难免浮耗，特电各省迅查教堂产业，约值若干汇报，嗣后教产增减，也随时报明，以便遇事交涉，稍有把握。④ 为了纠正教会置产中的流弊，特别是限制教士置办私产和作盈利之用，外务部曾要求各省限制教会任意置产，重点在强调契内要注明为本处公产，且只准建造教堂、医院等公用，不准转售洋商等。⑤ 后又再次行文各省，调查各教会公产田地房屋，造册报部，重点在调查是否有以个人名义买地或置买地方公产等违规行为。⑥ 据此，一项针对教会产业的专项调查开始在全国展开。江苏巡抚接到外务部命令后，发布通令强调许多教堂因附属产业与民龃龉，致启交涉，实际上此等产业，皆非公产，亦非呈报在先，迨至事出，备受掣肘。为避免纠葛，要求各州县将教堂公产详细查明造册，以凭核办。⑦ 福建省接到外务部命令后，也开始调查各地教会财产。⑧ 外务部的命令在地方实践中的具体情形和

① 《又咨覆外务部调查教堂与外交无涉并通行各省严饬调查各员一体妥办等文》，《政治官报》第836期，1910年，第15—16页。
② 《论中国教案》，《外交报》第7卷第7期，1907年，第9页。
③ 《宗教：各省教务汇志：浙江》，《东方杂志》第12期，1904年，第92页。
④ 《外部饬查各省教产价值》，《广益丛报》第101期，1906年，第2页。
⑤ 《各省不允教士任意置产》，《广益丛报》第5年第10期，1907年，第1页。
⑥ 《调查各处教堂字样》，《大同报》第7卷第4期，1907年，第29页；《饬查教会公产》，《广益丛报》第6年第13期，1908年，第1页。
⑦ 《部咨饬查教产》，《沪报》1908年4月29日，第11版。
⑧ 《外部饬查教堂财产》，《沪报》1908年5月11日，第7版。

结果不得而知，其主要目的还是化解中外冲突，避免遇到冲突在对外交涉中陷入被动。

总之，清政府的基督教调查更多基于外交的考虑，目的在于化解民教冲突，避免酿成中外交涉，所以主持者主要是外交管理部门，呈现外交化特点。其调查的起点是被动的，并未以此为基础出台针对基督教的系统性政策，更多是在于防范，或在具体的中西交涉中有案可据，在谈判中取得主动权。但不管怎样，这种自上而下的调查对于了解基督教的分布、存在现状等是有帮助的，是清廷试图加强对基督教会控制的一部分。

二 宗教调查的内政化：民国基督教调查的新趋势

中华民国成立后，北洋历届政府都声明所有外国人民在中国按国际契约及国内法律并各项成案成例已享之权利并各项特权等切实承认，所以基督教在华特权并未受到触动。尽管传教问题仍是外交问题的一部分，但北京政府以及国民政府都试图将其纳入内政管理的范畴；而进入民国之后的基督教调查也有一个明显的特点，即由晚清外交部门主导转而由内政部门主导，呈现内政化的趋势。

早在 1912 年 10 月，北京政府内务部就通令全国，指出内务部官制第九条规定祠庙宗教均归礼俗司职掌，现当整饬部务之际，自应切实调查，以便有所依据，特分别制定祠庙调查表和天主耶稣教堂分别调查表，让各省查报。对后者而言，主要是填报教堂所在地及教会房地位置、大小和价值，主持者姓名国籍或籍贯，教士教民注明男女人数，附属学校医院等分别查明，并要求每年年终报告一次。① 对此项命令，各省是否遵照执行的整体情况不得而知，可见的有江苏、奉天、甘肃、安徽等省有将此项通令发布给所辖各地。② 所以从民元开始，北京政府内务部即明了宗教调查的重要性，

---

① 《内务部通咨各省都督、民政长调查祠庙及天主耶稣教堂各表式请查照饬遵文（附表）》，《政府公报》第 171 期，1912 年，第 7—9 页。

② 《通令南京府知事、各县民政长、宁苏巡警总局查照部颁调查祠庙及天主耶稣教堂表式填列具报》，《江苏省公报》第 64 期，1912 年，第 5—9 页；《又通饬各属调查祠庙及天主耶稣教堂札文》，《奉天公报》第 219 期，1912 年，第 6—9 页；《内务部通咨各省都督、民政长调查祠庙及天主耶稣教堂各表式请查照饬遵文》，《安徽公报》第 16 期，1912 年，第 65—69 页；《内务部通咨各省都督、民政长调查祠庙及天主耶稣教堂各表式请查照饬遵文》，《甘肃公报》第 235 期，1913 年，第 4—7 页。

将其纳入内政的范畴，此项调查与清季相比，除了主理部门变化外，也并非单独针对基督教会，而是作为整理内政和整体宗教调查的一部分。

不过中央发布命令是一回事，地方实践又是另一幅景象。此次调查的结果并不理想，从内务部两次发布的催报令可见一斑。1913 年 10 月，内务部再次通饬各省都督，强调通令调查已"一年之久，各省呈报者尚属寥寥"，要求各省切实查报。[①] 以奉天为例，仅在 1913 年就曾发布三次催报通令。1913 年 3 月的通报中指出仅 16 县呈报，其余承德等 36 县迄未据报，殊属延缓，要求速报。后又两次催报，在一再催逼之下，到年终仍有沈阳等八属未报，奉天行政公署仍在强调逾期已久，殊属玩延，要求快报。[②] 奉天尽管未能按时完成调查，但执行情况尚可，毕竟多数县已经呈报。在江苏，执行情况更差，1913 年 10 月接到内务部命令后，江苏省也重新发布了催报令，并指出仅有 3 县报告，其余各县均未填报。[③] 而江苏下辖的常熟也只有 5 乡报告，还有 28 市乡均未查复。[④] 从奉天和江苏的个案以及内务部的催查可知，本次调查只取得了有限的成绩，并且呈现较大的省际差异。

调查之所以拖延或效果不佳除了受部分省份与中央关系的影响外，还受到部分教会的抵制和列强的外交干预有关。比如在直隶，地方官曾将教堂调查表分送各教堂填报，但遭到部分天主堂的抵制，传教士向法国驻天津领事申诉，法领事强调此举与清外务部曾照会本国驻京公署，并无调查教堂财产之事旧案不符。因此此举于教堂实多不便，所以请求免查。不过内务部并未从其所请，答复调查表系仿照清民政部统计表旧式发填，意在考究礼俗，便于保护，非为调查教产起见，凡属本国人民无不在调查统计之列，自应不分民教，一体办理，与旧案并无不符。强调此项事务纯系内务范围，各地方官应查照从前办法自行调查统计，毋庸分送调查表于各教

① 《内务部通咨各省都督请饬属调查祠庙教堂按照表式赶速报部文（附表）》，《政府公报》第 526 期，1913 年，第 25—27 页。
② 《令承德、锦西、辽阳等》，《奉天公报》第 394 期，1913 年，第 5—6 页；《令沈阳、宁远、本溪等：查前准内务部通咨饬属查填祠庙及天主耶稣教堂各调查表》，《奉天公报》第 482 期，1913 年，第 2—3 页；《令安广镇东宽甸、沈阳本溪奉化等八属、通化辉南：查前准内务部通咨饬属查填祠庙教堂各调查表》，《奉天公报》第 519 期，1913 年，第 8 页。
③ 《令各县知事除清河高淳宝山三县：部定调查祠庙宗教等表一律赶速填报》，《江苏省公报》第 171 期，1913 年，第 13—14 页。
④ 《令三十市乡董（除鹿苑东张何市支塘凤凰山五乡）：部定调查祠庙宗教等表一律赶速填报》，《常熟公报》第 54 期，1913 年，第 10—11 页。

堂，致滋疑问。① 所以内务部的逻辑是以内政化来退居外交化的干预，从中也能看到对清季的承继。据此，直隶民政厅答复乃奉内务部通令调查，要求以后不用知会主教，自行调查即可，并随时晓谕教民，并无别项用意，以免外人口实。②

事实上内务部并未停止调查，只不过调查的结果仍不理想。到 1916 年 11 月，内务部再次发布通令催报，并对调查目的有所阐发，而且是专门针对基督教会，强调基督教本系条约关系纯粹属于外交问题，不涉内务行政。但民国以来，宗教自由平等，已由纯属外交转入内政范围，但"教民之流过既参差不同，教产之性质亦混淆难辨，使于派系之沿革，现在之状况，毫无详确册籍可稽，必至情形隔阂，惝恍无据，一遇事故发生，行政官厅往往敷衍了结，莫能得其真相，微特于国际交涉难期平均，亦且于宗教本见无从维护，欲求民教相安，社会受其陶淑，非有详确之调查不可"，故民元有调查表发送。可见基督教调查的目的还是了解基督教真实现况，为内部管理、对外交涉以及宗教和社会的安定提供基础。通令同时提到"数年以来，填报到部者寥寥，无几殊于宗教行政前途不无窒碍"，所以希望各省继续查报。③ 从此可见，尽管内务部并未放弃努力，但效果并不理想，中央的政令在很多地方可能并未被严格执行。对于这次通令，可见的有江苏曾在辖境发布。④

到 1918 年，内务部再通令各省，强调内地设立教堂虽为国法所许，但其举止行径亦宜加以查察，所以特制教堂教产调查表，分令各省详查。⑤ 从之后数年的情况来看，尽管不时有少数地方仍在继续调查，比如浙江，到 1922 年浙江会稽道仍在催下属奉化、温岭两县报送基督教堂调查表，⑥ 而甘

① 《指令：令道隶民政长调查教堂厅照从前统计办法自行填报毋庸分送各教堂致生疑问文（三月十七日）》，《内务公报》第 7 期，1914 年，第 55—56 页。

② 《调查教堂之交涉》，《申报》1914 年 4 月 5 日，第 7 版；《准免调查教堂财产》，《善导报》第 14 期，1914 年，第 37 页。

③ 《内务部咨各省长、各都统、塔尔巴哈台参赞等咨发各地方基督教调查表式请转令各属遵照填列限期报部文（中华民国五年十一月）》，《政府公报》第 338 期，1916 年，第 16—17 页。

④ 《江苏省公署训令第二千六十七号（中华民国五年十二月十三日）：令五道尹、六十县知事：准内务部咨调查境内基督教会教堂按期填表一体遵照》，《江苏省公报》第 1086 期，1916 年，第 2—4 页。

⑤ 《部颁调查教堂表格》，《顺天时报》第 5327 号，1918 年 10 月 29 日，第 3 版。

⑥ 《浙江会稽道尹公署代电第一八七号（十一年六月十一日）：电奉化县、温岭县知事催送基督教堂调查表由》，《浙江会稽道公报》第 158 期，1922 年，第 4 页。

肃在 1924 年也有教堂教士调查表呈送；① 但从公共舆论和政府通令来讲，这次调查都慢慢停滞下来，比如民初数年那样坚持，所以调查结果更不理想。这可能与现实的掣肘有很大的关系。1916 年袁世凯逝世后，中国进入军阀混战，之后国民革命兴起，中央政策很难在各省执行，政令不出北京是当时政治实态的一种写照。

北京政府内务部的尝试为南京国民政府内政部所继承，在国民政府行政系统中，宗教属于内政部直接管理范畴，而为加强对宗教的监督和管理，首先必须了解宗教的实际情况，然后为宗教政策或措施的出台奠定基础，所以内政部非常注重宗教现状的调查。内政部的调查方式主要是通过行政命令，设置标准表格，让各省下属机关调查填报。有直接针对基督教会的，但大多是作为宗教整体调查的一部分。早在 1928 年，内政部便通令对寺庙僧道进行"精确之调查，以为整顿之根据"，但未涉及基督教。到 1929 年 7 月，在部长赵戴文主持下，内政部发布通令，认为"宗教势力弥漫，社会人民思想多受支配，不特有关国家行政，亦且暗示人心趋向，兹值训政开始，对各宗教綦应有精确调查，以为实施训练之嚆矢"，并意识到仅及佛道的缺漏，特制宗教调查表，将基督教、伊斯兰教、天主教也纳入调查范围，并指令限期 3 月到 9 月底上报。② 所以内政部的调查是为适应训政的新形势，是国民党加强社会控制的一部分。调查内容与清相差无几，并特别注明"不得限于城内"，是一项广泛的宗教普查。本次调查主要由各省民政厅负责，各地的警察局配合调查。

本次调查声势较大，也引起公共舆论和教会的回应。③ 尽管这次调查带有强烈的整顿宗教的色彩，但还是受到部分基督徒的欢迎，希望能借此促使政治和宗教相因相成，为政治的修明出力。不过他们也提到本次调查仅及教堂名称、主持者国籍和姓名、信徒构成、财产、附属事业等物质方面，对宗教的精神价值等难以明了，希望政府调查能更进一步，为政教相辅铺路。④

---

① 《甘肃省会警察厅辖境内教堂教士调查表》，《甘肃警务周刊》第 39 期，1924 年，第 27 页。
② 《部令：训令：内政部训令：令各省民政厅、首都公安局：制定宗教调查表式令仰转饬遵照查填限期送部由（附表）（中华民国十八年七月卅一日）》，《内政公报》第 2 卷第 7 期，1929 年，第 6 页。
③ 《内部调查宗教，分发宗教调查表》，《中央日报》1929 年 7 月 28 日，第 4 版；《国府政闻：调查宗教概况》，《兴华》第 26 卷第 34 期，1929 年，第 43—44 页。
④ 谦、姜：《社言：宗教调查与施政的关系》，《兴华》第 26 卷第 34 期，1929 年，第 5—6 页。

相比北京政府，国民政府的政令趋于统一，执行情况相对良好，当然也难以避免各省份执行不一的情形，特别是在一些省份政令还难以贯彻。浙江是国民政府政令通行较为顺畅的省份，因为公文周转等原因，浙省民政厅到 8 月 23 日才转发内政部命令。① 调查随即在全省展开，比如，宁波很快在 1929 年 10 月 19 日即完成调查并上报，计有天主堂 2 座，耶稣堂 11 座，② 基本上是按期完成。另据 1930 年 3 月的统计，浙江民政厅已将宁波等 39 县宗教调查表呈送内政部并备案，③ 但仍有杭州等 37 县市未报，浙江民政厅不得不一再催报，强调逾期已久，责以玩延。④ 在反复的命令下，到 1930 年 6 月仍有杭州等 25 县市未报。⑤ 浙江省在民政厅厅长朱家骅主持下，对本次调查还是非常尽心尽力的，但从结果来看也未能达到理想的境地。

浙江个案反映出中央命令在地方的执行情况，但对呈报的调查表具体内容尚难明晰，现可见的广东省调查表可弥补这个缺憾。1929 年 8 月 19 日，广东民政厅厅长陈铭枢即通饬全省转发内政部指令。⑥ 从 1929 年到 1930 年各地陆陆续续将调查表呈报，根据内政部制定的表格内容，对教堂名称、所在地、主持者姓名和国籍、教徒男女人数、财产和附属事业等有较详细的调查。根据已呈报的调查表统计，广东省广州等 26 市县共有基督宗教教堂 272 座，其中天主堂 62 座，耶稣堂 210 座（见表 1）。根据这些表格，大致能明了基督宗教在广东省的分布、人数及其各项事工的情况。当然，其中也不乏错漏，比如广州就将本来属于基督教范畴的粤赣信义会教

① 《浙江省政府民政厅训令第一四八一号（中华民国十八年八月二十三日）：令各市市长、各县县长：部令颁发宗教调查表式饬属遵照查填（附表）》，《浙江民政月刊》第 22 期，1929 年，第 186—188 页。

② 《公牍·呈文：呈民政厅呈为遵令造送宗教调查表仰请鉴核汇转由（十月十九日）》，《宁波市政月刊》第 3 卷第 1 期，1929 年，第 28 页。

③ 《令文：浙江省民政厅训令：日字第三百五十一号（中华民国十九年三月二十一日）：令宁波市市长、海宁、孝丰等县县长：奉部令宁波市及海宁等三十九县宗教调查表准予备案通饬知照》，《浙江民政月刊》第 64 期，1930 年，第 122 页。

④ 《令文：浙江省民政厅训令：日字第三百五号（中华民国十九年三月十四日）：令杭州市市长、杭县、富阳等县县长：令催填送宗教调查表》，《浙江民政月刊》第 58 期，1930 年，第 74—75 页。

⑤ 《令文：浙江省民政厅训令：日字第八百六十六号（中华民国十九年六月二十日）：令富阳、安吉、临海等县县长、杭州市市长：限催填送宗教调查表》，《浙江民政月刊》第 140 期，1930 年，第 80 页。

⑥ 《令各县长市长局长奉内政部令发宗教调查表式仰遵照查填限期汇送由（十八年八月十九日）》，《广东民政公报》第 45 期，1929 年，第 136—137 页。

堂列入了天主教范围。① 这些报表可能还不全，但足以说明粤省对本次调查还是非常重视的，也取得了较好的结果。并且广东的调查仍在继续，到1933年，广东发布了该省宗教人数的详细报告，并得出结论宗教人口占全省总人口的万分之五十五，其中耶稣教最多，占49%，天主教次之。② 这个结果还引起了《中央日报》的兴趣。③

表1　广东省基督宗教调查教堂数目（1929—1930）

单位：座

县市	广州	鹤山	阳江	阳春	乐昌	五华	茂名	海康	江门
天主堂	7		1		3		3	1	1
耶稣堂	58	1	1	1	5	19	7	1	5
县市	开平	防城	连平	新兴	定安	化县	赤溪	梅菉	台山
天主堂	1	3		1	3	1	2	1	6
耶稣堂	7	1	6	6	4	1	2	1	20
县市	崖县	汕头	高要	河源	紫金	罗定	潮安	连县	总计
天主堂		1	14	2	7	1	3	2	
耶稣堂	2	8	9	6	11		19	6	272

浙江、广东的个案是其中一个缩影。1932年开启的宗教调查延续了很长时间，在地方实践中得到了一定的执行，很多省份开始大规模地调查填报，包括边远省份。但各省填报情况不一，有的完成得比较好，有的则残缺不全或只是走走过场；时间进度也难以统一，以致内政部和各省省政府不得不一再催报。1936年《内政年鉴》感叹"各省市经调查完竣，填表送核者，为数尚少"，计有南京、天津、北平、上海、青岛、汉口6市，浙江71县市、江西31县市、湖南44县、广东30县市、山东70县市、热河14

---

① 《广东全省宗教概况（一）》，《广东民政公报》第49期，1929年，第134—144页；《广东全省宗教调查表（二）》，《广东民政公报》第50期，1929年，第92—97页；《广东全省宗教之调查（四）》，《广东民政公报》第51—52期，1929年，第149—164页；《广东全省宗教之调查（三）》，《广东民政公报》第53期，1930年，第99—107页；《广东全省宗教之调查（四）》，《广东民政公报》第54期，1930年，第120—132页；《广东全省宗教之调查（五）》，《广东民政公报》第55期，1930年，第122—131页；《广东全省宗教之调查（六）》，《广东民政公报》第58—59期，1930年，第66—76页。

② 《统计调查：本省各县市宗教人数调查》，《广州市政府市政公报》第422期，1933年，第45—48页。

③ 《粤省宗教调查》，《中央日报》1933年4月2日，第6版。

县、察哈尔 15 县、绥远 20 县市、新疆 21 县等。① 可见，因为中央权威的限度及调查的实际困难等，许多省份或未调查，或调查结果不理想并未上报。鉴于调查成绩不够理想，1936 年 3 月 15 日，内政部还通令 9 月 1 日前将 1934 年为止的情况呈报。② 尽管如此，在山西，神池县和新绛县到 1937 年 1 月才第一次报送调查表。③ 总之，这次调查取得了一定的成绩，但参差不齐，有较大的限度。不过，即使这种断断续续的全国性调查也因抗战的全面爆发而中断。

此外，1932 年内政部在新任部长黄绍竑主持下，以宗教团体组织系准用中央颁行《文化团体组织大纲施行细则》（1931 年 2 月）、《修正人民团体组织方案》（1930 年 7 月）等，规定先经当地高级党部核准许可后再行呈报政府备案，现各地宗教团体组织或改组"依法立案者究有若干，无从稽考"为由，重新制定了宗教团体调查表，通令各省再次调查，除 1929 年表格规定的要素外，增加了改组年月和经过、地方影响、未来计划、党部许可证号码及立案情况的调查。④ 从宗教调查到宗教团体调查，其中有一定差别但有重叠，前者以教堂为中心，后者以宗教团体为中心，宗教团体是指各宗教结社而成的社会团体，本次调查带有督促这些团体向政府备案、取得合法性的考量。到 1933 年 3 月，已有六省四市提交了调查报告，不过已提交的也不完全，其中天主、耶稣两教宗教团体数量 315 个，占总数 561 个的多数。⑤ 这可能表明对基督教的调查相对比较顺利。另根据 1936 年《内政年鉴》，截至 1935 年 6 月，仍只有部分省份送达，计有江苏、山东、山西、河南、湖北、湖南、云南、广东、绥远、察哈尔、陕西等 11 省，并且这些省份都不齐全，送齐的仅有南京、上海、青岛三市。⑥

① 《宗教团体之调查》，内政部年鉴编纂委员会编《内政年鉴 1936 - 4 礼俗篇》，商务印书馆，1936，第（F）133 页。
② 《河北省各县市呈报天主教堂、耶苏教堂、清真寺概况调查表》，中国第二历史档案馆藏，档案号：12（2）-2383。
③ 《山西省翼城、新绛、神池等县政府向内政部呈送教堂、清真寺等调查表》，中国第二历史档案馆藏，档案号：12（1）-776。
④ 黄绍竑：《咨请调查宗教团体填表送部备查由》，《内政公报》第 5 卷第 26 期，1932 年，第 20—21 页。
⑤ 《兹将内政部截至三月底止，调查所得之宗教团体数量》，《中国国民党指导下之政治成绩统计》第 3 期，1933 年，第 34 页。
⑥ 《宗教团体之调查》，内政部年鉴编纂委员会编《内政年鉴 1936 - 4 礼俗篇》，第（F）133 页。

后内政部又根据《文化团体组织大纲施行细则》第十二条，文化团体需每半年将会务状况报送当地高级党部和主管官署的规定，通令各地从1933年上半年起每隔半年填报送部。① 这种报告自然是为了加强对宗教团体的控制。但操作起来确实有一定难度，首先是大多数宗教团体组织或改组并未在政府备案，对其存在与否党政机关并不明了。比如北平市民政局就呈报并无宗教团体报本局核准，等有此项团体来本局核准备案后再报。② 此外，要全国所有宗教团体每半年汇报一次，似乎也颇为烦琐，所以拖延或根本未报的情况非常普遍。比如在湖南，1935年6月省民政厅还在催报1933年下半年开始的调查表。③ 而在云南，省政府在三次催报失败后终于忍无可忍，1935年发文严斥十一县"疲玩已极"，"倘再视为具文，定行严惩不贷"。④ 这种汇报政策似乎慢慢沦为了形式主义。

值得一提的是，尽管进入民国后，基督教调查的总趋势是内政化，但鉴于其对外关系性质，外交部并未完全退出调查。比如，1914年外交部鉴于"中国内地近来外人侨居者日多，而以教堂教士为最甚，各地伏莽未靖，一有窃盗，而外人所受之损害，例须要求赔偿，其数目之巨，动以数十万元计，即派员会同调查亦因证据毫无，每酿成重大之纠葛"。为图补救，外交部会同内务部通令各省民政长官调查，将所有财产列表备查。⑤ 此项调查主要是针对教产，以便为对外交涉提供依据，外交部在调查中也寻求内务部的帮助。外交部的这项命令持续了很多年，但似乎收效不大。⑥ 国民政府成立后，基督教的直属管理部门是内政部，但事实上外交部也多涉入基督教问题的处理，也非常关心基督教的现状。所以早在1929年3月，外交部就编制《外人在华设立教堂及教士教民人数表》《外人在华设立教堂资产及

---

① 《训令各县政府转奉部咨每届半年须查填宗教团体调查表赍核由（中华民国二十二年三月二十二日）》，《湖南民政刊要》第29期，1933年，第304—305页。

② 《呈文：呈市政府：呈为内政部调查宗教团体一案本市此项团体现无报经本局核准者除嗣后遵照汇报外呈复鉴核由》，《北平市市政公报》第160期，1932年，第2—3页。

③ 《训令各市县政府催填二十二年下半年及二十三年全年宗教团体调查表由》，《湖南民政刊要》第37期，1935年，第60—61页。

④ 《省政府训令马龙等十一县局长饬催从速填报宗教团体调查表（十二、十一）》，《云南民政月刊》第24期，1935年，第40页。

⑤ 《教堂财产之调查》，《大同报》第20卷第12期，1914年，第51—52页。

⑥ 《外交部奉天交涉署训令：第二三九号（中华民国十一年八月二十八日）：令各县知事：调查教会教产迅即妥慎办理以凭汇报注册》，《奉天公报》第3770期，1922年，第1—4页。

土地表》等，请内政部帮忙，让各省民政协助查填册报。① 这些均是外交部调查在华外侨的一部分，虽说仅以外人所设教堂、机构等为对象，但因中国基督教会多为华洋夹杂，所以事实上囊括了大多数教堂及教会医院、学校等附属机构。这项调查曾引发部分传教士的疑虑，比如天主堂杭州总堂就持有异议，浙江省政府的解释是从 1929 年 1 月 1 日起凡侨居中国外人必须遵守中国法令，本次调查只是为便于保护起见。② 本次调查取得了一定的进展。比如，山东很快即上报，天主教、耶稣教及本愿寺等外教堂 280 所，占地 5200 余亩，动产不动产值 700 万元。③ 另据外交部 1929 年的统计，已收到江苏、安徽、河北、广东、察哈尔、南京特别市、西康特别区的报告，对教堂数目、传教士人数、教徒人数、动产不动产等都有较详细的统计。④但很显然，这份统计很不全，很多省份并未上报，和内政部的调查一样，也是虎头蛇尾。

三　不平等条约废除与国民政府的基督教调查

全面抗战爆发后，内政部的基督教调查基本中断。直到 1940 年内政部以 1932 年开启并报部的调查报告，在七七事变后，"案卷散失无遗，亟应再行调查，以资稽考"，所以又再次印发宗教团体概况调查表，通令各省调查。⑤ 但正值抗战的艰难时期，本次调查的效果更不理想。据内政部统计，到 1941 年 6 月，有案可查的仅江苏、浙江、安徽、上海等少数省市，很多

① 《外部编制外交统计表，国籍变更外人设立教堂医院，机关聘用洋员等项均须查编》，《中央日报》1929 年 8 月 2 日，第 8 版；《外交部编制外交统计图表规则（民国十八年三月十九日外交公布）》，广东省统计科学研究所、广东省统计志编辑室编《民国时期统计史料选编 1912—1949》，内部出版，1989，第 28 页。

② 《浙江省政府指令：秘字第九八八号（中华民国十九年三月）：令分水县政府：呈一件呈复外侨教堂调查表传教师未允照填请迅与杭州总教堂交涉妥洽令知遵办由》，《浙江省政府公报》第 850 期，1930 年，第 28—29 页。

③ 《山东省外人设立教堂及教士教民人数表（民国十八年二月三十一日止）》，《外交部公报》第 3 卷第 7 期，1930 年，第 123 页；《外人在山东省设立教堂资产及土地统计表（民国十八年）》，《外交部公报》第 4 卷第 3 期，1931 年，第 96 页；《鲁省外人教堂之调查》，《申报》1931 年 8 月 7 日，第 8 版。

④ 《统计：外人在华设立教堂及军教士教民人数表（未全）（民国十八年）》，《外交部公报》第 3 卷第 2 期，1930 年，第 133 页；《外人在华设立教堂资产及土地表（未全）（民国十八年）》，《外交部公报》第 3 卷第 2 期，1930 年，第 134 页。

⑤ 陈群：《为咨送宗教团体概况调查表请饬属查报并见复由》，《内政公报》第 2 期，1940 年，第 48 页。

没有统计，即使已统计也残缺不全，已统计的基督教团体总数是 127 个。①
从统计总表来看，这一次的统计结果未能达到预期目标。

不过因战时的特殊语境，国民政府加强了对传教士和外国教会的调查
和防范，部分是专门性的调查，部分是作为在华外侨整体调查的一部分。
军事委员会和宪兵司令部从 1938 年 1 月起为"监护和防范"起见发放外侨
调查表，其中把传教士也作为重点调查对象。而内政部 1939 年为明了各省
市外侨职业及国别人数等，也制定了相关表格要求各省填报，对传教士包
括姓名、国别、年龄、驻地等有较详细的报告。② 这种调查主要是基于军事
和政治上的考虑，担心包括传教士在内的外侨参与间谍活动会对中国不利，
特别是与德意关系恶化后，更加深了这种担忧。诚如 1941 年 10 月湖南省政
府致电内政部："自抗战以后，各国传教士，在内地传教，难保不滋生事
端，亟应明了其状况。"特制表格，"饬各县政府切实予以监督，遇有异动，
随时具报"。所以湖南省的调查较为彻底，据民政厅厅长陶履谦统计整理的
《湖南教会概况调查表》，对该省 73 县进行了调查，统计显示有教会 305
处，传教士 125 人，中国神职 200 人，教徒男 31295 人、女 24849 人，教产
总值约 4665776 元，特别是对传教士的姓名、国籍、所在地等有详细的整
理。③ 不过在 1943 年前，类似湖南省这样详细的调查还不多。

但 1943 年的变化促使内政部发起一次专门针对基督教会的大调查。
1943 年中国借战时特殊情势彻底废除了不平等条约，基督教会的法律地位
发生根本性变化，此前是以条约体系中的传教条款为支撑，之后需要纳入
中国政府的法律管辖之下。但这种转变让国民政府措手不及，所以他们亟
待明了基督教会的真实情况，为下一步整理教会、给予合理的监管提供依
据。所以 1943 年 4 月 12 日，内政部发布公函，强调：不平等条约废除后，
对于外国教会教产，急应统筹监督管理，唯各地教会教产，自抗战以来情
形殊多变迁，自应切实调查，俾明实况，特制定外国教会概况调查表，令
各省 5 月底填报完，并要求不存在教会的也要呈明。从中可见内政部的急
切，同时表明本案关系重要，将来中央对外国教会教产整理即以此次调查

① 《各省市宗教团体暨人数统计表》，《内政统计》第 1 期，1941 年，第 243—244 页。
② 《云南省外侨与外籍教会教堂信息调查表及有关文书》，中国第二历史档案馆藏，档案号：12（2）－772。
③ 《湖南省教会概况调查表》，《内政部档案》，台北："国史馆"藏，入藏登录号：026000012860A。

为依据。① 可见，本次调查是基于基督教会法律地位发生改变后，重新考虑其管理问题的一次行政任务。

不过这次调查引发在华基督教会的疑虑，特别是英美系教会，纷纷向本国驻华使领申诉，他们担心本次调查会导致他们教产权益有损甚或丧失。此事闹到蒋介石处，战时特殊处境，为避免刺激抗战盟友，特别是给中国较大援助的英美，蒋以各地传教士因地方政府机关调查教产问题引起误会，并抄发黔浙桂等地外籍教士对教产问题之反感四则，让外交部和内政部商议。最终两部合议，地方政府在调查外国教会或外人租用地屋时不得涉及其财产之处分，强调调查仅为明了其所租用之实况以供施政之参考，为避免纠纷故，予以限制越出范围，② 并通过公共舆论向外界表明，调查仅是为了便于保护而非干涉教产。③

这次调查内政部非常重视，也持续了很长时间，断断续续延续到战后初期。受战时国民政府统治区的限制，战时实际报送的只限国统区，许多沦陷省份和军事前沿地带完全无法填报。1943 年 4 月，热河省回复"本府情形特殊，对辖境尚未能行使职权，上项调查表暂难填送"。④ 6 月，黑龙江省也提到"本省失地未复，本府现尚寄设境外……无从调查"。⑤ 同月，察哈尔省也表示"本省情形特殊，一时尚难办理"。⑥ 到 1945 年 2 月，山东省还回复：本省沦陷已久，虽经屡饬各县市填报，"终因环境特殊，无从填报"。⑦ 一些军事拉锯区和半沦陷省份也存在调查困难，浙江省 1943 年答复日寇占领区无法填报。⑧ 到 1945 年 1 月，江西省还表示："本省各县敌叛交错，大部函嘱查填之外国教会概况调查表无法查填。"⑨ 这种调查的困境是战时特殊形势造成的。

---

① 《浙江省民政厅转发外国教会概况调查表的通令》，浙江省档案馆藏，档号：L030 - 000 - 0240；《准内政部函送外国教会概况调查表请饬属于本年五月底以前查填报部一案令仰切实遵办由》，《四川省政府公报》第 172 期，1943 年，第 15—16 页。

② 《外人在华地权清理办法（二）》，《外交部档案》，台北："国史馆"藏，典藏号：020 - 070800 - 0007。

③ 《陪都教会与财产调查》，《中央日报》1943 年 6 月 16 日，第 3 版。

④ 《热河省外国教会案》，《内政部档案》，台北："国史馆"藏，入藏登录号：026000013073A。

⑤ 《黑龙江省外国教会案》，《内政部档案》，台北："国史馆"藏，入藏登录号：026000013072A。

⑥ 《察哈尔省外国教会案》，《内政部档案》，台北："国史馆"藏，入藏登录号：026000013074A。

⑦ 《山东省外国教会》，《内政部档案》，台北："国史馆"藏，入藏登录号：026000012599A。

⑧ 《关于外国教会调查表日寇占领区无法填报和要求补发调查表式的来往文书并各地无外国教会的函件》，浙江省档案馆藏，档号：L030 - 000 - 0244。

⑨ 《江西省外国教会案》，《内政部档案》，台北："国史馆"藏，入藏登录号：026000012638A。

而在国民党实际控制区，各地遵照执行，大致落实良好。比如在福建，永安、顺昌、南靖、九溪、同安、政和、屏南、长乐、永春、仙游等县陆续呈报教会调查，非常详细。① 而1943年湖南长沙的调查也非常细致，长达213页，把长沙的教会教堂情况调查得非常完整。② 到1945年11月，据内政部统计，各省已报的情况是：四川94县；陕西53县；甘肃25县；青海8县；西康1县；宁夏8县；浙江19县；湖南29县；广东40县；江西43县；河南49县；云南27县；福建40县；安徽19县；绥远5县；贵州57县；广西42县；湖北23县。③ 随着经验的积累，相比以前的宗教调查，内政部也非常认真，除不断地敦促外，对已报但不符合规定的报表也要求发还重报。总之，这次的调查规模大，内容相对细致，大致把基督教在中国的活动情况，包括传教士的人员和国别、教堂数量、信徒规模及教产呈现等方面了解清楚了。

但政策实践的复杂性并非法令条文的规定那么简单，各省执行政策力度和进度不一，呈现较大的区域差异。内政部不得不多次催报，1943年11月通令催报一次；1945年11月再次催报，强调"为全盘明了各地外国教会概况，以便加强管理起见"，要求1个月内填毕，已填报现有异动者，亦依据报备。④ 并且还根据各省填报实际，对个别完成不力的省份进行个别催报。在内政部压力下，各省也不得不切实办理。比如在广东，因大多数县拖延，省政府曾于1943年7月和10月两次催报，但效果仍不理想，不得不于12月下达最后通牒，严斥逾期日久，"殊属玩延"，要求台山等34县迅速送报。但到1944年3月，台山等27县还是未报，省政府不得已再次催报。⑤ 到1944年11月，广东省已有乐昌40县送报，但内政部仍发文让其补充未报各县及变动情况。⑥ 调查在不断地催促下基本完成。处在大后方的四

---

① 《福建省外国教会案》，《内政部档案》，台北："国史馆"藏，入藏登录号：026000012963A。
② 《湖南省外国人及外国教会租用土地房屋调查表（第一册）》，中国第二历史档案馆藏，档案号：12（2）-268。
③ 《各省市外国教会概况调查表案》，《内政部档案》，台北："国史馆"藏，入藏登录号：026000013163A。
④ 《各省市外国教会概况调查表案》，《内政部档案》，台北："国史馆"藏，入藏登录号：026000013163A。
⑤ 《各县呈报外国教会概况调查表》，广东省档案馆藏，档号：3-1-106。
⑥ 《各县呈报外国教会概况调查表（之一）》，广东省档案馆藏，档号：3-1-104。

川，在内政部的催促下也不得不要求各县迅速填报，毋再延误。① 浙江情况特殊，只有少数县报送，特别是金华、宁波、台州等地 1943—1946 年都有较详细的汇报，但大多未报，内政部不得不在 1944 年 11 月和 1945 年 11 月两次催报，到 1946 年 7 月平阳县还在报送。② 而据西康省 1946 年 1 月报告，该省 27 县已报，15 县无外国教会，10 县尚未报送。③ 从中可见调查的难度和概况。

因为对外国教会的政策一直没有出台，内政部、社会部和外交部等持续就基督教管理政策会商，需要教会实际情况的支撑。再加上战前、战时、战后教会的变动很大，所以抗战胜利后，内政部想将这次调查延续下去。在战后初期，仍在不断地催报。比如甘肃省，从抗战胜利到 1946 年，平化、榆中、西吉、宁定、和政、景泰、临泽、山丹、武山、天水、庆阳、康县、固原、鼎新等县仍在报送调查结果。④ 特别是在沦陷区，战时未能着手也希望其能完成调查。比如在山东，省政府复员后，内政部曾专函其填报，1946 年 7 月内政部才将表格检送过省，到 1947 年 3 月，省政府回复，济南及历城等十县市遵式填报，桓台、清平、平原、济阳四县回复无外国教会，其余平度各县呈请俟进境后再行查报，并附送已报各县成果。⑤ 到 1947 年，内政部也还在向新收复区比如台湾发送外国教会概况调查表让其填报。⑥ 不过，随着内战的爆发，这项调查工作慢慢停顿下来，1947 年后不大能看到内政部和各省的互动。不过内政部的统计取得了一定的成绩。据其统计，截至 1946 年，外国教会共 2061 所，1947 年 2257 所，1948 年 2257 所，而在这些数字之下，是对各省详情的分别陈列。⑦

① 《准内政部函催饬报外国教会概况调查表令仰遵办由》，《四川省政府公报》第 292 期，1945 年，第 15 页。
② 《金华、宁波地区外国教会概况调查表》，浙江省档案馆藏，档号：L030 - 000 - 0242；《台州地区外国教会概况调查表》，浙江省档案馆藏，档号：L030 - 000 - 0241；《杭州、富阳、建德、嘉兴、衢州、温州等地区外国教会概况调查表》，浙江省档案馆藏，档号：L030 - 000 - 0243；《浙江省民政厅转发外国教会概况调查表的通令》，浙江省档案馆藏，档号：L030 - 000 - 0240。
③ 《西康省外国教会案》，《内政部档案》，台北："国史馆"藏，入藏登录号：026000012944A。
④ 《甘肃省外国教会案》，《内政部档案》，台北："国史馆"藏，入藏登录号：026000012672A。
⑤ 《山东省外国教会》，《内政部档案》，台北："国史馆"藏，入藏登录号：026000012599A。
⑥ 《电发外国教会概况调查表一份希依式查填二份送处存转》，《台湾省行政长官公署公报》，1947 年春，第 90 页。
⑦ 《入祀烈士、设立忠烈祠、成立外国教会、已报孔庙等重要数字累计数》，中国第二历史档案馆藏，档案号：12（6）- 19666。

战时内政部为加强对宗教团体的了解和管理，并促进其更好地为抗战出力，除通过垂直行政体系调查宗教外，更直接要求宗教团体向其报告活动情况。实际上，1931年颁布的《文化团体组织大纲施行细则》第12条已规定，文化团体每半年将会务状况呈报高级党部及官署一次，内政部曾通令各地报送。① 但这项规定在战前并未在基督教团体中得到很好的实践。鉴于战时的紧张局势，1939年11月内政部再次训令各宗教团体，强调各宗教团体工作概况，本部亟待明了，并检送宗教团体工作月报表格，遵照每月月终填报。② 不过并未引起基督教团体的积极回应，内政部不得不于1942年7月再次训令基督教各单位，遵守月报制度，以凭考核。③ 这次的努力取得了一定的结果。1942年9月，中国耶稣教自立会全国总会（战时迁河南周家口）理事长陈清源向其报告了7—8月的工作情况，到12月又汇报了9—11月的工作情况，1943年2月又报送了1942年12月的月报，内政部分别给予了备案。④ 但该会的月报似乎没有持续下去。而另一个立案的基督教团体中华基督教全国总会对这次催报也无动于衷，到1943年2月，内政部还在向社会部抱怨，中华基督教全国总会等迄未填报，该会会址有无变动无从知悉，请社会部令其严格依照非常时期人民团体组织法第16条后半段办理。⑤ 在这种情况下，1943年总会才开始报送月报，从1943年5月到1947年3月，总会间歇性地向内政部汇报了工作情况，但采取的是数月一报甚至年报的方式。⑥ 真耶稣教会1945年8月获取内政部备案批示后，才向其提交月报表获内政部备案。⑦ 平心而论，以操作性而言，这种月报方式难度较大，特别是对这种全国性组织，在战时月报并不现实，流于形式化

---

① 《湖北省政府关于保送宗教团体各种会务情形等训令及教育厅呈文、内政部的咨》，湖北省档案馆藏，馆藏号：LS1-3-0186-002。
② 《宗教团体工作月报表式》，《内政部档案》，台北："国史馆"藏，入藏登录号：026000013140A；《训令中国回教救中协会暨中国佛学会等》，《内政公报》第12卷第10—12期，1939年，第79—80页。
③ 《中国天主教文化协进会案》，《内政部档案》，台北："国史馆"藏，入藏登录号：026000013198A。
④ 《中国宗教团体工作月报及有关文书》，第二历史档案馆藏，档案号：12（2）-2364。
⑤ 《中央社会部调查处理敌伪宗教文化侵略等事情宜与内政部及政治部的往来文书等》，中国第二历史档案馆藏，档案号：11（2）-2049。
⑥ 《中华基督教会全国总会案》，《内政部档案》，台北："国史馆"藏，入藏登录号：026000013155A。
⑦ 《总会内迁重庆向政府办理立案文献》，《真耶稣教会卅年纪念专刊》1947年12月，第L10页。

在所难免，不过从中也可看到内政部的努力取得了一定的效果，对了解这些基督教团体的活动情况有一定的作用，但月报也仅仅限制在向内政部立案的团体，而对尚未备案的实际上处于放任状态。

另外，因国民政府对基督教整理的重点是教产整理，所以事实上在调查中突出对教会动产不动产的摸底。因为其中不仅关系到中国的土地主权等，更关涉庞大的实际经济利益。因此，除内政部外，内政部下属的地政署为应对不平等条约废除后的新形势，又展开了专门针对外国人及外国教会不动产的调查。1943 年 3 月，地政署通函各省，强调不平等条约废除后，外人在华地权亟待清理，所以特制定《外国人及外国教会租用土地房屋调查表》，对外人及教会不动产清查的同时进行研究，以作为立法和施政的依据。① 本来，地政署要求 6 月底填报完毕，但是到年底只有陕西和广西两省陆续报告，所以地政署不得不再次催报，并强调中央对外国人及外国教会土地权正在研究，草拟法规，上项材料需要"至为迫切"。② 在内政部的催促下，各省又都开始催报。到 1944 年，据地政署公告，已有广西、陕西、云南、江西、四川、安徽、湖南、福建 8 省 229 县报送，并对各省报送的房地产进行了统计，敦促尚未报送的省份尽快处理。③ 地政署的这次调查就其职能范围的房地产进行调查，更具针对性，目的也非常明确，就是为中央清理外国在华地产提供铺垫，为各种政策的出台做出了较大的贡献。

四　结语

随着近代西方传教士的东来，基督宗教逐步发展到全国各地，它不但成为一个外交问题，也是一个内部政治问题，致使晚清民国历届政府对它的重视要超过其他宗教。从晚清开始，因教案的频发，清政府为化解民教冲突和应对中外交涉，开始兴起对基督教会的调查，逐渐由临时性、区域性调查发展为全国性普查，特别是 1891 年开启的全国性调查延续多年。晚清基督教调查兴起的起点是交涉，并且都是针对基督教的专项调查，主导

① 张群：《准地政署咨送外国人及外国教会租用土地房屋调查表式一案令仰遵办由》，《四川省政府公报》第 170 期，1943 年，第 25—26 页。

② 《准地政署代电请转饬速填外国人即外国教会租用土地房屋调查表一案令仰从速汇办以凭核转》，《云南省政府公报》第 16 卷第 2 期，1944 年，第 7—8 页。

③ 《外国教会租用土地房屋案件之调查统计正积极办理》，《地政通讯》第 8 期，1944 年，第 17 页。

调查的是总理衙门和外务部等外交部门，因此其调查显示出强烈的外交化取向，当然也因此多次遭遇西方列强的干预。进入民国之后，不管是北京政府还是国民政府，基督教调查开始由外交转入内政范围，主导者转为内务部或内政部，以内政化退拒外交化的干扰，部分是针对基督教会的专项调查，但更多是作为整体宗教调查的一部分，以明了基督教存在真相为基础，为立法和施政提供事实的依据，以便加强对基督教的国家治理和政治控制。不同时期的调查都取得了程度不一的成就，为各个时期的基督教政策制定和现实应对提供支撑。同时，这些宝贵的调查资料为历史研究者探讨当时基督教会的地域分布、传教士国籍来源和数量、教徒人数和性别构成、教产的规模，以及其附属事业——学校、医院等的发展留下了丰富的史料。当然，受中央权威的局限、调查的实际困难、地方当局的重视程度、传教士的抵制和列强的干涉等多重因素的影响，不同时期的调查呈现较大的省际差异，调查的结果也参差不齐，中央命令在地方实践的执行有它的力度和限度。

（作者简介：杨卫华，上海大学历史系副教授）

论儒家思想的宗教特质[*]

关万维

内容摘要　儒学和普通宗教一样，有一种体现为悲悯情怀的社会关怀，但儒学的关怀止步于尘世，未至彼岸；儒学先师也有一种殉道精神，但止步于苦行，未至于殒身；儒学推行祭祀，但与世俗社会的祖宗崇拜的同属，与一神崇拜的宗教仪式截然不同；儒学有道德劝慰，但从未指明一条天国之路、彼岸之路。因此，不论我们可以从儒学那里获得多少宗教感知，这种感知的力量仅在精神世界而未涉及肉身，并未具有神权那样的覆盖力和禁忌力。在儒学丰富的内涵中不难找到与宗教相类的因素，但这些因素在富有宗教意味的同时，还有更纯正的人文主义色彩乃至理性主义属性。这就是儒学宗教化运动无法获得更进一步的成效的主要原因之一。

关键词　儒学　宗教　儒教

近几十年，有观点认为中国社会存在道德沦丧的问题或发展中的诸多困顿，主要诱因是宗教的缺席，因此不少学者或文化活动家努力把儒家阐释为一种宗教，用以对抗道德沦丧的难题。1978 年，任继愈在某论坛发表"儒教是宗教"的演讲，此后又就此命题多次发表有关演讲和文章，意在论证儒教是宗教，学者如何光沪、赖永海、谢谦、李申等人相继以不同方式公开支持"儒教"之说。海外也不乏类似的声音，如唐君毅论人文精神重建，亦以西方经验为标本，认为宗教是生活必需，并经常使用"儒教"一词；而东南亚华人世界也有儒学宗教化的努力。

目前，儒学宗教化运动除了祭孔活动日盛以外，并没有更深入的、更实质性的进展。表面上看是没有找到更好的"宗教化"的方式，而本质上

---

　　*　本文受教育部重点研究基地重大课题"近代中国宗教的转型与发展"（17JJD77006）的资助。

或许是受制于儒学自身的理性主义色彩和强烈的世俗色彩。儒学一直与宗教有些瓜葛，但始终未能再往前一步，是为何故？我们不妨以比较常见的宗教为例，考察儒学的宗教特质，解惑其中缘由。何为宗教特质？笔者以比较常见的宗教为参照，归纳四个基本特征。从内在看：其一，宗教的悲悯情怀的普世性与绝对性，因为宗教的最高主宰是造物主，是尘世之父，因此宗教的爱往往是绝对的普世之爱；其二，宗教起初往往都有一种苦行色彩，有明确的殉道情怀。从外在看：其一，有一套严格的自成体系的仪式，这套仪式体系的核心是主宰者，这套仪式的所有细节，体现的是主宰者的威严与慈爱，有明显的神格意味；其二，有一套自成体系的话语体系，而且这套话语体系的核心也是主宰者。以下且以此四点来考察儒学的宗教特质。

一　儒家悲悯情怀的现世色彩

普通宗教立教的情感基础，即因悲天而悯人。儒家思想中也具有强烈的悲悯情怀，这是孔子思想源起于乱世而天然携带的情感特质。孔子思想核心为"仁"，而整个"仁"论，其原动力即为悲悯情怀。后世对"仁"有多种解释，如孟子所谓"恻隐之心"，即分析"仁"的原始诱因。

宗教情怀的明显特征，即悲悯情怀的绝对性，因为典型宗教的最高主宰是造物主，是尘世之父，因此宗教的爱可以是普世的，宛如父爱之于众子。儒家有覆盖面很广的"仁"，所谓"爱人"；又有如孟子之"老吾老以及人之老，幼吾幼以及人之幼"这样以亲情为基础，推及其他的对个体仁爱，也有由"仁"至"圣"的思想，对社会、天下的关怀。仁者爱人，并且通过"修己以安人"，但孔子也认为，"修己以安百姓，尧舜其犹病诸"（《论语·宪问》）。孔子对"安百姓"之艰难的理解，显然是在当时生产力条件下所发出来的感慨，虽然有一种博爱的意图，同时也有现实主义者的估量，没有超越或无视现实条件而给予一个空乏的许诺从而走向宗教般的空想，虽然渴望实现，却承认"安百姓"是件难以实现的事情，是尧舜这样的圣王都难以做到的事情。这与宗教教义中神对信徒的承诺完全不同。

从墨子思想中，或许能看到更清晰的儒家思想。墨家思想因批判儒家而立，从表面上看，墨家多为"农与工肆之人"，以往多被理解为农工阶级的代言人，实则亦为战国时代知识分子拯救尘世的思考方式之一。所谓

"墨学十论"，均为对儒家思想的基本逻辑做出比较系统的逆反性倡导。比如，以尚贤非议阿亲，以兼爱非议等差之爱，以节用非议繁礼，以薄葬非议重丧，以明鬼非议远鬼，以非乐非议礼乐，以非命非议天命等。墨学在针对儒家所倡导的有关社会及伦理的基本观念逐一反驳的基础上，建立起自己的思想体系。而这一体系中最为核心的思想是"兼爱"，这是墨学最基本的伦理逻辑，并由此产生"非攻"等思想。

与儒家之"由亲而爱"的伦理逻辑不同，墨家的"兼爱"开始具有一种浪漫主义色彩，是一种无条件的爱，有一定的强制色彩，看起来这一点与宗教之爱更为类似，但是与宗教有不同的逻辑基础。一般宗教之爱，其根源是造物主对信徒也就是子民之爱，这是一种变相了的人伦之爱，所有人都是兄弟姐妹，都有同一个造物主，这是宗教博爱的基本逻辑。从这一点看，与儒家的爱的逻辑更为接近。而墨家的兼爱则是纯粹的，如《墨子·兼爱中》云："若使天下兼相爱，爱人若爱其身，犹有不孝者乎？视父兄与君若其身，恶施不孝？犹有不慈者乎？视弟子与臣若其身，恶施不慈？故不孝不慈亡有。犹有盗贼乎？故视人之室若其室，谁窃？视人身若其身，谁贼？故盗贼亡有。犹有大夫之相乱家、诸侯之相攻国者乎？视人家若其家，谁乱？视人国若其国，谁攻？故大夫之相乱家、诸侯之相攻国者亡有。"这个逻辑链条并不复杂：兼相爱，爱人如爱己身，爱人室如己室，爱人国如己国，则天下治。但是，为什么要兼爱？兼爱的基础是什么？兼爱因什么而可以成立？墨子似乎没有回答这个问题。

儒家之爱，在乎等次之别，而墨家提倡无差别之"兼"。《墨子·兼爱下》云："勿有亲戚弟兄之所阿。"因此，以往论者多以墨家的爱更为纯粹，也更接近宗教之爱，远者如《吕氏春秋·不二》所谓"墨子贵兼"，近者如章太炎认为"墨家固然近宗教"。① 但是我们审视墨家兼爱的最初的动机时，却发现它其实是无源之水：虽然提倡的是更广泛、更普遍的爱，表面上与一般宗教情怀更为接近，但在最初的起点缺失了逻辑基础。《墨子·兼爱上》云："若使天下兼相爱，国与国不相攻，家与家不相乱，盗贼无有，君臣父子皆能孝慈，若此，则天下治。故圣人以治天下为事者，恶得不禁恶而劝爱？故天下兼相爱则治，交相恶则乱。"墨子指出所有乱想起源于"不相爱"，却没有指出什么是兼爱的基础，为什么可以相爱，忽略了所有一切

---

① 章太炎：《论诸子的大概》，傅杰编《章太炎学术史论集》，云南人民出版社，2008，第 236 页。

尘世生活中无处不在的矛盾，各个个体之间所存在的天然矛盾，而只是简单地要求"兼爱"。

《墨子·兼爱下》引《诗》云，"王道荡荡，不偏不党；王道平平，不党不偏"，以王道的治理逻辑作为兼爱覆盖人世的理由，不失为一种尚过得去的说辞。这时候，"王道"扮演一种与造物主相似的角色，只不过前者是管理者、责任者，后者是创造者、拥有者。又，《墨子·兼爱下》借汤语云："今天大旱，即当朕身履，未知得罪于上下。万方有罪，即当朕身；朕身有罪，无及万方。""虽子墨子之所谓兼者，于汤取法焉。"《墨子》声称，兼爱不仅取法于文王、武王，也取法于汤，这些都是儒家公认的圣王。万方之罪，即王者之罪；而王者之罪，无及万方。圣王顿时有一种替罪羔羊的色彩，王与神之间出现一定的契合点。虽然这种契合并未能形成一个更加清晰明了、更紧密不分的关系，但是《墨子》总算是给自己的"兼爱"理论寻获到一些更根源性的理论基础。

虽然《墨子》自命"兼爱"取法于文武之道，但是，不论是王道之不党不偏，还是王者之为万方受过，一方面没有延伸成为一种成熟的理论乃至仪式，另一方面，在与兼爱的事实关系中也失之抽象，缺乏扎实的事实基础。相反，不论基督教的天父之爱，还是佛教的为己修来世，还是儒家的老吾老以及人之老，都是有明确的伦理基础的，并不是理想主义的空中楼阁。只是儒家的爱，止步于人伦，没有天父，也没有来世，而是人世、现世。

从孔子政治理想看，作为"爱"的主要载体的"仁"，在孔子思想体系中是一个非常崇高的概念，但遇到"圣"的时候，才发现还有更进一步地深入：圣为仁之所归。孔子之"仁"需要体现其价值，这个价值的理想的体现方式，就是"圣"，也就是政治化。因此，如果说孝为礼之始，而礼为仁之端，那么，仁终归以圣为方式来实现。德政之谓"圣"，对人、对百姓的关怀，是整个孔子思想体系的最终理想。一个政治色彩的"圣"，将孔子所有这些不管是继承自优秀的传统文化也好，发微显幽的也好，最终为"安百姓"，更准确地说是"博施于民而能济众"。简单地说，儒家的普世情怀，是通过"圣"般的政治理想来实现的，是一种典型的世俗寄托，而非天国的、彼岸的。既有出发点——亲亲，以此修身齐家；有途径——治，即为治国；也有归宿——至圣，亦所谓平天下。这一切，均在人世，均在此世。

二　儒家的苦行色彩的世俗性

草创时代的思想家大都有一种苦行色彩。苦行的极端化，即为宗教。墨家并未走向宗教，儒学也是如此。儒学不是宗教，孔子是一位随时可以出仕的政治家，是一位诲人不倦的教育家，是一位上溯民族文化历史、把握文化脉搏，下启人文精神、延续东方文脉的思想家。但是孔子思想中也有些类似宗教的因素，如其苦行色彩和悲悯情怀，这是儒学思想中较为接近宗教的一种精神特质。

> 子曰："君子食无求饱，居无求安，敏于事而慎于言，就有道而正焉，可谓好学也已。"——《论语·学而》

食无求饱，居无求安，可以理解成在社会生产力水平很低的情况下，思想家经过取舍所做出的选择。敏于事，慎于言，得道而自正，这些比饮食起居都重要得多。颜回的行为，演绎着孔子的苦行思想。

> 子曰："贤哉，回也！一箪食，一瓢饮，在陋巷，人不堪其忧，回也不改其乐。贤哉，回也！"——《论语·雍也》

陆贾云："颜回一箪食，一瓢饮，在陋巷之中，人不堪其忧，回也不改其乐，礼以行之，逊以出之，盖力学而诵诗、书，凡人所能为也；若欲移江河、动太山，故人力所不能也。"颜回贫而忘忧、不改其乐的姿态，深得孔子赏识。颜回的行为，实践着孔子"君子谋道不谋食""君子忧道不忧贫"（《论语·卫灵公》）的理想。需要说明的是，颜回不是受到孔子思想的影响才去践行苦行，而是颜回很可能出身贫寒。因为孔子并非反对富贵，孔子并不掩盖他的世俗观念：

> 富与贵，是人之所欲也；不以其道得之，不处也。贫与贱，是人之所恶也；不以其道得之，不去也。——《论语·里仁》

因此，孔子的苦行也不是苦行僧式的，而是"道"与"物"之间的一个选择。孔子苦行，并非刻意去寻求寒苦生活，而是不将物欲作为追求的目标。

> 子曰："饭疏食，饮水，曲肱而枕之，乐亦在其中矣！不义而富且贵，于我如浮云。"——《论语·述而》

陈蔡之难，孔子绝粮，诸徒多病患，子路就非常不高兴。孔子在"道"与"物"之间的这个选择，有一定的殉道意味，是两难之中的主动舍取。孔子之所以没有在苦行思想中走向极端，是因为他并不否定世俗价值，相反，孔子承认"富与贵是人之所欲"，而且也有"危邦不入，乱邦不居"（《论语·泰伯》）这样的趋吉避凶的选择。可见孔子的殉道思想是相对的、有限的，主要还是在于个人修养的层面，而非不讲代价、不惜一切的殉道者的勇气。这一点是孔子思想与宗教的主要差别之一。"基督徒坚决而从容地赴死，多大程度上也反映了生活的普遍无意义？"[1]

> 士而怀居，不足以为士矣。——《论语·宪问》

读书人留恋安逸生活，就不配做读书人。这是孔子对读书人，更准确地说是对"士"的要求。

> 子路愠见曰："君子亦有穷乎？"子曰："君子固穷，小人穷斯滥矣。"——《论语·卫灵公》

君子即使穷，也不失其节；小人穷，则不择手段。孔子的确在任何时候都不失其节。因此，在他生病的时候，子路为他请臣，他感到不高兴：

> 子疾病，子路使门人为臣，病间，曰："久矣哉，由之行诈也！无臣而为有臣，吾谁欺？欺天乎？且予与其死于臣之手也，毋宁死于二三子之手乎！且予纵不得大葬，予死于道路乎？"——《论语·子罕》

---

① 雅各布·布克哈特：《历史讲稿》，刘北成等译，三联书店，2009，第20页。

诸家释读此段多有分歧。如杨伯峻将"子路使门人为臣"释读为"子路便命孔子的学生组成组织治丧处"，然后这事引起孔子反感，认为"死于臣之手"不如死于学生之间。问题出现了：既然子路所使唤的"门人"是孔子的学生，那么孔子怎么会说"与其死于臣之手也，毋宁死于二三子之手"？可见"臣"非"二三子"，也就不是孔子的学生，因此杨伯峻的释读是自相矛盾的。子路所使之"臣"，当是子路家臣而非孔子学生，即子路想动用他的家臣，来给"临终"的老师做风光大葬，这让孔子感到不快。子路乃富家子弟，拥有家臣实属正常；何况子路也未必有资格来使唤他的同窗。李泽厚等也是从此般释读，显然也都是不正确的。子路打算给孔子预备一次超乎其规格的葬礼，但孔子对此并不领情，认为自己没有家臣，却被子路移花接木，这是不欺天吗？孔子自认为虽无家臣，却有门徒送终，这让他更为满意。

孔子对葬礼无奢求，也蔑视物质上的奢华。反观孔子的苦行，并非主动寻求苦难，而是基于对苦难的蔑视和对"道"的憧憬，是一种主动的、不否定另一方价值的选择。同时，孔子的苦行也是有限的，他并非绝对的殉道者。这是孔子苦行色彩与宗教苦行完全不同，最终没有走向宗教之所在。唐君毅论墨子之所以没能成为宗教，是因为"墨子畅言天志而期于实用，向往超世之情不著，终未能成宗教"。[1]而傅斯年认为："儒者以为凡事皆有差等，皆有分际，故无可无不可。在高贤尚不免于妥协之过，在下流则全成伪君子而已。这样的不绝对主张，正是儒者不能成为宗教的主因，虽有些自造法度，但信仰无主，不吸收下层民众，故只能随人均为抑扬。"[2]傅斯年以是否成为宗教为标准，对儒家做出指责，但道理并不充分。孔子思想没有走向宗教，更主要的原因当在对自身的定位，即一个清醒的人文主义者，因此也就无有殉道的期望，所谓"向往超世之情不著"。而孟子的情形也类似。

> 人知之，亦嚣嚣；人不知，亦嚣嚣。——《孟子·尽心上》

嚣嚣，赵岐注云：自得无欲之貌。《孟子·尽心上》进而论道："尊德乐义，则可以嚣嚣矣。故士穷不失义，达不离道。"又云："穷则独善其身，

---

① 唐君毅：《中国人文精神之重建》，台北：学生书局，1974，第 84 页。
② 傅斯年：《战国子家叙论 史学方法导论 史记研究》，上海古籍出版社，2012，第 41 页。

达则兼善天下。"由此可见，孟子自己也暗示，他推行的是道德之政而非权谋王霸之术。人知也罢不知也罢，孟子超然自得，这与孔子的殉道精神是极为相近的。孔子一方面藐视苦难，也拒绝自我毁灭：危邦不入，乱邦不居。孟子布道，人知与不知，亦嚣嚣，可以手授天下，但不枉丧自身而为其不能为。

三　儒家礼法仪式的价值：功在此世

宗教仪式的重要性与严谨性是无须赘言的。由于对仪礼非常重视，因此儒家对很多社会活动的礼法仪式并且自成体系，是所有世俗思想体系种最富有仪式感的一种。尤其是在孔子看来，周礼是他所认可的行为典范，也就是说，孔子是非常看重这种仪式感的。但是，周礼包罗万象，既有天子与贵族、贵族与贵族之间来往与日常行为的法则，也有惩罚罪人的法则，也有祭祀天地鬼神的法则，还有普通百姓生产劳作的法则，涵盖生活的方方面面。

到了后世，孔子也成为祭奠的主要对象之一，这让儒学与仪式之间的关系变得更加复杂。虽然说成为祭祀对象的孔子已经走进民间信仰体系，但并不能因此简单割裂与作为人文主义思想的儒学的关系。而且文庙祭祀，不仅在中国本土，在东亚尤其东南亚也有较深的影响，也就是儒学宗教化在东南亚呼声较高的原因之一。远离故土的华人，带去血脉，也带去信仰，这个信仰不是宗教信仰，而是文化信仰。而朝鲜、日本、越南等知识分子在学习中华文明，接受儒家思想之后，也形成祭祀文庙的习俗。

文庙祭祀与儒学的关系应如何理解？这是一个难题。作为民间信仰体系文庙祭祀，它与周礼中对祖先的祭祀是一脉相承的，也就是并不违背早期儒家至少是孔子所认可的行为准则。文庙祭祀以最容易被普通百姓理解的方式，传承传播着儒家思想，通过感化的、潜移默化的方式宣扬教育的价值与儒家文明，与西方宗教传播模式虽然手段上不同，但结果是接近的。文庙祭祀的不是神，而是人，这是文庙祭祀与一般宗教仪式不同之处，它与中国其他祭祀比如祖宗祭祀基本同理，但包含的诉求价值比较单纯，即获得文运与传承文化，功在现世，与其他的神明崇拜对生命或苦难的救赎之功有明显的区别。而且作为偶像的孔子，没有具备禁忌与惩恶扬善的力量，这与宗教神明崇拜有质的差别。

另外，对于文庙祭祀，还有另一层含义：重视知识传授，尊师重教。孔子作为师表的楷模，不论思想还是德行，都堪称万世师表，有着特殊地位。在孔子之前的尊师之礼，往往是以在庠校中举行"释奠"祭祀的方式来完成。春、夏、秋、冬，每年的每个季节都要在学校举行祭祀先师的释奠礼，以表达对师长的尊崇敬仰，所谓"四时释奠"。孔子倡导尊师之礼，最后其也成为主要的祭祀对象。再后来，有极少数的人在文庙获得从祀的地位，比如王阳明于万历十二年（1584）获准从祀文庙，这对一个知识分子来说无疑是至高的荣耀。王阳明是否能享祀文庙，朝中辩论了数十年。从王阳明得从祀文庙的争论看，获得庙享的决定权在人而不在神，而王阳明获得庙享之后，其知识分子的身份也没有改变。庙享抬高了他的地位，但没有改变他身份的性质。

《礼记·祭统》云："凡治人之道，莫急于礼。礼有五经，莫重于祭。"可见，祭祀也是"治"的一种方式，是世俗政治的辅助手段或者带有神秘色彩的仪式，有抚国家、定百姓的功用，从属于国家治理体系，与部分宗教的独立于政治事务不同。国之大事，在祀与戎，中国的祖宗崇拜，其功利目的除了拜敬和缅怀先人，也有祈求先人保佑平安的意味，总之，功在现世。

不论从哪个方面看，儒家所倡导的祭祀所形成的一套仪礼程序，与宗教的仪礼都有较大的差别。其一，文庙祭祀是中国世俗的祖宗崇拜的一种衍生品种，甚至比普通的祖宗祭祀还少一些禁忌，与宗教仪式有更大的差距；其二，从祭祀仪式的成型性看，文庙祭祀没有形成一套固定的符号化、程序化的仪礼；其三，祭祀所诉求的功利在现世不在彼岸；其四，受祭祀的对象不是神，不是造物主，而是先师，不具备神明生杀予夺的力量。这些都与一神崇拜的宗教有明显的距离。

四　儒学理论的自我阐释和劝慰色彩

几乎所有宗教教义，都为信徒指明一条通往天国之路，且以神明的名义，对信徒做出各种劝慰。在早期儒学理论中，孟子理论则更富于道德劝慰色彩，这与宗教色彩或许较为接近。《孟子·尽心下》云："可欲之谓善，有诸己之谓信，充实之谓美，充实而有光辉之谓大，大而化之之谓圣，圣而不可知之之谓神。"充实善信而宣扬之，使之有光辉，是为大人。大行其道，使天下化之，是为圣人。有圣知之明，其道不可得之，是为神人。《孟子》极少言"神"，而"神人"之说仅此一处，书中他处不再见。且从孟子所谓"圣而不可知之"来看，孟子之谓"神人"只是一个假设，因此不能把"神"作为一个有实质意义的高于"圣"的概念。

在《论语》中，"圣"有两层意义，其一为至仁至德的人，其二为至高的政治实现。孟子这里，"圣"主要是第一层意义，《孟子·尽心下》云："圣人，百世之师也。"而孔子对"圣"的第二层意义，到孟子这里变成了"仁政"。《孟子·梁惠王上》中，梁惠王问强国之计，孟子对曰："地方百里而可以王。王如施仁政于民，省刑罚，薄税敛，深耕易耨，壮者以暇日修其孝悌忠信，入以事其父兄，出以事其长上，可使制梃以挞秦、楚之坚甲利兵矣。彼夺其民时，使不得耕耨以养其父母。父母冻饿，兄弟妻子离散。彼陷溺其民，王往而征之，夫谁与王敌？故曰：'仁者无敌。'王请勿疑！"

> 子之君将行仁政，选择而使子，子必勉之！夫仁政，必自经界始。经界不正，井地不均，谷禄不平，是故暴君污吏必慢其经界。经界既正，分田制禄可坐而定也。——《孟子·滕文公上》

孟子的"仁政"很实在，就是地界清晰，这是民众利益的保障。因此，孟子所谓仁政，首先就是保证民众物质利益。这与孟子反对"道在尔而求诸远"（《孟子·离娄上》）的思想也是相吻合的。孔子的"圣人之政"充满理想主义色彩，而孟子的仁政，在他看来却是切实可行的。这是儒家从理想主义走向现实主义的重要一步。我们说孟子走向"现实主义"，并非说孟子是个现实主义者，而是他将儒家的政治理想具体化。而事实上孟子的很多政策，在当时情况下是不大可能被接受的。孟子仁政的核心因素是民，与孔子"安百姓"同。

孟子以"得天下"为诱饵，劝多为王者推行其仁政。孟子生活的年代，在商鞅变法之后50年左右，此时法家异军突起，彻底改变了战国间的秩序，孟子所谓"得其民，斯得天下"的理论，在急促的兼并战争中几乎难以立足。孟子的依据是什么？《孟子·梁惠王下》给出成功的例证："昔者文王之治岐也，耕者九一，仕者世禄，关市讥而不征，泽梁无禁，罪人不孥。老而无妻曰鳏，老而无夫曰寡，老而无子曰独，幼而无父曰孤。此四者，天下之穷民而无告者。文王发政施仁，必先斯四者。"文王之所以能立业，靠的是对鳏寡孤独的关照，这是文王之德，也是西周立国之本。因此，孟子认为：

> 今王发政施仁，使天下仕者皆欲立于王之朝，耕者皆欲耕于王之野，商贾皆欲藏于王之市，行旅皆欲出于王之途，天下之欲疾其君者，皆欲赴愬于王。其若是，孰能御之？——《孟子·梁惠王上》

孟子明知"尧舜既没，圣人之道衰，暴君代作，坏宫室以为污池，民无所安息，弃田以为园囿，使民不得衣食，邪说暴行又作，园囿污池，沛泽多而禽兽至"（《孟子·滕文公下》），却又指望如此乱世，可以用柔和的仁政来平乱。孔子之世，世道将乱；孟子之世，世道已乱。孔子可以指望通过对秩序的肯定，来重新回到天下太平的局面；孟子对此，并没有更好的办法。

> 昔者大王居邠，狄人侵之，去之岐山之下居焉。非择而取之，不得已也。苟为善，后世子孙必有王者矣。君子创业垂统，为可继也。若夫成功，则天也。君如彼何哉？强为善而已矣。——《孟子·梁惠王下》

孟子敬仰古公亶父的风采。在齐人即将加强薛地城墙之际，滕文公感到不安，问计于孟子。孟子认为，从前太王居于邠，狄人侵犯，太王放弃邠，迁徙到岐山脚下。这不是故意选择，而是不得已，但是周室因此而兴旺。因此，君主行善政，即使未能当世成事，也将为后世子孙必有王者矣。从孟子以古公亶父的故事给滕文公"献策"之事看，说明几个问题。

其一，孟子对局势的判断是明白的。藤作为小国，夹于齐楚之间，有任何风吹草动，都可能引起藤文公的不安。孟子搬出古公亶父的故事，显然已经明白地意识到藤国并无任何对抗的策略，任何顾虑都是徒劳的。孟子并没有异想天开，认为仁政能够直接抵御强敌，故而讲古公亶父、讲子孙，而不讲现在。"苟为善，后世子孙必有王者"这样的权威，甚至已经具有一种因果报应的意味。报应之因，即道德仁政；果，即子孙必为王。

其二，由此看得出来孟子推行仁政，表面上是以成王业为诱饵，实则有明显的无条件施行仁政的意思。这是藤文公唯一的策略，施行仁政，行善积德，为子孙计，此外没什么更好的选择。这一点颇有劝行德积善的意味，有一点淡薄的宗教色彩，即无条件性。这是孟子思想流露出的微弱的宗教意味。就这而言，孟子有着比孔子更明显的迹象，当然这并不等于可以过度解读孟子思想的宗教色彩，不论孟子还是儒学，无疑都是典型的世俗思想。

其三，孟子并没有找到政治与道德之间可能存在的切实可行的强国办法，只能以古代圣王的事迹为模本，其仁政更准确地说就是一种劝慰方式，好似布道施教，而非真正的政治策略，这也是儒家思想在特定时期所必然存在的局限。仁义道德都是柔性的，在暴力和丛林法则之中，儒学思想往往无能为力。但是，作为典型的知识阶层——士，儒家思想家恰好不得不充当社会力量天平上的平衡者。

孟子推崇的政治手段并不利于拯救王者的直接利益，原因很简单，即如前面所引的"能臣为民贼"之论，但这引来荀子猛烈批判。《荀子·非十二子》如此评鉴孟子："略法先王而不知其统，犹然而犹材剧志大，闻见杂博。案往旧造说，谓之五行，甚僻违而无类，幽隐而无说，闭约而无解。案饰其辞而祗敬之，曰：此真先君子之言也。子思唱之，孟轲和之。世俗之沟犹瞀儒，嚾嚾然不知其所非也，遂受而传之，以为仲尼、子游为兹厚于后世，是则子思、孟轲之罪也。"姑且不论荀卿是否能客观地看待孟子，但其所指责并非空穴来风。思孟"法先王而不知其统"，意指孟子虽然强调法先王，但忽略先王的政治手段；一味强调德治仁政，却不知道先王如何治政。荀子耳闻目睹法家苛政的成功实现，有所启发，故自认深谙治道，自然感觉以奉仁政劝慰君主的孟子实为"才剧志大"。荀子的批判不一定能说明其他问题，但能从侧面证实孟子学说的理想主义色彩。

纵观孟子的仁之策，对于现实政治而言没有多少策略的含量，自然不为王者所接纳。孟子推行的是其道德理想，虽然这是禹汤文武屡试不爽的成功法则，但显然解决不了短兵相接时代的问题，孟子的理想遭到冷遇是必然的。劳思光认为，"孟子对于形躯、情意中诸种险扰，论之不详，未免令学者有太简之感"，[①]这是孟子的独特的理想主义。他虽然试图将孔子的"圣"之政付诸实施，但是显然其走向现实的同时，也没有摆脱其理想主义，甚至比孔子的政治理想更显得缥缈，与其说是治国之策，毋宁说是具

---

① 劳思光：《新编中国哲学史》第1册，广西师范大学出版社，2005，第249页。

有一定宗教色彩的劝慰甚至是道德因果。但是，孟子的劝慰不是天国般的，不以神秘力量为恐吓，而是以现实主义的收益为诱饵。这是孟子劝慰理论不同于宗教劝慰的主要特点。

五　结语

美国汉学家安乐哲认为，"古典儒学既是无神论的，具有深刻的宗教性，两方面同时兼而有之。这是一种没有上帝的宗教，是一种肯定人类自身的宗教"。①安乐哲对于儒学宗教性的阐释，有一个西方色彩较浓的文化视野，比如孔子之"己欲立而立人，己欲达而达人"（《论语·雍也》），这样的思想，被理解为"协同创造"，被与查拉图斯特拉"如果已有诸神，那末创世又意味着什么呢"式的思想并论；又如，儒学的家庭，被当成一种宗教意味的隐喻，将家庭关系提升到中心地位，其意图在于将人的整个身心毫不保留地投入他的每一个行动中；总之，对于古典儒学而言，"宗教性"从其根本意义上看，是指一个人清楚、充分地体悟到整个领域中现存事物的复杂的意义和价值，通过内省的觉悟，产生敬畏之心而获得的。

我们姑且不去质疑安乐哲对经典儒学宗教含义的推衍的学理上的可靠性，而且安乐哲将儒学理解成"没有上帝的宗教"，看起来还是十分有创见的。然而，儒学虽然和普通宗教那样，有一种体现为悲悯情怀的社会关怀，但儒学的关怀止步于尘世，未至彼岸；儒学先师也有一种殉道精神，但止步于苦行，未至于殉身；儒学推行祭祀，但与世俗社会的祖宗崇拜的同属，与一神崇拜的宗教仪式截然不同；儒学有道德劝慰，但从未指明一条天国之路、彼岸之路。因此，不论我们可以从儒学那里获得多少宗教感知，这种感知的力量仅在精神世界而未涉及肉身，并未具有神权那样的覆盖力和禁忌力。在儒学丰富的内涵中不难找到与宗教相类的因素，但这些因素在富有宗教意味的同时，还有更纯正的人文主义色彩乃至理性主义属性。这就是儒学宗教化运动无法获得更进步的成效的主要原因之一。

（作者简介：关万维，深圳社会科学研究院副研究员）

---

① 安乐哲：《礼与古典儒家的无神论宗教思想》，刘东编《中国学术》第 3 辑，商务印书馆，2000，第 62 页。

主持人语（章清）

　　《近代史学刊》专栏"中国近代大学与社会"已出版至第三号。这于推进华中师范大学中国近代史研究所组织的重大课题"中国近代大学通史"，自是颇有必要的举措。重大课题需要长期的积累，唯有多进行个案的研究，将来撰写"通史"，也才有良好的基础。

　　本期所收两篇专论，分别为张欢的《中央政治学校中的国民党组织与党务活动（1929—1937）》、高志军的《陈序经与变动时代的岭南大学（1948—1949）》。张欢围绕中央政治学校开展的个案研究，揭示出该校建立起从区党部、区分部到训练小组的组织体系，为国民党开展各种党务活动提供了组织基础；同时又通过"党化教育"，加强学生对国民党意识形态的认同。为此，本文也透过对"党"与"校"关系的梳理，为重新审视国民党党化教育提供了新的视角。重点指明即便作为国民党培养"党治"的党政军人才基地的中央政治学校，也难以真正做到"以党治校"。同时派系之争影响到国民党对学生意识形态的塑造，一定程度上消解了"党化教育"的效果。高志军的研究展示的是变动时代的岭南大学所呈现的一幅内外困境交织、变相丛生的时代图景。1948—1949 年是新旧政权交替转换的重要时期，岭南大学亦面临诸多挑战。不过，陈序经执掌的岭大，既面临诸多"时代共相"，又呈现较为特殊的色彩。在此逆境中，岭大反能主动因应时局，及时调适，进一步壮大自身，一跃成为学术研究重镇，展示出与同一时期高校发展轨辙相异的面相。其中缘由，发人深思。因此，此项以岭南大学为个案的研究，既可见投射于该校的时代印记，又呈现大学的成长有着复杂的因素。

　　由上述两篇专论亦可看出，"中国近代大学与社会"这一主题，还可细化为更具体的面相。聚焦于大学与政治这一环节，揭示党、政府与学府间的互动，以及在政权交替之际大学的成长，即可视作是对"中国近代大学与社会"这一主题的深化。这对于更好厘清影响大学发展的"社会"因素，不无裨益。

中央政治学校中的国民党组织
与党务活动（1929—1937）

张　欢

内容摘要　作为国民党最高党办学府，中央政治学校建立了从区党部、区分部到训练小组的组织体系。这为国民党开展各种党务活动提供了组织基础。然而，区党部并不是学校的决策机关。为争夺政校对干部的培养权，国民党各派势力展开激烈斗争。派系之争则削弱了学生意识形态的塑造。政校党组织及党化教育是国民党干部培养的一种探索方式；透过"党"与"校"关系为重新审视国民党党化教育提供了一个新视角。

关键词　中央政治学校　党化教育　派系斗争

国民政府时期，党办学校与国立、教会、私立、社会大学共同构成大学的主要形态。① 近年来，大学内部国民党组织问题逐渐受到学界关注。② 然而，国民党"党校"的组织形态及运作方式并不为学界所了解。③ 事实

---

① 叶文心：《民国知识人：历程与图谱》，三联书店，2015，第19—28页。

② 学界对于大学与国民党关系的研究，多集中于全面抗战时期的国立大学。如王奇生《战时大学校园中的国民党：以西南联大为中心》，《历史研究》2006年第4期；蒋宝麟：《中央大学的国民党组织与国共斗争（1927—1949）》，《中央研究院近代史研究所集刊》第73期，2011年；何方昱：《资源配置与权力之争：以战时浙江大学内迁贵州为中心》，《近代史研究》2016年第1期。

③ 如王奇生推测中央政治学校抗战前可能存在区党部（《战时大学校园中的国民党：以西南联大为中心》，《历史研究》2006年第4期）。崔明忠：《中国国民党中央政治学校研究（1927—1947）》，硕士学位论文，台湾政治大学，1997；Wang Chen-cheng, "Intellectuals and the One-party State in the Nationalist China：The Case of the Central Politics School（1927 – 1947）," *Modern Asian Studies*, 48（06），31 January 2014。

上，作为国民党党办学府，中央政治学校①建立了从区党部、区分部到训练小组的组织体系，并开展各种形式的党务活动，甚至引起 CC 系与复兴社之争。关于中央政治学校的党化教育效果，学界存在成功与失败截然相反的观点。② 有鉴于此，本文对 1929—1937 年政校国民党组织与活动的基本情况进行探析，以期丰富国民党与大学关系的面相，加深对国民党党化教育的认识。

一　组织形态

1924 年，国民党通过了建立从最高党部、省党部、县党部、区党部到区分部的组织体系的决议，并由区党部负责征求、考察及训练党员。③ 此后，国民党开始在学校内建立基层党组织。

（一）区党部

政校党组织是在中央党务学校时期建立起来的。1927 年，党务学校设特别区分部，隶属中央党部特别区。④ 因录取的学生都是国民党党员，所以区分部规模很大。1928 年国民党制定的党务条例规定：像党务学校这样"同一门牌内之党员人数过多"的区分部，可以通过所属上级党部呈请中央组织部设立区党部，或成立数个区分部。于是，党务学校设立第十二区党部，隶属于南京特别市党部。⑤ 1929 年 4 月，为了便于指导、训练，中央组织部将党务学校区党部划归中央党部直接管辖。⑥ 同年，学校改组为政治学校。9 月 5 日，国民党中央第三十三次常会通过的《中国国民党中央政治学校章程》规定政校设在中央党部。⑦ 这显示了学校直隶于中央执行委员会的

---

① 1929 年 6 月，中央政治学校由国民党中央党务学校（1927 年 5 月创办）改组成立，隶属国民党中央执行委员会，是国民党培养政治干部的重要场所之一。校长由蒋介石兼任，教育长先后由丁惟汾、陈立夫、陈果夫等人担任。1947 年 4 月改隶教育部，更名为国立政治大学。

② 参见陈钊《国民党党化教育制度研究（1924—1937）》，西北农林科技大学出版社，2014，第 14 页；李村：《从中央政校看"党化教育"的失败》，《书城》2014 年第 1 期。

③ 《中国国民党第一次全国代表大会宣言》（1924 年 1 月 31 日），萧继宗编《革命文献·六十九辑》，台北：中国国民党中央委员会党史委员会，1976，第 92 页。

④ 《中央党校特别区分部成立》，《申报》1927 年 10 月 20 日，第 6 版。

⑤ 《中央新定党务四条例》，《申报》1928 年 5 月 19 日，第 9 版。

⑥ 《中央党校内区党部直隶中央》，《申报》1929 年 5 月 5 日，第 4 版。

⑦ 《中国国民党中央政治学校章程》，《中央党务月刊》第 14 册，1929 年，第 12—14 页。

特殊地位，同时便于学校党部直接受中央党部管辖。11 月，政校区党部正式成立。

有学者认为国民党没有"以党治校"的说法。[①] 那么，政校的区党部与学校行政当局又是何种关系呢？根据政校章程可知，政校隶属于国民党中央执行委员会。校长总辖全校校务，由中央执行委员会任命；教育长、教务处、总务处主任均由校长呈请中央执行委员会任命。学校设校务委员会，以校长、教育长、各处主任及校务委员为主要成员，其职权有决定学校章制、教育方针、各学系之设立或废止、建筑及设备的添置、学校预算等。就组织系统而言，区党部与校务委员会均隶属于国民党中央，对中央党部负责。从区党部经费来看，学校当局没有对其进行补助。[②]

因政校要求所有学生必须入党，所以全区党员大会就是全体学生大会。自 1929 年 11 月区党部成立以来，每学期至少开一次全体党员大会，截至 1935 年底，政校区党部共召开 17 次全体党员大会。每一次大会召开时，区党部常委、组训及宣传三位执行委员分别训话、汇报工作或针对国内外局势做报告，然后讨论提案。提案主要内容是学生党员训练事宜。从目前材料来看，党员大会很少有对学校校务规划有决定性影响的提案。

区党部执行委员会议关于校务的讨论也仅有几次提及。如 1930 年 2 月 17 日区党部第十四次执委会议，第三区分部要求转咨政校训育委员会给定讨论会题目及参考书目，同时要求训育委员会派员出席指导，区执委会决议转咨。2 月 26 日，区党部第十五次执委会议，区执委会决议函请政校特别留意对蒙藏学生的训练。[③] 4 月 16 日，区党部第二十次执委会常务会议，第六区分部请区党部函政校教职员，不得无故缺席总理纪念周。[④] 可见，区党部对于政校实际规划与发展并没有决定权。从"转咨""函请"等公文用法亦可证明区党部与政校行政之间为平行关系，对于学校校务区党部不便加以批示指令。区党部基本上没有参与或干涉政校校务，反之亦然。

当然，区党部与政校行政组织并非没有交叉，其中以人事的关联较为突出，详情见表 1。

① 王奇生：《战时大学校园中的国民党：以西南联大为中心》，《历史研究》2006 年第 4 期。
② 《本校应改设特别党部》，《中央政治学校校刊》第 42 期，1931 年，第 11 页。
③ 《区党部筹办义务小学》，《中央政治学校校刊》第 20 期，1930 年，第 8 页。
④ 《区党部近讯》，《中央政治学校校刊》第 24 期，1930 年，第 8 页。

表 1　政校区党部执监委员会成员

	执行委员	候补执行委员	监察委员	候补监察委员
1927 年 10 月党校第一届	谷正纲、段锡朋、罗家伦		吴挹峰	
1929 年 11 月政校第一届	刘振东、方东美、曾广荃	彭善承、马伟	吴挹峰	赵兰坪
1930 年 11 月第二届	刘振东、梅思平、马伟	彭善承、唐启宇	吴挹峰	吴南轩
1931 年 12 月第三届	刘振东、梅思平、罗家伦	吴义芳、雷震甲	吴挹峰	程永嘉
1932 年 12 月第四届	刘振东、徐志明、罗家伦	任象朹、朱宗海	吴挹峰	李超英
1933 年第五届	刘振东、徐志明、罗家伦	徐君佩、萧自诚	吴挹峰	汪度
1934 年 10 月第六届	刘振东、程天放、萧自诚	马伟、蒋鸣伦	吴挹峰	吴延环

资料来源：《中央党校特别区分部成立》，《申报》1927 年 10 月 20 日，第 6 版；《政校区党部执监委选出》，《民国日报》1929 年 11 月 6 日，第 3 版；《区党部新执监委员产生》，《中央政治学校校刊》第 35 期，1930 年 11 月，第 7 页；《政校区党部改选执监委》，《民国日报》1931 年 12 月 22 日，第 6 版；《第十次全区党员大会》，《中央政治学校校刊》第 50 期，1932 年 12 月，第 11 页；《区党部举行第一次谈话会》，《中央政治学校校刊》第 66 期，1933 年 11 月，第 9 页；《区党部近讯》，《中央政治学校校刊》第 81 期，1934 年 10 月，第 14 页等。

由表 1 可知，区党部执监委员每年改选一次，主要组成人员是学校主持者、教师或毕业留校学生。如谷正纲 1927—1929 年为党务学校训育处副主任；罗家伦 1927—1928 年为党务学校的教务处副主任，1931—1934 年为政校教务主任；吴南轩在罗家伦出掌清华大学校长后接任教务处副主任一职；程天放在 1934 年接任罗家伦教务主任一职；吴挹峰在党务学校时期为总务处副主任，政校时期为总务主任；刘振东、梅思平分别是财政系与行政系主任，也是各系任课教授；段锡朋、方东美分别是 "党史及政纲政策""西洋近代哲学" 课程教师；其余则为学校各专业毕业生。

由于区党部与校务委员会、学校行政组织人事的交叉，区分部如有意见传达政校，则须通过执行委员会决定或全体党员大会的决议，然后交由政校执行。对于是否执行，则取决于校务委员会的讨论。作为党办最高学府，政校由隶属于中央执行委员会校务委员会管理。在这种意义上来说，确实是 "以党治校"。但实际上校务委员的权力很大，区党部没有监督权。某种程度而言，政校也是 "党政分离"，即学校党务与行政事务分属两个独立的系统，双轨并行，两者之间没有直接的权力隶属关系。

（二）区分部

随着学校规模的扩展，党员数量逐渐增加，所以区党部设区分部负责训练学生党员。对于区分部的设置或废除，均由区党部执行委员会负责。

此外，区党部对区分部全体党员大会有指导权。区分部与中央党部则没有直接的联系。由于修学期限，学生流动性很大，所以区分部设置及名称变化较大，详细情况见表2。

表2 政校各区分部执监委员名录

第一区分部	（可能为教师区分部）
第二区分部	1933 年徐绍成、包文同、钱寿庚，候补林傲秋、周守璜
	1934 年周守璜、林傲秋、包文同，候补徐志成、钱寿庚
	1935 年包文同、林傲秋、周守璜，候补孟昭麟、范文质
	1935 年吴柱馨、金作谟、程郁珍，候补盛礼约、江镇恶
第三区分部	1933 年吴延环、储家昌、高焕升，候补孙学方、杨秉信
	1934 年高焕升、孙学方、储家昌，候补杨秉信、吴延环
	1935 年高焕升、孙学方、储家昌，候补徐元龙、蒋心梓
	1935 年汤一坤、张源、黄寿朋，候补丁明哲、何明恕
第四区分部	1933 年王克章、康世诚、金望蒙，候补汪湘阳、赵殿举
	1934 年赵殿举、康世诚、李锡勋，候补王克章、刘守纲
	1935 年赵殿举、康世诚、李锡勋，候补汪湘阳、刘守纲
	1936 年陈和坤、沈杰、吴廷芳，候补熊尚量、吴厚贞
第五区分部	1934 年杨大树、宋怡云、车祖荫，候补李佩雄、刘坤阆
	1936 年杨和清、蒋方正、曾新民，候补王岐尧、李文乔
第六区分部	1935 年谢杰民、邢柱国、叶绍心，候补欧阳师、高福坤
	1935 年何大忠、项泽耕、胡簪，候补黄克平、卜静怡
第七区分部 地政学院	1933 年李之屏、梅光复、熊鼎盛，候补魏树东、万宾三
	1934 年吴其荣、王慕韩、谢秀峰，候补高信、李佐辰
	1935 年陆亭林、赵世昌、李佑辰，候补郭汉鸣、高信
	1935 年曹乃强、王世琨、孙兆乾，候补何讓、刘茂增
第八区分部 蒙藏学校①	1933 年谈名义、严格里、刘宗基，候补陶立滨、黄启光
	1935 年唐国柱为候补，原候补递补执委
	1935 年何玉书、刘炳炎、张蓬舟，候补李超英
	1937 年钱安毅、周雨农、范圻
第九区分部 计政学院	1934 年曹配言、张仲伟、朱世圻，候补刘仲德、王福海
	1935 年曹配言、张仲伟、朱世圻，候补成蓬一、白午华

---

① 1937 年因学生党员人数过多，改组为第八、十三、十四、十五 4 个区分部。

续表

第十区分部	1933 年谢国栋、饶钦廉、郑奕盛，候补吴春熙、李子平
	1934 年刘凤文、张成达、阮国华，候补萧玑、朱光泽
	1934 年戴尔卿、刘凤文、尹禄光，候补马德元、于润泽
第十一区分部	1934 年高矩、高清岳、杨敬年，候补辜祖文、赵连福
	1936 年刘慈元、黄培炎、萧振闾，候补张鸿欣、殷日炎
第十二区分部 合作学院	1936 年安资深、莫万章、寿勉成，候补王世颖、王鸿鼎
	1937 年莫万章、寿勉成、王新甫，候补唐冠常、熊世培
第十三区分部	1937 年高文远、王玲、巨成玉，候补贾茂森、蒲延庆
第十四区分部	1937 年执委刘恩、陈英彦、李文璧，候补许辑玉、周发岐
第十五区分部（原为测验工作人员养成所）	1934 年张隽客、夏焕新、徐建猷，候补萧自诚、汪潜之
	1937 年李世棻、常世泰、王巍山，候补岳永泰、李育棻
西宁分校区分部	1935 年周觉生
包头分校区分部	1936 年袁应麟、宸云、瑞臣，候补邹国柱、张镇临

资料来源：《中央政治学校校刊》；《十五区分部成立》第 32 期，第 11 页；《区党部近讯》第 66 期，第 8—9 页；《区党部近讯》第 67 期，第 11 页；《区党部近讯》，第 77、78 期合刊，第 13—14 页；《区党部近讯》第 81 期，第 14 页；《区党部党务消息》第 87 期，第 10 页；《第二三六区分部正式设立》第 97 期，第 10 页；《本校区党部第十八次执行委员会议记》第 100 期，第 17 页；《西宁分校区分部正式成立》第 101 期，第 6 页；《第八区分部改选执委》第 102、103 期合刊，第 5 页；《合作学院成立第十二区分部》第 111 期，第 15 页；《包头分校区分部改选》第 111 期，第 15 页；《第四五一一区分部正式成立》第 114 期，第 9—10 页；《第八区分部奉令改组为四个区分部》第 127 期，第 7 页；《第十二区分部改选执委》第 129 期，第 8 页；等等。

据统计，1930 年政校已有 15 个直属区分部，学生党员五六百人。[①] 区分部执行委员主要由在校学生与部分教师组成。区分部是学校党务的主要执行部门，与师生党员保持着密切联系。所有学生均按专业或年级纳入相应区分部管理。

然而，教师党员如何管理则有待考察。1939 年《中央政治学校党务设施之回顾与前瞻》指出，战前政校"第一区分部全属本校教职员"。据此可知，战前政校可能设第一区分部负责教师党员的管理。1937 年，大学部与计政、地政、合作三学院共有教师 101 人；1939 年报到的党员教师 46 人。[②] 部分党员教师可能因各种原因未能正常报到，故战前教师党员人数可能超

---

① 《直属中央政治学校区》，《中央党务月刊》第 28 期，1930 年，第 142 页。

② 《中央政治学校党务设施之回顾与前瞻》，《中央党务公报》第 2 卷第 4 期，1940 年，第 25 页。

过此数。

作为党校，派系是政校聘任教师必须考虑的因素。陈果夫曾要求罗家伦"请本党同志为教授或演讲，也要请兄特别注意……我们那边的同志，总应该多请几位"。[①] 除此之外，校长也指派"本党青年专门人才，如萧铮、罗霞天、骆美奂、吴任沧诸同志，务收容在本校任教，以备本党应用也"。[②]

与国立、私立、教会大学相比，党办学校除了隶属机关与之不同之外，完整的党组织体系也是最大的区别之一。在全国高校未普设党部之前，政校具有一定的特殊性。那么，政校为何能够设立独立的国民党组织呢？

1928 年国民党颁布的《区分部划分办法》规定：学校学生或教员"须依各该党员所寓住址，划归各所属区分部，不得以其职业机关所在地"。这表明学生党员按其居住地划分到居住所在的党组织。该条例的出台，从法理上限制了国民党在学校建立独立党组织以及直接控制各级教育行政机关的权力。

事实上，实际情况较为复杂。《区分部划分办法》第三点规定："凡寓居同一门牌内之党员人数过多（如中央党务学校、陆军军官学校等），为管辖便利，得由其所属上级党部，呈请中央组织部酌量情形，准许设一区党部，或成立数个区分部。"[③] 该点特别指出中央党务学校、陆军军官学校之类的学校因党员人数过多，可以酌情设立区党部。此外，按照党员移转登记办法，"凡党员由甲地转移至乙地，居住在两月以上者，即须填具党员转移登记表，办理转移手续"。[④] 换言之，学校可能因党员人数多而单独成立党组织。

党办学校特殊性在于所有学生均为国民党党员。这正如蔡元培所说，"普通一般的区分部多半是几个有训练的党员组织"，而该校"却是一班很有革命经验的党员和在训练的党员组织的"。[⑤] 再者，学校负责人蒋介石、丁惟汾、陈果夫等人均为国民党要员，且丁、陈先后负责国民党党务事宜。因此，政校存在国民党组织不足为奇。党组织的存在则为党化教育的开展提供了制度保障。

---

① 《陈果夫致罗家伦函》（1932 年），转引中国国民党中央委员会党史委员会《罗家伦先生文存》附编，1996，第461—465 页。

② 《蒋介石致罗家伦函》（1927 年 5 月 12 日），《罗家伦先生文存》附编，第15—16 页。

③ 《区分部划分办法》（1928 年 5 月 17 日），中国第二历史档案馆馆藏，档案号：七一一（5）-219。

④ 《本校党部催党员转移党籍》，《国立浙江大学校刊》第 169 期，1934 年，第 1729 页。

⑤ 《中央党校特别区分部成立》，《申报》1927 年 10 月 20 日，第 6 版。

二 党化教育

中央政治学校以"造成实行党治的政治建设人才"为宗旨，因此，党化教育是学校重要的教学任务之一。中央党部每月补助区党部 180 元以发展党务。从党费开支来看，每月尚有结余。① 王奇生教授在考察战时大学党组织活动时，认为大学区党部经费只有一二百元，党部活动"自然无法运作"。② 如果按此思路，政校区党部活动亦难展开。但实际情况并不是如此。

（一）学生入党

新生入学后，区党部会考察其政治身份，将已是国民党党员的学生编入区分部。非党员学生则由军事训练部组织填写入党申请书，再编入小组进行训练。③ 为对学生入党的全过程有所了解，此处以政校第五期新生为例进行说明。该批新生入学后，区党部将之分为 12 个训练组，每组正副组长一人。编入各个训练组后，学生在训练员指导下进行党务学习。形式有定期开会，邀请党政要人莅临演讲。训练两月后由区党部派员个别谈话，主要考察各生智能、行为、经济背景、思想倾向。④ 考察合格后准予为预备党员，接受训练。

具体而言，1934 年初，区党部聘请项定荣、徐志明担任训练员。先由项定荣讲授《国民党之组织与训练》、徐志明讲《国民党党史之研究》；后以专题演讲方式，对三民主义理论各要点做较为系统探讨。此外，另由区党部执委刘振东请校外同志轮流讲演。⑤

为保证学生对三民主义的理解与掌握，区党部一方面对党员训练严格要求，规定全体党员、预备党员开会时请假应由军事训练部证明，否则以无故缺席处罚。另一方面每周安排党义课，由南京市宣传部部长赖琏讲授。每学期组织党义测验，以考试的方式考查学生对党义的理解程度。⑥

---

① 《本校应改设特别党部》，《中央政治学校校刊》第 42 期，1931 年，第 10—11 页。
② 王奇生：《战时大学校园中的国民党：以西南联大为中心》，《历史研究》2006 年第 4 期。
③ 《区党部近讯》，《中央政治学校校刊》第 64 期，1933 年，第 9 页。
④ 《本校区党部定期举行一年级预备党员个别谈话》，《中央政治学校校刊》第 117 期，1935 年，第 9 页。
⑤ 《区党部重定预备党员训练办法》，《中央政治学校校刊》第 72 期，1934 年，第 10 页。
⑥ 《区党部举行第十三次执行委员会议》，《中央政治学校校刊》第 84 期，1934 年，第 10 页。

1935 年，第五期的预备党员训练已满两年，具备正式党员条件。区党部呈请中央执行委员会，准予正式晋为党员。[①] 作为中央党部直属区党部，政校预备党员的征收有其特殊之处。政校虽也是集体入党，但并不似军队集体入党有名无实。王奇生认为战前国民党党员数量增长缓慢其中因素之一就是"党组织软弱涣散"，"不能有效地通过各级组织管道，自下而上大规模地吸纳新生力量"。[②] 而政校建立了从区党部至各个区分部及训练小组的组织体系，从而保证政校学生全部入党，成为新生力量。区党部经费虽然有限，但由于区党部成员多为学校行政人员或教职工，无须从党部领薪。区分部负责人与成员则多为在校学生，亦不须党部补助。因此，各种活动得以展开。

（二）总理纪念周

作为党办最高学校，政校开展三民主义教育是内在要求。总理纪念周是政校每周周一上午固定的仪式活动，是党化教育的重要形式。1926 年，国民党二大决定将"海内外各级党部及国民政府所属各机关、各军队均应于每星期举行纪念周一次"写入《中国国民党总章》。同年 2 月，中央党部公布的《纪念周条例》将时间规定为每周一上午九时至十二时。政校基本没有中断过总理纪念周的举行。每周一上午按照总理纪念周仪式，全体起立，唱党歌，向总理遗像行敬礼，恭读总理遗嘱全体循声宣读，向总理遗像默念三分钟，报告或演说。[③]

总理纪念周也是学生进行思想教育与专业学习的机会。政校的总理纪念周主要内容为学校工作报告与演讲。其演讲内容可以分为两个部分：一是本校各系主任或教授进行专业性知识介绍；二是邀请政要讲述时事。许小青教授曾以中央大学总理纪念周内容多为教授演讲学术专题而没有直接宣传党义为由，得出该校党化教育是失败的结论。[④] 如果按此思路，政校的党化教育似乎也是失败的。其实不尽然，一是正如陈蕴茜研究表明总理纪念周是国民党的一种制度时间，"不应该仅仅成为一周一次强制人们学习总

① 《第二三六区分部正式设立》，《中央政治学校校刊》第 97 期，1935 年，第 10 页。
② 王奇生：《党员、党员与党争：1924—1949 年中国国民党的组织形态》，华文出版社，2010，第 301 页。
③ 中国国民党浙江省执行委员会训练部编《总理纪念周浅说》，出版地不详，1930，第 2 页。
④ 许小青：《政局与学府：从东南大学到中央大学（1919—1937）》，中国社会科学出版社，2009，第 168 页。

理遗教的时间，而应通过这一制度时间延伸至人们的整个人生旅程"，通过对仪式的严格，达到"让人们崇拜孙中山，同时也认同国民党的政治实践"。① 二是国民党要人的时事报告是向学生讲解国民党对时事的认识与定位，以保证学生思想与国民党的一致性。这些均是党化教育的形式。

（三）演讲

演讲竞赛或辩论会是政校开展的另一种党化教育形式。一方面考查学生对理论与政治立场的把握程度与分析问题的能力；另一方面，通过排名的方式以保证学生思想信仰和忠诚的统一。区党部规定每学期举行一次党员与预备党员演讲竞赛，由执监委员担任评判。各区分部则不定期举行演讲比赛或辩论会。1935 年，区党部胜出的演讲题目有《中国本位的文化建设运动与中国革命》《收复东北与复兴民族的关系》《国难声中的统一工作》《新生活与旧道德》等。通过学生演讲题目可知，演讲不仅是考查政校学生的语言表达能力，更是检测学生思想忠诚度与用理论分析问题的能力。再如华北事变后，第四区分部以《现状下的中国应立即对日开战》为题目举行辩论会，裁判先赴区党部交换意见后，宣布反方即中国不应该对日立即开战一方胜利。② 以上可知，演讲竞赛或辩论赛"不可能是纯粹学理的探究，而是达到思想一致的途径，讨论的作用，既有深入了解问题的一面，更重要的，则在于提供一个思想碰撞和转变的场所"。所以政校主持者都会在"提示、总结，从思考方向和原则立场上予以把关"，以保证与国民党政治立场的一致性。

黄道炫认为演讲是对"时事的了解和判断，既可以体现思维方式、思考背景、理论积淀，又可以培养分析问题的能力，更可以见出判断水准的高下，而综合的讨论、相互的碰撞，亦可加深对现实的认知、统一干部思想"。③ 其实政校亦经常要求学生对时事进行演讲或者研究。1930 年中原大战后，陈果夫在总理纪念周上指出："中央政治学校是和普通法政学校、大学法科不同。因为这是中国国民党创办的学校，我们最重要的事情，是要明白实际政治。因为我们一旦出校，便要负担实际政治责任的。""校长和

---

① 陈蕴茜：《时间、仪式维度中的"总理纪念周"》，《开放时代》2005 年第 4 期。
② 《第四区分部举行辩论会》，《中央政治学校校刊》第 102、103 期合刊，1935 年，第 4—5 页。
③ 黄道炫：《抗战时期中共干部的养成》，《近代史研究》2016 年第 4 期。

前方将士为中国之统一与军阀奋斗。我们在校中也要自己觉悟，格外努力、用功，才可以对得住前方将士，才可以不负校长创办这个学校的初意。"因此给学生布置一个题目："此次军事结束以后，你认为政治上改革最重要之点是什么？"① 通过这个题目考查学生对政治掌握程度。

从形式上而言，为保证培养出"党治"的人才，政校要求学生必须入党，每周一上午例行总理纪念周，定期举办演讲比赛。1937 年前，部分高校也开展总理纪念周，但未能像政校如此重视，并且坚持下来。在内容上，政校学生必须经过两年的预备期训练才能转为正式党员。这期间，通过小组训练、党义课程、总理纪念周、党政要人演讲等多种途径，政校时刻都在营造一种政治氛围，感染及增加学生对三民主义的理解与掌握。尤其值得指出的是，通过对三民主义理论或时事问题的演讲或辩论，学生能够将理论与实际相结合，从而成为一名具有三民主义信仰的党员。据此，政校的党化教育不可谓不成功。然而，在国民党派系纷争的政治文化背景下，政校亦不可避免受此影响。

三 派系之争

（一）CC 系与政校

与一般高校相比，政校要求所有学生必须入党，由区党部负责学生入党训练与三民主义教育。因此，区党部是管理学生的重要组织。由表 1 可知政校区党部执监委员多为 CC 系或亲 CC 系成员，因此，CC 系基本上主导着区党部。CC 系是否有组织地通过区分部将学生纳入其派系之中，尚无法详细考证。但区分部执行委员选举均须区党部派员监督，CC 系背景的吴延环等人多次当选委员。所以，占据区党部执监委员与区分部执行委员等职务是 CC 系控制政校的一个重要途径。

1929 年 6 月，国民党中央第十九次常务会议决议改组学校，下设教务、总务两处。人事安排上，总务处由 CC 系吴挹峰担任主任，教务处则先后由 CC 系成员吴南轩、程天放、刘振东担任主任。所以，CC 系基本上控制了政校行政系统。

---

① 《校务委员陈果夫先生训词》，《中央政治学校校刊》第 30 期，1930 年，第 2—6 页。

此外，CC 系控制学生的方式则有工作安排与设立同学会两种途径。政校学生毕业时，其工作分配主要有两种形式。一是介绍方式，通过组织或人事关系由学校介绍到中央政府各部门和地方政府工作；二是直接指派方式。在这一过程中，陈果夫通过个人关系帮助政校学生进入各级党政部门。

同时，政校设有同学会加强毕业生之间的联系。1931 年，政校设立政治学会，负责监督与组织政校毕业生。后因政治学会与一般的政治学会名称重复，为了避免无谓揣测，改称为中央政治学校同学会。① 在校本部设立总会，由校方派毕业生充任总干事和干事。有毕业生工作的省市，设立分会，亦由学校指派当地工作的毕业生任主任干事和干事。②

具体而言，1932 年政校第一届毕业生分发工作，政校同学会总会成立。因陈果夫是江苏省主席，政校毕业生大量进入江苏，在镇江市组织起政校第一个同学会分会"苏政通"，即"江苏省中政校毕业生通讯处"。陈果夫任会长，下设秘书、总干事、干事等，都是陈果夫的亲信骨干。③ 此后，有政校毕业生的省份常有以"×政通"来命名的同学会分会。④ 1938 年，政校毕业生指导部成立。同学会协助指导部负责"同学会指挥所在地同学会通讯处组及指导当地毕业生如何服务之任务"。⑤ 政校同学会性质与作用和一般学校同学会不同。其组织列入学校编制，除会员会费外，活动经费主要由学校承担。同学会定期登记毕业生的工作与生活状况，以便学校掌握毕业生的动态。毕业生遇到问题也可请求同学会帮助解决。⑥

马继周后来回忆同学会是"联络感情，互助互勉，并以实现三民主义为宗旨"。实际上是由陈果夫控制，用来团结和组织政校历届毕业同学，是

① 《上蒋校长书》（1931 年 9 月 28 日），转引罗家伦先生编辑委员会编《罗家伦先生文存》第 5 册，台北：中国国民党中央委员会党史委员会，1988，第 116 页。
② 陈孟坚：《国民党中央政治学校》，转引《广东文史资料精编·民国时期政治篇》下册，中国文史出版社，2008，第 306 页。
③ 郭汉鸣：《中央政治学校在重庆回忆片段》，转引《文史资料存稿选编》第 12 辑，中国文史出版社，2002，第 766 页。
④ 钱安毅：《中政校毕业同学会及其在贵州的活动》，转引《文史资料存稿选编》第 1 卷，贵州人民出版社，2006，第 102 页。
⑤ 朱燕平编《中国国民党中央政治学校文献类编（1927—1949）》，江苏人民出版社，2014，第 20 页。
⑥ 文昊编《蒋介石的密友近臣》，中国文史出版社，2011，第 156—157 页。

CC 系一个主要组成部分。① 因此，控制政校同学会是 CC 系将政校学生纳入其组织的重要方式。这或许是军统将政校同学会视为 CC 系重要组成部分的主要原因。②

（二）力行社与政校

随着力行社的建立，CC 系在政校独大的局面受到挑战。1932 年 3 月，在蒋介石的授意下，力行社成立。其由三个层级组织构成，从上到下分别为三民主义力行社、革命军人同志会（或革命青年同志会）、中华复兴社。饶钦廉回忆 1932 年 4 月复兴社进入政校，并成立南京中央政治学校直属区分会，康泽为第一任书记，毕业生黄天硕为助理书记。该会发展大批政校学生成为革命青年同志会会员。③

力行社下级组织之所以能够进入政校与蒋介石有着密切关系。作为中央军校与政校的校长，蒋认为"中央军校与中央政校为本党教育干部之基本工作"，"军事与政治必须体用兼备，然后革命方能收效"，因此希望两校联络"打成一片"。为此，1932 年 4 月 17 日，蒋介石函告两校主持者互派学生，政校学生到军校"指导小组训练及政治工作"，军校学生到政校辅助军事训练。同时，要求两校每月分组开设讨论会、体育会、游艺会，以实现"军政一贯之基础"。④ 蒋介石希望军校、政校加强联系以实现军政统一。然而，客观上却为以军校为基础力量的力行社进入政校提供了切入口。康泽后来回忆，革命青年同志会进入中央政治学校和中央大学活动是受到蒋介石的指示。⑤ 因此，力行社进入政校确实得到蒋介石的许可。

中央政治学校蒙藏班第一期学生赵爱德回忆，班主任何玉书、教员杨广荫、军训队长卢逸民均为复兴社成员。复兴社根据学生平时言行表现，进行个别秘密谈话，然后吸收入社。其同学郭统文、沈有才、禄建德、谈明义、邹国柱、宋积琏及西康学生李福全、内蒙古学生汪漪之等均先后加

① 马继周、郭柏、胡勤：《中央政校同学会组织及活动》，转引《文史资料存稿选编》第 12 辑，第 785 页。《陈果夫罗家伦函蒋中正》，"蒋中正总统文物"，典藏号：002 - 080200 - 00619 - 023。

② 重庆市档案馆：《军统关于国民党六大召开时各派系争斗倾轧的情报辑录》，《档案史料与研究》1997 年第 3 期。

③ 饶钦廉：《我所知道的中华复兴社的情况》，转引《广东文史资料精编·民国时期政治篇》上册，中国文史出版社，2008，第 560 页。

④ 《中央陆军军官学校史稿》第 7 册，龙文出版社，1990，第 213—219 页。

⑤ 潘嘉钊、钟敏等编《康泽与蒋介石父子》，群众出版社，1994，第 34 页。

入了复兴社。① 据康泽回忆，1934 年复兴社在政校吸收社员五六百人，并办通讯社。② 同时，复兴社成员徐君佩 1933 年当选为区党部执行委员。饶钦廉、谈明义、邹国柱等复兴社成员也多担任政校各区分部执行委员（见表 2）。

1935 年毕业学生实习结束后，蒋介石指派学生先到康泽负责的成都参谋团政训处别动队服务，然后再分配到各级政府"襄助办理地方行政"。③这无形加深了力行社对政校学生的影响。力行社在政校的发展早已引起 CC系的不满。于是 CC 系组织了一场学生失踪案以打击力行社的势力。据陈孟坚回忆，1933 年暑假，陈果夫故意将第三期学生汪某安排在江苏与安徽交界的县工作，然后向蒋介石密报该生失踪为复兴社所为。蒋介石下令拘禁在政校活动的复兴社成员任觉伍。④

该事件康泽亦有回忆：一位加入复兴社的政校学生，因违犯了复兴社纪律，被关了一两天后释放。中统局随即将该生隐藏起来，报告蒋介石说失踪了。蒋介石责令复兴社查究，而复兴社查不出来。1934 年，复兴社在庐山召开全体干事会。因学生失踪案，蒋介石撤掉了贺衷寒复兴社书记职位。⑤ 对照陈孟坚、康泽回忆与档案记载，政校学生失踪事件确实存在。学生失踪案是力行社与 CC 系争夺学生而引发的一场直接冲突。由于政校是干部培养之所，争夺干部的培养权则是两者内争的根本目的。对此表现较为明显的是 CC 系与力行社对就业训导班与留日归国学生训练班学生的争夺。

1936 年 6 月，行政院"求尽量利用专科以上学校毕业生以辅助行政及经济建设与教育建设"，经第二六八次会议决议设立专科以上学校毕业生就业训导班，附设于中央政治学校。第一期 455 人，第二期 338 人，学生经过训练后可以直接分配工作。⑥ 就业训导班下分教务、训导、总务三处，分别

① 赵爱德：《复兴社在青海活动的始末》，转引《青海文史资料》第 9 辑，青海人民出版社，1982，第 61 页。
② 康泽：《复兴社与 CC 系的斗争》，转引全国政协文史资料委员会编《特工组织》上册，中国文史出版社，2002，第 336 页。
③ 《蒋介石电康泽》（1935 年 7 月 16 日），"蒋中正总统文物"，典藏号：002 - 080200 - 00238 - 041。
④ 陈孟坚：《国民党中央政治学校》，转引《广东文史资料精编·民国时期政治篇》下册，第 309 页。
⑤ 康泽：《中华复兴社的内幕》，转引全国政协文史资料委员会编《蒋记特工揭秘》，中国文史出版社，2006，第 16—17 页。
⑥ 《中央政治学校十周年纪念刊》，转引孙燕京、张妍主编《民国史料丛刊续编（1079）》，大象出版社，2012，第 92 页。

由政校教务副主任王凤喈、中央组织部部长张历生、政校总务主任吴挹峰负责，三人均具有 CC 系背景。同时 CC 系重要组织中国国民党忠实同志会在训导班设立干事会，由张历生、陈访先、吴挹峰负责。具体而言，学员先由陈访先考察具体情况，经张历生、吴挹峰同意，汇报"同志会"干事长陈果夫批准后正式成为同志会成员。但由于要对这批学员进行军事训练，实施军事管理。于是，总务处下设军事训练总队部，下设 3 个大队 9 个区队，各设大队长、大队副一人。这些职位多为力行社成员担任。因此，力行社通过该途径与 CC 系争夺训导班学员。①

全面抗战爆发后，为训练 600 余名留日归国学生，陈立夫建议成立中央政治学校特别训练班。人事安排上，除张道藩担任班主任外，训育干事均为 CC 系成员担任，以负责学员的思想政治考核工作。不过，复兴社亦占有重要位置，如酆悌担任副班主任，郝鹏举担任军训总队长。此外，军事训练管理人员亦多为复兴社成员。②

1937 年底，围绕训练班的迁移地点，CC 系与力行社发生分歧。陈立夫主张撤退到西南，力行社表示反对。戴笠主张训练班迁至衡山，与"南岳干训班"合并，而康泽主张政校特别训练班与"军校特训班"合并迁到江陵。由于复兴社借训练班从南京迁移时发生学员逃离现象攻击陈立夫管理不善，蒋介石同意了康泽的迁移计划。1938 年初，政校训练班迁至江陵后，康泽将训练班改组为中央军校特别训练班，并撤换了陈立夫的人事安排。③鉴于康泽严酷的思想训练与控制，部分学员抗议将"政校特训班"并入"军校特训班"，拒绝把校址迁移到辰州和延长 3 个月受训。在康泽的镇压下，部分学生离开了学校。CC 系趁机攻击康泽。④ 1938 年 4 月，军委会政治部命令该班由江陵迁到武昌南湖，改名为战时干部训练团留日学生训练班，由陈诚负责，⑤ 借此消除 CC 系与力行社之争造成的恶劣影响。

---

① 胡梦华：《国民党 CC 集团的前前后后》，转引《天津文史资料选辑》第 6 辑，天津人民出版社，1979，第 196—198 页。

② 王进三：《中央政治学校特别训练班的内幕》，转引《文史资料存稿选编》第 12 辑，第 778 页；潘嘉钊、钟敏等编《康泽与蒋介石父子》，第 98 页。

③ 张化宇：《忆参加留日学生训练班的前后》，转引《河南文史资料》第 28 辑，河南人民出版社，1988，第 156 页；杨浩若：《留日归国学生训练班三改其名的经过》，转引《文史资料存稿选编》第 16 辑，第 897 页。

④ 刘复英：《抗战初期国民党设立中央政治学校特训班的片段》，转引《广州文史资料》第 27 辑，广州人民出版社，1982，第 144—145 页。

⑤ 王进三：《中央政治学校特别训练班的内幕》，第 779 页。

早在 1937 年 6 月，鉴于力行社在各处造成的争斗，蒋介石开始考虑改组力行社，并下令政治学校"入会者，应即令脱离"。同时，任命陈立夫出任政校教育长一职。力行社接到命令后"将该校区会撤销，改设联络员，停止活动"。1937 年暑期，陈立夫到校后规定"凡在校之团体同志，均由学校命令宣誓，不准参加任何组织"，因此复兴社"在政校之联络员亦无形撤销"。① 芷江风潮后，随着陈果夫接替陈立夫担任政校教育长一职，CC 系在政校的力量得到巩固。力行社则被并入三民主义青年团，原组织被取消。②

四　结语

清党运动后，国民党对学校设置党组织态度发生变化。虽未明确取消，但《区分部划分办法》的出台，从制度上规定了学校师生党员应附属地方党组织。然而，以政校为代表的一系列学校仍然设有独立党部。这是因为这些学校与国民党有着十分紧密的关系，是国民党培养"党治"的党政军人才基地。

全面抗战前十年，政校区党部之所以办得最具声色，这与政校的地位有很大的关系。作为培养"党治的政治建设人才"的学校，政校被国民党赋予了极大的使命与责任。蒋介石期望"本校学生，就是实行主义的干部……去担任最下层的工作，为革命大业奠定健全的基础"。③ 政校干部后来分布全国大多数省市，从事国民党政权中下层工作，并发挥了一定的作用。这与其在政校的教育是分不开的。政校建立了完整的国民党组织体系，从体制上保证了党化教育的开展。通过无所不在的政治文化、持续的灌输、耐心的引导，政校形成一套系统的党化模式。之所以有论者认为政校的党化教育不成功，可能是因为政校区党部组织虽然完善，活动多样，但只是配合学校行政当局对学生进行主义教育。政校虽为国民党最高党办学府，但以后来的概念视之，政校确实没有做到"以党治校"。1938 年后，随着国民党在大学校园普设党部，政校区党部活动愈加丰富，也逐渐关注学校教

---

① 《康泽呈蒋介石》（1938 年 3 月 1 日），"蒋中正总统文物"，典藏号：002 - 080200 - 00282 - 002。

② 贾维：《三民主义青年团史稿》上卷，社会科学文献出版社，2012，第 55 页。

③ 《中央政治学校创设的宗旨和教学的方针》，转引秦孝仪主编《先总统蒋公思想言论总集》第 17 卷，台北：中国国民党中央委员会党史委员会，1984，第 342 页。

育方针问题。但仍然只是供学校当局参考，并无决定权。[①]

此外，作为党办干部培养学校，政校在国民党党治政权中具有重要的位置，为政权输入新鲜血液。因此，国民党各派系为争夺干部的培养权，在政校展开各种活动。但派系之争影响了国民党对学生意识形态的形塑，一定程度上消释了党化教育的效果。

（作者简介：张欢，华中师范大学中国近代史研究所博士研究生）

---

① 《本校今后教育方针各区分部详细讨论》，《中央政治学校校刊》第 160 期，1940 年，第 1 页。

陈序经与变动时代的岭南大学 （1948—1949）

高志军

内容摘要　1949 年是新旧政权交替转换的重要年份。围绕这一年，大学在变动时代的起伏尤为剧烈。屹立于南粤大地的岭南大学在波涛涌动的时代大潮下亦面临诸多挑战，可谓内外掣肘。在此逆境中，岭大反能主动因应时局，及时调适，进一步壮大自身，表现出与同一时期高校发展轨辙相异的面相。以岭大为剖面，既可见投射于岭大校内的时局印记，又可考察其与时代的互动关系，一定程度上可见大学打上的深深时代印记，又可窥见变动时代大学发展的历史脉络。

关键词　岭南大学　陈序经　大学校长

1945 年抗战胜利后不久，国共内战爆发。是役影响至为深远，成为近代中国迈向现代中国的序曲与前奏。其间，部分高校恐于炮火，校内难有平静。在人心思定，学人南下寻求安定栖身之所的大环境下，上述因素互为交织，共同滞碍了这些大学发展。这场战争的冲击波自然也影响到了屹立于南粤大地的岭南大学。在激烈变动时代，岭大既面临来自内部的挑战，又受外部时局羁绊。如何摆脱内外困扰成为岭大的一项重要时代课题。不过，同许多高校面临诸多"时代共相"的同时，岭大又是较为特殊的一所。其特殊性就在于，岭大在面临翻滚澎湃的激荡时代大潮时，勇于突破瓶颈约束，逆流而进，一跃成为学术研究重镇，为后人津津乐道。其中缘由，发人深省。有关讨论岭大在新中国成立前夕的论著虽对本文所涉及有关部分问题或多或少有所讨论，但讨论仅局限于某一方面且叙述较为零散，对变动时代的岭大缺乏系统研究，① 尚未能充分全面挖掘岭大与时局的互动关系。本文运用广东省档案馆藏有关档案及报刊等大量资料，试图厘清新中国成立前夕岭大校内发生了何种变化，何以会发生变化，校方是如何应对的。通过上述问题的讨论，以期呈现变动时代岭大的复杂面相。

一 陈序经担任岭大校长之过程

在极具变动时代，岭南大学随时代脉搏共起伏。其变动既深深打上了时代的印记，又由自身之变引起。1946 年，国共内战爆发，是役成为深刻影响近代中国政局走势的重大历史事件。恰在此时，岭大校内因校长李应林身体抱恙（实则受到排挤），一时间易长问题成为岭大人关注的焦点。

（一）波折中陈序经出任岭大代理校长

1948 年 3 月，担任岭大校长 11 年之久的李应林向校董会提出请假一年的要求。② 李致函校董会称，因遵医嘱需修养一年，校务"敬恳届时简聘长才代理执行"。李还请求假满后请"准予辞退校长之职"。③ 这是正值国内翻天覆地巨变之际，岭大校内发生的一件大事。

其实，李应林身体有恙确系实情，但此恐非主因。据称，李应林除担任岭大校长职务外，还兼任过战后行政院善后救济总署广州分署署长之职。"因此原故，李不能专心致志于岭大校务，顾此失彼，致校事出现种种困难"，从而引来部分校董不满，李被迫去职。④ 这可能才是李辞职的根本原因。

针对李应林休假请辞，校董会在是年首次校董会议上予以讨论，对其提出的要求表示接纳。聘任代理校长人选问题遂摆上了议事日程。校董会决定，对校长代理人选特"组织一继任校长提名委员会"负责执行。⑤ 校董

---

① 代表性的论著有李瑞明编《岭南大学》，岭南（大学）筹募发展委员会，1997；王沙灵：《试论陈序经与岭南大学（1948—1952）》，硕士学位论文，暨南大学，2006；蒋超：《岭南大学华人校长研究》，硕士学位论文，暨南大学，2010；夏和顺：《全盘西化台前幕后：陈序经传》，广东人民出版社，2010；等等。

② 李瑞明编《岭南大学》，第 116 页。

③ 《关于请聘员代理执行私立岭南大学校长职务等情的文》（1948 年），广东省档案馆藏，档号：038 - 001 - 43 - 002 - 003。

④ 谢琼孙：《记前岭南大学校长李应林（续三）》，《华侨日报》1984 年 8 月 22 日，第 5 张第 2 版。

⑤ 《校董常会本年首次会议纪录　李校长积劳体弱　经获准休假一年》，《岭南大学校报》（1948 年 5 月 30 日，第 79 期第 2 版），广东省档案馆藏，档号：038 - 001 - 89 - 110 - 113。

会主席孙科去函告知李应林其休假"业经本会卅七年第一次会议议决照准"。①

一石激起千层浪，岭大代理校长人选引来各方关注。教员教谊会就曾于是年 5 月 14 日发来信函表示关切。校董会于 6 月 9 日复函联谊会并透露，校长人选"经已接洽矣"。② 其时，岭大在选聘代理校长方面早已心中有数，他们将目光早早地投向了陈序经。陈序经曾就读于岭大，时任南开大学教务长。该校校报称赞陈序经："颇多建树，且著作甚丰，为我国有名学者。"③ 校董会可能从李应林一经请辞便已注意到了陈序经。

1948 年春，天津《大公报》发布陈序经南下消息："国立南开大学教务长兼政经学院院长陈序经氏因为要去南洋考察，决暂时离职。"④

陈的南下，岭大颇多关注。该校还借此力邀陈序经来校畅叙。畅谈会邀请"主要教职员多人作陪"。⑤ 由此可见，岭大对陈序经是次谈话会之重视，但也不排除岭大对陈序经的初步考察。果不其然，陈序经南下新加坡时，已闻该校有意邀请他去主持校务。当是年 5 月陈抵港时这一传闻已基本坐实，抵穗时已完全证实，但陈无意出任是职。陈坚辞不就乃离穗转沪赴津。⑥ 传闻陈序经出任岭大校长的消息不胫而走，南开大学学生闻讯后，"都不愿陈氏去"，并打算"扣询陈氏意旨，表示挽留之意"。⑦ 而早在 5 月 18 日《申报》已报道称，岭大校长"李应林顷辞去校长职"后，"缺由该校校董会另聘南开大学教务长陈序经接充"。⑧ 从《申报》报道看，陈序经将担任岭大代理校长的传闻已是人皆尽知，不过陈尚未答允。

岭大向坐实这一消息坚定迈进。在 6 月 3 日的校董会第二次会议上，就"关于下年度代理校长人选案"明确表示："接纳继任校长提名委员会提议聘任陈序经先生为岭南大学校长，但在李校长休假内（民国卅七年八月一日至

---

① 《私立岭南大学校董关于筹拨李应林休假期内所需旅费的文》（1948 年），广东省档案馆藏，档号：038 - 001 - 43 - 004。

② 《私立岭南大学校董关于继任校长人选已另设提名委员会专责办理的文》（1948 年 6 月 9日），广东省档案馆藏，档号：038 - 001 - 43 - 006。

③ 《陈代校长八一莅校视事》，《岭南大学校报》（1948 年 9 月 10 日，第 81 期第 1 版），广东省档案馆藏，档号：038 - 001 - 89 - 102 - 105。

④ 《南开大学陈序经赴南洋考察　鲍觉民代政经院长》，《大公报》（天津）1948 年 2 月 18日，第 5 版。

⑤ 《陈序经同学返粤将转南洋一带考察　乘便返回母校探访　黄教务长招待午餐》，《岭南大学校报》（1948 年 3 月 20 日，第 3 版），广东省档案馆藏，档号：038 - 001 - 89 - 122 - 125。

⑥ 陈其津：《我的父亲陈序经》，广东人民出版社，1999，第 147、148 页。

⑦ 《考察南洋风土人情　陈序经返津》，《益世报》1948 年 5 月 27 日，第 5 版。

⑧ 《陈序经任岭南校长》，《申报》1948 年 5 月 18 日，第 2 张第 6 版。

民国卅八年七月三十一日）为代理校长。"① 这一决议的通过，使岭大校长人选的选聘愈加明确。这也与校董会向教员教谊会稍后透露的消息相合。

陈序经回到南开起初态度决绝，坚辞不让，而张伯苓的态度最终促成了陈序经南下。张伯苓曾主动谈及陈之去留，称可考虑南下。这出乎陈之意料。但陈序经"不能不"考虑张的意见，这是陈张引以为同调，互相尊重对方的自然流露。陈序经对张伯苓"从办小学而中学，由办中学而大学"的事迹"非常钦佩"；而张伯苓对陈亦是厚爱有加，对待陈"非常厚道"，陈颇得张氏器重。② 而张伯苓由原来的规避到主动出击，这可能与岭大致其的一通信函有关。

张对陈"无疑很器重"，但陈序经在赴岭大前所不清楚的是，岭大校董会除对陈力劝之外，还试图致信南开校长张伯苓，表达邀请陈序经出任校长的愿望。陈氏哲嗣陈其津认为，张可能欲借陈担任岭大校长积累经验，以为将来陈接任南开校长一职铺路。③ 陈其津这一说法为不久南开校长更换风波所证实。

经众人劝请，陈序经终于应允。不过，陈序经亦有自己的打算。陈认为，当时粤省高教落后于北方，不能与京津沪等地高校比肩，尽管岭大在广州堪称"办学条件最好的高等学府"。陈"深切地感到"，在"自己家乡广东，应该至少有一所学术水平能为国内一流的高等学府"。因此陈才应允担任岭大代理校长。④ 随后陈序经复电称"侍教有期"。⑤ 这里，陈序经应允出任代理校长，有陈上述考虑及张伯苓因素，但似显平面。另，校董会何以认为陈序经是代校长的最佳人选等问题，则有待相关材料开掘。

岭大对陈序经能够出任是职表示欢迎，但复函说，从 1948 年 8 月 1 日至 1949 年 7 月 31 日，陈仅是代理校长。⑥

岭大代理校长人选至此敲定。校报对此予以公布，布告既是对李应林功绩的充分肯定，称其"卓著勋劳"，其中又不乏对新任代理校长早日南下

---

① 《岭南大学校董会一九四八年第二次常会会议纪录》（1948 年 6 月 3 日），广东省档案馆藏，档号：038 - 002 - 30 - 009 - 016。

② 陈其津：《我的父亲陈序经》，第 97、112、113、136、149、150 页。

③ 陈其津：《我的父亲陈序经》，第 150、151、158 页。

④ 陈其津：《我的父亲陈序经》，第 158 页。

⑤ 《关于未能代理私立岭南大学校长职务的电报》（仅显示 19 日），广东省档案馆藏，档号：038 - 001 - 43 - 008。

⑥ 《私立岭南大学校董事会关于请陈序经代理校长职务的文》（无时间），广东省档案馆藏，档号：038 - 001 - 43 - 007。

的殷切期盼。① 李应林亦在本年岭大第 29 届学位典礼上对自己行将卸任校长职务做出说明。②

报载，因陈序经即赴岭大，南大教务长一职改聘杨石先代理。③ 与此同时，南开发布告同意杨出任教务长，陈序经辞职。④ 陈序经于 7 月底准备赴穗。⑤ 抵穗后，7 月 31 日岭大举行欢宴招待陈序经。⑥ 8 月 1 日，陈序经正式就任岭大代理校长，表示将努力办好岭大等语。⑦

陈序经走马上任不到两个星期，突接张伯苓来电，要其"立即回南京商量一些要事"。事因张伯苓被辞去南开校长而起。张欲让陈出任南开校长，遭陈婉拒。⑧ 张氏欲借陈序经代理岭大校长为陈长校南开积累经验说也可从南开以下布局中得以印证。

早在是年 7 月 4 日，《益世报》就报道南开校长张伯苓"即去京接考试院长"时，校务由陈序经等主持。尽管陈"已决定出长岭南大学"。⑨ 8 月 16 日天津《大公报》载："政经学院长陈序经，离校期间由鲍觉民教授代理。"⑩ 陈序经虽时已是岭南大学代理校长，但其政经学院之职仍为其保留。由是可见张让陈出任岭大代校长背后的复杂考量。

对于陈序经代理岭大校长一职，该校校友及学生反应强烈，对陈出任是职多有褒奖。岭大同学及社会人士对陈序经出任岭大校长"均深庆得人"。⑪ 各方对陈序经"主持岭大，寄予甚大期待"。⑫ 岭大学生总会、学生

① 《李校长倦勤辞职　陈序经博士接长校务》，《岭南大学校报》（1948 年 6 月 30 日，第 80 期第 3 版），广东省档案馆藏，档号：038-001-89-106-109。
② 《二十九界授予学位典礼　校长李应林博士致词》，《岭南大学校报》（1948 年 6 月 30 日，第 80 期第 1—2 版），广东省档案馆，档号：038-001-89-106-109。
③ 《陈序经转任岭南大学校长》，《大公报》（天津）1948 年 7 月 25 日，第 5 版。
④ 梁吉生：《张伯苓年谱长编》下卷，人民教育出版社，2009，第 342 页。
⑤ 《陈序经抵港即赴穗就任岭大校长》，《大公报》（香港）1948 年 7 月 29 日，第 4 版。
⑥ 《同学总会欢宴同学陈序经博士等》，《岭南大学校报》（1948 年 9 月 10 日，第 81 期第 2 版），广东省档案馆藏，档号：038-001-89-102-105。
⑦ 《陈代校长八一莅校视事》，《岭南大学校报》（1948 年 9 月 10 日，第 81 期第 1 版），广东档案馆藏，档号：038-001-89-102-105。
⑧ 陈其津：《我的父亲陈序经》，第 151、152 页。
⑨ 《南大校务》，《益世报》1948 年 7 月 4 日，第 3 版。
⑩ 《南开大学各院院长名单发表　王文田代理训导长》，《大公报》（天津）1948 年 8 月 16 日，第 5 版。
⑪ 《岭南同学会欢迎陈序经》，《工商日报》（香港）1948 年 9 月 3 日，第 6 版。
⑫ 《大酒店屋顶花园岭南人一盛会昨酒会欢迎校长陈序经一片酒香欢笑热情洋溢》，《大公报》（香港）1948 年 9 月 3 日，第 4 版。

自治会亦分别于 9 月 29 日、10 月 1 日举行欢宴仪式，以示庆贺。[①] 足见人们对陈序经执长岭大的期待心情。

9 月 16 日，在岭大怀士堂"隆重举行"的 1948 学年度开学典礼则是陈序经在全校师生面前的首次公开亮相。陈在典礼上说："教育是百年大计，要有成就，不只需要较久的时间，而尤需要同事同学的合作精神。……只要我们本着合作的精神，努力做去，则今后的进步，是无限量的。"[②] 显然，陈序经认为办教育是长久之计，成就的取得不仅需要时间的累积，更需要学人的精诚合作。陈的办学理念呼之欲出。陈序经确能言必行，行必果，不久后陈的系列措施显现出其"合作精神"的效力，岭大的发展确实呈现"无限量"的态势。这与陈序经等人主动因应政局关系甚大。

（二）陈序经留任岭南大学校长

陈序经治校有方，其办学实践得到各方肯定。如 1948 年陈序经设法恢复"西南社会研究所"的努力，有人就正面预估，恢复该所将"对于西南社会经济之研究，贡献必多"。[③] 又如岭大美籍教授富伦在 1949 年就曾观察到自陈上任以来，"学校平稳过度，没有发生任何不满现象"；校园的学术氛围较前更为浓烈，并且在"许多方面超过了战前"；在政局动荡时期，陈"处事不惊"，"使得全体师生面对变迁保持平静"，"而广东一些人却惶惶不可终日"，这令人"赞口不绝"。[④] 这是富伦以亲身参与者、经历者的身份写就的文字，其笔下或诉诸个人情感，但足见对陈序经的赞赏。

事有波折，李应林在请假将届一年之际来函校董会请求续假一年，这多少给陈序经能否由代校长继而校长身份的转换留下悬念。1949 年 4 月 16 日暨岭大校董会第一次会议对此做出讨论，认为"碍难置议"。也在是次会议上，校董会决意延聘陈序经自 1949 年 8 月 1 日起担任校长。[⑤]

表面上看，是次会议事关是否允准李应林续请假一年而与陈序经无涉，

① 《编辑缩编》，《岭南大学校报》（1948 年 10 月 10 日，第 83 期第 4 版），广东省档案馆藏，档号：038 - 001 - 89 - 094 - 097。
② 《首次大学周会陈校长训词》，《岭南大学校报》（1948 年 9 月 20 日，第 82 期第 1 版），广东省档案馆藏，档号：038 - 001 - 89 - 098 - 101。
③ 《陈序经接长岭南大学》，《社会学讯》1948 年第 8 期，第 5 版。
④ 陈其津：《我的父亲陈序经》，第 171 页。又见李瑞明《岭南大学》，第 117 页。
⑤ 《岭南大学校董会一九四九年第一次常务会会议录》（1949 年 4 月 16 日），广东省档案馆，档号：038 - 001 - 20 - 017 - 021。

实则对陈关系极大。校董会若应允李之要求，则陈仍为"代理校长"。一方面，就李应林请求，岭大校董会致函李氏婉拒。① 另一方面，校董会于1949年5月26日致函陈，请其于是年8月起担任岭大校长。②

1949年7月底，是李应林假满一年之日，亦是陈序经出任代理校长达一年之时。按规定，李、陈应在是月完成校长轮替交接仪式。李应林从校产、经费、预算三方面做出申述。③ 至此，陈序经终于成为岭大校史上的第三任华人校长。

陈序经的上台可谓几经波折，最后在国立南开大学校长张伯苓斡旋下方才成行。陈序经能够由岭大代校长而校长，这与校董会力排婉拒李应林续假一年请求息息相关。校董会无疑感受到在陈序经及众人努力下，岭大正呈现勃勃生机。岭大在大变动时代展现出何种历史图景，促使陈序经实现身份转换呢？

二 南迁学生与岭大去留

时局不靖，各地迁校之议一时呼声四起。"迁"与"留"成为彼时大学的"时代主题"，并引起各校当局的沉重思考。时局在演进，各方在细密观察中，心态矛盾、谨慎挪步。岭大亦如是，校内表面上波澜不惊，却"掩盖不住时代的波涛"。④

地处咸淡水交汇之地的岭大地理位置独特，使其能在国共内战爆发后相当一段时期内保持相对安逸的读书环境，这给岭大以他者身份全面客观观察时局提供了良机。

岭大十分关注北校南迁对其造成的影响。对此，早在1948年李应林主事时期已做预估，"因为政治军事变化，对于南方之影响及华北基督教大学有酝酿南迁之可能"。⑤ 及至是年底，陈序经在"北上月余"后观察到，

---

① 《岭南大学董事会关于李应林假满退职时一次过致送港币六千元一事的笺函》（无时间），广东省档案馆藏，档号：038-002-73-021-022。

② 《私立岭南大学董事会关于请陈序经任本校校长一事的函》（1949年5月26日），广东省档案馆藏，档号：038-002-73-048。

③ 《私立岭南大学关于定期举行校长交代仪式等情的笺函》（1949年7月28日），广东省档案馆藏，档号：038-002-190-020-023。

④ 华南理工大学名师《冯秉铨》编委会编《冯秉铨》，华南理工大学出版社，2004，第73页。

⑤ 《廿三次全体校务会议》，《岭南大学校报》（1948年4月10日，第76期第4版），广东省档案馆藏，档号：038-001-89-414-417。

"得知平津各大学处境困难，未有南迁之意"。① 但此时，借读、转学或家本在南方顺势南下者甚众，加之官方抱持协助其南下的态度助长了这一趋势："至迁校问题，中央决定尊重院校之意见"，"关于职员迁送眷属及南方籍教授与学生返家，或在南方任教等问题，当协助解决"。② 或是出于官方鼓励等原因，流亡学生大批来穗，"着先予物色安置地点及学校"也就成为妥善应对南下学生的关键。③

岭大对南下借读与转学学生及少量机构等南迁表示设法帮助。④ 面对学生"每多南下就读，请求借读或转学于本校者大不乏人"的现象，岭大时因房舍"已无可容纳之地"，"经费支绌无法筹措"等限制，实无能力容纳足够多的学生，不得不"分呈教部及行政院请求核拨补助，俾资建筑"，教育部的拨款方才缓解了其校舍不足的瓶颈。⑤ 在尽量收容学生的同时，岭大亦设法对一些南迁机构如哈佛燕京学社等妥当安置。⑥

前已述及，岭大在1948年底时即表示在翌年初即可收容转学、借读学生。截至1949年2月10日，请求转入岭大的学生就已达190余人，经核查准予各校免试借读的学生有123名。⑦ 在这些学生中，有7所教会大学97人选择在岭大借读，约占总借读人数的78.9%。就区域分布而言，平（26，21.1%）、沪（32，26.0%）、京（44，35.8%）地区占绝大多数，在一定程度上反映出教会大学间的良性互动以及战局南移给该地区高校带来的显性影响。当然，岭大对各地学生的到来，亦持开放态度。⑧ 陈序经在是年首次大学会上说，对南来的新同学表示欢迎。⑨

---

① 《岭南大学校董会一九四八年会会议纪录》（1948年12月8日），广东省档案馆藏，档号：038 - 001 - 20 - 012 - 016。

② 《对平迁校问题中央尊重院校意见》，《华侨日报》1948年12月9日，第1张第2版。

③ 《六千流亡学生来穗就读》，《华侨日报》1948年12月25日，第1张第4版。

④ 《岭南大学校董会一九四八年会会议纪录》（1948年12月8日），广东省档案馆藏，档号：038 - 001 - 20 - 012 - 016。

⑤ 《本校增建宿舍二幢——为收容南下借读学生 教部补助一部建筑费》，《岭南大学校报》（1949年2月20日，第93期第3版），广东省档案馆藏，档号：038 - 001 - 89 - 017 - 020。

⑥ 《哈佛燕京学社迁穗 本校拨借地方办公》，《岭南大学校报》（1949年2月10日，第92期第4版），广东省档案馆藏，档号：038 - 001 - 89 - 001 - 004。

⑦ 《春季招考新生放榜》，《岭南大学校报》（1949年2月10日，第92期第3版），广东省档案馆藏，档号：038 - 001 - 89 - 001 - 004。

⑧ 《卅七学年度第二学期各校学生来校借读人数统计表》，《岭南大学校报》（1949年2月10日，第92期第3版），广东省档案馆藏，档号：038 - 001 - 89 - 001 - 004。

⑨ 《首次周会隆重举行》，《岭南大学校报》（1949年2月20日，第93期第2版），广东省档案馆藏，档号：038 - 001 - 89 - 017 - 020。

1949 年 1 月 25 日，国民政府宣布南迁："南京已面临炮火，各机关已不能于此战区边沿正常处理公务，为使谋求和平之努力得按既定期望顺利获致结果，南迁至安全区，诚所必需。"①4 月，南京解放。国民党政权的完全垮台已是时间问题。此时的广州人员混杂，各地流亡学生亦大批涌入广州。为此，教育部部长杭立武曾专门召集穗市包括岭大校长陈序经在内的公私立专科以上校长、教务长及各地撤退来穗的院校长商讨"教育界学术界劳力甚久人士"到穗后的生活。② 时至 6 月初，流亡学生抵穗学生已近万人，"虽然政府主管当局设站接待，供给食宿"，"然因承办部门工作人员有限，兼以金圆券贬值，继而停止流通以致流亡学生未能全部使其安定"。杭立武遂于是月 10 日再次邀请陈序经等"会商关于在穗流亡学生救济与整个安置等问题"。③ 由是可见，仅 1949 年上半年，国民政府的节节败退以致南迁使其面临军事、解决流亡师生食宿等诸多压力。而金圆券的贬值正是战局恶化、政府南迁影响人心等因素引起的。④

面对既深且巨的时变，岭大不可能置身事外。岭大在历史的紧要关头，"人们脑海翻腾，各怀心事。一些人不知将发生什么情况，被一种'悬念'折磨着；一些人希望安定下来，情形一如既往，而被一种'幻想'牵动着；在那里任职的美籍教师们却如坐针毡"。岭大众人的担心归结于一点：岭南大学要不要迁校？为此，岭大顾问委员会在 1949 年上半年曾召开三次会议专门讨论，"据了解，'不搬走，不解散，继续办下去'的意见占了上风"。顾问委员会是陈序经担任代理校长不久成立的一个供校长咨询的机构，陈任主席，成员有岭大教师王力、冯秉铨、富伦三人。⑤ 冯秉铨早年毕业于清华大学物理学系，后又在燕京大学攻读硕士，曾两度任教岭大。1940 年，冯赴哈佛大学攻读博士学位，1946 年抗战胜利后旋又重返岭大。⑥ 富伦是岭大美籍教授，是时是岭大美基会的负责人。

---

① 《我外部照会各国使馆　宣告政府即南迁　立法监察两院随同迁穗》，《申报》1949 年 1 月 26 日，第 1 张第 1 版。

② 《杭立武勉各校长苦撑应变校长们允尽地主之谊设所收容南来教职员》，《华侨日报》1949 年 5 月 9 日，第 2 张第 4 版。

③ 《流亡学生抵穗近万　教部集议安置》，《华侨日报》1949 年 6 月 10 日，第 1 张第 2 版。

④ 《政府南迁影响穗市港币暴涨每港元对百一十围》，《大公报》（香港）1949 年 2 月 1 日，第 5 版。

⑤ 华南理工大学名师《冯秉铨》编委会编《冯秉铨》，第 76、77 页。

⑥ 陈其津：《我的父亲陈序经》，第 161 页。

岭大决不迁校，这与高层的政治态度及其处境互为依傍。早在 1948 年时，曾有人劝陈序经将岭大迁至香港，为陈所拒。① 陈序经办事谨慎周密，但为慎重起见，"在一些重大事情上也常征求他人意见"，② 故有委员会的设立。该机构虽不是权力机构，但它的实际权力很大，其所提出的问题，"往往是其他会不能解决的问题"，迁校即属此类。③ 事实上，对于一所"已具相当规模，拥有很多国内一流学者"，且"当时已成为全国最完善的大学之一"的高等学府来说，迁校并非易事。陈序经本人亦抱持此观点。陈认为，"国民党腐败无能，共产党会比国民党好"，迁校大可不必。一旦搬校，对岭大将"造成很大损失"。陈对国民党抱有芥蒂在各方面均有表现。如国民政府南迁后，要员亦随即来穗。陈序经"也免不了受他们的注意"。1949 年 3 月，陈序经收到蒋介石请帖请其赴宴，但陈无意面蒋，随即借故外出。又如，何应钦曾致电岭大，欲到校住些时日，陈不允。④

在岭大迁校与否问题上，陈序经固然有其自身考虑，但顾问委员会成员冯秉铨的意见或许更加坚定了陈的立场。冯秉铨在岭大去留问题上态度鲜明，"不断表示并积极主张岭南大学不迁走，继续办下去"。其中一封来自其妹冯秉姗的延安来信给了冯更多的底气，信中劝说冯勿离开广州，并给冯介绍中共对知识分子的政策，"这封信有如一道黎明的曙光使他豁然开朗"。⑤ 面对时代的巨变，岭大在涉校问题上小心翼翼。是年 5 月初，陈序经由穗抵港。据报载，此次陈赴港可能是准备召开校董事会议，讨论岭大应变事宜。⑥ 不久又传出岭大迁澳（门）说，"岭南大学最近以时局吃紧，为策应员生安全"，"有拟将该校迁往澳门上课云"。⑦ 迁校说始终未能付诸实施，是种主张很快便烟消云散。

对于不明朗的局势，是年 5 月，美国友人写信给美籍教授，劝其回国。6 月，美国驻穗领事亦召集留穗的美国人讨论时局。岭大教授则"希望学校

---

① 林元：《忆爱国学者陈序经先生》，西南联合大学北京校友会编《笳吹弦诵情弥切——国立西南联合大学五十周年纪念文集》，中国文史出版社，1988，第 148 页。

② 陈其津：《我的父亲陈序经》，第 164 页。

③ 华南理工大学名师《冯秉铨》编委会编《冯秉铨》，第 76 页。

④ 陈其津：《我的父亲陈序经》，第 177—179 页。

⑤ 华南理工大学名师《冯秉铨》编委会编《冯秉铨》，第 77、78 页。

⑥ 《陈序经来港将开岭大校董会议讨论如何应变问题》，《大公报》（香港）1949 年 5 月 3 日，第 4 版。

⑦ 《传岭南大学有迁澳说》，《华侨日报》1949 年 5 月 11 日，第 2 张第 4 版。

的前途会更明朗"，故决定采取观望的态度应对时局。这样的"观望"姿态一直持续到广州被新政权接管。①

以上诸端无不体现时局动荡下相关人等对时局难有把握，不能扣及时代脉动而身陷彷徨时的矛盾心态。几近同时，"留港教育文化工作者"萧隽英、杜守素等数十人发表致华南教育工作者书，号召"诸工作同志"坚守本职，"以集体的力量，反对迁校及破坏"。② 在教会大学中，齐鲁大学很早便有迁校之议。中共闻讯后，通过各种渠道劝其留守。济南解放后，决意南迁的齐大为此付出了沉痛代价。③ 可见，迁校已不仅仅是学府求得安身之所如此简单，政治表征的意义相当凸显。

除上述诸人对国民政府存有隔阂外，岭大农学院院长李沛文等人对国民政府的统治亦多有指摘。是年 8 月下旬，广州卫戍司令部突派"武装特务一批，包围岭南大学，逮捕该校农学院院长李沛民〔文〕，加以'奸党'的罪名"。④ 事实上这是因李沛文拒不执行国民政府命令将物资运送至海南岛，反而暗中破坏的行为激怒了国民政府。⑤ 李沛文被捕后，陈序经前后奔走月余，曾找过广州卫戍司令、李宗仁等，最后通过活动朱家骅，李沛文

---

① 参见徐保栓《抉择与诀别——建国初期岭南大学美籍教师的处境与活动：1949 年 10 月—1951 年 2 月》，硕士学位论文，中山大学，2009，第 6、7 页。
② 《快保护华南文化　团结同学职工民众应变　避免合校一切设备损失　留港文化人士致书华南教育界》，《大公报》（香港）1949 年 6 月 13 日，第 4 版。
③ 参见李芳《建国后教会大学的改造与调整——以齐鲁大学为例》，硕士学位论文，山东大学，2011，第 31、32 页。
④ 《岭大农学院长李佩民被捕》，《大公报》（香港）1949 年 8 月 25 日，第 1 版。
⑤ 中国科学技术协会编《中国科学技术专家传略·农学编》园艺卷 1，中国科学技术出版社，1995，第 112 页。李沛文被捕的一种说法是："南京国民政府在撤离大陆之际，命他将所有物资转移到海南岛。李沛文对国民党的统治早已不满，为保留难得的设备，他拒不执行命令，暗中授意其手下人将汽车和农械的轮胎及重要零件拆除，使这批物资无法转移。为此激怒了国民党当局，在一次会议上突然将他扣留。"（见中国科学技术协会编《中国科学技术专家传略·农学编》园艺卷 1，第 112 页）另一种说法认为：国民政府以莫须有罪名将李逮捕，"说他运了什么物资去海南岛"，属无稽之论（见陈其津《我的父亲陈序经》，第 177 页）。上述材料的分歧主要在于李是否主动运送物资至海南岛。李沛文之女李婉君忆及乃父：国民党崩溃之际，命李将"农垦处所有物资运往海南岛"，他"拒不执行国民党命令，因此被送进了监狱"（见李婉君《怀念终生忘我的好爸爸——李沛文教授》，《岭南记忆》编委会编《岭南记忆》，中山大学出版社，2015，第 165 页）。又，《广州市志》载："国民政府逃离大陆前，命他（指李沛文——笔者按）向海南岛转移所有物资，他拒不执行。"（见广州市地方志编纂委员会编《广州市志·人物志》卷 19，广州出版社，1996，第 307 页）可见，李沛文被捕是因其不配合国民党运送物资到海南岛而引发。《我的父亲陈序经》一书记载有误。

方才获释。① 李汉魂回忆说："李济深先生之子李沛文被扣留后，我与余幄奇俱觉不当，其父投奔共党，不应连累及子，虽竭力为之奔走，……终未能立即保释。于此可见，我党何以失人心也！"②

这从一个侧面说明，在岭南大学内部因许多人对国民政府怀有芥蒂，而这些人又身居岭大高层，在迁校与否的问题上握有相当话语权，故最终迁校未能付诸实践。

时至 1949 年 10 月，即广州解放前夕，陈序经再次拒绝了迁校香港的建议。③ 如此，伴随 10 月 14 日广州的解放，岭大迎来了新时代。

三 岭大延聘教授来穗执教

岭大不迁校的决定和较早已着手延聘教授的举措互为表里。不迁校为延聘教授来穗提供了相对安定的环境，延聘教授又使岭大声望日隆，从而在决定迁校问题上斟酌再三，成为各方争取的对象。

陈序经于 1948 年 8 月走马上任后便利用北方局势动荡，人心思定的心理，因势利导，力图延聘知名学者来穗执教。陈的此番举动使岭大在很短时间内汇聚了一大批一流学者。陈序经在是年校董会会议上就称："本校校务进行颇为顺利，最近因北方时局紧急，其中不少著名教授有意南下本校，在可能范围内甚欲乘此机会物色对于本校将来发展有特殊贡献之教授，否则良机一失，以后恐难罗致。"④ 可见，岭大之所以能延聘到大批知名学者来校执教，乃是时势与岭大主动因应时局合力的结果。但应当指出，陈的眼光与个人能力在此二合力中占主导作用。陈在上任短短两个月内就已延聘到诸如知名语言学家王力、社会学家杨庆堃、医学专家谢志光等人即是显例。校报就聘请教授讯息予以及时公布，字里行间透露出某种欣喜之情，如对医学专家谢志光等的报道："查北平外科专家司徒展博士，放射科专家谢志光博士，内科专家陈国桢博士，细菌学教授白施恩博士及陈光煜教授

---

① 陈其津：《我的父亲陈序经》，第 177 页。
② 王杰、梁川主编《枕上梦回：李汉魂吴菊芳伉俪自传》，广东人民出版社，2012，第 163 页。
③ 中山大学图书馆编《陈序经图录》，中山大学出版社，2014，第 131 页。
④ 《岭南大学校董会一九四八年会议纪录》（1948 年 12 月 8 日），广东省档案馆藏，档号：038－001－20－012－016。

等现应聘来校担任教席并兼任附属博济医院主要医师……查司、谢、陈博士为本校旧同学。以上各教授均为我国医学界有名医学专家，经验丰富云。"① 其实，岭大聘请到的教师人数远不止此，仅 1948 学年度第一学期就已邀聘教师王力、杨敬年、黄如文、谢志光、司徒展、陈国桢、白施恩、秦光煜等 50 人。试以此为例说明。

在这 50 人中，毕业于国外大学的有 23 人，占总人数的 46%。② 在教师队伍中，又以赴美留学人数最多（达 16 人），约占留学生数的 69.6%，其次是英国（4 人，约 17.4%）、法国（2 人，约 8.7%）、德国（1 人，约 4.3%）；毕业于国内中央大学、中山大学等非教会大学的教师有 7 人，占总人数的 14%，而国内教会大学毕业人数有 18 人，占总人数的 36%。③ 这提示着岭大在选聘教师上要求具有一定的"国际视野"。而国内教会大学所设课程等多与西方接近，亦如陈序经所称赞岭大的那样，是"一个国际学术合作的团体"，④ 故选聘出身于教会大学的学生亦与上述精神吻合。岭大的上述举措不仅充实了该校教师队伍，而且使其在动荡时期快速发展。以后来人的视角观察，中国近代大批留学生负笈海外固然是一时社会思潮，但由于此时在岭大聚集着受"西化"影响甚深的知识分子群体，这也为岭大在抗美援朝及其以后教师思想改造中一再批判"崇美""恐美""亲美"思想埋下伏笔。

岭大聘请教师亦呈现纵深结合的特点，从教授到讲师无不囊括，且其毕业院校由国外知名到国内知名大学逐级梯度。文、理工、医、农各学院均聘有师资，而文学院聘请到的人数最多（22 人），其次是医学院（15 人）、理工学院（11 人）、农学院（2 人），分别占总人数的 44%、30%、

① 《医学院人才充实 本年添聘名教授多人》，《岭南大学校报》（1948 年 10 月 10 日，第 83 期第 4 版），广东省档案馆藏，档号：038-001-89-094-097。

② 在延请的 50 名教师中，有 2 人略历不详，无法将 2 人归类。故将 2 人既不划入留学生组，又不归于国内毕业生组，但总人数仍以 50 人为计算各组百分比的标准。

③ 篇幅关系，具体名单恕不能具引。详见《本学年度大学新聘教员一览（下学期再续）》，《岭南大学校报》（1948 年 10 月 10 日，第 83 期第 3 版），广东省档案馆藏，档号：038-001-89-094-097；《本学年度新聘教职员一览（续上期未完）》，《岭南大学校报》（1948 年 10 月 20 日，第 84 期第 3 版），广东省档案馆藏，档号：038-001-89-043-046；《本年新任教员一览（续完）》，《岭南大学校报》（1948 年 10 月 30 日，第 85 期第 4 版），广东省档案馆藏，档号：038-001-89-047-050。

④ 《首次大学周会陈校长训词》，《岭南大学校报》（1948 年 9 月 20 日，第 82 期第 1 版），广东省档案馆藏，档号：038-001-89-098-101。

22%、4%。另，教师中全职者居多（36 人，72%），兼职者少（14 人，28%）。① 这在一定程度上保证了正常的教学秩序与教学质量。在受聘教师中，多数学术经历丰富，曾先后任职于多所国外大学者有之，任职于国内大学者亦不乏其人。

在上述聘请教师名单中，最富戏剧性的恐属聘请杨敬年一事。事因时任国立南开大学校长的何廉与陈序经争相聘请杨敬年而引发。杨敬年早年考入南开大学经济研究所，何、陈均属杨的老师辈，杨与二位情深谊厚。何廉对杨敬年的学业颇为重视，二人保持着书信往来。南开易长，继之以何廉。此时，何致信远在英国深造的杨，要其尽快回国，这其中就包含何廉为南开物色教师之意。陈序经获悉此讯后，对杨敬年许以优渥条件，希其留在岭大。何、陈争聘杨的序幕由此拉开。杨敬年虽有意留任岭大，但因何廉迟迟不肯交送杨的书而作罢。杨对未征得陈的同意而离开岭大"歉疚不已"。②

另有如陈序经曾"数次""慕名"赴北平聘请与其"并无深交"的放射科专家谢志光。除谢最后允诺南来外，还带来一批协和专家，如秦光煜、陈国桢、白施恩等人。③ 谢志光为中国临床放射学的奠基人，因其在放射科学领域内的特殊贡献，而被国际医学界称为"谢氏位"。谢连同秦光煜等人"共同撑起了在中国医学界有相当名声"，后来称之为中山医学院的半边天，始有"八大一级教授"之说。④ 谢志光的南下，于岭大医学院无疑意义非凡。

陈序经等众人在聘任教师上花费的心血与努力，其利用自己已有的人际脉络积极主动为之，也是成功聘任众多名师来穗执教的原因之一。尽管陈序经在聘请教授实践中不乏失败案例，但可看作汪洋大海中的一朵浪花。陈序经与何廉二位均对杨敬年表现出的惺惺相惜，恰说明杨之价值，亦印证陈的卓越眼光。总之，上述措施为提升岭大办学水准起到了极大推动作用。

---

① 详见《本学年度大学新聘教员一览（下学期再续）》，《岭南大学校报》（1948 年 10 月 10 日，第 83 期第 3 版），广东省档案馆藏，档号：038 - 001 - 89 - 094 - 097；《本学年度新聘教职员一览（续上期未完）》，《岭南大学校报》（1948 年 10 月 20 日，第 84 期第 3 版），广东省档案馆藏，档号：038 - 001 - 89 - 043 - 046；《本年新任教员一览（续完）》，《岭南大学校报》（1948 年 10 月 30 日，第 85 期第 4 版），广东省档案馆藏，档号：038 - 001 - 89 - 047 - 050。

② 杨敬年：《期颐述怀》，南开大学出版社，2007，第 20、27、75、76 页。

③ 陈其津：《我的父亲陈序经》，第 160 页。

④ 陆键东：《陈寅恪的最后二十年》，三联书店，1995，第 12 页。

陈序经走马上任后，延聘教师、充实岭大的政策并未因此戛然而止，其持续努力为岭大延聘教授的做法终于投桃报李，换来了丰硕的收获。为后人所津津乐道者大概莫过于陈寅恪加盟岭大一事。陈寅恪于 1949 年 1 月 19 日抵穗，陈序经派秘书卢华焕往迎，至校时又有陈序经、王力、容庚等多人迎接。① 岭大对陈氏南来重视程度可见一斑。陈来穗后，兼任中国文学系及历史政治学系教授。② 与陈寅恪几近同时被岭大提名准备或已获聘的另有张纯明（历史政治学系教授）、李祁（外国语文系客座教授）、吴大业（经济商学系教授）、马祖圣（化学系教授）、梁方仲（经济商学系教授）、谢扶雅（兼任哲学教授）、冯恩容（兼任哲学教授）、陈永龄（土木工程学系兼任教授）等 14 人。③ 对于陈寅恪等名教授的到来，岭大上下感到振奋，校方不惜重墨进行宣传。④

是年 9 月⑤起，又有大批名教授获聘来穗，其中就有王正宪、彭雨新、岑家梧⑥、姜立夫、陈永龄、陶葆楷、陈心陶⑦、李圣华、邵德熙、白约翰⑧等人。这学期聘请教师总计 41 人，其中文学院 17 人，理工学院 8 人，农学院 4 人，医学院 8 人，神学院 4 人。是次各院聘请的教师与 1948 年底各院所聘人数多寡基本保持一致。总之，"本学期各学院系添聘教授人数不少"，⑨ 而在各院系中，"尤其是工学系及经济商学系"补充最多。⑩ 通过网

---

① 卞僧慧纂，卞学洛整理《陈寅恪先生年谱长编（初稿）》，中华书局，2010，第 253 页。

② 蒋天枢：《陈寅恪先生编年事辑（增订本）》，上海古籍出版社，1997，第 147 页。

③ 《本学期各学院新聘教授提名》，《岭南大学校报》（1949 年 3 月 10 日，第 94 期第 3 版），广东省档案馆藏，档号：038 – 001 – 89 – 013 – 016。

④ 《为国家作育人才　文院添聘教授多位　名教授陈寅恪等将应聘到校授课》，《岭南大学校报》（1949 年 1 月 20 日，第 91 期第 2 版），广东省档案馆藏，档号：038 – 001 – 87 – 081 – 082。

⑤ 《本期新聘教授名录》，《岭南大学校报》（1949 年 9 月 10 日，第 101 期第 4 版），广东省档案馆藏，档号：038 – 001 – 89 – 039 – 042。

⑥ 详见《大学本学期新聘教员略历（一）》，《岭南大学校报》（1949 年 11 月 1 日，第 104 期第 4 版），广东省档案馆藏，档号：038 – 001 – 87 – 083 – 084。

⑦ 详见《大学本学期新聘教员略历（二）》，《岭南大学校报》（1949 年 11 月 16 日，第 105 期第 4 版），广东省档案馆藏，档号：038 – 001 – 87 – 085 – 086。

⑧ 详见《大学本学期新聘教员略历（完）》，《岭南大学校报》（1949 年 12 月 1 日，第 106 期第 4 版），广东省档案馆，档号：038 – 001 – 87 – 087 – 088。

⑨ 《校长报告》，《岭南大学校报》（1949 年 11 月 1 日，第 104 期第 3 版），广东省档案馆藏，档号：038 – 001 – 87 – 083 – 084。

⑩ 《岭南大学校董会一九四九年第三次常务会会议录》（1949 年 9 月 24 日），广东省档案馆藏，档号：038 – 001 – 20 – 025 – 028。

罗人才，岭大"文学院之阵容，极为整齐"，理工学院增设了数学系，医学院、农学院实力也有明显增强。①

陈序经对其主政岭大一年来的政绩有所总结，认为这一年来（1948 年 8 月—1949 年 10 月），因时局的变动，一切均在不安中行进，但校政"尚能按照预定计划进行"，这与校董会的领导、校内师生的合作、校友的支持以及社会人士的帮助密不可分。② 陈亦无不愉快地对一年来部分院系聘请师资概况、新增与修葺的校舍数量、岭大的过去与走向等有所总结（见表 1）。

表 1　陈序经主政岭大一年来部分校政进展概览

所在院系	聘请教授	代表性人物及评价	校舍进展	回顾与前瞻
文学院	王力	语言学权威	陈序经长校一年来，又添设建附小课室、膳堂、医学院 X 光及电疗所、护士宿舍、男女生宿舍、农学院家禽实验室各一座；修葺农学院温室、蚕丝局旧楼、图书馆科学馆、课堂；另对天主教士住宅、神学院院舍、农学院与农垦处合建的房舍亦进行了维护。其他图书仪器也有增加	岭南大学历史悠久，校舍优美、学风良好，但在学术上尚未有至臻的理想地位。虽一年来延聘了许多专家来校工作，但仍与所期相距尚远。"教育是百年大计，短短的一年，原算不了怎样的一回事。今后我们仍然抱定学术第一的宗旨，绝不顾虑任何困难，向前迈进，我相信，不久的将来，岭南大学不特可以成为全国学术的一个中心，而且可以成为国际学术的一个中心。希望校内同仁，校外人士及校友们多赐予助力"
	陈寅恪	史学大师		
	梁方仲、吴大业、王正宪、彭雨新	在经济学上有特殊贡献		
	张纯明	著名政治学者		
	李祁、周其勋、杨庆堃、岑家梧	李、周之于英诗，杨之于社会学，岑之于人类学，均是"国内有数的专家"		
	容庚、庄泽宣、陈汉标等	诸位教授的加盟，使文学院的阵容更加整齐		
理工学院	姜立夫	几何学家姜氏前来主持，"很难得"		
	桂铭敬、陈永龄、陶葆楷	土木工程系的三位对卫生工程、水利工程贡献良多		
医学院	汤泽光、陈翼平、秦光煜、谢志光、司徒展、白施恩	原有内科、眼科专家汤、陈，后又聘请了病理学、放射学、瘤科、细菌学等专家。［按］：医学院这些专家的加盟客观上增强了该院的整体实力，拓宽了研究领域		
农学院	李沛文、邝荣禄	农学院之李之馨画已有相当基础，名教授众多。畜牧兽医专家邝的到来，使学术工作更好展开		

资料来源：陈序经：《最近一年的岭南大学》，《岭南大学校报》（1949 年 10 月 14 日，第 103 期第 1 版），广东省档案馆藏，档号：038 - 001 - 87 - 110 - 111。

---

① 《私立岭南大学现状》（1949 年 12 月），广东省立档案馆藏，档号：211 - 1 - 17 - 1。
② 陈序经：《最近一年的岭南大学》，《岭南大学校报》（1949 年 10 月 14 日，第 103 期第 1 版），广东省档案馆藏，档号：038 - 001 - 87 - 110 - 111。

显然，表 1 仅是对岭大校务进展的部分列举。要指出的是，岭大在陈序经上任一年有余的时间里，前后聘得教师总计有 105 人（这一数值包括返校教师，但极少），但受战局等诸因素影响，离开岭大的教师亦不在少数（见表 2）。

表 2 1948、1949 学年度各学院教员人数比较（截至 1949 年 9 月 10 日）

单位：人

		文学院		理工学院		农学院		医学院		神学院		合计	
		男	女	男	女	男	女	男	女	男	女	男	女
1948 年度	专任人数	36	15	37	12	20	1	32	4	5	2	130	31
	兼任人数	15	5	2	1	1	0	3	1	1	2	22	9
1949 年度	专任人数	48	5	38	6	20	0	36	5	5	2	147	18
	兼任人数	4	3	3	2	0	0	6	1			13	6
比较	增	1		2				7	1			10	1
	减		12		5	1	1			1	2	2	20

资料来源：《卅七八学年度各学院教员人数比较表（截止九月九日止）》，《岭南大学校报》(1949 年 9 月 10 日，第 101 期第 1 版），广东省档案馆藏，档号：038 - 001 - 89 - 039 - 042。

由表 2 可知，1949 年学年度与 1948 学年度相比，专任教师男性增加，女性减少。在兼任教师中，男性比女性减少更加明显，男性兼职人数减少了 9 人，女性则减少了 3 人，这与上文笔者通过分析 1848 年秋季岭大聘请教师的特点得出的结论一致。从总体来看，男女教师实际减少 11 人。但彼时时局走向不明，政局动荡，岭大基本维持了教师队伍的稳定，甚至时有突破，从而保证了教学的正常开展。

四 结语

以"变"著称的近代中国，"变"是主色。抗战胜利不久后国共内战更是催化了大变局时代的到来。这一时期，政府与学府间互动频仍，学府打上了政局的深深烙印。岭南大学尽管屹立于南粤大地，受时局影响不能说十分突出，但学人南下、迁校之议等时代课题无不是时局的缩影与共相。

新中国成立前夕，岭大发展深受内外掣肘。就内而言，校长李应林以身体抱恙（实则校内人事关系复杂纠葛引发）为由恳请隐归，为代理校长人选带来悬念。①之于近代私立大学言，深厚的人脉网络对大学发展至为重要。①校长如能"左右逢源"，与政治要人打成一片，则私立大学的发展将获得一定保障。②因此，选聘代理校长绝非易事，而因缘际会，岭大恰要解决校长人选这样的棘手问题。延聘贤能也就成为与岭大或多或少有关联各方的利益诉求。这不能不说是岭大当时最大的内部困境。其时，校方早早将目光投向了时任南开教务长并"颇多建树"的陈序经，迭经数度相邀，方才成行。事实亦证明校方眼光的独到与精准。陈序经因在代理校长（1948年8月1日—1949年7月31日）任上功绩卓著，继而被聘为校长（1949年8月1日起），岭大内困得以解决。内困的解决事实上推动了外部困境的迎刃而解。

外困主要体现为岭大在激荡时代大潮中能否立足、发展。关于立足，学校内迁校之议的呼声尽管不那么响亮，但并非悄无声息。这在一定程度上干扰了岭大的正常运转秩序。而校方高层倾向立足广州，无意迁校。因之，迁校的主张随之化为泡影。高层的用意，大致出于以下两点考量。其一，一如陈序经所称，岭大已有相当规模，且发展蒸蒸日上，迁校实属不易。其二，校内高层与国民政府存有间隙，表现为对国民政府的不配合，甚至消极应对。要指出的是，岭大对国民政府的态度并非事事如此，张力的存在固是事实，但仍有合作面相。总体看，岭大与政府既有疏远又有紧密时期，不过疏远多于紧密。

岭大在这一时期基本保持了较为中立的立场，但国共双方暗中争夺大学的刀光剑影隐约可见。1948年面临迁校抉择的齐鲁大学清晰可见中共身影。后来担任中华人民共和国广东省文教厅厅长的杜国庠、文教厅副厅长萧隽英等"留港教育文化工作者"曾在港媒发声，呼吁勿要迁校，更是坐实了中共因素的存在。

岭大既无意迁校，则扎根广州大地，逆境中求发展方是不二选择。岭大在此时呈现的蓬勃气象，当首推陈序经之功。陈序经在变动时代能因势

① 如抗战时期私立大夏大学因办学经费紧张屡请改国立而终以私立维持，其中因由即政界人脉关系使大夏既保持了"私立"，又获得了教育部相当经费支持。参见韩戍《抗战时期的部校之争与政学关系——以私立大夏大学改国立风波为中心的研究》，《近代史研究》2016年第1期。
② 如南开大学校长张伯苓与蒋介石二位的深厚私谊，使南开屡获政府捐助。尤其是南开在战时、复员回迁时期更获得了政府大量经费。参见江沛《蒋介石与张伯苓及南开大学》，《民国档案》2011年第1期。

利导，运用高超的手腕，锤炼出一支一流的教师队伍，除陈序经个人因素外，激荡的时局、众人对待国民政府的态度等也影响到了他们的抉择。总之，变动时代的岭南大学所呈现的是一幅内外困境交织、变相丛生的时代图景。

（作者简介：高志军，华中师范大学中国近代史研究所博士研究生）

主持人语（朱英）

本期专栏的主题侧重于地方财政与地方税收。在近代的财政转型与税收变革之中，地方因素举足轻重。国家税收多出于地方，其征收亦依赖地方，但在事权与财权的匹配、行政的集权与分权、税源结构与财政支出等方面并不均衡。如何恰当划分国地收支，自晚清时就成为税制改革的中心议题之一。在清代前中期，并未严格划分中央及地方财政的边界，户部有制天下经费之权，主要以起运存留及解协款制度来分配中央与地方及地方之间的财政资源。同时，在量入为出原则下，通过赋役定额、库藏考成、钱粮奏销等制度来加强对地方的财政及政治控制，维系以农业税与盐课为主要来源的财政体系平衡。近代以后，内忧外患，又需筹办洋务，政府职能扩充亦带来财政支出的急剧扩张。朝廷虽有关税补充，但自用不足，不得不放权地方，地方督抚遂以厘金、捐输等自筹经费，造成财政混乱。1906 年度支部设立后，着手财政清查和统一财政，同时尝试划分国地收支，加强中央税权。及至北洋时期，在制定国家与地方税法之时，仍倾向于收紧税权，田赋、关税、盐税及统捐等悉归中央。只是由于中央式微和地方实力派的分治，地方税捐反失去节制，杂税杂捐及规费摊派层出不穷。到 1928 年全国财政会议通过《划分国家支出地方支出标准案》，正式明定三级财政体制，省与县同属地方财政，但以省为主，县市从属于省。此制到 1941 年又改为国家财政与自治财政两级，虚省实县，到 1946 年又回归三级财政。

在国地收支划分中，中央与地方各有争夺，但在整体财政收支严重失衡的状况下，中央与地方基本上都存在严重的财政危机。中央可以通过借内外债、公产收入及发行货币来弥补税收之不足，地方无发钞之权，主要通过开征杂税杂捐、摊派附加、公产收入、公债收入等方式来增加财源。相对于中央统一财政、整顿杂税的计划，地方政府在财政上更加注重实用主义。不仅在正税之外，广开杂税杂捐，甚至还截留中央款项。在地方军阀及实力派控制下的地方财政，更倾向于扩大财政自主的空间。可以说，地方政府的财政行为，不仅直接影响到国民政府的整顿税收计划，而且也决定着地方税捐的征收形态。而在地方政府的收入结构中，税、费、债的比例也直接关系到地方政府的财政信用。政府重视税收的财政工具价值而忽视其民生效应，盲目依赖税外收入加重税外负担，严重损害了民众信任及经济税源。

本专栏所收三篇论文是魏文享教授主持的国家社会科学基金重大项目"近代中国工商税收研究"的阶段性成果，各篇主题基本围绕以上问题展开。厦门大学张侃教授研究的花捐是一种特殊捐税，在近代地方政府收入不足的情况下，反而在各地普遍开征，成为地方各派势力争夺的利源。在征收形式上，尤具特色，一些地方竟然成立花捐公司垄断经营，甚者公开招商承揽，设置特察里予以集中管理征收，利益争夺的背后是税收制度的混乱。安徽师范大学马长伟副教授对 1922 年安徽省旧债整理事件的研究说明，地方政府大借公债，不顾债信，加剧了地方的经济和财政危机。大量债款不是用于社会建设，而是用于军费开支，使公债信用价值颇受损害。中山大学柯伟明副教授对 1934 年的第二次全国财政会议进行研究，这次会议在国民政府时期的财政改革进程中居于重要地位。整顿地方税收是会议中心议题之一，政府据此推动减轻田赋附加及废除苛捐杂税运动。但从本质上讲，整顿地方税收并未解决国地之间的财权之争。如结合各地的实践情况，可以发现整顿税收在地方遇到重重阻力。这三篇论文各具特色，围绕近代税收这一问题分别展开论述，均不乏学术价值与借鉴意义。

略论近代中国花捐的开征与演化
及其财政－社会形态[*]

张　侃　刘伟彦

内容摘要　在近代中国的诸多杂捐中，花捐是向妓女和妓馆开征的一种杂税。西方殖民者利用租界"国中之国"的行政特权移植公娼制度，并按照欧洲惯例实施花捐。租界的花捐征收方式对中国财政近代化形成辐射效应。警察制度是清朝推进新政的重要内容，中国地方官员因经费严重不足，只得利用花捐解决困境。在此过程中，花捐作为地方税并纳入近代财政体系，加快了章程化、组织化的进程。

关键词　花捐　地方税　花捐公司　财政－社会形态

杂税是溢出正税之外的财政收入的统称，名目琐细是其基本特征之一。前近代的财政体系中，一般称田赋以外的一切收入为"杂税"。近代以来，杂捐与杂税为同类异名的财政收入，"名虽称为捐，其实则与税无异"。① 近年来，学界如徐毅、陈锋、王燕等人对杂捐杂税研究颇有成绩，咸同军兴以后，各省以"捐"的名目开征各色杂税，涉及大部分的可征税对象，其收入总量相当惊人，成为与厘金、海关税并列的近代新税之一。② 但杂捐杂税时存时废，名目各异，③ 呈现不确定性。④ 由于未纳入各省每年向中央政

---

　*　本文为国家社会科学基金重大项目"近代中国工商税收研究"（16ZDA131）的阶段性成果。

① 吴兆莘：《中国税制史》下册，商务印书馆，1937，第5页。

② 徐毅：《晚清捐税综论——以1851—1894年为背景》，《中国经济史研究》2009年第3期；陈锋：《清代前期杂税概论》，《人文论丛》2015年第1辑；《晚清财政摊派与杂税的产生之研究》，《人文论丛》2015年第1辑。

③ 王燕：《晚清杂税名目及其产生之必然性初探》，《江汉论坛》2013年第8期。

④ 王燕、陈锋：《试论晚清杂税的不确定特征》，《辽宁大学学报》（哲学社会科学版）2016年第3期。

府奏销的财政收入，梁启超认为这是供应地方挥霍的经费，"徒以供官吏中饱，劣绅包揽之资"。[①] 不过，杂捐杂税的开征与展开的历史情境极为复杂，规模扩大与晚清不断扩张的地方事务有关，远非"包揽中饱"所能概括，而且这种财政转变塑造了"道府州县为单位、以捐税收支为基本支撑的地方财政"，[②] 正如学者认识到的，"杂捐在很大程成为地方财政尤其是县级财政的主导力量"。[③] 可以说，杂捐之"杂"展现了近代财政制度的多元性特征，一方面征税对象越来越多元，另一方面征税和用税过程又牵涉了多方博弈。

在近代中国的诸多杂捐中，花捐作为向妓女和妓馆开征的税收，是较为特殊的一种杂捐，在各地有不同称法，如妓捐、娼妓捐、乐户捐、娼寮捐、花粉捐（九江）、嫁业捐、妓门捐、妓女营业捐、妓女营业牌照捐等。地方政府征收花捐之余，还派生出花筵捐、花捐附加费等杂捐。虽然花捐开征尚有道德争议，但在地方财政中具有重要地位。1949 年上海解放之际，饶漱石还在接管上海的指示中说："对上海旧有的税收，原则上仅个别明显的苛捐杂税与政治上对我们不利的反共戡乱税等应停止，一般仍照旧征收，就是花捐，也不应马上废除，因为上海的妓女非短期内所能取消，当然还要照旧收税。如果说它不合理，也只是大合理中的小不合理。"[④] 目前除了部分娼妓史研究论著涉及近代花捐外，[⑤] 只有苏全有、曹瑞冬等人的专题论文有所论述，[⑥] 还有继续拓展的空间。本文在前人研究基础上，以财政 – 社会的视野考察近代花捐的历史演进，分析其开征与展开所交织的多重社会经济关系。

① 梁启超：《中国改革财政私案》，《饮冰室合集》，《文集》第 1 册，中华书局，1989，第 52 页。
② 徐毅：《晚清捐税综论——以 1851—1894 年为背景》，《中国经济史研究》2009 年第 3 期。
③ 王燕：《晚清杂税与杂捐之别刍论——兼论杂捐与地方财政的形成》，《清华大学学报》（哲学社会科学版）2018 年第 3 期。
④ 《饶漱石关于接管上海问题的报告（1949 年 5 月 6 日）》，中共上海市委党史研究室、上海市档案馆合编《接管上海》（上），文献资料，中国广播电视出版社，1993，第 39—40 页。
⑤ 张白庆：《中国城市早期现代化过程中的娼妓问题》，《史学月刊》1999 年第 1 期；邵雍：《中国近代妓女史》，上海人民出版社，2005；张超：《民国娼妓盛衰》，社会科学出版社，2009；刘雅婧：《近代苏州娼妓问题初探（1921—1928）——以〈吴语〉的相关报道为中心》，《近代史学刊》2014 年第 1 期。
⑥ 苏全有等：《论清末妓捐》，《濮阳职业技术学院学报》2013 年第 2 期；《论民国妓捐》，《安阳工学院学报》2013 年第 1 期；曹瑞冬：《清末民初广东的花捐包征与政商关系》，第八届张晋藩法律史学基金会有奖征文大赛获奖论文，2018。

一　租界移植公娼制与花捐开征

近代中国花捐开征与西方殖民者移植的公娼制度有密切关系。近代公娼制度起源于法国大革命，当时性病影响了军队战斗力，迫使政府对妓院进行规范管理。1798 年，警方雇用两名私人医生为巴黎妓女体检。1802 年，巴黎建立了一家诊疗所，妓女登记造册，要求每周进行两次体检，因此公娼制度也称为娼妓检验制度。公娼制度从法、德开始，很快传遍欧洲。英国割占香港后，就逐渐采用国际惯例建立公娼制度。1845 年，香港总督德维斯（John Francis Davis）承认妓院公开营业，下令按月向妓院、妓女征收妓捐，妓院每月 5 元/户，妓女每人 1.5 元/月。当时全港妓院 31 家，妓女158 人，月征妓捐 390 元。后人为了说明上海在 1877 年征收花捐的合理性，还特别指出"西官欲以治香港者治上海"的渊源。

上海公共租界最早开征花捐除了维护公共卫生的目的之外，与租界市政经费的筹集也有关联。1849 年 7 月，道路码头委员会开征码头捐，成为市政经费的常规来源。[①] 但 1865 年，码头捐收入比估计减少了白银 25000两。[②] 为了弥补缺口，工部局筹划针对类似码头捐等具有特许性质的经营活动开征税收。此时租界内的娼妓业逐渐繁荣，"上海之洋泾浜，甚胜地也，中外杂处，商贾辐辏，俗尚繁华，习成淫佚，故妓馆之多，甲于天下"。[③] 根据统计，接待洋人的妓院有 27 家，妓女 92 人；华洋兼营的妓院 35 家，妓女 131 人；接待华人的妓院 382 家，妓女 1352 人；法租界妓院 250 家，妓女 2600 人，其中 24 家妓院（妓女 90 人）为洋人常去的场所。[④] 于是，租界工部局将花捐提上了日程。1868 年，工部局董事米契（Mitch）向董事会提出对租界内妓女进行医学检查。1870 年，工部局警务督察彭福尔德向工部局董事会提交了一份关于界内开设妓院的法规，要求批准颁发开设或经营妓院的执照前，按标准向工部局缴纳保证金，在妓院停业时将其予以退还。妓院将分为两等：一等妓院的妓女须每人交 10 元保证金，二等妓院

① 武强：《近代上海对外贸易与市政经费筹集：以码头捐为中心的分析》，《国家航海》2015年第 13 辑。
② 李东鹏：《租地人会议时期上海工部局财政收入研究》，上海师范大学中国近代社会研究中心编《情缘江南：唐力行教授七十华诞庆寿论文集》，上海书店出版社，2014，第 619 页。
③ 《上海新报》1869 年 11 月 13 日。
④ 转见邵雍《中国近代妓女史》，上海人民出版社，2005，第 92 页。

的妓女每人交 6 元保证金。1876 年 7 月，工部局董事会与法租界公董局相关人员达成一致意见，决定将两租界所收费用存入共同的基金账户，以偿付性病医院的开支，基金出现的借方或贷方结余，在半年或一年末，由双方平分。① 1877 年 1 月 1 日，位于福州路上的性病医院正式开张营业，对妓女进行定期检查，对患有性病的妓女和外侨进行治疗。②

妓院、妓女为了逃避捐税的负担，不愿登记在案成为公娼和缴纳花捐，工部局由此予以严厉管制私娼而引发纠纷。下面略举《申报》新闻为例：

> （1877 年 2 月 2 日）近因咸水妹不愿遵章捐验，故洋泾浜一带娼寮皆杜门谢客。水手登岸，欲觅坠欢，未免有燕去巢空之感。因之稍通西语之无赖辈即景生情，往往领入花烟间，以尽其兴。烟间与西人本言语不通，专恃此执鞭者传话水手，于斯时固惟其所使，彼即诡索烟间，或称失落时辰表，或称失去钻石戒指，务使赔偿而后已。甚有自窃西人之物，转唆西人向讨者，烟间畏西人，不敢计较，转求彼为关说，讵知系铃解铃实出一人，无非图满其欲壑，此又拆梢之新花样也。③

工部局要求警备委员会严格执行对妓女的强制体检。妓女为维持生计，只能到性病医院进行检查。1879 年 4—12 月，每月有 100 余名妓女去那里接受检查。④ 花捐征收额在 1880 年前后达到高峰。⑤ 租界建立之后，维护社会秩序是工部局的重要任务，所以警察开支占了总支出的较大比重。从 1855 开始，巡捕房经费支出占年度预算的 40%—50%。⑥ 妓院的经营活动事涉治安，由巡铺房管理。上海租界开征花捐后，就由巡铺房的总巡捕头负责经理，"烟馆、娼寮等捐向归捕房之平总巡捕头经理，逐月输收"，后来才移交给了工部局。⑦ 工部局聘用西人征收花捐，巡捕负责督捕逃避或拖

---

① 《工部局董事会会议录》第 6 册，上海古籍出版社，2001，第 745、753、757 页。

② 《工部局董事会会议录》第 6 册，第 761 页。

③ 《引人入胜》，《申报》1877 年 2 月 2 日。

④ 《工部局董事会会议录》第 7 册，上海古籍出版社，2001，第 588、673、677、680、682、687、690、692、694 页。

⑤ 〔法〕安克强（Christian Henriot）：《上海妓女：19—20 世纪中国的卖淫与性》，上海古籍出版社，2004，第 314 页。

⑥ 〔美〕罗兹·墨菲：《上海——现代中国的钥匙》，上海人民出版社，1987，第 10 页。

⑦ 《收捐换人》，《申报》1883 年 4 月 27 日。

延缴纳花捐的妓女或妓院。如《申报》报道显示：

> 包探何瑞福称，徐阿德租楼房二幢，转租与妓女作住家，妓女共有四人。由工部局查明，每月应各认烟灯捐洋半元，迁延二月不付捐洋，为此报捕，传徐阿德送案。另有妓女阿金积欠二月捐洋，现已将捐洋交到，故未传案。徐阿德供有房屋转租与住家妓女共有四人，已向知照各付灯捐，现由四妓凑交一月捐洋二元。工部局西人申诉前情，将捐票呈堂，蔡太守饬徐阿德转告各妓，再缴捐洋二元。缴案之洋给收捐西人领去，并检捐票给各妓收报。①

报道中的"收捐西人"是工部局专门聘用派出征收捐税的工作人员，他们往往带有华人帮手征收花捐。在征收过程中，争执冲突时有发生。1892年3月19日的《申报》报道即为一例：

> 工部局收捐洋人柯而称：经手收捐，查得张陈氏新置房间卖娼，应收捐洋四元。伊诡言房间虽设，并未卖娼，遂与同至工部局改为三元。再往收取，仍不肯付，彼此争执。因伊人手众多，致被殴打。告知捕房拘获该氏，并起到行凶之斧头、门闩送案。包探秦少卿禀称，小的往查之下，只有该氏与佣妇二人，不知此外有卖娼妓女否，容再查明禀覆。张陈氏供系宁波人，家中实只小妇人一人，以致无力缴捐，因先被殴打，故与争扭。绍兴人某甲禀称，偕洋人收捐，因该氏不肯照捐票付洋四元，已改为三元。后又言须满月照付，与洋人争执，该氏先将洋灯罩掷打洋人。江北人某乙禀供，为洋人拉车，因收捐不付，洋人嘱小的取烟枪作抵。争执间，小的亦被殴打。时有木匠在该氏处作工，即用斧帮殴。②

1860年，英、法、美等国在天津紫竹林一带划出租界，妓院逐渐从南北运河交汇处的侯家合一带向租界及附近地区迁移，于是美国率先开征花捐。1878年，"毕德格（William N. Pethick）为美领事时，听人开设妓寮并

---

① 《英界公堂琐案》，《申报》1891年8月14日。
② 《英界公堂琐案》，《申报》1892年3月19日。

收其买笑资，以补捐税之不足"。① 天津妓院主要服务对象以运河上的漕运水手为主，具有季节性特征。漕运结束后，南北往来人流减少，妓馆生意萧条，就无法收到花捐。鉴于收税成本，美国租界不久停征花捐。如 1879年 10 月 13 日的《申报》描述：

> 今年美国领事设补以保护之，按户收捐，以为经费，间有数家曲院亦入捐册。天津娼寮最难堪者，差帐悉索敝赋，层出不穷，既费资财，又需肆应，若租界内则不容有此，是以彼姝者子一廛，愿受从之如归，五六月间极盛时，约有二十家。至南漕运毕，生意亦稀遂，有僧多粥薄之叹，捐款亦难筹措。现在领事将彼美一概停捐，并不准逗留，限以秋节为期，概需迁出界外。该妓女仓皇出走，现又俱移向紫竹林为安乐窝矣。②

遣散妓女只是导致美租界妓寮"销声匿迹"，③ 法租界仍有不少妓院，并有外籍妓女在此营生，其中以日本和俄国为多。但由于公娼制度未能建立，租界在妓女管理上出现混乱。1885 年 2 月，租界巡捕查禁妓女卖淫，捕捉了日本妓女，"法界某车店住东洋妓女三人，燕燕莺莺，茶茶醋醋，店主以为不在禁例，任其勾引游客。被委员侦知，派差驱逐，巡捕不知底蕴，将差扭至萨宝实行。萨宝实系俄商代理租界事者，立传店主询问属实，罚洋十元。妓女则俟开河后，请日本领事资遣回国，且以华捕多事，斥革一名云"。④ 即便如此，日本娼妓仍大量涌入。9 月 12 日，《申报》追踪相关事情时报道，"东洋妓女之至津者滥觞于去岁，花枝之雨，时招于法国租界之中，曾经租界委员会禀明津海关道照会日本领事，驱逐出境。时在冻河期间，日本领事许以春融时节驱令遄归。距今年自春徂秋，卖娼如故，而且日新月盛，多若繁星"。⑤ 1901 年，德国才得以在租界区重新建立花捐制度，承认娼妓活动合法。新妓院领取执照开张，"德国征税娼窑已见津报，兹闻桐凤小班已于上月二十八日开市。其石头、广福一带闻由德官发出执

---

① 《送办匪类》，《申报》1880 年 11 月 4 日；《津沽杂闻》，《申报》1885 年 2 月 1 日。
② 《押迁妓馆》，《申报》1879 年 10 月 13 日。
③ 《津沽杂闻》，《申报》1885 年 2 月 1 日。
④ 《津沽杂闻》，《申报》1885 年 2 月 1 日。
⑤ 《申报》1885 年 9 月 12 日。

照五十张，每张月捐四十元，共计两千元，均于初五日一律开市"。①

1861 年，英、法两国擅自划定宁波租界后，也推行花捐制度。妓女得到纳捐可公开经营的保证后，纷纷在租界设立妓院，"各娼家以捕房既收捐款似可倚作护符，因之江北一带娼寮密比如林"。② 但后来巡捕房添募巡警，加倍征收花捐，"所需经费由各店铺月捐中加倍收取，并由各娼寮按月捐洋银四元"，③ 导致"娼家苦于无力，多有迁地为良者。此后，江北楚馆秦楼当不复如前之盛矣"。④

二 警察经费筹措与花捐的普及

晚清财政因甲午战争赔款和庚子赔款而恶化，在此状况之下，为了应付中央财政的摊解，各省借机广开财源，大量开征各种杂捐杂税。与此同时，清廷下令各地创办巡警，以现代警察制度代替传统保甲组织。"捐"成为保证警察经费支出的一种渠道，如日本学者吉泽诚一郎指出，"'捐'是适合城市结构而又配合巡警制度运作的新型赋税方式"。⑤ 由此租界实施多年的花捐被纳入征收视野，《申报》登载《论妓捐》可谓代表性意见：

> 商务愈盛者，妓馆必愈多，理有固然，无足怪者。顾或谓此事虽便于商旅，然因此而伤风败俗，荡产倾家者，所在多是。一入其彀，贻害良深，故地方有司之关心民瘼者相率悬为禁令，时予驱除。然官府之文告虽严，贱民之违犯如故，故愚谓禁之而并无实际，孰若以不禁为禁，或转足示限制，而杜弊端不禁之禁，奈何日有收捐之法在。从前有芜湖听鼓之某君曾禀请当道收取妓捐藉充经费，上台如何核议，迄未得知。迩者粤东又有人以省会妓女如云，虽向不抽捐，而所纳陋规亦颇不鲜，爰拟就花捐章程名为保良花票，每票月捐洋银五元，以八千张为额，计每年可得洋银四十八万元，以七成报效警察经费，余三成作为办公云云。窃谓此法虽于政体似属有妨，然行之今日亦尚不

---

① 《征收妓捐》，《集成报》1901 年第 2 期。
② 《增榷娼寮》，《申报》1903 年 9 月 23 日。
③ 《四明山色》，《申报》1903 年 7 月 6 日。
④ 《增榷娼寮》，《申报》1903 年 9 月 23 日。
⑤ 吉泽诚一郎『天津の近代——清末都市における政治文化と社会统合』名古屋大学出版会、2002、220 頁。

无禆益。①

文章认为，妓院在日常生活已司空见惯，"禁之而无实际"，不如对其征税。征缴花捐具有正面效果："操业至妓，贱辱极矣，何以有捐？然妓者害风俗而败人家者，也不能禁之，使绝则不如捐之，使皆畏于为妓，而淫风或可稍衰，且在上者捐之于妓，而妓仍取之于浮浪子弟，以彼浮浪子弟而耗其资财，亦何伤乎？此三者虽涉猥琐，然皆因其奢侈，而取之于民，无所樱，而于国家则未始，无小补也，较之吸膏吮血以搜括害民者，不犹愈乎？"② 现代警察制度取代传统保甲组织是晚清治安改革的必然趋势，在经费不足的态势下，各地赞同以"花捐"为经费来源。《鹭江报》谓："厦地不日将撤保甲兴办警务，惟经费尚无所出。现有建议创设妓捐，以资挹注者，当道已有允许之意。"③ 汉口报纸也说："汉上开办警察，前因经费难筹。当事者拟权取花捐以资挹注，当经花业中人一再筹议，现已略有端倪矣……"1904 年，镇江决定按照租界模式征收花捐为举办警察经费：

> 镇江租界外通商场，妓馆蚁聚，向分住家、上店、花烟间三等。访闻每节均出规费，倚保快衙役作护符，藉营勇痞棍为包庇，往往藏垢纳污，酿成隐患，最为地方之害。现在举办警务诘奸禁暴，保卫善良，本应明示驱逐，唯念外洋按名缴税以便商民，即"管夷吾设女闾三百"遗意。况镇埠居水陆要冲，商旅往来，市面因之兴旺，若必遽从厉禁，恐春色暗藏，则深房密室更难稽考，败俗伤风为害尤甚。兹仿外洋各警务章程，一律报明注册，计口收取巡费，便于查察，不准容留匪类。……为此示仰妓馆人等一体知悉，自示之后，务尽半月内赶速赴局，将住址、姓名、人数，据实报明注册，毋得观望自误。俟招募巡兵站街，遵章缴费，掣照收执。将来遇有事故，即持执照禀明核办。倘敢隐匿不报，或报而不实，查出立即逐办，仍照章罚缴，决不宽贷。④

---

① 《论妓捐》，《申报》1902 年 11 月 13 日。
② 《筹捐刍议》，《申报》1903 年 11 月 3 日。
③ 《议来妓捐》，《鹭江报》1903 年第 25 期，第 4 页。
④ 《科及娟寮》，《申报》1904 年 3 月 15 日。

各地按照妓院、妓女的登记征收花捐，如镇江头等妓女每月洋银 3 元，次等妓女每月洋银 2 元，三等妓女每月洋银 1 元。[1] 九江"禀商道府拟将娼寮抽收花粉捐，分为三等：汉口帮每人每月六元；雏妓三元；土妓两元"。[2] 重庆警察局添办娼捐，上等妓女每人每月缴洋银 3 元，次等流娼每人每月 1 元。[3] 厦门花捐章程明确规定，"就花之美劣以定捐价"，"若花之上美者，缠头金可值八元，则逐月以八元为征捐。花之中美者，缠头金可值六元，则逐月以六元为征捐。花之下美者，缠头金可值四元，则逐月以四元为征捐"。[4] 北京开征花捐始于工巡局的设立，[5]《乐户捐章程》规定等级见表 1。

表 1　《乐户捐章程》规定等级

单位：元/月

等级	妓院	妓女	幼妓
头等	24	4	2
二等	14	3	1.5
三等	6	1	
四等	3	0.5	

资料来源：《乐户捐章详志》，《大陆》（上海）1905 年第 2 期。

妓院缴纳捐税之际，必须登记各种信息，"将掌班名姓、年籍、住址，现在何处，开设何等名目，妓女几人，各妓姓名、年籍，某妓住某房，共有房几间，房租每月若干，房东姓名，均要详细开报，以便发给执照"。妓女完纳花捐后，"各照像片一张，开明姓名、年籍存查，头、二等照像片六寸，三、四等照像片四寸"。[6] 论者认为此举便于统一管理妓女，也有利于保障妓女的切身权益：

　　既有纳捐之章，则一埠之中妓院若干家，一家之中妓女若干人，皆一一载之于册，妓之初堕平康也，必先责令报名，并声明是否由父母自愿出卖。倘有来历不明之处，即时严行提究，至将来之或嫁或死，

① 《捐及女闾》，《申报》1904 年 4 月 21 日。
② 《抽收妓捐为警察费》，《申报》1906 年 3 月 26 日。
③ 《警局抽收妓捐巨款》，《申报》1906 年 9 月 12 日。
④ 《花捐章程》，《台湾日日新报》1907 年 5 月 28 日。
⑤ 胡思敬：《国闻备乘》卷二，中华书局，2007，第 80—81 页。
⑥ 《乐户捐章详志》，《大陆》（上海）1905 年第 2 期。

亦须赴官报明，验之而确，方能允准，或有把持及凌虐情事，则立提龟鸨尽法惩办，如是则若辈或有所顾忌，不致肆意妄行然，则此法之行，不特有益于筹捐之法，亦且有合于防弊之端，倘开设妓院者能遵照定章，踊跃捐纳于筹款，固不无增益。若竟畏其繁扰，相率改图，则孽海中少此若干人，未始非良民之福，所谓以不禁为禁者此也。①

确实，按照册籍核点身份，在一定程度上保护了妓女的利益。如天津制定查办规章的相关内容云："津郡商务日兴，而风俗亦田趋于浮薄。娼寮戏馆愈设愈多，于是买良为娼，逼令女媳学戏者浸成数见不鲜之事。……嗣后请卫生局于查捐时按名点问，如有无知妇女被人拐卖以至流入娼窖者，准该妇女向查捐局员喊诉，带回卫生局讯究；卫生局窑捐向有名册，自出示之后，如有新入娼窖者，应赴局注册声明来历，若匿不注册，署即以拐论。"②

开征花捐意味着娼妓业的合法化，无形中鼓励开办妓院。如《香港东方报》1906 年报告广州统计云："省垣花捐开办以来，各寮艇娼妓遵章拍照领牌者，合计三千一百余名。"扬州"妓馆之多，甲于各地"，后因"以青皮滋扰，多避地于镇江、芜湖"，巡警局开办妓捐之后，"由是迁往他处者仍复返旧居，于如来柱一带挂牌开门矣"。③ 漳州自花捐开办后，"不特娼妓之流视皮肉生涯为奉宪开设，大张旗鼓，任意招摇。即作狎邪游者，亦无不以狎妓宿娼为普通公例，花天酒地，胡闹无休。故向之秦楼楚馆，至此际俱见门庭若市，激夜为欢，生意之隆"。④ 一部分妓女主动认捐以确定自己的合法经营，如金陵妓馆六户在 1907 年 6 月 29 日联名具禀巡警总局：

> 该妓馆自愿将各项规费尽行报效，恳请酌派巡警保护。与镇江之按妓抽捐者情形有间，盖金陵妓馆共只六家，不若镇江之多。每家妓女或二三十人或四五十人，六家约共只二百人，声价相若，与镇江每家仅有数人或十数人零星散处者不同。若照镇江酌定取缔娼妓规则，设立头二三等名目，分别发给，允许印单。以印单之高下判捐数之多

---

① 《论妓捐》，《申报》1902 年 11 月 13 日。
② 《保卫妇女》，《申报》1905 年 5 月 7 日。
③ 《开办妓捐》，《申报》1906 年 11 月 13 日。
④ 《漳郡花捐》，《台湾日日新报》1907 年 7 月 13 日。

少，恐各家妓女断无皆报捐头等者，零星抽捐，易生弊端。且妓女以二百人计之，即尽照镇江头等之捐，每月只有六百元之数。况头会箕敛，流弊转滋。今该妓馆自愿每月认捐洋一千元，按之镇江头等每名捐洋三元者，似较有盈无绌，故章程不得不略事变通。惟各家妓馆所蓄妓女最多不得过五十名，以示限制。如另有开妓馆者，俟职局允许后并须酌认捐款、至防护之法，现拟于该巷内添设老练巡警十名，巡长一名，设立岗位三处，分班梭巡，由该管钓鱼巷之巡警分局官弁实力约束，加意保护。并由职局正俗股长等随时前往监察，务使遵照规则而行。[①]

妓院林立的现象背离了中国的传统道德伦理，由此开征花捐之举遭到了抨击与批评。浙江道监察御史王步瀛谓："尤为天下之奇闻者，则无过于妓寮一捐。言之可丑，闻者赤颜。夫妓寮之捐，闻始于湖广督臣张之洞，继之者为直隶督臣袁世凯，大率迫于筹款，误听劣属下策，原不必论。惟前阅邸报，工巡局亦奏请抽捐京城妓寮……殊为骇异。夫礼以防淫，犹惧不给，今乃弛其法，以导之为奸。是凡天下至污贱凶恶之事举可弃法以牟利，而刑部之律亦可不设，古今亦何尝有此政体。即谓国家今日穷困已极，亦不应科敛此等钱文，以资国用。"但王步瀛奏议无法阻止城市开征花捐，"部中各工巡局日前均奉堂官手谕略谓：各妓馆均照上海章程办理所有注册、报捐应归巡局查察保护。惟各局委员司事诸人允宜束身自爱。倘有军人入妓寮仗势，无赖滋生事端者，各一经觉察，定予严行参撤云云。盖妓捐究不因王步瀛一奏而停也"。[②]

而在乡村地区，则有不法之徒企图利用开征妓捐而设妓院牟利，结果引发地方争议和官绅反对。1906 年，广东顺德知县滕桂森所立《禁伦教设娼寮示碑》即为一例：

> 案据伦教绅士广西补用府经历梁鸿芬等禀称：伦教乡向无娼寮，风俗朴厚，现闻有无赖之徒欲在乡创设娼寮，借此渔利，若任其创设，则饷项之获益无多，而地方之贻害甚大，伤风败俗，莫此为甚。矧窝盗斗殴，百弊丛生，与其遏之于已萌，孰若防之于未事？迫得会同阖

① 《江督允准妓馆认捐》，《申报》1907 年 6 月 29 日。
② 《警部仍收警捐》，《广益丛报》1906 年第 100 期。

乡绅耆，联名具禀，恳恩批示伦教乡永远不准创设娼寮，倘有禀请给示在伦教乡创设娼寮者，概行批斥，则风俗可正，间里赖安等情到县。据此，当札饬紫泥司查复去后，兹据该巡司申称：查得伦教乡内地及边鄙等处，俱已周遍查明，果系向无娼寮，风俗朴厚，并绝无私娼流娟，现闻有棍徒欲在该乡创设娼寮，众皆怨怼，等情，并据随缴该乡绅士向无娼寮，切结求请出示严禁，前来。合行示禁，为此，仰该处诸色人等知悉：尔等须知伦教乡地方向无开设娼寮，不得以现在开办妓捐为名，任意创设，自示之后，倘有不法棍徒借口承饷开寮渔利，一经查出，或被告发，定即拘案究办，决不宽贷。其各凛遵，毋违！特示。[1]

三　地方利益争夺与花捐的兴废

清朝地方政府开征花捐目的在于筹措建立警察制度的经费，因此在开征之初，缺乏有力的制度保障，使无赖之徒、贪官污吏获得了渔利之机。正如时人所担忧的，"妓馆所设何处，蔑有所难堪者。无赖之徒以弱质为可欺，从而鱼肉之"。[2] 事实确实如此，如厦门"当道遂有改设杂捐之议，听人包扑。此信一传，于是宦途中之无赖纷纷继起，有请包粪捐者、有请包戏捐者，甚而有请包娼捐、赌捐者，名目愈出愈奇，营业亦愈趋愈下。现粪捐、戏捐均已邀准，粪捐定阴历六月十五日开办，其包办主人为广东候补知县陈某某；戏捐择七月初一日开办，（主人未详）。至于娼捐、赌捐两项现在请求中，大约亦可蒙邀准，不久即当开办也"。[3] 后来，童志仁、陈超英以"童超英"作为承包人包揽厦门妓捐：[4]

谓愿包办全厦妓捐。……每年缴课一万银圆，按十二月摊交。遇闰月加，以为巡警口费。所有妓娼蒙馆以及出入开唱接客，如遇地棍骚扰蹧跶，口责成口员办理。妓娼分为四等，每月或抽收把圆、六圆、

①　何兆明主编《顺德碑刻集》，广东人民出版社，2012，第 302 页。
②　《议设妓捐述略》，《鹭江报》1903 年第 29 期。
③　《杂捐开办》，《台湾日日新报》1906 年 8 月 16 日。
④　《花捐续纪》，《台湾日日新报》1907 年 4 月 13 日。

四圆不等。……日前缴押柜银二千圆，故华洋分府宁子玉司马经已给谕该商，准其试办三个月。①

童志仁、陈超英为厦门重要绅商，均为厦门华商社会公所，他们曾在1905年10月10日与林恪存、黄乃裳、吴宝冈、杨熊臣、黄廷元、黄秋澄、周之祯、陈淡如、黄振荣、黄彬斋等人一起以厦门十万人民名义反对美国修改华工禁约。他们愿意成立花捐局包揽妓捐，与妓捐存在利益空间有关，"统计全厦娼妓公然给牌营业者约有成千名。以成千之女史，全年可捐的数万元。除缴官及局内诸费，每年尚伸二万余元至三万元之额。如此捐法甚获奇利，瞵办花捐者。不数年间自可充满囊橐，而为当世富人矣"。②厦门试办花捐前，军队为了获取额外收入，逐月向娼楼妓馆征收例项。③试办花捐后，"文武各属经费已付之流水"。于是军弁毛氏"统带亲勇十余名，号衣大灯，驻于某娼寮。鸨氏即请花捐总办某氏出诘总查，指其欲收陋规。毛氏大怒谓："我系查此寮有形迹可疑棍匪，安得妄指我为收费而来。遂每夜闹至中宵始去，花捐总办无如之何。"④为了解决问题，花捐局将此陋规禀请刘观察革除。⑤但效果并不理想，导致了更大矛盾，"花捐局东自承办以来，不胜欢欣得意，其意以为若过三年，便可为当世一富人。孰知人有所愿天竟不从，本初一日，花籍数处被武营践除，花捐局竟退处无权而莫可如何，其扫兴也，亦可谓大矣。兹又闻官长会议，决意欲改撤花捐。瞵办花捐者转郁郁不乐，而叹承办未久，利益莫沾，所垫资本直终归乌有而无望收回也"。⑥

花捐局不仅与旧有的利益集团有过纠纷，而且也被现任官吏压榨勒索。如相关报道显示，"厦门娼寮妓馆素系丙洲陈姓为龟鸨，故包办花捐乃是陈姓诸辈。然得陇之后，每思望蜀。自包办花捐，又请益财捐，且献压匦银二千圆于道台。讵商会公禀禁赌，事遂中止。陈姓请还该款，道台不悦，乃派员择日官办花捐，陈姓急央人向道台缓颊，始准仍旧包办也"。⑦由此

① 《妓捐试辨》，《台湾日日新报》1907年4月5日。
② 《花捐章程》，《台湾日日新报》1907年5月28日。
③ 《革除陋规》，《台湾日日新报》1907年5月24日。
④ 《总查严查花捐》，《台湾日日新报》1907年5月5日。
⑤ 《革除陋规》，《台湾日日新报》1907年5月24日。
⑥ 《花捐局东失兴》，《台湾日日新报》1907年6月26日。
⑦ 《龟鸨仍办花捐》，《台湾日日新报》1908年5月16日。

可见，花捐局包揽者主要是妓院老板，他们承揽的 1 万元花捐成为厦门举办警政的基本经费，"厦门市街自开设巡警以来，凡有梭巡之区，盗贼颇皆敛迹。……厦门市街警察经费由粪捐筹款一万圆，花捐筹款一万圆，其余由商户筹款二万余圆。加以清道局经费一万余圆，略堪敷衍"。① 也正因为此，花捐局、巡警、妓院成为利益共同体，并成为对抗外来营勇的地方势力，下面事例可有所体现："左营右哨亲勇某在万寿宫娼寮寻欢，娼妓招呼不周，某勇大怒，摔毁什物。该龟首恃花捐局势，急喊三局巡士贰名，不问乌白，将该勇殴打，拘送西局。其哨官周某闻勇被绲，即赴西局看视，见其亲勇受伤，不肯收领，大肆詈骂而去。后巡官令该勇回营，该勇不肯。现闻洪提督亦出面交涉，谓巡士不合殴打擅拏其亲勇，大约必革二巡士，方可了结也。"②

花捐局为了在包办中扩大利益，一方面严查私娼，如新闻报道："土娼林金枝（年十九）因不曾向花捐局给牌，私筑香巢为密淫卖。日昨突被花捐局侦悉，立遣丁役兴问罪之师。时适有买春客二人在，遂并遭捉获。既而客托孔方兄为之求情，始允罚款五十金充公，林娼仍须遵例给牌。其事乃寝。说者谓据此一节以观，则厦门花捐局之利益不少。信哉！"③ 另一方面，禀请厦门厅加征，"自九月初一日起每名加增式元"，虽然"厅宪已准如所谓矣"，④ 但激化了花捐局与妓院、妓女的矛盾，"花捐局传集各班流娼龟鸨，拟将上等歌妓再加捐二元，各班均不认可。该局出官徐某即云中、下两等已加，独不加上等，未免彼此厚薄。各班亦云："上等已每月捐十二元，照像一元，老板费二元五角，计每名十五元五角。如果再加，恐不能堪。"新闻记者对此评述："似此该局与各班各执己见。恐将来不免冲突矣。"⑤

厦门花捐征收中出现各种势力之间的利益争夺，地方官员为了平息事态，渐起裁撤之意。⑥ "厦门花捐开办甫及年余，而地方滋闹日益繁多，且名不雅驯，迹近苛敛，当道者遂决意裁撤。所有警察经费之补助则改抽轮船之搭客，每名于船单之内加捐二仙，用以补助警费。现厦厅钮耕齐司马已出示通谕，定阴历七月十五日裁撤花捐，而合厦娼妓则定七月十八日尽

① 《禾山警察》，《台湾日日新报》1908 年 2 月 23 日。
② 《误拏营勇》，《台湾日日新报》1908 年 8 月 16 日。
③ 《罚款过重》，《台湾日日新报》1908 年 6 月 11 日。
④ 《禀准加收妓捐》，《申报》1907 年 10 月 27 日。
⑤ 《花捐加价》，《台湾日日新报》1908 年 8 月 2 日。
⑥ 《花捐拟撤》，《台湾日日新报》1918 年 8 月 9 日。

行驱逐出境。"① 停捐政策马上导致地方警政经费问题，"花捐撤后，警费不支。当道虽有加征船客之议，尚未实行。故目下渐将警察学堂停闭"。② 在此状况之下，厦门恢复花捐，并企图改换包税人和增加捐额，"当道拟待美舰回航后复设花捐，现有石码蓝某拟出巨赀包办厦、码两埠花捐，全年缴饷二万四千金"。③ 但此举并没有达到理想效果，新捐额并未完全落实，"厦门警察经费原定全年四万余元开消，此四万余元之来路，系花捐二万四千元，粪捐四千元，戏捐八千四百元，铺捐约一万元，统计四万六千四百元。以之开消警费实足支给。乃现因花捐久停，全年失去二万余元，警费遂缺少一大半，以故支绌异常。近日复经杨道再四会议筹挪，搜掘殆遍，讫难补偿其缺憾"。④ 事实上，厦门裁撤花捐之举的结果有二：一是导致公娼转入私娼，社会治理失效，"近闻厦门花捐停止，巡查警察转以保护密卖淫以及开场聚赌"；⑤ 二是洋人庇护卖淫活动，"前准设娼寮，由警察局月收捐花，以补助警费。……今则停止花捐，而打铁路头街娼寮归外国人保护"。⑥ 1909 年 8 月，厦门当局实行土娼捐以缓解经费困难，即本地娼妓"当道准照所请……开筵营业无禁"，"原定每月报效警费五百元"。但是"外埠流妓误认为厦门花捐重开，相率复来者，络绎不绝，较之旧日花捐时代，尤加多名数"，⑦ 其情形如新闻描述：

　　厦地自去月中旬，开办土娼捐而后。外埠流妓亦闻风而至，联袂偕来。不料此次当道所准开办者系仅土娼，若流妓则不在其列。故抵地数日，即有兵役赶逐。若辈以乘兴而来，奚甘扫兴而去。于是降格以就，弃北调而习南词，改荡子班为阁且馆。兵役与地保小得甜头，便听其掩饰而过，绝不稽考。故流妓与土娼现已混而为一。然此流妓大抵来自福州者为多也，目下马柱内、大王庙、九条巷、打铁路头等处筑香巢、张艳帜者，不知其几十号。而夕阳寮一带楼屋日来为姊妹行，辟销魂窟者亦几殆满，非复旧日之有余空屋矣。现每日夕阳西下，

---

① 《裁扫花捐》，《台湾日日新报》1908 年 8 月 14 日。
② 《警学停闭》，《台湾日日新报》1908 年 9 月 18 日。
③ 《拟复花捐》，《台湾日日新报》1908 年 11 月 7 日。
④ 《异想天开》，《台湾日日新报》1909 年 5 月 2 日。
⑤ 《设巡警道》，《台湾日日新报》1909 年 5 月 14 日。
⑥ 《阻挠戏园》，《台湾日日新报》1909 年 6 月 9 日。
⑦ 《娼捐增价》，《台湾日日新报》1909 年 8 月 26 日。

即见莺燕飞集楼头，而阔绰派寻芳至止者已觉络绎不绝，诚所谓蜂蝶也知秋色好。纷纷老圃闹西风也。①

在征收土娼捐政策的推动下，外地娼妓涌入厦门达到高峰。具有妓院老板身份的包捐人对此情形极为清楚，他们与当局商议，以增加流妓捐额默许她们在厦经营，"厦门开办土娼捐，曾经不意娼捐局办事人欲为垄断之计，遂复密请当道，求将'禁逐流妓'一条删去。准外来流妓得与本地土娼一体沾恩营业，无分彼此，同申报效，每月愿增加五百元，合计一千元"。② 由于厦门花捐处于开征与撤销之间的模糊期，一旦出现事端争执，当局又加以禁止。事隔不久，即有变故，"夕阳寮一带，近来娼妓齐集，声歌彻夜，正在兴高采烈之际，突于十一夜遭醉月堂营勇闹事一案所牵累，当道者以祸之由起，肇自妓楼，立派兵弁分赴各楼搜捕。幸各楼当事之起，早有准备，知难免于官之捕拿，均已相率避匿于鼓浪屿。该屿为万国租界地，非华官势力范围内，以是姊妹花得以安然无恙，免受摧折之惨。然至昨日，当道已严下逐客之令，决废娼捐。于是各流妓知厦地不可久匿，乃各潜谋越境，有暗渡石镇者，有移巢金岛者，而尤以逃回闽江者为伙云"。③

由于存在暗中卖淫的娼妓，地方官吏获得更大套利空间。如厦门新闻描述文武员弁合伙勒索之事，"自花捐撤后，娼寮妓馆不敢显然接客，暗树艳织，以防地方文武员弁之驱逐。然香巢愈加偏僻，而狂蜂乱蝶愈多，即缠头金愈觉丰厚。……由是文武协力同心，结为大团体，如仿大公司，见者有份，得利均分。……各兵勇以刀斧枪械破扉而入，搬抢殆遍。无论老少，倘遇妇女在内，即指为娼妓，不容分诉，背负而逃，如鸟兽散。四邻不知情形，莫不误为被强盗掠劫，实属可笑。然娼妓掳去，未闻解送有司，私禁数天。以候和事老资金赎回，乃大家分利"。④ 而花捐局也以拖欠花捐之名捕拿土娼，"厦门花捐虽曰停止，而流娼土妓，壹班谓旦，依然艳帜高张，叫局如故，出堂如故，卖唱亦如故。虽经前董厅宪出示驱逐，仍视为具文，毫无顾忌。最奇者昨花捐局以箭道土娼头樱桃积欠花捐，当带亲勇数名至该处擎获土娼金枝、雪娇二名，送警局请究。但不知所谓积欠花捐

---

① 《花丛绮语》，《台湾日日新报》1909 年 8 月 1 日。
② 《娼捐增价》，《台湾日日新报》1909 年 8 月 26 日。
③ 《莺燕纷飞》，《台湾日日新报》1909 年 10 月 10 日。
④ 《拦禁诈索》，《台湾日日新报》1909 年 12 月 18 日。

者为公乎？为私乎？如曰为公，则花捐早已停止；若为私，与其各饱私囊"。① 厦门妓院老板为了顺利经营，即组成合益公司向相关官员行贿，该公司"系集全厦之鸨首组织而成，每月于文武署员暨泛弁兵役俱照例缴纳规费，总核其数约在二千余元"。② 在此陋规运作下，官兵"均是阳虽严禁，阴实纳费，不得驱逐查拏。总以不准关事，乃可瞒骗上司长官。若惹出闹事，依然照公办理。此系两愿，各无抑勒"。③ 在此格局之下，官场风习腐败愈演愈烈，"现虽花捐不设，而实则阴纳陋规，文武各署以及警局巡目无不受娼妓之例费"；另一方面，明禁暗驰，"目下娼妓之盛较前者有二倍之多，如九条巷、箭道一带土娼馆不下二十余所，而蓼仔后马柱等街，几尽为荡子班香巢。镇日油头粉面之辈云集于市，携手同行，招摇而过。至午后三时顷，蓼仔后街弦歌之声不绝于耳"。④

鉴于禁停花捐的负面效应，"续开"的请求很快出现，只是包税人以增加报效数额为条件说服当局者。"近日一班元绪公又复向当道运动，求准弛禁续开。每月报效警局愿增至七百元。闻厦厅董司马意已为动，将准所请。惟嫌土娼捐名目太不雅观，拟改为警捐。"⑤ 1910 年，警局官绅讨论"花捐亟当开办"之事，认为"花捐不办而娼蓼林立，徒饱胥役私囊，何如化私为公，补助警费为得计也"。⑥ 重开花捐仍然采取包税制度，并以包办数额多寡决定保税人，如 1911 年的新闻报道，"水警开办在即，当道为筹经费，准人包办花捐。当经龟奴等招集同类具禀厦厅，请为包办，每月愿缴水警费一千三百元。王司马正欲批准，讵有石码某教民蓝某托名方益三，密向内署运动。且加增缴费，为每月一千四百元。王司马以缴费之数增一百之多，遂改许蓝氏包办"。⑦ 值得注意的是，此次包办厦门花捐者并非厦门妓院老板，"蓝某"即来自漳州石码的鸨首蓝庆年，他同时包办漳州、石码花捐，由此形成了漳州、石码、厦门的娼妓业市场网络，"漳州此次因厦门花捐开办，遂援例亦开设花捐局，其所抽之款仍照厦门之开销法，专充于巡警经费。其包办者闻系石码之鸨首蓝庆年，至石码一镇同为蓝鸨所包。惟

① 《拏获土娼》，《台湾日日新报》1910 年 10 月 10 日。
② 《花丛杂志》，《台湾日日新报》1910 年 12 月 31 日。
③ 《娼赌陋规将定》，《台湾日日新报》1909 年 12 月 25 日。
④ 《娼妓云集》，《台湾日日新报》1910 年 6 月 14 日。
⑤ 《警捐七百》，《台湾日日新报》1909 年 11 月 5 日。
⑥ 《会议改良》，《台湾日日新报》1910 年 8 月 17 日。
⑦ 《花捐重开》，《台湾日日新报》1911 年 7 月 4 日。

收入之款则归石码巡警开销。目下厦门娼妓得增漳码两路生计，故时常往来其间"。①

花捐包揽人的地域身份转变，必然引发地方利益格局的调整，为了争夺娼妓业的市场空间，相关帮群出现了械斗现象。如厦门新闻描述的：

> 近日厦埠斗杀之风甚盛，不惟石浔吴姓与丙洲陈姓及后社纪姓。（皆渡头操舟业者）时常龃龉，动辄掳杀。即此三姓之中，又每与侨厦之台湾土匪互相仇杀。自本月初旬以来，打铁磁街各渡头之舢舨人与台湾人赖干、高大臂等斗杀之祸正在剧烈。舢舨人四五十名各持枪刀，到瓮菜河之后岸高大臂家门前开枪斗杀，舢舨人伤数名。至初六夜，赖干、高大臂又率其部下三十余人到海口渡头，与舢舨人列械而斗，再毙其两命。查其起衅原因，系花捐开后，台湾土匪为娼寮保标，舢舨人每在娼寮逞威风，台湾人恶之，遂起冲突，因而结仇愈深斗杀不已。②

在各地议开花捐的过程中，妓女作为征税对象，以逆来顺受居多。她们处于弱势地位，确实无法对加之于身的负担表示异议。一方面，她们对开征花捐带来的谋利机会非常敏感，比如1911年厦门传闻重开花捐，她们就蜂拥而至，"近日因水警筹费，花捐定议开办。此信一传，于是闽中各妓争趋来厦而汕头一带。向之自厦出徙者，今亦联袂重来。故夕阳簃之荡子班，现竟有二十余班之多，合之土娼馆，争张艳帜，于是厦车莺莺燕燕，又络绎不绝矣"。③另一方面，也不意味着她们完全接受制度安排或强权压制，也会发出反抗声音。如1910年江西河口镇抽取花捐为警务费用，就遭到妓女群体的抵制，她们广发揭帖予以控诉：

> 为不平则鸣共发公愤事。继我辈冤孽深重，堕落火坑，幼时受鸨母之摧残，长而被龟官之挟制，痞继骚扰，犹可鸣冤，龟官压制，无处伸诉。哀我人斯，生不逢时，既困我于弹唱，复勒令以纳捐，不平之事孰甚？于此用敢邀集姊妹，联合同志，共逐贪暴之官，增进花界

---

① 《漳州花捐》，《台湾日日新报》1911年7月30日。
② 《互相仇杀》，《台湾日日新报》1911年8月14日。
③ 《花丛琐志》，《台湾日日新报》1911年6月16日。

之福。于本月某日齐集某处，以谋抵制，联名上控，一洗粉黛之冤，而吐花丛之气，谅各姊妹应表同情。①

1911 年 7 月，厦门花捐局为了协助同安警费，每日加缴 200 元。此款加抽于妓女，具体操作是："凡给下等牌者，须改为中等；给中等者须改为上等；面下等名目则从此删除。"妓女们对此极为不满，"以近来生意不佳，又兼匪类时来诈索，大有不能维持之势，乃于二十一日相率一律罢市休业，借以相抗"。②

四　花捐征收的章程化与组织化

鉴于娼妓业已被纳入地方税务征收范围，晚清地方政府制定章程管理花捐。如重庆在 1909 年制定的妓捐章程较为详细，"所订章程条分缕析，匪特娼妓有一定之秩序，即地方亦借以保治安，一举两得"，具体内容为：

一、警察局存载妓娼名册，种类不一，今以江湖、闲门两种该之，江湖指能弹唱者，闲门是不能弹唱者。

一、江湖、闲门两种均准具结纳捐警局，认同保护。

一、抬户系勾引良家子弟妇女在彼奸宿，大为人心风俗之害，永远禁革，违犯重办理。

一、查天津妓馆法，每妓馆月捐三十元，馆头出之，此外各妓按名认捐，今姑格外从减，将该馆头区分三等，家有妓女五名以上者为一等，三名以上者为二等，一名以上者为三等。一等月捐银九元，二等六元，三等三元。无馆头不在此列。

一、各妓分定三等，一等月捐银六元，二等四元，三等一元。令各自认等，按月遵章缴纳。等之高下，虽随自认，但不准不认，违者罚办。

一、此项捐银自本年九月开收，以后均于月之上旬前五日内具缴，如有出籍从良，仍准随时具报本区分局，转报总局，除名免捐。后敢再私自接客出局，按原认定等捐加五十倍追罚。

① 《妓界反对抽捐之揭帖》，《申报》1910 年 1 月 13 日。
② 《妓女因捐罢市》，《申报》1911 年 9 月 27 日。

一、既经缴捐，该妓女自制名牌，钉于所居门首。牌长六寸，宽一寸。一等准用黑底金字，二等朱字，三等粉红底绿字，四等黑底白字，以示辨认。如闲门不愿订门牌者听便。

一、此次议收妓捐即以存局名册为据，不再派员查报，并不准邻佑攻发。但不认捐者，警局即不认保护。如因事发觉闹娼者，从重追罚，娼妇则驱逐出境。有不在存局名册，现在自愿报名认捐者，亦听。

一、后伺坡等处所在闲门，列为四等，暂令每月捐银一元。嗣后另订妥章。以后如有他处新到之江湖闲门，应随时报名分局，一律按章认捐，违者照第一等加五十倍追罚。

一、江湖、闲门既已认捐，以后凡码头钱以及应筹各街保正、文武衙门差役、兵丁，一切年节百家锁打钻钱文，一律禁革。若有仍前需索者，准妓家喊禀究办。

一、文武衙门在官人役即痞棍等类，往往招妓陪酒，不给钱文，此次认捐之后，不准再有此等积习，违者准妓家喊禀究追。

一、照会各国领事，凡外所用各色人等及洋行中国人有偶到妓家者，均应守妓馆所领规则，共保治安。

一、每月内本管警员必着制服，协同街正于二更到妓馆调查，三次点妓女人数，不扰客家。本总局亦派稽核稽查该馆妓女，不准违抗，致干罚究。

一、凡妓女娼妇无论列为何等，均须各照四寸半截身像牌，两张认捐时送呈本管分局，注明姓名、愿认何等，遇有事故，以便保护。如报一等者或愿改二、三等，抑或二、三等愿改一、二等者，随时报局更正，从良之日，像片发还。①

民国建立后，杂捐杂税明确归入地方税。1913年1月11日公布的《厘定税则草案》的地方税类目即包括了花捐。② 各地为了征收花捐，大多出台了较为详细的章程细则。③ 根据前人罗列资料稍加整理成表2以示当时的章

① 《广益丛报》1909年第214期。
② 《厘定税则草案》，《申报》1913年1月11日。
③ 花捐征收制度源自西方租界，但随着中国政府制定章程完善征收程序，租界工部局也重新适应形势，修订原来规章。1920年5月13日，上海公共租界工部局出示纳捐人年会通过新条例《工部局示谕妓寮领照办法》（《申报》1920年5月13日）。

程化状况。

表 2　民国时期征收花捐章程化状况

省市	出台时间	规章名称
四川	1913	军事巡警厅取缔娼寮规则
广东	1913	广东大都督关于娼妓营业改办娼业牌费的训令
北京	1915	京师警察厅改订管理娼妓规则
青岛	1923	胶澳商埠征收乐户娼妓照费月捐暂行规则
南京	1927	南京特别市市政府财政局征收花捐章程
重庆	1928	重庆市妓捐规则
南昌	1928	修正南昌市征收花捐暂行章程
南京	1928	修正征收花捐章程
广州	1929	广州市河水陆花筵捐章程
北平	1930	北平特别市妓捐征收章程
天津	1930	天津特别市工巡捐务处办理乐户捐细则
重庆	1931	重庆市政府征收乐户捐规则
南宁	1931	南宁公安局修正征收花捐章程
广东	1933	广州全省花捐附加费征收章程
青岛	1934	青岛市征收乐户娼妓月捐规则
北平	1934	北平市乐户捐征收章程和妓捐征收章程
厦门	1936	福建厦门市乐户捐处罚暂行规则
福州	1936	福建省会妓馆妓艇妓女管理规则
广州	1936	广州市财政局征收花筵税章程
北平	1936	修正北平市妓捐征收章程
天津	1937	天津市财政局捐务征收所办理乐户捐细则
福建	1937	福建省管理妓馆妓艇负责
桂林	1940	桂林市花筵捐征收办法
桂林	1941	桂林市特察里娼妓特许证费征收简章
安徽	1941	安徽省征收花捐暂行办法

资料来源：国家税务总局编《中华民国工商税收史：地方税卷》，中国财政经济出版社，1999，第477—486页；苏全有：《论民国妓捐》，《安阳工学院学报》2013年第1期；张超：《民国娼妓盛衰》，社会科学文献出版社，2009，第121—122页。

　　大略而言，花捐支出或花捐包税商报效以负担警务费为先，清末各省编定《财政说明书》均有记载说明，如《广东财政说明书》明确记载高州府、新会县、清远县、四会县、开平县、英德县、电白县、化州、石城县、灵山县、琼山县、镇平县、阳春县等地花捐。随着市镇警察制的普及，花捐也从商埠口岸和主要城市向中小县城推广，在此过程中，具有包税人性质的妓捐公司或花捐公司大量出现。广州花捐公司出现在 1906 年左右，名为"保良公司"。[①] 依靠公司包征花捐，1908 年，广州收取妓捐达到 275374.788 两。[②] 花捐公司执行的征收方式也称"招商包征制"或"包商制"。由于包税利润可观，竞争也相当激烈，于是地方政府推行招标制度解决包税竞争出现的矛盾。花捐公司招标先由财政部门制定开投和承办章程，拟定低价公开招标。投标商缴纳按金参与开标，三人以上参投者，当众明投。商人中标后，缴纳一个月额度的花捐，预缴半个月额度的花捐，并取得铺户担保，即可承办花捐，通常以 1 年为期，其收捐多少，政府一概不问。[③] 随着财政制度的完善，花捐投标是必然的制度选择。1913 年 12 月 23 日，广州花捐投标最大者为 756600 元。[④] 如发现其无力包税，即另行投标承办，1913 年事例即为佐证，"该商毫无资本，一味空言，尝试有类棍徒，实属胆玩已极。且饷额与报效各数目，甫经认定，旋又求减，出尔反尔，尤为荒谬，事关承饷，重要岂为儿戏，现已核准，将该商承办之案布告取消，另行招商投标承办"。[⑤] 一旦确定花捐承包人，政府即授予其征缴花捐、妓院管理等特权，并会发布官方告示。如 1922 年鸿信公司中标继续承包工艺附加花捐的官方公告为，"仰省河各娼寮、妓艇及各商民人等一体知悉，须知省河工艺附加花捐现已奉准仍由鸿信公司商人续办，所有附加捐款务必照章抽缴该商收解，以重捐需，毋违抗，切切此布"。[⑥] 1931 年，合兴公司承办全省六个月花捐附加二成军费，得到批准后，由汕头市市长在《汕头市市政公报》上发布消息，"全省花捐附加二成军费，由九月一日起实行，以六个月为限。……兹据商人林茂春以合兴公司名义认缴六个月饷款，毫洋一十万元，请予承包前来，亟应照准并据将按预饷及担饷保结呈缴，应即给

---

① 《妓捐公司变通缴章程》，《申报》1906 年 10 月 21 日。
② 广东清理财政局编《广东财政说明书》卷七，"正杂各捐"，广州经济出版社，1993，第 247—291 页。
③ 转见广州市经济研究院、广州市地方志编纂委员会办公室编《广州近代经济史》，广东人民出版社，1998，第 313 页。
④ 《特约路透电》，《申报》1913 年 12 月 23 日。
⑤ 《陈塘不准开设娼寮之申禁》，《申报》1913 年 11 月 14 日。
⑥ 《本厅布告省河附加花捐已奉准仍由鸿信公司商人续办文（1922 年 6 月 30 日）》，《广东财政月刊》第 7 期，1922 年。

发令告"。①

基层花捐由商人投标认领后，公务机构也发文告示。如恒裕公司商人李宏钧承包乐昌县县立第一小学校的县市水陆花捐附加学费，1933年4月13日，由校长徐整出面张贴布告，"为布告事，照得本校奉县府核准，抽收县市水陆花捐附加学费，历年办理在案。现据商人恒裕公司李宏钧呈称愿遵照章程承办，前来本校复核无异。理应准予承办，仰各界人等一体知照可也"。② 如果花捐公司放弃原有承包，也由官府予以告示更换。1918年，永成公司退办三水县花筵捐，就由县长电告省财政厅暂由西南警区经历，该电文稿较为详细地交代了永成公司退办缘由："县属花筵捐向系分商永成公司承办，每月拨缴本县警、学各费共银九百七十余元，折合毫洋一千一百二十余元。现据该分商声称，'近值花筵生理异常冷淡，认领过巨，赔累难支，且在总商耀兴公司承捐之时，曾经垫缴一月预饷，现因总商革退，垫款又归无着，无可如何，只得截至二月底止退办'等语。知事复加查察并于事先派员监收，该分商所称各节均属实情。"③ 陈翰笙先生的调查显示，商人包税或公司包税在广东极为普遍，"往往税商所收，数倍或十倍缴纳于政府的。现时不但省库所收的许多税捐是出包给商人或公司，并且各县的地方税也是如此"。④

在投标过程中，包税商人出于营利目的，就会采用各种手段谋求利益最大化。譬如赵协成担心花捐被别人包认，以金钱作为酬劳，运动他人放弃投标，最终以最少之数承包捐款。⑤ 在征收花捐过程中，他们也不顾妓女利益而肆意压榨。《论语》第63期"半月要闻"栏目刊载一则消息即为例证："广东佛山花捐由商包办，向例妓女月经期不能接客，可以报请停捐，期过复业，随时报销，历来如是，并无何等限制。近因妓女生意不佳，无力缴捐，乃多有借口经期而停业停捐者，以致花捐公司无利可图。故经理李光烈等即暗中向县府商得改良办法，对于妓女之因经期停业者，非经严格审查得到准许后，不得停捐。而且信月休养只限四天，如逾四天之外，

① 《汕头市市政公报》第73—75期，1931年。

② 陈翰笙：《广东农村生产关系与生产力》（1934），《陈翰笙文集》，复旦大学出版社，1985，第85页。

③ 《广东财政月刊》第4期，1918年。

④ 陈翰笙：《广东农村生产关系与生产力》（1934），《陈翰笙文集》，第85页。

⑤ 《包办妓捐之黑幕》，《申报》1920年9月15日。

虽经期未完，仍须强迫接客。纵不接客，亦必按额照派捐款。"①

五　特察里制度与集中征收花捐

　　民国政府以地方税的形式征收花捐，社会各界一直存在争议。在废娼运动的作用下，政府也采取禁娼措施。但花捐毕竟已是常规性的地方财政来源，在财政经费日趋紧张的态势下，地方政府是无法放弃花捐的。为了调和其中的张力，一些地方政府采取了较为特殊的政策。1931 年，广西省政府颁布"特察里管理条例"，规定在桂林、柳州、南京、梧州四个大城市和百色、龙洲、郁林、桂平、贵县、全县、八步等较大的县城划出"特别区"作为妓院聚集带，专门设立警察所进行治安管理，称为"特察里"。特察里的娼妓分为堂班与窑班两种。据南宁公安局警察所调查统计，1935 年 4 月，南宁特察里有妓女 219 名（歌妓 138 名，娼妓 81 名），其中北海、梧州、合浦各 41 名，广州 22 名，邕宁 10 名，百色 8 名，龙州、桂林各 7 名，江西、福建各 4 名，横县、都安、田东、贵县、柳州、钦州各 2 名，思恩（今环江）、象县（今象州）、武鸣、崇善（今崇左）、灵山、肇庆、江苏、上海、湖南、香港各 1 名。②

　　特察里制度可以实施的条件除了现代警察制的保障外，还有广西逐渐推行了花捐公司制度，以包税形式向妓院、妓女征收花捐。宜州县先后设有保良公司、保庆公司、保康公司、永安公司等花捐公司，怀远镇设有维化公司、维良公司等花捐公司。③ 1931 年裕华公司承办邕江水陆花捐、花筵捐等期间，南宁公安局另起低价招商。6 月 25 日公开投标结果，其中民利公司每月认领东毫小洋 4806.9 元为最高额，义合公司以每月认饷东毫小洋 4451 元次之，因为民利公司没有在时限内交纳押柜，就被没收了征信金，并取消承办权，由义合公司接替民利公司的事务。④ 1932 年 6 月 6 日，南宁公安局依照广西财政厅的批准，发出布告招商标投邕江花捐、花筵捐，其底价为 2150 元，并定于 1932 年 6 月 15 日 12 点在公安局公开招标。⑤ 梧州

①　《论语》第 63 期，1935 年 4 月 16 日，第 721 页。
②　马禾册主编《广西通志·公安志》，广西人民出版社，2002，第 124 页。
③　宜州市地方志编纂委员会编《宜州市志》，广西人民出版社，1998，第 618 页。
④　《南宁民国日报》1931 年 7 月 2 日。
⑤　《南宁民国日报》1932 年 6 月 12 日。

曾停办花捐，为了恢复征收，1932 年 9 月 16 日在公安局公开招商承办，不设底价。[1] 1932 年 12 月，郁林招包花捐，将承包期改为六个月一期。开标结果是别良公司以每月 686.7 元获得承包权，但是别良公司认为成本太高，不愿承办。财政局为此改动底价，以每月 500 元重新招商投标，结果同乐公司以每月 602.5 元获头飞，善良公司以每月 576.5 元获二飞。[2] 1933 年 6 月，百色花捐业承办到期，于是以底价 715 元/年招商，6 月 10 日有七家公司参与投标，并有各机关代表监督，最后三家公司标价最高，远远超出底价，集乐公司为 13813 元，乐得公司为 12515 元，义成公司为 11322 元。政府公示之后，在三家中选择一家为包税商。[3] 在公开投标花捐的过程中，因为时常发生流标，所以标底就需要不断调整，如南宁特察里在 1936 年公开投标之际，发生无人过问之场景，不得不将底价降低到 3500 元，并再次举行投标。[4] 1936 年，特察里为了招引商人投承花捐，制定了十条《投承特察里花捐、花筵捐办法》，内容极为详细：

一、特察里花捐、花筵捐其底价定每月国币四千一百七十八元五角，标投时出价最高者取得承办权。

二、承办期限定为一年，由民国二十五年七月一日起，至二十六年六月底止。

三、投承者领票时，应先缴征信金国币一千五百零八元，方准投票，取得承办权后，准将征信金拨充按柜。未投得者，其征信金即时发回。

四、投得者，限二日内交足一个月按柜金，并具殷商保结领照开办，逾期即撤销承办权，并将征信金没收，由次票递补至第三票为止。

五、承办人于期限未满，未经呈奉核准，擅自退办者，即将按柜金没收。

六、投得开办后，须按月缴清饷捐，如有延欠捐款一个月以上者，即勒追其担保人代缴，或撤销其承办权，并没收按柜金。

七、投得后，须照征收捐款章程办理，如有违章苛征情事，一经

① 《南宁民国日报》1932 年 9 月 16 日。
② 《南宁民国日报》1932 年 12 月 30 日。
③ 《南宁民国日报》1933 年 6 月 18 日。
④ 《南宁民国日报》1936 年 7 月 17 日。

查出，即撤销承办权，没收按柜金。

八、投得承办权后，应于开办前补缴上届承商垫支建筑特察里警所经费一千三百元四分之一，毫币三百二十五元正。

九、投得承办权后，须将该承商经理人四寸半身相呈局，并将负责担保人四寸半身相片粘贴于保结上，以备查看。

十、凡属每年定例纪念日，停止娱乐宴会者。不得请求减免饷捐，如有特别事故，不在此例。①

花捐公司投得花捐承办权后，主要向妓女征收牌照费（每个妓女领牌照一张，每年更换一次），局徽（出局陪客饮酒的标记）、宿徽（陪客住宿的标记）费，销号手续费（妓女从良或停业须销号，缴纳手续费），向嫖客征收花筵捐。由于时局多变，广西的花捐征收额也时有变动。1931 年，南宁公安局公布的征收花捐章程，收牌照费每个妓女 5 元、鸨母 8 元，挂号费每局 6 角，宿局票捐每局 1 元，酒局票捐每台 4 角，厅艇捐每月分别收 1 元至 8 元不等，妓馆捐每月收 5 角，艇捐每艇每月收 1.5 元。1933 年，花捐列为县单行税捐后，承办商征收妓女牌照捐为 5 角至 9 元，陪宿局票费为 8 角至 1 元，侑酒局票费为 3 角至 1 元，花筵捐每席为 7 角至 1 元。1940 年，桂林市征收花捐又是不同，门牌捐分 10 元、20 元两等，由户主按月缴纳；营业捐分 3 元、6 元两等，由妓女按月缴纳；宿飞（陪宿）捐分 1 元、2 元两等；酒飞（陪酒）捐分 5 角、1 元两等。②

六　余论

在近代中国财税发展过程中，名目众多的杂税、杂捐说明了税制纷杂的历史事实。确实，如果以西方近代税收原则和系统化结构视之，这似乎是一种乱象。对此，清末士人就曾哀叹，"各种捐款，或属普通办法，或系单行章程，或为附加税，或为独立税，错杂纷纭，更仆难数……机关既不统一，用途复多混淆，且经征舞弊，搜括病民，与财政收入之原理背道而驰者尤属不少"。③ 但是，任何财政现象出现并非偶然，晚清杂捐杂税的出

---

① 《南宁民国日报》1936 年 6 月 7 日。
② 马禾册主编《广西通志·公安志》，第 125 页。
③ 奉天清理财政局：《奉天省财政沿革利弊说明书》，"正杂各捐"，"总论"，第 1—2 页。

现有其自身的历史脉络，而其演变又与社会经济多元互动有关。如果以这种眼光审视本文讨论的"花捐"，剥离其"杂"的特征可以发现，近代花捐首先是中外关系互动的产物，而不是中国本土财政体制的演变结果。西方人利用租界"国中之国"的行政特权移植公娼制度，并按照欧洲惯例实施花捐。而且租界的经费筹措和税种设置通过各种方式传播，对中国财政近代化形成辐射效应。警察制度是清朝推进新政的重要内容，但因改革经费严重不足而步履维艰。在此状况之下，中国地方官员纷纷援引租界中行之有效的花捐之例解决困境。

花捐走出租界被纳入中国式的财政体系后，演变形态也较为复杂。一方面，花捐征收以近代税法模式制定章程，以此作为征收的法制化规范。另一方面，花捐征收实践无法摆脱中国征税惯行，从花捐公司垄断经营到公开招商承揽，以及设置特察里予以集中管理征收，其本质内容与传统包税制度一脉相承，同时又适应近代社会转型的需要以及多元社会力量的博弈而进行了转变。当然从财政－社会角度而论，近代中国花捐的包税征收不只是影响了地方利益格局，而且也导致地域社群的倾轧以及械斗争利，因此还有待于档案资料的挖掘、口述调查的展开而另行撰文进一步讨论。

（作者简介：张侃，厦门大学历史系教授；
刘伟彦，厦门大学历史系博士研究生）

地方债务与财政信用：1922 年
安徽省旧债整理研究[*]

马长伟

内容摘要　近代以来，安徽省财政困难，赤字严重。面对巨额的军费开支、沉重的债务负担，1922 年，省长许世英成立整理旧债委员会，拟对省属各主管部门的欠债进行统计、整理，以维护债信。北洋政府时期安徽省债务依存度较高，偿债率较低，公债发行所得并未用于旧债偿还，亦未能发挥其经济效用，大部分移作军费开支。由于军阀纷争，1922 年安徽省旧债整理只是昙花一现，仅停留在债务统计阶段，未能达到清理旧欠、挽救财政的目标。安徽省的财政难题，悬而未决，为后人留下警示。

关键词　安徽省　地方债务　债务整理

晚清时期，安徽省开启地方债举借模式，此后借债度日成为安徽省财政的常态。财政入不敷出，安徽省民政、军政主管部门在债务筹借、偿还问题上缺乏统一、有效的规划与管理。政府债务负担沉重，政府信用严重受损。1922 年，省长许世英牵头成立安徽省旧债整理委员会，系统梳理安徽省旧欠，拟开展整理工作。但是，安徽省旧债整理委员会的工作只是昙花一现，终归未能成功。本文拟对 20 世纪 20 年代安徽省整理旧债进行探究，剖析其经济缘由及失败根源，为当今的地方债发行与管理提供历史经验。

一　安徽省财政的内外危机

从北洋时期安徽省财政收支数据来看，20 世纪 20 年代前后，安徽省财

---

[*]　2016 年国家社会科学基金重大项目"近代中国工商税收研究"（16ZDA131）及 2016 年国家社会科学基金青年项目"近代中国债务整理研究"（16CJL006）阶段性成果。

政困难，赤字严重，部分年份高达 130 余万元，1920 年为 20 余万元。[①] 1921 年之后，在内外多重因素影响下，安徽省财政越发困难，具体情况见表 1。

表 1　安徽省中华民国暨地方历年实收实支

单位：元

年度	国/地别	实收数	实支数	赤字	盈余
1913	国家	6378499.070	6577801.645	199302.575	
1914	国家	8076154.488	9112402.591	1036248.103	
1915	国家	10112483.691	9806962.632		305512.059
1916	国家	7674530.428	8126186.343	451655.915	
1917	国家	7179855.296	7384205.511	204350.215	
1917	地方	1295514.754	1106786.347		188728.407
1918	国家	8283683.862	8077327.814		206356.048
1918	地方	1806955.690	1197112.981		609842.709
1919	国家	6636345.093	6848972.415	212627.322	
1919	地方	1639570.472	1348713.012		290857.460
1920	国家	6085932.094	6745952.482	660220.388	
1920	地方	1208054.278	1411778.451	203724.173	
1921	国家	4709657.100	5370168.429	660511.329	
1921	地方	388846.179	1690111.956	1301265.777	
合计		71475882.495	74804482.609	3328600.114	

资料来源：《安徽整理旧债委员会报告》，1923 年，第 138—139 页。

首先，灾害造成的财政减收和支出增加。20 世纪初，整个安徽省灾害不断。1921 年，安徽省水旱灾害遍及 49 县。江淮地区发生特大水灾，其中以皖北最为严重。《中国灾荒史》记载："皖北阜阳、寿县，淮河下游及附淮 21 县均被水灾。"[②] "1921 年 8 月，雨量非常集中，皖南至少有 11 县遭殃，芜湖、当涂、繁昌县 44 万亩水稻被淹没。"[③] 据常熟教会司密斯在灾区的调查，安徽水灾死者数千，财产损失不下 8000 万元，津浦铁路断绝。自 8 月 19 日水位开始大涨，至 27 日涨至 28 英尺，需数星期之后才能全

[①] 安徽省地方志编纂委员会编《安徽省志·财政志》，方志出版社，1998，第 18 页。

[②] 王鹤鸣、施立业：《安徽近代经济轨迹》，安徽人民出版社，1991，第 588 页。

[③] 王鹤鸣、施立业：《安徽近代经济轨迹》，第 588 页。

退。① 1921 年由于大面积自然灾害，地方税收只有 38 万元左右，比上一年减少 80 多万元，而由于赈灾需要，支出比上一年又多 20 多万元，所以这一年的地方财政赤字达到了 130 多万元。省长许世英向总统呈报："安徽财政紊乱，已达极点，出入不敷巨大，各项事业，因之停滞。"②

其次，官员贪腐、军阀截留税收也使财政收入大减。1921 年 10 月，孔宪芳执掌安徽省财政。但是，据时人报道，安徽省财政最紊乱的时期是孔宪芳掌财政时期。孔氏本人也有不甚清白的嫌疑。此时期安徽省委任厘差，必与司委任者有所通融。先将成分说妥，然后揭晓。成分之多寡，以地点之肥瘠为差，有二三成至四五成者。派定后，更附一会计或稽查以备坐提成分。全省厘局 39 处，平均计算，该当局所获在 30 万元以上，此 30 万元之分配，大约当局之后台为 1 股 10 万元。该后台部下及有头脸之将领及该厅重要角色为 1 股，分 10 万元。该当局自括 10 万元。唯是部章定收九成，乃皖厘局有报解不及六成者。由是公瘦私肥矣。此外，又有私办厘金一法，即令人顶名代替，名之曰代表，实即其亲信人物，月给薪 100 元或 80 元，局中收入，概归该当局。此等厘局，又有五六处之多，占全省 1/5，如两河口、湾池、巢县等处。安徽省税收收入"浮报短比，互相分肥，每年之收入短少四五百万元之多，黑幕重重，莫可究诘"。③ 税收黑幕使社会各界极为震惊，直接影响到政府公信力。

再次，中央政府拖欠地方严重。1913 年，财政部划分国地两税名目。"其划分案内，所有重要税源及现有收入尽归中央，分给各省无非杂税杂捐，致使各省几无收入可言。"④ 但是，中央因财政困难，对应下拨各机关经费时有拖欠，不断增加地方负担，使地方财政越发艰难（见表 2）。

表 2　国家欠支安徽省各机关各年度经费（1913—1922）

单位：元

年度	欠费额	年度	欠费额
二年度	1020.920	三年度	2460.514

---

① 《安徽水灾与浚河》，《民国日报》1921 年 9 月 5 日，第 2 版。
② 《许世英呈报皖省财政状况》，《申报》1921 年 12 月 16 日，第 10 版。
③ 《旅京皖人请实行清理财政》，《申报》1925 年 4 月 26 日，第 6 版。
④ 江苏省中华民国工商税史编写组、中国第二历史档案馆编《中华民国工商税收史料选编》第 5 辑《地方税及其他税捐》上册，南京大学出版社，1999，第 5 页。

年度	欠费额	年度	欠费额
四年度	2139.937	八年度	346.569
五年度	717.057	九年度	3889.833
六年度	164.348	十年度	1142800.269
七年度	6514.796	十一年度前 6 个月	945981.726
合计	2106035.969		

注：表中各数据仅根据各机关送到表册汇编，其未送到者克因时期迫促，只好暂付阙如。

资料来源：《安徽整理旧债委员会报告》，1923 年，第 30—31 页。

从表 2 可以看出，1913—1922 年，中央政府欠支安徽省各机关经费高达 210 多万元。地方与中央的财务纷争时有呈现。1921 年许世英致函中央："十年度地方经常收欠，既受灾害影响。恐不能及 150 万元，已经成立各机关支款，必须 200 万有奇。所短之 60 万，即恃此项剩余金以抵补。倘一时不克收回已办，事业立虞停滞，此剩余金不得不筹还者也。"[1] 但是，中央对此并无回复。1923 年 5 月 27 日，马联甲、吕调元电告北京政府，截留凤阳、芜湖两关及烟酒印花等税，以弥补安徽省代北京政府垫支 400 余万元军饷之需。到北洋政府结束前后，事态已经严重到"安徽省自设煤油特税，横取中央之收入，有财政独立之形势"。[2] 在国、地分税的情况下，中央政府如果挤占地方政府的财政资金，会影响地方政府财政支出，加重地方财政负担。

最后，更为沉重的财政压力来自军费。据统计，北洋时期安徽省军费支出一般占据全省岁入的 50% 以上，如 1916 年军费占全省岁入的 50.1%。1919 年陆军部预算安徽省军费是 260 万元左右，安徽省呈送的预算是 431.7 万元，最后国会议定的数目是 355 万元，但是实支数仍是超过了 380 万元，超支 25 万多元。当年，安徽省军费开支占岁出的 75.5%。[3] 1920 年，安徽省旧安武军军费预算，由安徽省国家收入内支取 345 万余元，再加上中央专款内拨 25 万元，安徽省军费开支占岁出的 81.6%。1921 年 2 月，国务院决议安徽省合并新旧两军，每年给予 520 万元的预算，除中央补助 70 万元之

---

[1] 《皖省财政之黑暗·许世英向中央告苦》，《京报》1921 年 12 月 20 日，第 6 版。《许世英呈报皖省财政状况》，《申报》1921 年 12 月 16 日，第 10 版。

[2] 《浙皖财政独立：孙科郑洪年愤而辞职》，《晨报》1927 年 12 月 30 日，第 2 版。

[3] 本部分 1919—1922 年军费数据来自《安徽整理旧债委员会报告》，1923 年，第 124—130 页；财政支出数据来自《安徽省志·财政志》，第 206 页。

外，其余 450 万元均由本省自行筹认。当年，安徽省军费开支占岁出的 38.9%。1923 年军费支出占岁入的 60% 以上。[1] 军界又开向各县局提款的恶例，"省库即成虚设"。为了应付"军界直接提款，各县局从中推诿，对军则云解省，对省则言军提，以致两方落空"。[2] 巨额的军费开支，已经严重影响到安徽省的财政体系。但是，面对军方的压力，财政上采取的方案是"发行金库证券 65 万元，由中国银行担保，60 县知事分销 30 万元，马联甲认销 20 余万元，其余数万元，则由省中各机关按经费全数搭放"。[3] 在军事逼迫下，政府的财政负担有增无减。为了维持军事及行政开支，安徽省政府多次举借款项。1922 年，安徽财政积欠各债款主 350 余万元，每年亏欠又在 300 余万元。[4] 军阀政治导致财政缺乏预算约束，债务违约，严重破坏政府信用，带来财政风险和信用风险。

二 安徽省的地方债务及信用危机

税收、公债作为财政收入的主要手段，与一个地区的财政、经济密切相关。北洋时期，安徽省地方税收等可支配收入减少，债务作为政府的财政手段发挥着独特的作用和价值，公债成了政府筹集军费的重要手段，甚至沦为地方军阀支持战争的工具。

1910 年，安徽省为了筹措编练新军和崇陵工程经费，第一次发行公债 120 万两库平银，其后发行债券成为一种常态。北洋时期，安徽省多次举借内外债，1918 年以后，更是每年都有新债券的发行。[5] 据统计，1913—1923 年，安徽省内外债积欠本息计 868.2 万元，其中内债 233.6 万元，外债 526.9 万元，借款 107.7 万元。[6]

1923 年，安徽省旧债整理委员会对安徽省政府所欠债务（截止到 1923 年 2 月）进行了统计，分别是怡大借款、八年八厘公债、中央赈灾公债、皖省赈灾公债、十年金库证券、十一年续发金库证券、拨付柏前都督金库证券、柏前都督借垫中华银行基金、农工银行借款一、农工银行借款二、

---

① 诸青来、岩双：《中国财政问题》，商务印书馆，1934，第 51 页。
② 《皖省救济财政之新计划》，《申报》1922 年 8 月 20 日，第 3 版。
③ 《皖省救济财政之新计划》，《申报》1922 年 8 月 20 日，第 3 版。
④ 《某皖人之皖省财政谈》，《京报》1922 年 3 月 4 日，第 6 版。
⑤ 方前移：《近代皖江区域金融市场紊乱与经济波动》，《安徽师范大学学报》2017 年第 4 期。
⑥ 《安徽省志·财政志》，第 107 页。

中行垫款一、中行垫款二、交行垫款、省署代中央借用皖北盐捐、省公署续借皖北盐捐等 15 项债款。

表 3　安徽省各项欠款

债名	债额			偿还期	备考
	债本	利息	合计		
怡大借款	规元银 647589.010 两		647589.010 两		以上借款系截至 1923 年 6 月 30 日
八年八厘公债	408940 元	44983.4 元	453923.4 元	1922 年 6 月 30 日，12 月 31 日；1923 年 6 月 30 日，12 月 31 日	偿还期分 4 期，现已届满，二期未举行抽签
中央赈灾公债	2541.029 元		2541.029 元		
皖省赈灾公债	100715 元	24171.42 元	124886.42 元	1923 年、1924 年、1925 年 12 月 31 日	1922 年 12 月 31 日已经抽签还本 1/4，计本利共 31221.9 元，现正开始兑现，故上列债款数仍按全数登列
十年金库证券	89690 元	5381.4 元	95071.4 元		
十一年续发金库证券	650000 元	39000 元	689000 元	1923 年 1 月、2 月	原定 1、2 两月兑现，3、4 月间即可还清
拨付柏前都督金库证券	55000 元	每月 1 分	55000 元	1923 年 3 月 1 日，4 月 1 日	系拨还柏前都督借垫中华银行基金
柏前都督借垫中华银行基金	120000 元		120000 元		原欠 19 万余元，除已付现款 16800 元及金库券 55000 元外，仍欠上数
农工银行借款一	10000 元	前 4 个月 1 分 8 厘；10 月、11 月 2 分	10000 元	1922 年 11 月 30 日	利息均已预付
农工银行借款二	纹银 2000 两	按月 2 分	2000 两	1923 年 1 月底	
中行垫款一	460950.46 元	27595.94 元	488546.4 元		1922 年底止
中行垫款二	226988.66 元	利息统入债本内	226988.66 元		

债名	债额			偿还期	备考
	债本	利息	合计		
交行垫款	397672.034 元		397672.034 元		
省署代中央借用皖北盐捐	330000 元		330000 元		上款系前省长代表财政部向省议会借用，并立有借约一面，请部延长烟酒、印花两税还款期限，省署议会皆有案
省公署续借皖北盐捐	137036.9 元		137036.9 元		
总计规元银	647589.01 两		647589.01 两		
总计纹银	2000 两		2000 两		
总计银币	2989534.083 元	141131.16 元	3130666.243 元		

资料来源：《安徽整理旧债委员会报告》，1923 年，第 1—2 页。

上述债务中，怡大借款、八年八厘公债、皖省赈灾公债、十年金库证券、十一年续发金库证券五项面向全社会发行，对此予以简单介绍。

怡大借款（1910 年）。1909 年 12 月，安徽巡抚朱家宝上奏朝廷，希望发行地方公债，以补充冬春赈款、行政经费。《安徽省筹办劝募公债票章程》规定，此次公债发行额为白银 120 万两，共分 6 期发行。但因为政府信誉问题，一年时间里，只有 10 万两被认购。1910 年，安徽政府与英商怡大洋行协商，由怡大洋行认购其余 110 万两库平银，折合上海规元银 1205600两，订 6 年还清，第 1 年年息 7 厘，以后每年加 1 厘，叠加至 1 分 2 厘为止。[1] 辛亥革命后，所欠 110 万两库平银本息分文未还。1915 年，英国公使朱尔典同安徽省政府交涉，双方议定：自 1915 年起，一年偿还两期，一期偿还 30 万两规元银，其中七成还本，三成付息；所有以前到期未还本付息的，得加复利 7 厘。截至 1922 年 6 月 30 日，皖省已还本付息规元银 174 万两，仍欠 647589.01 两。[2]

八年八厘短期公债（1919 年）。倪嗣冲统治末期，安徽省财政紊乱。1919 年 3 月，省政府因预算不敷，申请发行短期公债。3 月 12 日公布《安

---

[1] 《安徽整理旧债委员会报告》，1923 年，第 3 页。

[2] 《安徽整理旧债委员会报告》，1923 年，第 3 页。

徽省募集八厘短期公债简章》，内容有：定额国币 100 万元，以安徽省漕粮为担保，第 1 年年息为 8 厘，自 1921 年 12 月起分五期还清，每 6 个月为一期。募集及偿还均由省财政厅经理，委托各银行及各县知事代理。[①] 截止到 1921 年 12 月（募齐期），只募集 510978 元。1921 年 12 月 31 日为第 1 期偿还期，抽签偿还 102038 元，但也只偿还了这一期。剩余本息一共 453923.4 元，分四期偿还。财政厅计划于 1922 年 12 月底还债本 204470 元、利息 32715.2 元，其余赊欠本息 216738.2 元将于 1923 年偿还。[②]

皖省赈灾公债（1921 年）。1921 年，水灾过后，冬春各赈灾需要款项甚急，省政府拟于 1921 年 11 月发行公债 60 万元，从安徽省烟酒公卖和印花税两项拨还的工赈余款划出 100 万元作为担保。同时还发布了短期公债奖励规则进行劝募，如募集 2 万元以上者发一等金质慈善奖章。第 1 年年息 1 分 2 厘，分 4 年还清，每年 12 月抽签一次，还本付息。每年 6 月底付息一次。截至 1922 年底，此项公债共募得 100715 元。到 1925 年 12 月 31 日，应还本付息合计 124886.42 元。[③]

十年金库证券（1921 年）。1921 年，安徽省发生特大水灾，财政困难，再加上阴历年关将至，军需政费缺口很大。在省政府处境窘迫、别无他法的情况下，财政部拟发行库券 30 万元，利率每月 1 分 5 厘，以 4 个月为期。由三道尹酌量分配各县认销，安庆道、芜湖道的证券均由财政厅核收，共销售库券 26000 元；淮泗道共募得 63690 元，全部用于前督军公署及划拨军饷。所有应还本息数目见表 4。

表 4　十年金库证券应还本息数目

单位：元

道区	派销库券数	已销库券数	应付利息数
安庆道	70000	4900	294
芜湖道	100000	21100	1266
淮泗道	130000	63690	3821.4
合计	300000	89690	5381.4

资料来源：《安徽整理旧债委员会报告》，1923 年，第 13 页。

---

① 《安徽整理旧债委员会报告》，1923 年，第 8 页。
② 《安徽整理旧债委员会报告》，1923 年，第 8 页。
③ 《安徽整理旧债委员会报告》，1923 年，第 12 页。

十一年续发金库证券（1922 年）。1922 年夏秋之交，青黄不接，军需甚急。于是财政厅拟续发金库证券 65 万元，分 9、10 两个月发行，利率、还期均按照十年金库证券的模式办理，并由金库签字盖印指定宣城、合肥等九县漕粮为担保基金。应还证券价格 65 万元，加上利息 39000 元。[①]

表 5　1922 年底五项债款尚欠本息额

单位：元

款项	实际募集额	已偿还额	未偿还额
怡大借款（规元银）	1100000	1740000	647589.01
八厘短期公债	510978	102038	453923.40
赈灾公债	100715	0	124886.42
十年金库证券	89690	0	95071.40
十一年金库证券	650000	0	689000.00
总计	2451383	1842038	2010470.23

资料来源：根据《安徽整理旧债委员会报告》整理，1923 年。

从表 5 统计可知，截止到 1922 年底，安徽省公开发行的 5 笔公债共募集 245 万余元，其中还本 184 万余元，尚欠本息 201 万余元。部分公债发行以后，政府采取强制摊派和银行承募，制度不健全，还款无保障，债权人利益受到损害。面对严峻的财政形势，作为募集公债的中坚力量，中、交两行明确提出拒绝借款给安徽省政府。也有人指出"非将垫拨军费一节减轻负担，则财政亦陷入无办法，而建设计划永为泡影"。[②]

安徽省政府曾尝试各银行借款，但遭到银行拒绝。中、交两行既是安徽省地方公债主要承募者，也是安徽省政府主要的借款对象。1921 年"安徽省上年旧债应还者约 200 万。本年水灾，各县局税收，已甚减色，全省重要厘金，大半被武人占去……据计算，今年收入当短去 200 万元，去今两年所借中交两行之款，既不能还，而今年年终，更非 200 万元不能支持，税产既已抵押罄尽，中交两行恐无磋商之余地"。[③] 银行认为安徽省已无税产抵押，借款可能有去无回。按往年情况，省政府向银行借款，"偿还乃恃茶税之收入，以为挹注"。1922 年茶税为商人承包，所交之款未曾到手，即由省

① 《安徽整理旧债委员会报告》，1923 年，第 14 页。
② 诸青来、岩双：《中国财政问题》，第 52 页。
③ 《芜湖快讯》，《申报》1921 年 10 月 26 日，第 3 版。

长、财政厅指定用途，以致两行方面不借分文给省政府。省政府各项支出，均欠四个月未发。索薪索饷，闹得不亦乐乎。二行方面，宣布不与省政府往来后，对于原欠 80 余万元，即连日向财厅催促，迅速筹款归还。唯各处经征正杂等税，均经张督军、马帮办自行截留，以充军饷。省政府开支尚无法对付，更不能归还 80 万元借款，对二行之索还，只得置之不理。二行以省政府的经济问题，迭次丧失信用，遂与各方面大施攻击，以免他人再为受累。① 最后，在中、交两行的干预下，本年度的茶税承包商也与安徽省政府解约。②

到 1925 年，财政厅柳汝砺照例与中国、交通两银行一再商榷，请暂借垫若干，以资接济。银行方面，以从前积欠未还之垫款，为数甚巨，且今年金融界银根甚紧，亦非往年可比，实不能借垫巨额之款。柳氏拟定计划，暂时发行金库证券，券额定为 120 万元。③ 积欠未清，债权人权益得不到保障，政府债信受损，中、交两行才提出拒绝借款。

三 旧债整理及其失败

1921 年 9 月，许世英出任安徽省省长，力主裁减军队，以救济财政。同时，主张整理旧债，编制新预算，其目的在于公开财政，揭露财政困难的原因，从而限制军费开销。

1922 年 7 月 17 日，许世英发出《呈大总统拟筹款裁兵以纾皖困》一文，建议先将新安武军军费全部由北京政府承担，并归其主持裁撤，至于旧安武军的裁撤，则按国务院的规定办理。7 月 29 日，在省长许世英支持下，全省各县公私学校校长、各界知名人士、旅京、沪等地安徽同乡代表在芜湖开会，审查安徽财政，一致认为安徽省的财政因支付军费过巨，以致百业不振，决定按照财政现状，分期偿还积债，实行废督裁兵，全省军

---

① 《皖省财政竭蹶情形》，《京报》1922 年 4 月 15 日，第 6 版。
② 参见《皖省财政竭蹶情形》，《京报》1922 年 4 月 15 日，第 6 版。此次皖南茶税，为茶商吴永伯以 16 万元承包。未曾开征之前，言定先缴 148000 元。此次由上海大陆银行汇解来省。业经省长指定分给军饷与教育经费。岂料大陆银行电请安庆中、交二行，略谓贵行设立皖省有年，皖省财政情形想定熟悉。望将皖南茶税，每年是否收取若干，乞查复云云。二行深明其中底蕴，电复略谓皖南茶税收入，历年在十二三万元，此项茶商以 16 万元承包，未免受亏。大陆银行得此复电，遂延不照解。而吴永伯亦有要求毁约。
③ 《皖省财政困难之情形：发行金库证券百二十万》，《益世报》1925 年 3 月 29 日，第 3 版。

费每年以 140 万元为限。

许世英深知非裁兵节饷不能救济财政，他认为省财政状况应当公开。但是在当时财政预算与决算难以实现。1916 年到 1921 年，即使历经了一、二两届议会决议的咨请公布，政府仅仅把 1917 年和 1918 年的交由第二届省议会审议。由此可以看出，政府连形式都不愿意遵行，议会想要控制决算就更不用说了。许世英为了解决这个问题，于 1922 年 11 月中旬在航空署内设置整理旧债委员会。该委员会成员由财政厅、省公署、警务处、教育厅、实业厅、高审厅、高检厅、军需处、安庆道、芜湖道、淮泗道的相关人员组成。财政厅厅长马振宪为整理旧债委员会委员长（见表 6）。

表 6　安徽省整理旧债委员会成员一览

职务	姓名	单位（职位）	职务	姓名	单位（职位）
委员长	马振宪	财政厅厅长	委员	陈述明	教育厅
主任	余炳成		委员	洪迪	教育厅
委员	潘淇	省公署	委员	方雷	实业厅
委员	潘祖光	省公署	委员	邹汝汉	实业厅
委员	刘乙清	省公署	委员	鄢傅薪	高审厅
委员	徐国治	财政厅	委员	陈伟贤	高检厅
委员	苏锡爵	财政厅	委员	范育才	军需处
委员	郭后德	财政厅	委员	葛善庆	安庆道
委员	舒兆华	财政厅	委员	周达寿	芜湖道
委员	石璞	警务处	委员	许口	淮泗道
委员	席元英	警务处			

资料来源：《安徽整理旧债委员会报告》，1923 年，序言第 2 页。

面对岌岌可危的财政局面，《安徽整理旧债委员会报告》序言写道："世英回皖以来，深知财政之穷，非裁兵节饷不能救济，并于去年 11 月中旬，就署内附设整理旧债委员会，将所有债欠两项由各主管官厅分别列表而欲弥，将来先清既往，凡历年出入之盈亏亦一并披露，俾乡人士共晓。然财政破产之结果如斯，其原因安在？收入将如何整顿？支出将如何割分？此后行政、司法、教育、实业、陆军各岁出按学理参之事着应各占几分之几，公同讨论主张，以为编制新预算之张本。"

财政缺乏预算约束，债券发行无章可循，导致债务膨胀，还款困难。军费开支庞大，过度逼迫财政，导致地方政府债台高筑，安徽省政府被迫整理旧债，以求开支公开、合理，缓解财政危机，拯救财政信用。

安徽省旧债整理的对象是政府没有完全偿还的旧债。在报告上卷结束语中，安徽省财政厅统计科科长舒兆华写道："委员会决议设清理债欠办事处于财政厅，编制本省历年收支各款报告以便考核盈亏、设法整顿，适兆华供职厅中，独与其役召同事十余人昕夕勾稽积两月余使得告成。惟此项报告不过供官厅及社会留心本省财政者之参考。……订为上下二卷，现编成者为上卷。纲举目张，厘然悉当，虽非全璧，欲知吾皖财政致病之原，舍此莫由，观者如能怵危惧险，则九年之疾或有求三年之艾者，不独破产之厄庶可免，即丰亨之象未始不可。"① 但是迫于时代的局限性，以及军阀的强权，政府无法有效控制财政赋税，此次债务整理委员会的动作，并未引起太大反响。整理委员会无法实施设置清理债欠办事处的计划，甚至连报告的下卷都没有编写完成。旧债整理最终以失败告终。此后，安徽省面对财政困境，仍旧延续原有的借债、还债模式，未能从根本上解决安徽省的财政困境。例如，1923 年，厘金、税收皆任意短绌，综计全省收入，月仅 10 余万元，而军政等费，最低限额非 40 万元莫办。财政厅厅长胡思义一则抱减政主义，对于各项收支，竭力钩稽；一则开收入之源，如拟预征省丁漕一年，发公债 60 万元。②

1925 年春，各项税收均属淡月，艰窘愈甚，往年当此时期，多恃银行垫款，以资周转。财政厅柳汝砺照例与中国、交通两银行商榷，请暂借垫若干，以资接济。但银行方面拒不借款。柳汝砺只能拟定计划发行金库证券，券额定为 120 万元，4 个月本息一并清还。③ 此外，北洋时期还曾公开发行过十三年金库证券、十四年金库证券、盐余库券、十五年金库证券、安徽米商公债等。1930 年 5 月，面对旧欠问题，安徽省公布《整理暨兑还本省旧政府时发行各年金库证券并各项公债票办法》，对未经收回的 106 万余元各年度债券进行整理，以发行 1930 年新债兑换旧债，而新债以木厘项下每月拨出 4000 元作为基金抽签偿还。④ 但是，从发行与偿还的情况来看，安徽省仍然是寅吃卯粮，无法如期偿还债务。安徽省的政府信用持续下跌，财政状况未见好转。

① 安徽省政府：《整理暨兑还本省旧政府时发行各年金库证券并各项公债票办法》，1930 年。
② 《胡思义代厅长后之皖财政》，《晨报》1923 年 5 月 27 日，第 5 版。
③ 《皖省财政困难之情形：发行金库证券百二十万》，《益世报》1925 年 3 月 29 日，第 3 版。
④ 安徽省财政厅：《安徽财政史料选编》第 4 卷，1990 年内部版，第 599 页。

旧债的整理也受到人事变动的直接影响。据统计，1912—1927 年，在这短短的 16 年间，安徽省军事首长更换 13 人次，财政厅厅长更换 18 人次。在这种背景下，任何一届政府的政策都难以保证长久有效、持续运行。安徽省省长许世英上任后与财政厅厅长孔宪芳发生意见，必欲撤换，以便整理财政。① 许世英拟调盐务署柳汝砺为财政厅厅长，柳因与安徽省督军张文生有隙，不愿前往。孔宪芳是张督私人，张督欲驱逐许党。安徽省财政厅厅长孔宪芳被免职。军、民两长对于此席，均极为注意。许世英电请中央，简任柳汝砺。张文生督军一再反对，电保史久绍接充此职。而许世英又电财政部，请以王源瀚充任，双方争持不下，政潮迭起。到 1922 年 11 月 22 日，安徽军务督理马联甲通电抨击省长许世英不筹裁兵款项，请北京政府立即予以罢黜，并提出新、旧安武军共需饷款 740 万元。1923 年 2 月 3 日，马联甲不满省长许世英坚决全部裁撤新安武军，联合江苏督军齐燮元竭力排斥许世英，并通过北京政府内阁解除许的省长职务。该日，总统黎元洪准许许世英辞安徽省省长职，调许任航空署督办。

许世英担任省长期间，想要开展债务治理工作尚且困难重重。1923 年 2 月起，他仅担任航空署督办，想要开展旧债整理工作，其难度可想而知。1922 年，马振宪出任财政厅厅长，并担任安徽旧债整理委员会委员长。但是，随着许世英的离职，他也离开了财政厅厅长一职。此后，安徽省财政厅厅长一职由何炳麟接掌。1923 年 6 月，何炳麟辞职，委令财政厅征权科科长郭后德暂代，郭以财政棘手，坚辞不就，令执掌盈绌之全省财政机关陷于无人负责之地步。②

四　结论

近代安徽省财政体制的缺陷、自然灾害的影响，以及军阀掠夺下的军费支出，多要素叠加之下使财政困窘。政府通过发行公债来弥补赤字，公债发挥的更多的是它的筹款功能。但是，近代中国地方政府军阀割据，政治生态环境恶劣，在城头变幻大王旗的时代背景下，即使有完备的发行、管理政策，也很难实现良性发展。

公债依存度和偿债率是反映一个国家公债发行情况的重要指标。统计

---

① 《柳汝砺不就皖省财政厅长》，《京报》1922 年 2 月 19 日。
② 《胡思义委代厅长后之皖财政》，《晨报》1923 年 5 月 27 日，第 5 版。

发现，1922 年前后，安徽省的公债依存度超过警戒线。但是，安徽省公债偿债率一直保持在较低水平。

公债依存度是当年公债发行额占政府财政支出的比重，反映的是政府财政支出对公债发行的依赖程度。债务依存度越高，表明政府财政支出对公债发行的依赖程度越大，国家财政越脆弱。现代公债经济学指出，国际上一般公认 20% 是国家财政依存度的警戒线。[①] 根据统计，安徽省 1913 年的公债依存度为 9.06%，1921 年上涨为 20.04%，1925 年为 15.45%，1930年为 49.17%。[②] 安徽省的公债依存度总体呈现上升趋势，政府的财务风险增大。

公债偿债率，指当年还本付息额占当年财政收入的比例，即当年财政收入中有多大比例是用来偿还旧债的，反映了政府财政的债务偿还能力。根据国际经验，公债偿债率一般在 7%—15%，这是一个安全范围。从图 1可以看出，安徽省的偿债率最高为 1915 年的 6.4%，其次是 1917 年的5.8%。偿债率尚在安全范围之内，不存在风险。

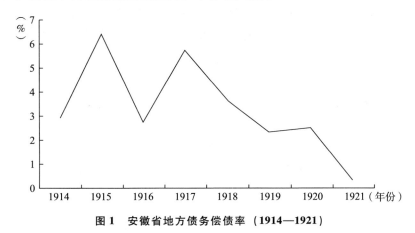

图 1　安徽省地方债务偿债率（1914—1921）

资料来源：根据《安徽整理旧债委员会报告》历年公债发行额及财政岁出数据计算得出。

从公债依存度可以看出，安徽省历年财政支出，很大一部分仰仗公债收入。偿债率很低，说明财政收入中只有很少一部分用于公债还本付息。由此可见：安徽省公债发行所得并不是借新还旧，而是另有他用。其中军

---

① 李士梅：《公债经济学》，经济科学出版社，2006，第 46 页。

② 刘杰：《民国时期地方公债与社会的互动与冲突——以安徽省为中心的考察》，《近代史学刊》第 16 辑。

费开支是历年财政收入的重要用途。1921 年，许世英向大总统陈述：安徽省民国 10 年概算，岁入仅 650 万元，岁出则需 1120 万元，综计增收减支 150 万元，出入相抵仍不敷 320 万元。除原有军饷 380 万元外，国务院又规定部、省各承担新军军饷 70 万元。当年安徽原有军饷加上拨付新军军饷 96 万元，共计支出军饷 476 万元，占当年财政概算岁入的 73.2%。[①] 可见，公债收入成为安徽省补充军费的主要来源。债务负担不是影响近代安徽发展与财政困难的主要因素。

战争不止，军费不减，政治不稳，冀图靠一次债务整理来挽救财政是不现实的。单纯的债务整理治标不治本。1922 年，安徽省整理旧债失败。1924 年，"皖人组织财政审查会，其时颇有效果，嗣为马联甲所阻抑制，故无形停顿"。[②] 1925 年，"财政清理会"成立，但最终不见成绩。安徽财政被军人把持的结果是整理财政、清理积欠、挽救信用的行动均宣告失败。

公债是政府的一种信用工具，在缺乏稳定的政治环境和合理的发债规划情况下，安徽省的地方债务偿还出现困难，呈现债务违约的情况。许世英基于裁减军费、公开财政的目的着手旧债整理。但是，安徽省旧债整理是一次失败的计划，没有达到预期目标。其原因是多方面的，但是军阀政治、债务支出用于非生产性用途过多应该是其根源，这是值得引以为戒的教训。

本文写作感谢安徽师范大学经济管理学院陈雨榕同学帮助整理数据及资料。

（作者简介：马长伟，安徽师范大学经济管理学院副教授）

---

① 《安徽省志·财政志》，第 2 页。
② 《旅京皖人请实行清理财政》，《申报》1925 年 4 月 26 日，第 2 版。

1934 年第二次全国财政会议
与地方税收整理[*]

柯伟明

内容摘要　为解决第一次全国财政会议遗留的问题及救济农村经济，南京国民政府于 1934 年 5 月召开第二次全国财政会议。在财政部筹划下，各方代表积极参会，提出了许多关于减轻税收负担及改善税制的议案。经过热烈讨论，大会通过一系列整理地方税收的决议案，为国民政府制定地方税收政策提供了重要参考。会后许多税收政策逐步落实，尤其是掀起了减轻田赋附加及废除苛捐杂税运动，一定程度上减轻了商民的税收负担。但是，第二次全国财政会议并未改变原有财政体制，无法从根本上平衡中央与地方的财权，以至影响了地方税收整理的效果。

关键词　第二次全国财政会议　地方税收　田赋附加　苛捐杂税

民国时期是中国从传统财政向现代财政转变的重要阶段，在此过程中，政府制定了许多重要的财政税收制度和政策。事实上，很多财政税收制度和政策均源于全国性的财经会议，不少财经会议已经引起学术界的重视。[①]就全国财政会议而言，国民政府分别于 1928 年、1934 年、1941 年召开过三次全国财政会议。第一次全国财政会议可称为"解决中央财政问题之全国

---

[*]　本文系国家社会科学基金重大项目"近代中国工商税收研究"（16ZDA131）、国家社会科学基金青年项目"民国时期营业税制度研究"（16CZS048）的阶段性成果。

[①]　朱英：《论民元临时工商会议》，《近代史研究》1998 年第 3 期；郑成林：《1930 年全国工商会议述略》，《近代史学刊》2001 年第 1 辑；徐建生：《民国时期两次全国工商会议与经济政策》，《中国经济史研究》2002 年第 1 期；胡勇：《略论一九三〇年全国工商会议关于失业及工商业救济的议案》，《南京社会科学》2004 年第 10 期；罗玉明、温波：《国民党全国经济会议与裁兵编遣》，《安徽史学》2002 年第 3 期。

财政会议"，第二次全国财政会议可称为"解决地方财政问题之全国财政会议"。[①] 与前两次全国财政会议不同，第三次全国财政会议重点解决战时国家财政问题。从既有研究成果来看，学术界对第一次和第三次全国财政会议都做了比较充分的研究，但对 1934 年第二次全国财政会议关注较少，尚未有专文探讨。[②] 有鉴于此，笔者拟利用相关历史资料，重点考察 1934 年第二次全国财政会议及其对地方税收整理的影响。

一　会议之缘起与筹备

召开全国性的财政会议是南京国民政府在面临财政困难时，集思广益，制定财政税收政策的一种重要途径。1928 年 7 月，南京国民政府财政部召开第一次全国财政会议，基本上实现了统一财政的目标，建立起国家与地方两级财政体制。[③] 但是，中央掌握着关税、盐税、统税等大宗税源，地方仅有田赋、营业税、契税等少数税种，而地方各项开支与日俱增，形成财权与事权极其不对称的局面。[④] 大多数地方财政赤字严重，"各省财政，则已紧缩至最低限度，除一二省外，收支犹不能合适"。[⑤] 为应对财政危机，地方政府唯有征收附加税及各种苛捐杂税，"田赋附加有加无已，苛捐杂税亦如雨后春笋，应时而生"。[⑥]

南京国民政府虽将田赋划归地方，但其征收依然存在诸多问题。甘肃省财政厅的提案指出："比年以来，丧乱频仍，鱼鳞图册，大半缺残，粮户黄册亦多散佚。各县征收田赋，仅凭胥吏书册，以致百弊丛生，莫可究诘。"[⑦] 田

① 李权时：《自第二次全国财政会议归来》，《银行周报》第 18 卷第 21 号，1934 年，第 1 页。
② 武艳敏：《统一财政：1928 年国民政府第一次财政会议之考察》，《史学月刊》2006 年第 4 期；柯伟明：《南京国民政府第一次全国财政会议新探》，《广东社会科学》2016 年第 2 期；潘国旗：《第三次全国财政会议与抗战后期国民政府财政经济政策的调整》，《抗日战争研究》2004 年第 4 期；付志宇、刘彬：《国民政府时期全国财政会议对当前财税改革的借鉴》，《财政研究》2013 年第 12 期。
③ 参见柯伟明《南京国民政府第一次全国财政会议新探》，《广东社会科学》2016 年第 2 期，第 120—121 页。
④ 张连红：《论南京政府时期的中央与地方财政收支结构》，《史学月刊》2000 年第 4 期，第 69 页。
⑤ 童蒙正：《财政会议与整理地方财政》，《银行周报》第 18 卷第 21 号，1934 年，第 13 页。
⑥ 《第二次全国财政会议之检讨》，《时事月报》第 11 卷第 1 期，1934 年，第 2 页。
⑦ 《整理田赋案》，全国财政会议秘书处编辑《第二次全国财政会议汇编》，财政部总务司，1934，第 194 页。

赋有正税和附加税之别，田赋正税属于省（市）收入，附加税则多属于县（市）收入。田赋附加税不仅名目多，且数量大。据 1931 年的统计数据，各省市田赋附加税总额为 108414153 元，正税总额为 93461213 元，其中，江苏、辽宁、湖南、安徽、吉林、四川、黑龙江等省田赋附加税均超过了正税。① 地方政府不断增加田赋附加税，加重了农民负担，这是农村经济萎靡不振的重要原因之一。正如时人所言："附税之种类，恒达数十种，重床叠架，滥加剥削，而建设事业，并不因附税之征收，而有所成就。取之于民，而不复用于民，于是农民贫乏，农村衰颓，造成今日严重之现象。"② 当时的报告也指出："各地方捐税，名目繁多，随地而异……往往于公帑之收益甚微，而于人民之骚扰极大，农村破产，工商凋敝，胥此之由。"③ 如何整理地方税收，减轻民众税收负担，使广大民众能够真正享受到税制改革的实惠，这是第一次全国财政会议遗留下来的问题。

召开第二次全国财政会议的另一个动因是解决世界经济危机下的农村经济问题。1929 年美国爆发了空前严重的经济大危机，并迅速蔓延至世界各地。20 世纪 30 年代前期，世界经济危机波及中国，农村经济深受其影响，加之长江、黄河大水灾损失惨重，东北鼠疫爆发严重，农村出现了一片萧条的困难局面。④ 如何救济农村经济是国民政府高层亟待解决的问题。1934 年 5 月 21 日，财政部部长孔祥熙在开会致辞时强调："最近三年，更加以国难之严重，世界经济之恐慌，国家社会遂处风雨飘摇之境……社会经济日就凋残，农民因谷贱税重，勤劳所入，不足资生；工商则因遭不景之怒潮，日形衰落，而入超与年俱增。"⑤ 在世界经济大危机的冲击下，中国农村经济凋敝，农民负担过重。要解决中国农村经济问题，复兴农村经济，就必须设法减轻田赋附加及废除苛捐杂税。

为应对世界经济危机及救济中国农村经济，行政院在第 149 次会议上

---

① 《各省市田赋额征正税及附加税统计比较表》，江苏省中华民国工商税收史编写组、中国第二历史档案馆《中华民国工商税收史料选编》第 1 辑上册，南京大学出版社，1999，第 1313 页。

② 吴申淇：《第二次全国财政会议与田赋问题》，《民智月报》第 3 卷第 7 期，1934 年，第 4 页。

③ 齐之融：《第二次全国财政会议与河北省财政》，《河北月刊》第 2 卷第 8 期，1934 年，第 1 页。

④ 〔日〕城山智子：《大萧条时期的中国：市场、国家与世界经济（1929—1937）》，孟凡礼、尚国敏译，江苏人民出版社，2010，第 90 页。

⑤ 《孔祥熙致开会词》，《中华民国工商税收史料选编》第 1 辑上册，第 1182 页。

决议通过了农村复兴委员会提出的"减轻田赋附加废除苛捐杂税办法"，其中要求"财政部于本年六月间召集各省市财政当局及经济界代表到京开会，切实商定裁废抵补办法"。① 考虑到地方预算的时间安排，财政部提议将开会时间提前："此次会议所应讨论之减轻田赋附加与废除苛捐杂税问题，均与地方预算具有连带关系。现因预算年度已迫，拟将召集日期稍为提前。"② 4 月 19 日，行政院第 156 次会议议决："准予提前于五月二十一日举行。"③

在决定召开第二次全国财政会议之后，相关筹备工作随即展开。1934年 3 月 26 日，财政部成立了全国财政会议筹备处，派许建屏、边定远、杨囧等 9 人为筹备委员，"所有会议之组织，章程之拟订，及事务之进行，均应由该筹备委员等事前妥为规划，会呈核夺"。④ 4 月 11 日，财政部派次长秦汾为财政会议秘书长，遴选人员，组织秘书处。秘书处下设第一组、第二组、第三组、第四组，分别委任高秉坊、杨囧、岑郊麟等为各组主任秘书。⑤ 在筹备过程中，最重要的一项工作是拟定会议规则。秘书处为此制定并公布了《全国财政会议规程》《全国财政会议议事细则》《全国财政会议提案办法》《全国财政会议秘书处简章》《全国财政会议秘书处办事细则》《会员招待办法》等。⑥ 这些会议规则对第二次全国财政会议的参会代表、提案办法和审查程序等方面做了明确规定，为会议的有序进行提供了重要的制度保障。

鉴于各省（市）政府及财政厅（局）的提案已陆续邮寄到京，财政部部长孔祥熙特于 5 月 16 日下午召开全国财政会议预备会议，"由秘书处报告筹备工作，并将各方提案分别研究，对大会议事日程亦经决定"。⑦ 5 月 20日下午，孔祥熙由沪乘机返京准备主持财政会议，当天晚上召集财政会议秘书处重要职员开谈话会，"对布置情形及各方提案询问甚详，并亲赴大会

① 《减轻田赋附加废除苛捐杂税进行办法》，《中华民国工商税收史料选编》第 1 辑上册，第1169 页。

② 《财政部咨》，《中华民国工商税收史料选编》第 1 辑上册，第 1170 页。

③ 《行政院指令》，《第二次全国财政会议汇编》，第 745 页。

④ 《财政部训令秘字第三六一二号》，《财政日刊》第 1814 号，1934 年，第 3 页。

⑤ 《全国财政会议秘书处职员一览》，《第二次全国财政会议汇编》，第 765—767 页。

⑥ 《财政部呈行政院第三九九号》（1934 年 4 月 27 日），《第二次全国财政会议汇编》，第 765—767 页。

⑦ 《财部召开财会预备会议》，《申报》1934 年 5 月 17 日，第 3 版。

议场巡视一周"。① 5 月 21 日上午，第二次全国财政会议在财政部会议厅举行开幕典礼。在开幕当天，《申报》即发表评论称："筹备已久之全国财政会议本日在南京开幕，与会人物除财部要员及各省市财政负责长官外，尚有负社会物望之专家多人。聚朝野于一堂，谋度支之改革，献筹决策，集思广益，讵得谓非今日之盛事耶。"② 当天孔祥熙致电蒋介石称："本日全国财政会议开会，计到一百二十余人，远如甘肃、宁夏、广东等省均派代表到会。汪院长亦亲莅训词……谋筹富国裕民之策。会议景象颇为佳盛。"③ 财政部的充分准备和高度重视无疑是第二次全国财政会议能够顺利召开的关键因素。

二　会议之代表、提案与讨论

根据《全国财政会议规程》规定，第二次全国财政会议的代表包括全国经济委员会、国民政府主计处、内政部等部门代表，江苏、浙江及南京、上海等省市政府代表，财政部主任、秘书等长官，各省财政厅厅长或其代表，各市财政局局长，财政部关务署、盐务署等长官以及财政部选聘的专家。④ 根据来源的不同，我们将 138 名参会代表分为四类：一是中央各院、部（会）代表 25 人，占 18%；二是财政部及其直辖机关主管长官 47 人，占 34%；三是各省（市）政府代表及财政厅（局）长 40 人，占 29%；四是财政经济专家 27 人，占 19%（见表 1）。需要说明的是，不少省（市）政府代表由财政厅（局）长兼任，如江苏省财政厅厅长赵棣华兼省政府代表，江西省财政厅厅长吴健陶兼省政府代表。⑤ 财政部聘请的专家包括张寿镛、马寅初、卫挺生、李权时等著名财政经济学家，其目的是发挥专家集体智慧，为国家财政献计献策。⑥

---

① 《孔祥熙返京主持财政会议》，《申报》1934 年 5 月 21 日，第 3 版。
② 《全国财政会议开幕》，《申报》1934 年 5 月 21 日，第 4 版。
③ 《孔祥熙电蒋中正》（1934 年 5 月 21 日），台北："国史馆"藏，"蒋中正总统文物档案"，典藏号：002 - 080200 - 00165 - 123，第 123 页。
④ 《全国财政会议规程》，《申报》1934 年 5 月 21 日，第 8 版。
⑤ 《全国财政会议纪略》，《农村复兴委员会会报》第 2 卷第 1 期，1934 年，第 69—70 页。
⑥ 《财政部函张寿镛等选聘为全国财政会议会员请依期出席由》，《第二次全国财政会议汇编》，第 754 页。

表 1　第二次全国财政会议出席代表构成

代表来源	出席人数（人）	比重（%）
中央各院、部（会）代表	25	18
财政部及其直辖机关主管长官	47	34
各省（市）政府代表及财政厅（局）长	40	29
财政经济专家	27	19
合计	139	100

资料来源：根据《中央执行委员会委员孔祥熙在中央党部纪念周上的报告》（1934 年 6 月 4 日），《中华民国工商税收史料选编》第 1 辑上册，第 1209 页编制。

值得注意的是，不少尚未处于南京国民政府统治范围的地方也派员参加会议。广东省财政厅厅长区芳浦因无暇来京出席财政会议，决定派驻京办事处处长杨德昭代表出席。① 其后，陈济棠另派财政厅科长何绍琼赴京参会。② 广西省政府最初以原派代表因事羁绊为由不打算参加财政会议，后经孔祥熙复电催促，该省最终还是派代表进京参会。③ 与两广情形不同，当时西康省政府尚未成立，故未在邀请名单之列。该省民众代表驻京办事处主动请求参加财政会议："此项财政会议，关系西康之应兴应革事项，除已从事草拟提案准备于出席时提请讨论外，敬请钧会咨转财政部援照例案，准令本处推派代表出席参加。"④ 4 月 30 日，财政部同意了该驻京办事处的请求："应准该处推派代表一人届时出席。"⑤ 各地方或"主动"或"被动"地参加第二次全国财政会议，反映出此次会议确实具有全国性的影响，会议所讨论的问题关系到地方政府的利益，故其不能"视而不见"。

提案比较能够反映会议主题和内容。1934 年 4 月 21 日公布的《全国财政会议议事细则》规定，代表提出议案分为四组：第一组包括整理各省田赋及减轻附加税事项；第二组包括整理旧税、废除苛捐杂税、改进地方税制事项；第三组包括确定各级地方预算、限期成立并规定编送审核手续各事项；第四组包括不属于以上各组提案事项。⑥ 据表 2 的统计数据显示，第

① 《财政会议二十一日开幕》，《申报》1934 年 5 月 12 日，第 3 版。
② 《财政会议接粤主席陈济棠来电》，《申报》1934 年 5 月 17 日，第 3 版。
③ 《南京二十六日专电》，《申报》1934 年 5 月 27 日，第 6 版。
④ 《蒙藏委员会咨第四九号》，《第二次全国财政会议汇编》，第 755 页。
⑤ 《财政部咨蒙藏委员会第四五零号》，《第二次全国财政会议汇编》，第 756 页。
⑥ 《全国财政会议议事细则》，《第二次全国财政会议汇编》，第 115 页。

二次全国财政会议共收到提案 127 项，关于整理田赋及减轻附加税的提案 28 项，占 22%；关于改良税制及废除苛捐杂税提案 34 项，占 27%；关于确定地方预算的提案 26 项，占 20%；其他提案 39 项，占 31%。

表 2　第二次全国财政会议提案类型统计

组别及提案类型	提案项数（项）	比重（%）
第一组：整理田赋及减轻附加税	28	22
第二组：改良税制及废除苛捐杂税	34	27
第三组：确定地方预算	26	20
第四组：其他如整顿币制、救济金融等	39	31
合计	127	100

资料来源：根据《议案分组统计表》，《第二次全国财政会议汇编》，第 677—681 页编制。

再从提案来源的分布情况来看，中央各院、部（会）代表提案 14 项，占 11%；财政部及其附属机关主管人员提案 24 项，占 19%；各省（市）政府代表及财政厅（局）长提案 64 项，占 50%；专家提案 25 项，占 20%（见表 3）。地方政府及财政当局的提案最多，且提案大都关于地方财政税收问题，显然此次会议对地方财政税收的关注程度远远超过了第一次全国财政会议。

表 3　第二次全国财政会议提案来源分布统计

提案来源	提案项数（项）	比重（%）
中央各院、部（会）代表	14	11
财政部及其附属机关主管人员	24	19
各省（市）政府代表及财政厅（局）长	64	50
专家	25	20
合计	127	100

资料来源：根据《议案分组统计表》，《第二次全国财政会议汇编》，第 677—681 页编制。

为便于审查提案，财政部部长孔祥熙在 5 月 21 日下午召开的第一次大会上指定各组审查委员会名单：第一组主任委员为彭学沛，常务委员有毛龙章、高秉坊、张焘、郑震宇，委员有徐桴等 23 人；第二组主任委员为张寿镛，常务委员有贾士毅、周秀文、刘奎度、洪怀祖，委员有邹枋等 21 人；第三组主任委员为马寅初，常务委员有杨汝梅、赵棣华、王向荣、庞松舟，委员有李应生等 19 人；第四组主任委员为邹琳，常务委员有徐桴、朱镜宙、蔡光辉、吴镜予，委员有向乃祺等 18 人。① 各组审查委员均为财政专家或在财政税收部门工作多年的官员。有的委员是跨组的，如李应生分别是第三组和第四组的审查委员，徐柽是第一组的委员和第四组的常务委员。各组审查有独立审查和联合审查之别。如财政部部长交议的"整理地方财政案"交由第一组、第二组和第三组联合审查。② 有的提案涉及多方面问题，所以需要与他组联合审查，方能得出较为恰当的解决办法。

如何整理田赋是财政会议的重要议题之一。财政部部长孔祥熙交议的《整理地方财政案》中拟订了《土地陈报实施章程草案》，其中规定：举办土地陈报一律不征收手续费；陈报手续表册应力求简便，陈报后应即行改订科则，平均负担；各县编造正式征册应划一规定；陈报后应即改进征收制度。③ 会上代表们也提出了许多整理田赋的具体办法：清丈经费于清丈后新增之赋项下拨给；分期举办清丈，由省会、商埠到县城，再由乡村到田地山荡，清丈后即施行地价税；整理田赋应由测量田亩入手，测量经费以征收测丈费为基金，发行整理土地公债充之；办理清丈，不必用大三角，测量征收清丈费，以每亩 2 角为限。④ 这些建议对田赋整理的资金、步骤、期限、手续等问题做了比较明确的规定，为政府部门整理田赋提供了重要参考。

鉴于各地苛捐杂税加重民众负担，严重影响社会经济发展，财政会议上各代表纷纷提议废除苛捐杂税。湖北省财政厅主张，废除苛捐杂税之前应先确定划分县财政范围；各县地方税捐查有妨碍平民生计及违反中央法令者，一律严令停征；各县地方税捐内有同一课税物件而设有数种税捐者，即行设法归并。⑤ 张寿镛提议，中央明令各省市"自今日财政会议举行之日始，敢再有议加苛细捐税者，刑毋赦。其已有苛细捐税，立即一律罢除"。⑥ 吴启鼎建议，财政部令饬各省将烟酒附捐"即日停止征收，其未办附税地方，尤不得借故举办"。⑦ 各代表对废除苛捐杂税的态度是一致的。

营业税征收管理问题也引起与会代表高度关注。刘奎度认为，营业税

---

① 《审查委员名单》，《中华民国工商税收史料选编》第 1 辑上册，第 1181—1182 页。
② 《全国财政会议第一次大会会议事录》，《第二次全国财政会议汇编》，第 77 页。
③ 《整理地方财政案》，《第二次全国财政会议汇编》，第 158 页。
④ 《第一组审查报告（二）》，《第二次全国财政会议汇编》，第 217 页。
⑤ 《为缕陈鄂省废除苛捐杂税过去情形拟具将来革除方针请公决案》，《中华民国工商税收史料选编》第 1 辑上册，第 1258 页。
⑥ 《立时罢除苛细捐税案》，《中华民国工商税收史料选编》第 1 辑上册，第 1262 页。
⑦ 《请取消烟酒项下地方附加案》，《中华民国工商税收史料选编》第 1 辑上册，第 1256—1257 页。

征收停滞的原因在于：一般商民未能明了纳税义务及营业税法的优点，未能依法纳税；营业调查形同虚设，各地商会及各同业公会协征代缴，按业摊派，混乱不堪；征收人员对营业税性质未能认识清楚，且职权上处处依赖县长的协助。① 针对营业税征收管理中存在的问题，唐启宇提出一系列整理营业税的具体办法：对办理营业税人员"待遇宜优""信任宜专""任用宜久""奖惩宜严"；对协助机关"考成宜订"；对商店抗税、偷税、漏税等违法行为"处罚宜重"；对商会或同业公会包办税务"取缔宜严"。② 应否提高营业税税率是财政会议上争论的焦点。在 5 月 26 日上午召开的第四次大会上，主张和反对提高税率两种观点针锋相对，大会最终决定："将各原提议及审查意见一并汇呈行政院，转咨立法院，作为修正营业税法案时之参考。如有与营业税法各条文未能符合，应须修正或补充之处，应请财部汇呈行政院，转请立法院依法修正公布实施。"③

根据议程，第二次全国财政会议一共召开了五次大会，出席大会的代表人数分别为 122 人、122 人、121 人、126 人和 116 人。④ 每次大会的出席率都非常高，显示出各代表参会积极性高涨。大会主要对各组审查委员会的审查报告进行审核和议决。据统计，第二次大会审核通过议案 15 项，第三次大会审核通过议案 7 项，第四次大会审核通过议案 43 项，第五次大会审核通过议案 3 项。⑤ 当然，也有一些提案未能获得大会通过。如第四次大会有两项议案的审查结果为"原案不成立"：一是"拟定恢复盐务机关旧制取消稽核人员兼摄行政办法以明系统而宏效率案"；二是"请中央明令规定各省国税机关仍委托省地方政府就近监督以资整顿案"。⑥ 各代表认真地审查各项提案，为国民政府制定财政税收改革方案提供了重要依据。

三　会议之成果及其限度

第二次全国财政会议的召开引起社会各界高度关注。有人期待这次会

---

① 《拟改进现行营业税并裁并一切杂税改办营业税及确定税收制度以谋地方财政之健全发展案》，《第二次全国财政会议汇编》，第 184—185 页。

② 《整理营业税办法》，《第二次全国财政会议汇编》，第 180—182 页。

③ 《昨日财政会议上下午均开大会，营业税案意见送院参考》，《申报》1934 年 5 月 27 日，第 6 版。

④ 《每次大会出席会员人数统计》，《第二次全国财政会议汇编》，第 741 页。

⑤ 《决议案一览表》，《第二次全国财政会议汇编》，第 682—733 页。

⑥ 《决议案一览表》，《第二次全国财政会议汇编》，第 718、731 页。

议制定的措施能减轻民众负担，改进财政收支："至少能够注意培养税源，免除田赋附加及一切苛捐杂税，并能于最短期间整理财务行政，使全国今后都能量入为出。"① 有人认为，"第二届全国财政会议，是现时漫夜晦冥中的一丝曙光，我们固然希望政府勇敢的实行，更望其聪明的辨别各地阻碍实行至借口，也望其坚决的整理财务行政，以便实行之彻底"。② 当然，也有不少批评和质疑之声。如有人撰文批评道："会议中之提案……多系临时拉杂而成，鸡零狗碎，不得要领，为归并分类，耗去大部分时间，而出席各代表，又须忙于私人应酬，结果仅由若干擅长公牍的秘书编制报告起草宣言，以粉饰太平了事。"③ 事实上，经过热烈讨论，第二次全国财政会议还是取得了不少成果，通过了一批整理地方税收的决议案。

在财政会议上，各代表围绕减轻田赋附加的具体办法展开热烈讨论，有的主张田赋附加超过正税者削减，已取消者不得移作他用；有的主张划一田赋附加部分，附税不超过正税总额；有的主张田赋只分省正税、县附税两项，其余一切名目概行删除；有的主张附加超过限制者，五年递减。④ 经过各代表热烈讨论，会议决议通过了财政部提出的"减轻田赋附加之标准"办法，其中规定："田赋附加不得超过正税总额"，"各县区乡镇之临时亩捐摊派应严加禁止"，"附加带征期满或原标的已不复存在者，应即予废除"。⑤

经过讨论与审查后，全国财政会议决议通过了苛捐杂税的范围，包括：妨害社会公共利益；妨害中央收入之来源；复税；妨害交通；为一地方之利益对其他地方货物之输入为不公平之课税；各地物品通过税。⑥ 财政会议同时决议通过了废除苛捐杂税的四项程序，其中规定"不合法税捐各款，统自民国二十三年七月一日起至二十三年十二月底止，分期一律废除"。⑦ 当然，废除苛捐杂税必定是一项长期的工作，既需专人负责办理，也需社会公众的支持和监督。为配合废除苛捐杂税，财政会议审查通过了行政院

---

① 《全国财政会议》，《前途》第 2 卷第 6 期，1934 年，第 1 页。
② 《第二届全国财政会议闭幕以后》，《大学杂志》第 2 卷第 5 期，1934 年，第 3 页。
③ 荆州：《全国财政会议之成果》，《新中华》第 2 卷第 12 期，1934 年，第 16 页。
④ 《第一组审查报告（三）》，《第二次全国财政会议汇编》，第 252—253 页。
⑤ 《整理地方财政案》，《第二次全国财政会议汇编》，第 158—159 页。
⑥ 《财政部请通令各省（市）遵照财政会议决议整理税捐废除苛杂呈及行政院指令》（1934年 6 月），《中华民国工商税收史料选编》第 5 辑上册，第 720—721 页。
⑦ 《财政部请通令各省市政府遵照决议切实整理税捐废除苛杂呈》（1934 年 6 月 12 日），《国民政府财政金融税收档案史料（1927—1937 年）》，中国财政经济出版社，1997，第 1156 页。

交议的"废除苛捐杂税进行办法案",拟由财政部设整理地方捐税委员会,并在各省市设捐税监理委员会。[①]

营业税是仅次于田赋的地方第二大税种,针对其征收管理中存在的种种问题,全国财政会议决议通过了《整顿营业税办法》,包括"调查证之改进""税率分级之限度""行业分类之限度""不得对物征收""严守征税之限制"等五项内容。[②] 契税也是地方的重要税种之一,但因各地契税存在税率不一、附加税过多、偷税漏税严重等诸多积弊,会议决议通过整顿契税办法四项,其中规定:"卖契税不得过百分之六,典契税不得过百分之三";"契税附加不得超过正税之半。"[③]

评价第二次全国财政会议的成果,除看其通过什么决议案外,还要看这些决议案是否真正付诸实施。财政会议闭幕后,行政院于 6 月 5 日召开会议,决议"永远不许各地田赋再增附加,永远不许再立不合法之税捐"。[④] 这意味着第二次全国财政会议的最重要决议上升为国家政策。按照中央政令,大多数省市开始整理地方税收,形成一场废除苛捐杂税及减轻田赋附加运动。会后江苏省分批废除苛捐杂税,第一批裁款 10 万余元,第二批裁款 13 万余元,第三批裁款 9 万余元,共计 32 万余元。[⑤] 福建省财政厅制定捐税调查表,通令各县政府及税务局详细填报,决定首先废除苛捐杂税 27 项。[⑥] 山东省政府训令,所有各县列入地方预算的各项苛捐,应自 7 月 26 日实行取消。[⑦] 至 1934 年 9 月,已报告裁撤苛捐杂税及拟有步骤之地方,计有福建、广东、山西、浙江、陕西、贵州、河南、安徽、北平、威海卫等省市。[⑧]

各地减轻田赋附加及废除苛捐杂税运动取得了显著成效。据各省市报

---

① 《关于废除苛捐杂税办法案及决议案》,《中华民国工商税收史料选编》第 1 辑上册,第 1264—1265 页。

② 《财政部颁发的整理营业税办法有关文件》(1934 年 6 月 23 日),《中华民国工商税收史料选编》第 5 辑上册,第 402—403 页。

③ 《关于契税各案审查报告》,《申报》1934 年 5 月 25 日,第 3 版。

④ 《行政院通过财政会议议决案》,《申报》1934 年 6 月 6 日,第 3 版。

⑤ 刘振东:《第二次全国财政会议后各省市对地方财政之整理》,《时事月报》第 12 卷第 2 期,1935 年,第 52 页。

⑥ 《闽省废除苛杂先行废除二十七项》,《申报》1934 年 7 月 5 日,第 9 版。

⑦ 《山东省政府财政厅训令第三零五三号》,《山东财政公报》第 5 卷第 11 期,1934 年,第 16 页。

⑧ 《中华民国二十三年九月第二次全国财政会议决议案实施报告》,《山东财政公报》第 6 卷第 1 期,1934 年,第 1 页。

告，至 1934 年 12 月，废除苛捐杂税及田赋附加者，有江苏、浙江、安徽、北平等 23 省市，共废除税目 3000 余种，已废除之税款额数 2800 余万元，即将废除者 900 余万元，合计 3000 余万元。[①] 统计显示，1934—1937 年各省市减轻田赋附加达 38742459 元，其中浙江 4387763 元，山东 4632931 元，河南 7946510 元，四川 7579259 元；废除苛捐杂税达 67691435 元，其中江苏 4042977 元，湖南 3159782 元，江西 3936790 元，广东 32117644 元；两项合计达 106433894 元（见表 4）。这反映出第二次全国财政会议的决议在许多地方得到了执行，一定程度上减轻了民众负担，也为工商业和农村经济的复苏创造了条件。

表 4 1934—1937 年各省市减轻田赋附加及废除苛捐杂税统计

单位：元

省市别	减轻田赋附加	废除苛捐杂税	合计
江苏	1194106	4042977	5237083
浙江	4387763	456941	4844704
安徽	1206388	866249	2072637
河北	1894555	1063871	2958426
山东	4632931	564501	5197432
河南	7946510	1010026	8956536
察哈尔	91188	1147838	1239026
绥远	47193	945502	992695
湖南	3473919	3159782	6633701
湖北	1720221	834986	2555207
江西	3158166	3936790	7094956
福建	947857	2250414	3198271
宁夏	89395	867771	957166
甘肃	311516	598226	909742
青海	14634	200000	214634
四川	7579259	2400000	9979259
山西		6940962	6940962

---

① 《行政院长汪兆铭呈国民政府》（1934 年 12 月 15 日），台北："国史馆"藏，"国民政府"档案，典藏号：001 - 012410 - 00011 - 017，第 57—58 页。

续表

省市别	减轻田赋附加	废除苛捐杂税	合计
广东		32117644	32117644
广西		457074	457074
陕西		522859	522859
贵州		2865633	2865633
西康		175142	175142
南京	46720		46720
北平	138	262287	262425
威海卫		3960	3960
合计	38742459	67691435	106433894

资料来源：根据《高秉坊有关废除苛杂减轻田赋附加实施情况的记述》（1939 年 5 月），《中华民国工商税收史料选编》第 5 辑上册，第 730 页编制。

值得注意的是，第二次全国财政会议闭幕后，各地商人团体请求有关部门执行财政会议决议之声此起彼伏。1934 年 6 月，上海市鲜猪贩卖业同业公会电请行政院及财政部，令饬江苏省财政厅撤销包商制，并请"明令公布猪只营业税为千分之五，不得抗令苛征，以苏商困，而维民生"。[①] 7月 4 日，汉口市商会致电国民政府主席林森等，除对废除苛捐杂税政策表示感谢外，还希望中央能够"督促各省市政府按照规定步骤，切实施行"。[②] 9月 12 日，上海市商会致电行政院、财政部，认为"安徽省举办之全省蛋业营业税，依旧招商认包，与营业税法第九条抵触"，请求政府当局立即依法废止，"并将此项税收，归并普通营业税局，遵照物品贩卖业营业收入额，税率表规定，课征千分之五"。[③] 12 月 9 日，上海市商会呈请财政部废除江西省瓷类特种营业税，认为该税与全国财政会议所定废止苛捐杂税范围第六项"显有抵触"。[④] 商人团体的呼吁是促使地方政府减轻田赋附加及废除苛捐杂税的重要动力，这也反映出不少地方执行全国财政会议决议不彻底或没有达到预期效果。

---

① 《鲜猪贩卖业公会为江北猪只营业税事电请院部省撤消包办制》，《申报》1934 年 6 月 29日，第 12 版。
② 《汉口市商会电国民政府主席林森等》（1934 年 7 月 4 日），台北："国史馆"藏，"国民政府"档案，典藏号：001－012410－00011－013，第 47 页。
③ 《市商会电请纠正皖省蛋业营业税》，《申报》1934 年 9 月 13 日，第 11 版。
④ 《市商会呈请裁撤赣省磁捐》，《申报》1934 年 12 月 10 日，第 10 版。

在第二次全国财政会议召开之际，广东、广西、山西、四川、贵州、云南等地仍处于独立或半独立状态，这些地方对中央减轻田赋附加及废除苛捐杂税的政令多抱有敌视态度，或阳奉阴违，以至影响了整理地方税收的进程和效果。贵州分三期废除苛捐杂税，其中第一期废除 39 种，年额仅 1.66 万元，[①] 第三期废除 44 种，年额仅 3.49 万元。[②] 1935 年 2 月新省政府成立以后，四川开征整理田赋，决定各县田赋一年一征，但正税之外，又附征临时军费三倍，征解费一成，"此不特与财政会议之法令相背，其于培养税源，宽恤民生，亦相乖谬也"。[③] 陈济棠统治下的广东虽也分批废除苛捐杂税，但实质上是出于维护地方割据政权统治的需要，且所废税额亦不多。直至 1936 年 7 月陈济棠下野后，新任财政厅厅长宋子良才遵照中央政令大幅度地废除苛捐杂税。[④] 显然，地方军事割据是影响全国财政会议决议顺利实施的重要因素。正如时人批评道："财会的动机，不在减轻民众负担，而在想由军阀既得之物中吐出一点，以救济目前民间的穷迫，在实效与意义上都不甚正确。"[⑤]

四　结语

20 世纪 30 年代前期，南京国民政府试图通过召开全国财政会议的方式，商讨财税改革大计，以期挽救统治危机。在第二次全国财政会议开幕时，行政院院长汪精卫直言："此次财政会议不仅是一个财政会议，实在是一个救亡会议。"[⑥] 1934 年 5 月 23 日，蒋介石致电全国财政会议称："我国年来经济衰落，民困已深，国用支绌。今得贵会诸君集合一堂，悉心筹议，本内外相维之精神，谋富国裕民之至计，至深欣慰。"[⑦] 可见，中央高层确

---

① 《贵州省第一期废除各县地方苛捐杂税表》，《财政日刊》第 2022 期，1934 年，第 5—7 页。

② 《呈一件为呈送本省第三期废除各县地方苛捐杂税一览表祈鉴核由》，《财政公报》第 86 期，1935 年，第 4 页。

③ 段仲榕：《四川田赋之理整》，《申报》1935 年 6 月 24 日，第 13 版。

④ 参见柯伟明《宋子良与广东归政中央后的财政整理》，《暨南学报》（哲学社会科学版）2017 年第 10 期，第 106—107 页。

⑤ 邱致中：《全国财政会议之意义及其前途》，《中南情报》第 4 期，1934 年，第 2 页。

⑥ 《汪精卫讲词》（1934 年 5 月 21 日），《中华民国工商税收史料选编》第 1 辑上册，第 1188 页。

⑦ 《蒋中正电财政会议》（1934 年 5 月 23 日），台北："国史馆"藏，"蒋中正总统文物档案"，典藏号：002－060100－00081－023，第 94 页。

实对这次财政会议寄予厚望。对于财政会议的结果，财政部部长孔祥熙在答记者问时表示："现在财政最要之问题，如土地陈报、田赋整理、废除苛捐杂税、编造预算案，均有精密之讨究。实施之办法，可于闭幕后，由财政当局，按照所议方案，逐一实行，一洗从前议而不决，决而不行之弊。鄙人对于此次会议结果之圆满，会员精神之振奋，觉国家财政前途，尚有办法，私衷异常欣慰。"① 第二次全国财政会议提出的办法和通过的决议为国民政府制定地方税收政策提供了重要参考，会后许多税收政策逐步落实，尤其是掀起了减轻田赋附加及废除苛捐杂税运动，规范了地方政府征税行为，一定程度上减轻了商民的税收负担。

然而，第二次全国财政会议的重要目标是减轻田赋附加及废除苛捐杂税，这两项是地方政府赖以生存的重要收入来源，必定对地方政府财政产生重要影响，也会影响地方政府对财政会议决议的态度。在全国财政会议上，地方政府以财政困难为由，与中央进行讨价还价，希望中央能够增加财政补助。甘肃省财政厅请求中央"体念边远困苦之状，按月补助经费二十五万元"，如此才能将该省"苛杂税概予取消"。② 江苏省财政厅提请中央"代为设筹指定的款，俾易实施而资抵补"。③ 宁夏省财政厅请求中央每月补助 4 万元。④ 除争取中央增加补助外，不少地方政府试图扩展地方税源。一些地方政府认为，营业税未能得到充分发展是因为受到中央税法的诸多限制。浙江省财政厅提出："凡属煤油、棉纱、火柴等物，均不能因其已向中央完纳其他税款而禁止地方政府向其征收营业税。至于中央原有类似营业税性质之税项，为分清界限起见，亦应依照国地收入划分之标准，归地方统一办理。"⑤ 这实际上是向中央争取更多的税权，以达到增加地方财政收入的目的。

鉴于财政会议上各省市要求增加补助的呼声非常高，财政部不得不让步。1934 年 5 月 29 日，孔祥熙电蒋介石汇报会议闭幕情况称：拟以烟酒牌

---

① 《孔财长昨晨来沪，谈财政会议异常圆满》，《申报》1934 年 5 月 29 日，第 9 版。

② 《拟定实行废除甘肃现行各种杂税并请中央拨款协济以资补救案》，《第二次全国财政会议汇编》，第 319 页。

③ 《为确定废除苛捐杂税范围及另筹抵补方法敬请公决案》，《第二次全国财政会议汇编》，第 320 页。

④ 《请将宁夏各县收入之苛杂捐税及地方收入类似厘金性质的税收一律蠲免另由中央筹补案》，《第二次全国财政会议汇编》，第 350—351 页。

⑤ 《拟请修改营业税法案》，《第二次全国财政会议汇编》，第 182—183 页。

照税及印花税抵补地方财政，"在中央虽不无牺牲，而意在减轻人民负担，增高中央威信，苟得内外相维，推行尽善。地方富裕，亦即中央之利"。① 6月 26 日，行政院开会决议通过了三项抵补办法，除烟酒牌照税和印花税外，另有"各省市预算先自紧缩删除浮滥节省之款"和"各省捐税整理后增收之款"作为抵补。② 据统计，1934 年度起全部划归地方的烟酒牌照税数额年达 317 万余元；1934—1937 年度划拨地方的印花税数额亦达 514 万余元。③显然这些"抵补"对地方财政缺口来说仍是杯水车薪。地方政府因财政困难而向中央要求补助的呼声不绝于耳。如 1934 年 12 月 13 日，宁夏省政府主席马鸿逵电蒋介石，请求中央增加协济之款："宁夏临时税捐，遵照本年第二次全国财政会议议决分三期废除，由中央每年协济六十六万五千余元。按照宁省目前财政状况，收支相抵……年更须亏二百廿三万三千余元。"④财政收支不平衡是地方政府通过非法途径获取税外收入的重要原因之一。所以说，第二次全国财政会议是在不改变财政体制的前提下对地方税收进行整理，无法从根本上平衡中央与地方的财权，以至影响了整理的效果。

（作者简介：柯伟明，中山大学历史学系副教授）

---

① 《孔祥熙电蒋中正》（1934 年 5 月 30 日），台北："国史馆"藏，"蒋中正总统文物档案"，典藏号：002 - 080200 - 00435 - 248，第 267 页。
② 《行政院决议案》，《申报》1934 年 6 月 27 日，第 6 版。
③ 《高秉坊有关废除苛杂减轻田赋附加实施情况的记述》（1939 年 5 月），《中华民国工商税收史料选编》第 5 辑上册，第 731—732 页。
④ 《马鸿逵电蒋中正》（1934 年 12 月 13 日），台北："国史馆"藏，"蒋中正总统文物档案"，典藏号：002 - 080200 - 00197 - 002，第 4—6 页。

从"民间机制"到"官方体制"：
清及民国时期江西的"义图"*

李平亮

内容摘要　明清时期赋役制度的变化，不仅对基层行政和乡村社会文化产生了深远的影响，还导致了税粮催征方式的多元化。清代江苏和江西地区盛行的义图，即是其中一种以图甲为单位的税粮催征方式。就江西地区而言，晚清之前的义图、清末民国时期的义图、民国时期的"急公会"这三种税粮催征方式的形成与发展，既是义图从"民间机制"到"官方制度"演变的结果，又反映了这种变化背后，乡绅、宗族等社会力量与书吏等各种中介势力、地方政府之间的利益纠葛。

关键词　赋役　清代　民国　义图

　　从里甲制到图甲制是明清时期赋役制度变化的重要表现之一。伴随这种变化，里甲组织的改造与重组，不仅在各地呈现不同的演进实态与地域特征，对乡村社会文化和基层行政组织变迁产生了深刻影响，[1] 还导致了包括顺庄、乡地等税粮催征方式的多元化，[2] 其中清代江苏和江西地区出现的"义图"，即是作为自封投柜的一种补充形式。对于"义图"的出现及其在

＊　本研究得到"用友公益基金会"（2017 - ZX05）资助，为江西省社科重大委托项目（16WTZD09）和江西师范大学中国社会转型研究协同创新中心项目（2016A02）阶段性成果。

① 刘志伟：《明清珠江三角洲地区里甲制中"户"的衍变》，《中山大学学报》1988 年第 3 期；《清代广东地区图甲制中的"总户"与"子户"》，《中国社会经济史研究》1991 年第 2 期；郑振满：《明清福建的里甲户籍与家族组织》，《中国社会经济史研究》1989 年第 4 期；孙海泉：《清代中叶直隶地区乡村管理体制——兼论清代国家与基层社会的关系》，《中国社会科学》2003 年第 3 期；侯鹏：《明清浙江地区里甲体系的改造与重建》，《中国经济史研究》2014 年第 4 期。

② 魏光奇：《清代雍乾后的赋役催征机制》，《河北学刊》2012 年第 6 期。

晚清变化的原因，有学者从乡绅体制的角度，认为其经历了一个从"以中小土地所有者为主导向以有实力的乡绅为主导的包揽组织"的转变。① 有学者则认为，"晚清义图制是在官府倡导下施行，并非出于民间动力"。"义图制的出现，是明清图甲制度演变的延续，不仅在一定程度上改进了基层税收形式，也强化了部分地区将'图'作为基层地域单元的角色。"② 但是，就笔者所见清及民国时期江西"义图"的资料，则是呈现"从民间机制到官方制度"的演变过程。因此，本文试图在里甲赋役制度改革的历史背景下，通过对清至民国时期江西义图制的历史考察，③ 探讨里甲改革与义图创立的内在关联、义图运作的机制及其由一种民间的赋税催征方式演变为官方征收制度的内在原因，以期揭示"义图"演变背后所蕴含的社会文化意义。文中不足之处，敬请方家批评指正。

一 "里甲之弊"与清初"义图"的推行

义图，又称"议图"。关于它的定义，有学者认为是清代江南地区和江西众多州县盛行的一种赋税征收方式。其主要特征，"乃是以一图为经征单位，图内各甲共立约条，由甲正、图长负责各甲和全图税银的催征"。④ 从现有史料来看，义图这种税粮催征方式在江西出现的时间，大概始于康雍之际。至于其产生的背景，与清初江西各地的"里长之弊"和"里长催头"的改革有着密切联系。

早在明万历年间，因里甲组织的破坏，江西部分州县出现了税粮无法按时按量征收的局面。如新建知县张栋在《因事陈言疏》中说道："（新建）逃亡之里，十户九绝，十室九空，流离苦楚，虽鞭朴日加而终无可完之理。

---

① 〔日〕森田明：《清代义图制及其背景》《清代义图制再考》，收入氏著《清代水利与区域社会》，雷国山译，山东画报出版社，2008。

② 黄忠鑫：《晚清义图制补论——以青浦县为中心》，《史林》2012 年第 6 期。

③ 对于清代及民国时期江西的义图制，龚汝富介绍了清代江西义图的图议、图约，并对民国时期江西义图制失败的原因进行探讨。参见龚汝富《清代江西义图制之图议、图约举隅》，《华南研究资料中心通讯》2005 年第 38 期；《民国时期江西推行义图制的尝试及其失败》，《中国经济史研究》2005 年第 2 期。

④ 曹乃疆：《江西义图制之研究》，萧铮主编《民国二十年代中国大陆土地问题资料》第 23 号，台北：成文出版社有限公司，1977。万国鼎等：《江苏武进南通田赋调查报告》，《民国史料丛刊》第 14 种，台北：传记文学出版社，1971。

国赋日以亏，积逋日以益，有司惴惴焉。"① 在临江府峡江县，里甲组织的破坏导致了各里差役负担不均。据《峡江县志》记载：

> 峡江虽分二百二十里，现因地远，奸豪吞并，单弱流亡，里或止二三甲，甲或止一二户，甚至里无一甲，甲无一户者有之。藩司每年总派杂输，例照旧额，一里常兼数里之差，一户常兼数户之役。②

税粮的缺失和差役的不均，使各县地方官员和士绅纷纷上书朝廷，请求合并里甲，以达均粮省役的目的。如峡江县令钱琦就有"并里甲以省徭役"之议，上高县岁贡生黄鼎彝、卢瑜选、陈其谟等人则联名上"并里疏"。③ 不过，这些地方的"兼并里甲"之请，大都因为"值国变不果行"。直至清康熙年间，"里甲之弊"仍然是江西地方官员和士绅所面临的首要问题之一。对此，高安士绅朱轼在与江西巡抚白潢的书信中，对高安和其他州县"里长之弊"有较为详细的描述，对我们理解义图的产生有较为重要的意义。现引述如下并略做分析：

> 蒙谕里长之弊及革除之法，不揣冒昧请言其概。里长者，一里之催头也。十甲为一里，按年轮充，以一甲之人，催九甲之粮，投歇取保，三日一次应比，按限守柜守仓，奔走往来催攒之，耗财耗力，已属难堪。况两税经承有费，区书图差有费，修仓铺垫有费，领散归补出陈仓谷有费，折封有铺堂费，上役退役有费，科场有棚厂费，新官到任有修理衙署费，种种诛求，约一百五六十金不等……十三郡中役费之轻重多寡不同，未有脱然无累者。惟建昌之南丰、南康之建昌，向来革去里长，地方至今蒙福，他邑有无革除，弟离家日久，未能尽悉。或云但须禁止陋弊，止令承催守柜，然势有不能者……至革里递用滚单，必先有花户细册，信如尊谕。散乡聚族而居，花户细册开造容易，但令本年里长逐户查编，先出示晓谕严禁册费，有抗违者严拿究处，不数月间册可取齐矣。④

---

① 张栋：《因事陈言疏》，《明经世文编》卷四百三十八，第4211页。
② 同治《峡江县志》卷九，"文徵"，第21页。
③ 同治《上高县志》卷十，"艺文"，"奏疏"，第5页。
④ 朱轼：《答白中丞书》，朱舲辑《朱文端公文集》卷二，同治十年，第3页。

显然，朱轼认为，里长不仅要承担催征漕粮之职，还兼有筹办棚厂、修理衙署等各项费用之责。就高安一县而言，各里因丁粮的此消彼长，出现了差役不均的情形，导致穷困之家无法供役。而新昌一县，里民对承担里长之役亦是苦不堪言。就江西一省而言，除革除里长的南丰、建昌两县之外，其他各郡县"未有脱然无累者"。因此，要彻底消除"里长之弊"，仅凭禁止陋规无法实现，只有革除"里递之役"。至于里递革除之后的滚催之法，必须先要"开造花户细册"。这一点，在禁止征收册费的情况下，能在较短的时间内实现。

由于资料的缺乏，我们无法直接得知朱轼的建议是否为白潢所接受。但是，从其他史料来看，里长之役的革除已是大势所趋。雍正二年（1724），雍正帝即谕令江西巡抚裴率度"禁革江西里长催头"。对此，史料有如下记载：

> 江西巡抚裴率度奉谕旨：地丁钱粮，百姓自行投纳，此定例也。闻江西省用里民催收，每里十甲轮递，值年名曰"里长催头"。小民充者有经催之责，既不免奸胥之需索，而经年奔走，旷农失业，扰民实甚，须即查明通行裁革。若虑裁革里长，输纳不前，亦当另设催征之法。或止令十甲轮催，花户各自完纳，庶为近便。务须斟酌尽善，无滋民累，以广惠爱元元之意。①

里长之役的革除，虽舒缓了里甲之民的差役负担，但使地方钱粮的催征缺少了制度上的保证。因此，如何在"里长之役"革除后"另设催征之法"，以确保钱粮的按时征收和递解，随即成为江西各地官员必须解决的问题。这一点，无疑是江西各地"义图"兴起和推行的重要因素。从现有记载来看，康雍时期江西其他州县义图的创设，大多由乡绅来完成。如乾隆《高安县志》记载："刘基操，字启明，一都塘背人，生平孝友克敦，奉公惟谨，思钱漕为国家重务，纠众义图，依限输粮，使数十年无追呼之扰。"②道光《丰城县志》亦记载："康熙年间，乡里竞立义图，赋分十限，按月走

---

① 《清文献通考》卷二十三，"职役考"，第 343 页。
② 乾隆《高安县志》卷十，"敦行"，第 68 页。

输，底冬十月辄为报完。"① "朱尚文，字斐章，东溪人，雍正岁贡……时分馆谷予之所居里，立义图，免差累，置仓积谷，济乡邻。"② "毛沈，字安士，大塘人，廪贡，礼部考职，倜傥能任事……沈居乡率士民举行讲约礼，创义图保甲，急输纳，弭盗贼，今率为常。"③ 而民国学者曹乃疆在经过实地调查后，对高安县义图的创设有如下追述：

> 高安幅员百里，分都四十有六，考其义图之创设，历史悠久。清康熙五十年，乡贤朱文端公予告归里，以裕国爱民之心，筹安上全下之计，编全县为一百五十五图，每图分为十甲，按照农事收获时期，定夏历六月完上忙地丁，夏历□月完漕米，夏历十一月完地丁下忙，务使年清年款。④

总之，清前期江西各地创立的义图，并不是官方用以替代"里长催头"来征收钱粮的组织，而是在乡绅主导下创立的一种催征漕粮的方式。其目的是要达到"凡一图之地丁、漕米，自立限期，由图甲长照额催齐，赴柜缴纳，年款年清，毫无蒂欠，买卖田亩之推收过割，极为认真，飞洒、诡寄、侵渔、中饱诸弊端，均不能施之于完全义图"。⑤ 而从运行的实态来看，"义图"能否取得成效，既取决于"甲正"或"首士"的经济实力和社会身份，又依赖于"图议"和"图约"的约束力。这一点，正是义图可视为一种民间机制的重要表现。

二　义图的运作及其在清中叶的变化

清前期江西各州县义图的运作，是以图甲组织为基础。具体做法是：每甲设甲正一名，由花户推举本甲内品行端正、税粮较多者充任。每十甲组成一图，设图长一名，由十甲甲正轮流担任。然后规定输纳漕粮的时限，奖励按时输纳之甲户，惩罚逾期纳粮之人，以达到全图按时征输税粮的目

---

① 道光《丰城县志》卷一，"都图"，第11页。
② 道光《丰城县志》卷十五，"儒林"，第21页。
③ 道光《丰城县志》卷十七，"善士"，第5页。
④ 曹乃疆：《江西义图制之研究》第2编，第2章。
⑤ 曹乃疆：《江西义图制之研究》第1编，第2章。

的。如同治《安义县志》记载："安邑五乡皆立义图，其法以十甲为一图，轮充图长。完赋各有定期，逾期而不纳者倍罚之，故民常输将恐后。官不勤劳，民无逋负，此风最为近古。"① 乾隆《清江县志》亦载："条漕各立义图，佥里正董其事，纳输分两限。既纳验票，逾期者罚，较檄催者为倍严，故年来官鲜迫呼之劳，民无逋赋之扰，此最俗之醇美者。"② 不过，由于义图的创立并没有一套标准化的程序，因而各地义图在图甲长的称呼、完纳期限等方面存在差异。如江西巡抚德馨在整顿丁漕时就曾说："查江西从前完纳丁漕，民间向有义图之法，按乡按图，各自设立首士，皆地方公正绅耆公举轮充，且有总催，滚催，户头，各县名目不同，完纳期限不一，严立条规，互相劝勉，届期扫数完清，鲜有违误。"③

义图之所以能够形成有效的运行机制，与"图议"和"图约"的制定分不开。"图议"又叫"图规"，或称为"章程"，其规定了义图之内图甲长的责任、漕粮征完程序、缴纳期限、奖惩罚则等方面的内容，是图甲经征漕粮的基本程序和公同罚则。由于出自合图公议，和家规、族规作用一样，"图议"对图内各成员具有约束力。④ 如高安县创立义图之初，就规定"各花户应纳粮额，各照印发易知由单之数目，自行筹款缴柜，随取串票，各图并定各该月二十日或月底，拢图验串，查有欠完花户，按图约处罚勒交，不许逾限"。⑤ 而安义县控八图的"章程"则规定："完粮时期上忙四月十六日开征，至二十四日止。漕米十月十六日开征，至月底止。下忙于十二月一日开征，至二十日止。"如本甲粮户有"过期未行完粮者，引粮差按户催征"。⑥

"图规"的实施，为义图的运作提供了有效的保障。不过，随着义图的发展与变化，"图规"亦处于不断的变更和完善之中。如安义县控八图就在道光二十一年四月对图内章程进行了补订。改订后的章程，除对册书的职责和上下忙的日期做了修改外，还增添了对图内逃亡甲户漕粮的赔付和未按时完纳漕粮者的处罚，规定"本甲有逃亡死绝之户，举出其亲属赔完"，

---

① 同治《安义县志》卷三，"食货志"，"田赋"，第 5 页。
② 乾隆《清江县志》卷八，"风俗"，第 11 页。
③ 德馨：《确查江西丁漕积弊并设法整顿疏》，《皇朝经世文续编》卷三十二，"户政九"，第 3 页。
④ 龚汝富：《清代江西财经讼案研究》，江西人民出版社，2005，第 221 页。
⑤ 曹乃疆：《江西义图制之研究》第 2 编，第 2 章。
⑥ 转引自曹乃疆《江西义图制之研究》第 1 编，第 4 章。

"有花户过期不完者，由当年摘欠征收，按本位加三处罚之"。

义图运作的另一项保障，在于"图会"的设置。义图创立后，其常项开支主要有日常办公费（如笔、墨、纸、砚钱）、垫款息金、开会和清图时的茶饭费，以及图会办公场所的维修费等。因此，各地义图大都通过设立"图会"来获得稳定的经费。如高安县义图经费的来源，除图甲经费外，还有对逾限粮户征收20%—30%的罚金，"所有罚金悉充图甲办公费及图长垫款息金"。靖安县各都图则在创立之初，"或按丁米额出款，或就花户富力，酌量捐钱，作为图会底款，公放生息，用其息金以充经费，而垂久远"。该县的石马都成立义图时，就筹得会底44千文，其他各都也有数量不等的会底。此外，该县"义图"还有"户门会"。具体做法是："甲内凡十六岁以上、六十岁以下之农民皆须入会，各量力出钱一二百文不等，亦行汇集存放，所生息金，充作该甲轮充当年时雇请单催，以及平时津贴小粮户之需，有余以作赔粮之用。"[1] 而在上高县内崇本、上下京陂团内二十图制定的"图议"中，亦有如下规定：

> 各处图会亟宜整顿，所有租谷钱项，善为生息，无使分拆。不但承户当差公使公用，即完银、火食、运米船钱亦可于中取用。
>
> 地丁等银，例应四月完半，十月全完，各图的于五月二十日验票。若或花户习抗，故为怠玩至开仓以前，大图赴房抄刷各户欠数。倘有违误，除禀公外，照依图议，每两罚钱一千文，断不徇情。[2]

借助"图议"和"图会"，义图达到了图甲长积极催征、花户按时纳粮的目的，成为"里甲催头"革除后一种行之有效的漕粮催征方式，因此受到地方官员的赞赏。然而，由于能否按时征收到足够的漕粮，完全取决于义图的自我管理，因而义图在清中叶逐渐演变成士绅用以包揽漕粮的工具，有的甚至以"义图"之名，与地方官员进行利益博弈，引发了诸多"闹漕"和"漕讼"事件。

道光二十四年（1844）九月，安仁县武生高嫩汝、李白华等人在知县林汉乔出示开征漕粮时，"约会同赴投纳"。因本都花户不少，高嫩汝"起意商同李白华等包揽渔利"，"因恐各花户不允"，所以捏称"本都漕粮现经

---

① 曹乃疆：《江西义图制之研究》第1编，第3章。
② 《名花堂录》，"图议"，道光二十九年刊本，第8页。

伊等公议起立义图，若随同完纳较为便宜，即米色不纯，仓书亦不敢挑剔"，怂惠各花户一同赴仓完纳。花户信以为真，即将米运至都内"志远寺"，以待一同交纳。得知消息后，县令林汉乔随即"饬差查拿"，抓获李白华并革去其武生身份。高嫩汝得知此事后，即纠合吴和良、胡老五等27人聚集漕仓，"令仓书方向高等，将本都漕米尽归伊等量收"。方向高见"势凶人众"，即"畏惧走避"。县役曾兴、王贵，兵丁桂喜被木棍打伤，"关禁仓厫"。此后，县令林汉乔亲自带差赴仓，吴和良等不仅恃众抵抗，还不许各花户将漕米运至漕仓，事态进一步扩大。为此，林汉乔不得已将此事告知饶州知府，知府一边令林汉乔同饶州营官兵将滋事人员逮捕归案，一边将"闹漕"一事上报江西巡抚吴文镕。[①]

除安仁县外，贵溪县也发生了包揽漕粮的士绅以破坏"义图"之名控诉地方官员的事件。道光二十七年（1847）二月，贵溪县令阎彤恩查访该县"漕粮历有衿棍揽纳"，于是严禁绅衿包漕，结果引起贡生倪步蟾等"好揽漕渔利之人"的不满。四月十一日，生员侯邦理因与粮差刘春茂发生冲突，被县署传讯到公堂上，侯因"出言顶撞"被关押，故向同为包漕之人的倪步蟾求助。此后倪的门生刘丙照与县署门役发生争斗，被署县戒责，倪遂以"署县屡辱斯文"为由，煽动本年应试童生闹考，最后发展到杀差役、拆差房的地步。而同县职员黄连生则上京控诉县署"焚仓勒折"，"滥行激众"，破坏义图。[②]

尽管以上两起案件均以闹漕者受到处罚而告终，但还是反映出义图已经成为地方士绅包揽漕粮的一种惯用手段。而上高县崇本、上京陂等十团的士绅，不仅借助"义图"实现包揽漕粮的目的，还通过联合义图，进行集体诉讼，成功地抵制了地方政府提高漕米津贴的改革。

道光二十五年（1845），上高县因垫付巨额银两出现了财政亏空，因而要求全县"一体津贴"。而崇本、上京陂等十团二十图的津贴原本较轻，如果按照"一体津贴"的标准，这些团图必定会增加额外的负担，所以拒不加增津贴。在按照原额缴纳的漕米遭到县衙的书吏拒收后，这些团图联成一体，逐级上诉，直至京控。而他们拒绝增加津贴的依据，则是

---

① 吴文镕：《吴文节公遗集》卷十一《审拟安仁县闹漕匪徒折》，清咸丰七年吴养原刻本，第5—7页。

② 吴文镕：《吴文节公遗集》卷十七《审拟贵溪县滋事匪徒折》，清咸丰七年吴养原刻本，第1—7页。

以十团二十图名义制定的，并得到前任知县盖印的"图约"。其内容如下：

> 立图议约人一区、二区、三区、十团、二十图共立急公图议约，一样二十纸。每图各执一纸，为因漕饷、地丁、重关、国课输将完纳方为善良。前沐侯爷印给图约，花户踊跃输将，相安已久。后因离城窎远，居址星散，积久弊生，不无延玩。今蒙县主孙大老爷留心民瘼，扫除积弊，酌定永远章程。凡属十团、二十图各花户银米，自兹以后不论分厘钱两、石斗合升，照依区额扣算统归，各甲滚催催齐赴县，总完仍按各花户分给串票为据。每年饬房改造征册，每甲载明，共民粮若干，共正米若干，共正银若干，以凭照数。输完后仍分别各花户粮数，以凭推收、过割。钱粮定以四月三十日完半，十月三十日完清。漕米每届开征，各自运米进仓，归总全完所有。每石正米应征水脚钱：一区七十八文，二区二百文，三区二百文，依期缴交。仍将各花户完过串票，交付图众查验。倘无票验，既系抗欠，滚催定应指名具禀，颁法究追，将见人知劝惩，户乐输将，此真法良意美，国民两便者也。为此恩赏均印各给，盖造图约永远公私存照。
>
> 道光廿六年丙午三月日立一二三区十团二十图急公图约①

尽管各级地方官员对十团二十图的行为，疑为乡绅包漕闹漕之举，且江西巡抚吴文镕也认为地方士绅的说法存在不合理之处，甚至质疑他们所提交的"图约"的合法性，认为是"不肖县官贪赃网民，改乱旧章，予以印约"，但联图诉讼背后的士绅并没有受到任何处罚。十团二十图仅仅是在原额的基础上稍加津贴，距离"一体津贴"标准下的数额还有一定的差距。② 由于在与地方政府博弈的过程中取得了利益最大化，因而十团二十图的士绅在案件结束后，以集体的名义刊刻了记录此次诉讼前因后果的《名花堂录》，将各团图应缴纳的漕粮及"呆规"数额写入其中，并对"图议"重加修订，要求十团花户世守无替，再次强化了自身对义图的控制力。

---

① 《名花堂录》，"图约"，道光二十九年刊本，第5页。
② 龚汝富：《清代江西财经讼案研究》，第141—157页。

三　晚清江西地方政府对义图的整顿

晚清时期，义图不仅成为地方士绅包揽漕粮和抵制政府加派的工具，在实际的运作过程中还出现了诸多弊端，主要体现在两个方面：一是图甲中的粮户通过更改户名，以规避差役和甲费；二是战乱使义图之"现年"的轮充产生紊乱。对此，翰林院侍读王邦玺在《缕陈丁漕利弊户口耗伤情形疏》中曾有如下论述：

> 乾隆、嘉庆以前，民俗直朴，丁漕户口均系本身的名，近来率多别撰字样，一人而有数户，差役每以无从查传为词。若有人充当现年，即能逐户清追，亦可备官传问，协图之所以为良。其无现年者，谓之涣图，又谓之烂图，协图之花户有巧取者往往别立户名，隐寄于涣图，以冀拖欠。又协图轮充现年，必派甲费，其粮少之甲派费较难，有取巧者亦往往别立户名，隐寄于粮多之甲，以图规避，此则近日民情之谲也。地方官若于协图一法，废者能为之兴，涣者能为之革，巧者能为之设法以杜其弊，则于催科之道惠过半矣。
>
> 花户急公，向多立有协图，又谓之义图，每年轮一甲充当总催，择本甲勤干之人为之，名曰现年，按户粮多寡派钱数十百千不等，交给现年，作为辛俸并打点书差之用，名曰"甲费"。有现年之图甲，差役不得上门，祇向现年催取，现年恐所领之钱不敷差贿，不得不勤加追催，而花户亦各加体贴，现年惧其受累，不得不极力措完，此协图所以少积欠也。嗣因发逆踞城设伪官，无完粮之事，而总催轮充一定之年分遂紊，如乙年已轮之二甲，今停歇二年，论戊年应轮五甲接充，而五甲以三四等甲实未轮接，理应补充，彼此推诿，而协图遂多废搁不行，其难一。①

义图的上述弊端，使江西各地的义图大多处于废弛的状态。如江西巡抚德馨在《确查江西丁漕积弊并设法整顿疏》中就说道：

---

① 王邦玺：《缕陈丁漕利弊户口耗伤情形疏》，《皇朝经世文续编》卷三十二，"户政九"，第 12 页。

兵燹以后，惟靖安、高安、新昌、临川、宜春、万载、玉山、广丰、瑞昌、安远、宁都、定南等厅县均有义图，是以丁漕每年或全数报完，或及九分以上，皆由义图尚存之故。此外各县义图一隳八九，至近年收数递形减色，积欠日多，上年前抚臣所以有饬属举办义图、期收成效、藉杜丁漕积弊之请也。①

上述情况表明，对于江西地方政府而言，义图废弛带来的最大问题是丁漕无法按时征收。因此，整顿义图随之成为太平天国战争结束后江西地方各级官员首要之举。如江西巡抚德馨就直接言明："至设立义图，原系小民急公奉上之意，洵为法良意美，倘能劝谕兴复，足补有司催科之不及，仍饬各属察看地方情形，因地制宜，禀覆办理，期收实效。"而吉南赣宁巡道江毓昌为解决义图甲费不足的问题，将衙门陋规提做义图经费，并制定了多达 17 条的义图章程。现将其中数条引述如下：

一、义图必须遍及全邑，除原有义图急公各仍其旧外，凡未办之处，责成各都图绅耆出具切结，实力劝导，一律办齐，其原有义图之处，若章程尚未完善准照此次新章办理。

一、办公须有定所，城内应以学务会为总局，各都图各于适中之地设立分局，俾声气相通，易于集事。

一、凡事得人则理，应由府县在八乡中，每乡选举明白公正、众望素符绅士一人，名曰"总绅"，分为四班，每班二人，分年轮值。各都由府县督同总绅酌量都之大小，选举明白公正都长一二人。图长由县督同总绅、都长分别花户多少，多者选举四五人，少者二三人，均由县发给谕单，以专责成。如都图长能多选若干人，仿照总绅分年轮值，尤为妥善。

一、值年总绅二人常川住局，管理合县义图事务，每人每年支领薪水钱一百二十千文。都长管理本都义图事务，每人每年在总局支领薪资钱十千文，为上下忙及开漕三次办公费用。图长管理本图义图事务，人数过多无款可支，应由总绅会同都图长酌应给若干，即在各该图自行筹措，至本图逾限罚款每年共得若干作为十成，以八成归图

①　德馨：《确查江西丁漕积弊并设法整顿疏》，《皇朝经世文续编》卷三十二，"户政九"，第3页。

长，二成归都长，以资津贴。①

除以上这些条规外，江毓昌还对串票捐、粮户积欠漕粮的偿还年限、寄居客图交纳漕粮的方式等做了统一的规定。随着这个章程的颁布和推行，江西各地先后出现了管理全县漕粮的义图局。如民国《南丰县志》记载："乡户完纳丁漕，向由粮房于五十五都派人设乡柜征收，一切耗费均无形取之乡户，横征苛敛，势所不免，邑绅乃于清光绪三十二年丙午呈准立案，成立义图局，城内设总局，公举总董一人主之，各都设都图长，以本都人充之，仿刘晏屏书吏用士人法，意未尝不善也。"②

但是，结合上引章程和南丰县义图的情况，我们不难发现清末的义图无论是在组织上，还是在管理人员上，均与清前期的义图有较大的差别。首先，在组织上，此时的义图形成了总局—分局—都—图—花户这种多层级系统，其中总局设于城中，分局设于各都适中之处；而此前的义图仅有乡村中的都—图—花户这种层级。其次，与组织系统相应的是，形成了总绅—都长—图长这种管理系统，其中总绅由府县从全县选举，都长"由府县督同总绅"选出，图长由县督同总绅、都长选出。在这个体系下，无论是县局总绅的选举，还是都长和图长的任命，都是在官方的监督下完成，这与清前期江西各地义图自设首士，轮充图长有着明显的不同。这一点，也是清末江西义图逐渐制度化和官方化的重要标志。

四 民国时期义图的消亡与复兴

随着清末官方对义图的整顿和强制推行，江西各县先后完成了义图的组建。如南丰县在光绪三十二年（1906）成立义图的仅有四都半，宣统二年（1910）则扩大到二十八都半，至民国元年（1912）全县五十五个都均建立了义图。③ 进入民国后，江西省议会修正了各属义图局章程，要求"凡有未办之处，应由行政官厅会同县自治会责成都图各绅士，出具切结，按章实力遵办，限奉文后六个月一律办竣"。④ 章程的修正与颁布，进一步强

---

① 民国《庐陵县志》卷六上，"政要"，"田赋"，第 16—17 页。
② 民国《南丰县志》卷之终，"民国纪事"，"纪义图"，第 5—6 页。
③ 民国《南丰县志》卷之终，"民国纪事"，"纪义图"，第 5—6 页。
④ 《江西省议会修正各属义图局章程》，军政府印刷所，第 1 页。

化了义图作为官方制度的属性，但是这种自上而下推行的方式，也导致"义图"失去了其作为民间机制的活力。至民国前期，义图在江西各县虽仍然存在，但实际上已是难以为继。1932—1933 年，江西省政府为了解决各地田赋拖欠问题，不仅出台了《江西省整顿征收田赋办法》，还在省务会议上修正通过了《江西省各县义图通则》，① 要求各县分三期举办义图，均未取得多大的成效。至 1935 年，如江西省财政厅杨藻所见，各地"义图图甲长，大半由县府指派，并非地方公推"，"对于征收事务，绝不负责，两年半以来，并无效果，言之痛心。花户的名册的确者，不过十之六七耳!"②

民国时期义图制的失效，既与图甲长不由公推而是政府指派有关，还与书手这一群体有关。有学者指出，在民国时期的江西，书手也是各县赋税征收系统的中介，他们凭借特殊的角色上下欺隐，从中渔利，导致官方所推行的义图制在实际的运作中弊端频现，进而日趋瓦解和消亡。③ 然而，当我们从政府档案和各种公报中，看到作为官方田赋征收制度的义图衰败时，又在一些民间文献和实地调查中发现了其复兴的迹象。在吉安县的永和镇，笔者在当地一建筑的门额上发现了"永二都一图一至十甲急公局，民国□□年建"的字样。而《上高白土上团急公会砧基》（下简称《砧基》）则为我们理解义图的复兴提供了难得的史料。

《砧基》一书刊印于民国 7 年（1918）冬，由序言、正文和跋三部分组成。从《砧基》的序、跋两部分内容看，"急公会"的出现与义图制的衰败有着直接的联系。如该会发起人之一吴拜昌就感叹，义图制度曾使"追呼之声不及户者数十年"，而自民国以来，"无何老成凋谢，图议会项化为乌有"。而另一发起人吴谟烈亦称，"至辛亥建国以来，图会败，图议亦因而亡；图议亡，斯粮户受累者多。举一团之父老子弟，伤前贤之不再，冀后俊之复兴，殆有年矣"!④ 此外，他们希望借助"急公会"的组建，避免书吏的敲诈勒索。时任上高知事的吴贞德显然意识到这一点，他在为《砧基》所作的序言中称：剔除田赋征收的弊端，苏解民困，一直都是自己欲为之

---

① 《江西财政月刊》第 6—7 期，1932 年，第 40—42 页。
② 转引自龚汝富《民国时期江西推行义图制的尝试及其失败》，《中国经济史研究》2005 年第 3 期。
③ 龚汝富：《民国时期江西推行义图制的尝试及其失败》，《中国经济史研究》2005 年第 3 期。
④ 《上高白土上团急公会砧基》，民国 7 年刊，第 2 页。

事，因此希望"急公会"的建立，能够达到"不使彼剥蚀浸润、箕敛把持者得有以借口"的效果。

"急公会"之所以冠以"急公"二字，用创办者的话说，"起立是会，原为急公奉上，故以急公为名"。从这一点也可看出，"急公会"实际上是一种催征田粮的组织，其催征对象当包括白土上团一图、二图共二十甲中的所有粮户。在"急公会"制定的 16 条规则中，对每年上、下忙征收的期限以及逾期纳银的处罚均做了明确规定。它要求粮户必须于"阴历五月二十以前上忙完半，十月三十以前漕折完清，十二月初十以前下忙清完"，"每年丁漕有逾初限不完者，除官厅加价外，每两银罚英洋贰角，每石官米罚英洋三角正"。如粮户一次性交纳，则"免收票钱二十文；分作两次完纳者，收票钱廿文；三、四次完纳者，累次加收票钱"。[①] 此外，"急公会"要求各花户共同订立图约，对愿意接受上述规则的约束做出书面承诺，以防止在实际催征过程中出现花户拖欠税粮的现象，保证漕银的催征能够顺利完成。在这个意义上讲，"急公会"与义图在性质上并无差别，两者都是以图议（规则）、图约作为实施的主要内容，并"通过团体力量来抑制逃避拖欠税银事件的发生"。[②]

作为一种地方社会内生的赋税催征组织，"急公会"与地方宗族组织有着密切联系。无论是从该会发起者还是从图约的订立者看，吴姓宗族都构成了该组织的主体部分。例如，4 名发起人均为吴姓，在 10 名赞成人员中，有 9 名为吴姓。更有意思的是，在公同订立的图约中我们看到，一图除了吴姓外，还有林姓、凌姓、张姓；二图除吴姓外，则有卢姓、熊姓、颜姓，但在代表二图共二十甲署名的 20 人中，有 19 人为吴姓，且这 19 名吴姓无一例外地拥有收存图约的权利。从该会制定的通知单中，我们还发现，整个白土上团花户漕银的催收，都是在吴氏宗祠进行的。[③] 换言之，吴氏宗祠很有可能就是白土上团漕粮征收的管理机构，而吴氏族人则是机构的管理者。

"急公会"与地方宗族的密切结合，充分表明该会并不是一种全新的赋税征收组织或方式。无论是清代的义图制，还是此时的"急公会"，它们的

---

① 《上高白土上团急公会砧基》，民国 7 年刊，第 5 页。
② 龚汝富：《清代江西义图制之图议、图约举隅》，《华南研究资料中心通讯》第 38 期，2005 年 1 月 15 日，第 37 页。
③ 《上高白土上团急公会砧基》，民国 7 年刊，第 3 页。

存在都必须以宗族组织为依托。宗族组织在为"义图""急公会"提供载体时，这两种催征方式又反过来有助于地方宗族加强族内的认同。如吴希禹在其所作的序言中就称，义图的破坏，不仅影响到本团漕粮的按时征收，而且使原本同属一宗的一图、二图之间有了明确的界限。因此，他强调，"急公会"的出现，除重现"上无追比之烦，下无差索之苦"的美好情景外，还有助于本族消除畛域之虞，"诚一举而三善备矣"。①

五　结语

清至民国时期，江西的义图制经历了一个兴起、发展、异变及整顿与复兴的历史过程，呈现不同的时代特征与社会文化内涵。清康雍时期义图的兴起，既是明后期以来里甲赋役制度在地方上实践的必然趋势，又是清初国家对赋税征收体制改革与民间自我组织的结果，成为自封投柜方式下催征漕粮的有效补充方式。然而，随着义图的推行，其逐渐演变为乡绅包揽漕粮的有力工具，引发了诸多"漕讼"现象。至晚清时期，加之战乱导致的各种弊端，江西各地的义图处于废弛之态。为了确保丁漕的按时征收，清末江西地方政府对义图进行了较为全面的整顿，制定了相应的章程，强化了官方对义图的监督与管理，从而使这种民间的漕税催征方式演变为官方赋税制度的重要组成部分，并成为民国时期江西地方政府用以解决田赋征收的历史遗产。

但是，由于民国时期政府推行的义图制在实施主体、运行方式等方面，均与清代的义图有了明显的差异，因此其在实际的推行过程中弊端频出，日趋消解，从而导致了传统义图在地方社会的复兴，出现了上高白土上团的"急公会"这一团体经征方式。而从其与地方宗族之间的关系来看，"急公会"这种赋役共同体与清代的义图制有着诸多相似之处。在某种意义上我们也许可以说，"急公会"其实就是义图在民国时期的延续，两者之间的差别仅在于名称不同而已。它们的运作和维持，均依赖于地方社会内部的力量，即"图甲长"的道德威信和"会约"，并与宗族组织结合在一起。由于义图制度具有这种内生性，因而当民国时期江西各地政府试图自上而下推行义图制时，其收效也就可想而知了。所有这些均表明，晚清之前的义

---

① 《上高白土上团急公会砧基》，民国7年刊，第2页。

图、清末民国时期的义图、民国时期的"急公会"这三种税粮催征方式的形成与发展，既是义图从"民间机制"到"官方制度"演变的结果，又反映了这种变化背后，乡绅、宗族等社会力量与书吏等各种中介势力、地方政府之间的利益纠葛。这一点，正是我们理解义图与清代以来社会变迁的关键所在。

（作者简介：李平亮，江西师范大学历史文化与旅游学院教授）

近代学术研究职业化过程中学人面临的生计困局与应对

——以顾颉刚为中心的探讨（1920—1926）[*]

李周峰

内容摘要 在早期学术研究职业化过程中，如何处理学术研究和生计的问题，顾颉刚的努力很具有代表性。面对生计的压力，他极力保持学术研究的独立性，并积极应对。一方面，他通过集合同志，创办出版机构，寄希望于版税来实现经济独立。另一方面，他积极打造学术环境，利用出版物结成学术共同体和营造学术研究的风气，试图打造一个"学术社会"。他的努力，反映了近代学人开始试图通过学术研究职业化来确立知识事业自身的价值。

关键词 学术研究 生计 职业化 顾颉刚

1927 年 6 月 2 日，"学术重镇"王国维投湖自尽，一时激起了不少学者的猜测，于是便产生了"谁害死了王国维的世纪之问"。他的好友陈寅恪更是提出了著名的"独立之精神，自由之思想"的阐释。[①] 但是在顾颉刚看来，王国维之死主要问题在于国内没有一个正式的研究机关来安顿他，使他的生计无法得到保障。[②] 因此，王国维之死，实际上揭示了近代学术研究职业化过程中学人所面临的种种困境，其中生计问题，是一个绕不开的话题。在传统社会，读书人的主要生存方式是耕读模式。近代以来，伴随职

---

* 贵州师范大学 2016 年博士科研启动项目［2015 社科博（17）号］阶段性成果；贵州省教育厅高等学校人文社会科学项目（2017skz19）研究成果。

① 陈寅恪：《清华大学王观堂先生纪念碑铭》，《金明馆丛稿二编》，三联书店，2017，第 246 页。

② 参见顾颉刚《悼王静安先生》（1927 年 6 月 13 日），《宝树园文存》卷一，中华书局，2010，第 270—275 页。

业化的出现，读书人的生存方式发生了巨大转变，生活空间由乡村转向城市，生计由耕田（或收租）转为以生产知识为生。顾颉刚正生活在这样一个转折时代。他的学术努力，体现了一个以学术研究为职业新兴阶层的崛起。他们在学术上坚持学术的独立性，以学术研究作为谋生的手段。于是，学术研究和生计发生了直接的关联，面对一种全新的生活方式，他们是怎样处理的？或者说日常生活尤其是生计对学者及研究的影响如何？这是值得探讨的。

学术界对顾颉刚的研究多集中在他的学术思想和学术成就上。① 近年来顾颉刚日记、书信等私人文书的出版，为其社会角色研究开启了新的空间。本文即以顾颉刚日记、书信为主要史料，试图探讨顾颉刚在学术研究职业化过程中，是怎样处理学术研究和生计的问题，并借此观察那一代新知识群体在学术研究职业化过程中的努力和抉择。

一　顾颉刚的职业选择与学术使命

"近代中国知识转型"一个标志性的事件是科举制的废除和新式学堂的建立。科举制度废除之后，不仅传统政教相连的体制被斩断，新的知识系统也普遍建立起来，且引起中国社会结构的大变动，位居四民之首的士阶层逐渐消亡，大批接受新式教育的读书人涌现出来。新式教育尤其是大学教育催生了一大批以知识谋生为职业的群体。在 20 世纪初的中国，这是一个新兴的群体。

关于中国社会阶层的变动，职业化发挥着重要作用，其时王国维有明确的观察。他指出："今之世界，分业之世界也。一切学问，一切职事，无往而不需特别之技能、特别之教育。一习其事，终身以之。治一学者而不能使治他学，任一职者之不能使任他职，犹金工之不能使为木工，矢人之不能使为函人也。"② 作为早期大学教育的受益者，朱自清对社会分工和职

① 比较有代表性的论文及著作有彭国良《顾颉刚史学思想的认识论解析》，博士学位论文，山东大学，2007；黄海烈：《顾颉刚"古史层累说"初探》，博士学位论文，吉林大学，2007；刘俐娜：《顾颉刚学术思想评传》，北京图书出版社，1999；〔美〕施耐德：《顾颉刚与中国新史学——民族主义与取代中国传统方案的探索》，梅寅生译，台北：华世出版社，1984；等等。

② 王国维：《教育小言十三则》，1907 年，方麟选编《王国维文存》，江苏人民出版社，2014，第 65 页。

业选择有直接的感受。他说，大学的学生"可以选择多元的职业，不是只有做官一路。他们于是从统治阶级独立，不再是'士'或所谓'读书人'，而变成了'知识分子'，集体的就是'知识阶级'"。① 贺麟专从培养学术独立性这一角度来看大学教育。他说："自从新文化运动以来，中国大学教育方面，总算稍稍培植了一点近代学术自由独立的基础：一般学人，知道求学不是做官的手段，学术有学术自身的使命与尊严。"② 他们的认识可以帮助我们了解同时代顾颉刚的人生选择。

顾颉刚于1916年考入北大哲学门，1920年即将毕业的他面临职业上的抉择。③ 不过，他对从事的职业有着清醒的认识。他对妻子殷履安说："我所求的职业，乃是于我学问上可以进步的职业。"他解释说："我倘使所得的职业，既不是我性之所好，又是终日劳劳，没有自修的时间，教我看着光阴点点刻刻的过去，年纪点点刻刻的老大，我的学问只有退无进，那时我的心里的不安宁要怎样呢？况且我对于所做的事情，是要负责任的，要求进步的，怎能只做呆板事不用心呢？"④ 他的职业是与学问的进步相关的。他明白这种期望似乎是一种奢望。就所学而论，文科不是一个发财的职业，所以终究要过清贫的生活。再者，"现在中国的社会，没有学者：并不是没有学者的人才；只是这种不容学者的境遇，来压迫人才，只做常人，不做学者"。⑤ 为什么这样说呢？他亲眼看到身边一些优秀的同学，在学校成绩优秀，志向也很远大，因此认为他们前途似锦。"那知一别五年，朝气也变成了暮气，竟给老辈完全同化了。这固然是社会上、家庭上、经济上，许多的压迫，逼成了的，但他们的没有眼光，没有执守，也可知了。"⑥ 所以他认为："吾所居的社会——国家、都市、家庭——是逼我生病的社会。书籍能够安慰我的精神，却是医病的良药。"⑦

正当他为职业发愁、苦闷之际，好友罗家伦向他伸出了橄榄枝，为了

---

① 朱自清：《从清华到联大》，江苏文艺出版社，2011，第218页。
② 贺麟：《学术与政治》，贺麟著《文化与人生》，商务印书馆，1988，第252页。
③ 顾颉刚曾经在家庭和职业如何取舍问题上徘徊，但最终选择了以职业为主。详见顾颉刚和他的妻子殷履安的信。顾颉刚：《致殷履安》（1920年5月30日），《顾颉刚书信集》卷四，中华书局，2010，第251—258页。
④ 顾颉刚：《致殷履安》（1920年4月21日），《顾颉刚书信集》卷四，第217页。
⑤ 顾颉刚：《致殷履安》（1920年2月27日），《顾颉刚书信集》卷四，第162页。
⑥ 顾颉刚：《致殷履安》（1920年4月2日），《顾颉刚书信集》卷四，第180—181页。
⑦ 顾颉刚：《致殷履安》（1920年4月21日），《顾颉刚书信集》卷四，第217页。

让他能够在新潮社工作，① 罗家伦答应为他在北京谋一份工作。顾向他诉说了他对学问的渴望："我自问我好学之心，实在比别人强，几乎没有一分钟不想到学问。但是以身体的坏，环境的阻碍，竟教我没有如愿的日子。"② 所以他希望罗家伦能在北京为他谋一个能够做学问的职位。罗家伦向胡适求助，他在信中高度赞扬了顾一丝不苟的学问精神，他说："颉刚的旧学根底和他的忍耐心与人格，都是孟真和我平素极佩服的，所以使他有个做书的机会，其结果决不只完成他个人求学的志愿，而且可以为中国的旧学找出一部分条理来。"③ 罗家伦的求助信起到了作用，不久胡适为顾颉刚在北大谋得了一个图书馆编目员的职位。

担任图书馆编目员一职，对顾颉刚来说非常适合。他一直对编辑图书有浓厚的兴趣，并有整理中国典籍的宏大愿望，"这也是整理国故的具体计划"。他给罗家伦的信中提到要做三部大书，"（一）'世界文明史'，（二）'中国文明史'，（三）'中国书籍目录'"，其中"中国书籍目录"是前两部的基础，所以首先着手的是整理中国书籍目录。他的计划大概是："用学术上的分类分，再用国故上的分类分（《清代的著述考》，在前四年休学时，已成二十册，在家里）。大概用学，派，时，地，人等来分，可以成二三百卷的光景。"④ 顾颉刚在图书馆工作非常愉快。他在家书中说："图书馆里的事情，我现在正到书库查书。这件事在人家看做极没味，在我却看做极好。因为书库里没有别的人，别的事，来搭我的功夫，我所有的时间，都经用了。"⑤ 在图书馆翻书，他形容达到了"譬如众香之国，目眩瞀于花光；宛游群玉之峰，神愕眙于宝气"的境界，这是他引用纪昀在《上四库全书表》中的一句话。⑥ 图书馆外的世界，社会运动接连不断，顾颉刚的心早已经不在这上面了。⑦ 他表示："在现在的时候，大家以'社会改造家'自命，我

---

① 当时罗家伦将要赴美留学，于是将新潮社的社务交给了顾颉刚。
② 顾颉刚：《致罗家伦》（1920 年 5 月 5 日），《顾颉刚书信集》卷一，中华书局，2010，第 236 页。
③ 罗家伦：《致胡适》（1920 年 5 月 31 日），《罗家伦先生文存补遗》，罗久芳、罗久蓉编辑校注，台北：中研院近代史研究所，2009，第 267 页。
④ 顾颉刚：《致罗家伦》（1920 年 5 月 5 日），《顾颉刚书信集》卷一，第 238 页。
⑤ 顾颉刚：《致殷履安》（1920 年 10 月 25 日），《顾颉刚书信集》卷四，第 292—293 页。
⑥ 顾颉刚：《致殷履安》（1921 年 1 月 27 日），《顾颉刚书信集》卷四，第 342 页。
⑦ "五四"之后，中国知识分子发生分化与重组，一部分走上了政治道路，一部分走上了学术道路。参见章清《1920 年代：思想界的分裂与中国社会的重组——对〈新青年〉同人"后五四时期"思想分化的追踪》，《近代史研究》2004 年第 6 期。

也决不能做他们的伴侣了。我唯一可做的事情，只有'研究学问'。"① 因此，他推掉了许多社会活动，如"学生会连次请我担任职务，我都谢绝；各种社教我加入，各种报招我投稿，我一一避去；家里和亲戚间要我在苏州任事，我也不听"。他说："我自己有自己的事情，有进行的豫计，有方法的研究；难道我还受人利用了么？"② 这时的顾颉刚正在走向学术研究的道路上。

二 学术研究和生计之间的张力

初进社会的顾颉刚，对学问和生计之间的张力有了真切的感受。当时，北大图书馆编目员的月薪是 50 元，由于不够家用，胡适每月补贴他 30 元，一共 80 元，这才使顾颉刚在北京站稳了脚跟。③ 当时北京各高校财政受政局的影响，时常不能按时发放工资，不断引发教育界的索薪事件。④ 更糟糕的是，即使发了工资，实际面值也有所折扣。顾颉刚观察到："以吾校而论：教授薪俸，都自一百元至三百元间，不能说不厚；然而都是北京中、交两行钞票，打个五折六折，差不多已经去了一半。"再加上北京的消费比较高，"一切物品，各各昂贵；房饭都要自备，公共机关概不代理；照此一看，所余几何；或者要亏了"。⑤ 因此，他感叹道："像现在的中国学问社会未立，真要做学问，只有让给可以不事生计而有志的富贵子弟。我们这样为生计为办公，既不能不做，自己有志的学问又极要想做上去；固然人定未始不胜天，但中间实在困难的很。"⑥ 同时代的李大钊和鲁迅分别提出了知识阶级"生活权"和"经济权"的诉求。他们认为，"在目下的社会里，经济权就见得要紧了"，⑦ 因为" 物质上不受牵制，精神上才能

---

① 顾颉刚：《致殷履安》（1920 年 11 月 22 日），《顾颉刚书信集》卷四，第 310 页。

② 顾颉刚：《致殷履安》（1921 年 1 月 14、19、20 日），《顾颉刚书信集》卷四，第 339 页。

③ "我没有他卅元一月的津贴，我便不能在京立脚，我的学问，我的希望，都消散了。"参见顾颉刚《致殷履安》（1920 年 11 月 8 日），《顾颉刚书信集》卷四，第 306 页。

④ 参见向仁富《北洋政府时期北京国立八高校教师索薪运动》，硕士学位论文，四川师范大学，2001；李世宇：《北京教育界索薪运动研究（1921—1927）》，硕士学位论文，华中师范大学，2007。

⑤ 顾颉刚：《致殷履安》（1919 年 7 月 25—26 日），《顾颉刚书信集》卷四，第 44 页。

⑥ 顾颉刚：《致严良才》（1920 年 10 月 25 日），《顾颉刚书信集》卷一，第 499—500 页。

⑦ 鲁迅：《娜拉走后怎样》（1923 年 12 月 26 日），《鲁迅全集》第 1 卷，人民文学出版社，2005，第 168 页。

独立"。①

　　参加工作不久的顾颉刚渐渐发现北大的学问环境并不是那么尽如人意。他说："学校的事情，只有隔膜及把持两端。机关与机关是隔膜，一机关中职员与职员也是隔膜，要做事时权却被主任把持。主任自己既不做，也不情愿别人来做。所以踏进了北京大学，要混饭是最容易的，若要忠实的尽职，便要逼得你不安于位。"这是顾颉刚对国学门状况的描述，暗示了他对国学门负责人沈兼士的不满。当时北大正在建设研究所，下设四门：国学、外国文学、社会科学、自然科学。国学门处于筹备阶段，出现这样的情况也在所难免。这样的境遇使他的读书生活无法实现，因此有了辞职的念头。"我是欢喜读书的人，但现在的境遇竟不能让我读书，不合一。我是不能受气的人，而做了事便不能不受气，不合二。我是极肯负责任的人，而现在研究所的责任竟无从负起，徒使我永远疚心，不合三。因此之故，我着实有辞职之想。"② 这并非他的本意。他是一个勇于做事和谋划的人，对于研究所，他主张建立研究团体和出版报刊。他对国学门的另一个负责人马裕藻说："要是我们研究所要对于外界有所表见，有所联络，使研究所成一国内研究学术的团体，这便非我们数人所能任。兼士先生昨天谈及蔡校长意拟将《大学月刊》取消，将来由研究所出报。一出报，就和外界的关系多了。"③ 顾颉刚的积极谋划，使他得到了研究所助教的职位，但是工资并未增加。

　　因时局不安定、学校做事的不理想及时常欠薪，顾颉刚的生活充满了痛苦。他向一位朋友抱怨说："生活逼迫，社会穷困，只使人一天到晚只是打算生活，不能得生活以外之乐趣，做生活以外之事业。这种的社会，只是逼人去'混'，混一天算一天。不必说商界都趋向于交易所等虚业，便是学界，亦何尝有什么好现象。……何况现在教育经费，各处都是积欠，像北京这样，现在又是三个月了。在精神上既受气，在生活上更挨饿，比了商界还不如呢！所以先生要不过矛盾的生活，专做永久的事情，非我悲观，敢说现在中国没有这种地方。即如我，自以为有些学问上的嗜好，所以选

---

① 李大钊：《物质和精神》（1919 年 12 月 28 日），《李大钊全集》第 3 卷，河北教育出版社，1999，第 430 页。

② 顾颉刚：《致俞平伯》（1921 年 10 月 8 日），《顾颉刚书信集》卷二，中华书局，2010，第 69 页。

③ 顾颉刚：《致马裕藻》（1921 年 10 月 12 日），《顾颉刚书信集》卷二，第 10 页。

了北京大学图书馆的职业。在当初的豫期，与别人对我的观察，都可以说极端美满，决不会感矛盾生活的痛苦。但到今一年半了，对于校里没有什么成绩，对于自己也没有什么进益，总是感着矛盾不快。"① 在此状况下，顾颉刚不得不另做打算。1921 年 7 月初，在商务印书馆工作的李石岑邀请顾参加编教科书事，胡适接洽将此事促成，月薪 50 元。1922 年 12 月在朱经农的邀请下，顾颉刚脱离北大正式成为商务印书馆的编辑，编纂中学语文和历史教科书，月薪 100 元。商务印书馆按时发放薪金，因此顾没有衣食之忧。令人意想不到的是，顾颉刚正是在这里提出了著名的"层累地造成的中国古史"的学说。

虽然商务印书馆解决了顾颉刚的生计问题，但他的精神仍是痛苦的。他在日记中写道："做此等工作实为我所不愿，而为生计所迫，不得不做，到底与我学问全没关系，与玩时愒日有何分别，而且欲做之事因而停顿了！"② 因为他在编历史教科书的过程中，偶然发现了三皇五帝的地位问题，引起了他极大的兴趣。他想辨明的欲望随着在馆时间愈长，这种心情愈发强烈。他对钱玄同说："岁月不居，忽焉三十，若永远像现在这般的浮沉书局，为救济学问的饥渴计，把馆中的时间能够偷得一点就一点，能够抢到一点就抢一点，虽不能说完全无得，亦终于存积了无数零碎意见，穿不上一条索子。《诗》曰：'跂彼织女，终日七襄；虽则七襄，不成报章。'这种不成报章的七襄有什么价值呢！每自悲道，'我其终为实斋所谓'横通'，容甫所谓'不通'了吗？难道社会上终究把我的志愿抑塞了吗？'从旁人看，我在商务书馆中，受经农先生的庇护而不受他的督责，派做的事也并不多，月薪百元也不算少，真是应该知足的了。这种意思我不等别人说，自己也想得到。倘使我的为人没有'自己的志愿'的，对于这个境遇自当极其满意，希望在此终我的一生；而无如自己的志愿的强度太高了，继续不断的逼着我发生烦闷，那真没有法子了！"③ 所以，他决定离开。

此时，胡适与商务印书馆合作，欲出国故丛书，朱经农希望顾颉刚担任标点古书的工作。顾颉刚认为这是他摆脱在商务印书馆编教科书的机会，他希望能回北京标点古书。他向朱经农说："我以为商务馆中如要出'国故

---

① 顾颉刚：《致戚焕塤》（1921 年 12 月 2 日），《顾颉刚书信集》卷二，第 15 页。

② 顾颉刚：《顾颉刚日记（1913—1926）》卷一，1922 年 12 月 25 日条，中华书局，2010，第 305 页。

③ 顾颉刚：《致钱玄同》（1923 年 2 月 25 日），《顾颉刚书信集》卷一，第 547 页。

丛书'，除近代书籍外，都不能在上海做。上海没有图书馆，没有大藏书家……"① 这对标点古书不利。此外，他说："我立身的目的，在于研究学问；要研究学问，则时间必须自己支配。馆中办事虽只有六个小时，但一天最精要的时间就在这六小时内。"② 在馆中编书，本为生计，但是，"看日子一天一天的过去，生命一天一天的减少，而志愿永远悬着，学问永远停着，觉得心上压积的分量越来越重了"。他接着说："若是像外国般，研究一项学问有政府与资本家的供给，可以不顾生计，我决不事生计了。"③ 但是，在兵荒马乱的中国，根本无从谈起。因此，他希望，"这事如馆中通得过，许我明年到京后着手的，我希望计字算酬，酬资略高。……北京学校在风雨飘摇之中，我到北京去，只有把标点事做正业，而把校事做副业，在生计上才可立脚得住"。④

辞职之后的顾颉刚继任北大国学门助教。当时，北大仍旧欠薪，他不得不兼任孔德学校教员，月薪 50 元，以补家用。1924 年以后，他时常将他所担任职务写下来，多时能达到四五十处。如 1925 年 8 月 15 日他所统计的事务近 40 处：《国学季刊》、《国学门周刊》、年表、研究所杂务、清室善后会、孔德学校讲义、《语丝》、《现代评论》、《猛进》、《文学周报》、鉴赏、《救国特刊》、《京报副刊》、《南开副刊》、《孔德旬刊》、《东壁遗书》、《崔述》、朴社、《国语周刊》、读世界史、读古书等。此外尚有校务，友人接洽诸事。可能是随手所写，又补充了风俗调查、歌谣研究会、北大国文系、《我们》、《小说月报》、《东方》、《民铎》、北新书局、北京印书局、故宫文献、中华图书馆协会、哲学书库委员会、中华教育改进社、敦煌写经保存会、救国团等事务。⑤ 从他所兼的职务来看，多与出版机构和学术活动有关。

顾颉刚在日记和书信中多次坦露不能办事，学问才是他的兴趣。之所以兼任这么多的职务，"生计上不能站定脚跟"是很重要的一个原因。他解释道："我的身子，仿佛一头牛架在磨盘上，社会是一个赶牛的人，他把我鞭策得紧了，我那能不走呢。我也很想休息，但鞭策在后面是不停着的。

① 顾颉刚：《致朱经农》（1923 年 5 月 30 日），《顾颉刚书信集》卷二，第 130 页。
② 顾颉刚：《致朱经农》（1923 年 6 月 3 日），《顾颉刚书信集》卷二，第 133 页。
③ 顾颉刚：《致朱经农》（1923 年 6 月 3 日），《顾颉刚书信集》卷二，第 135 页。
④ 顾颉刚：《致朱经农》（1923 年 5 月 30 日），《顾颉刚书信集》卷二，第 131 页。
⑤ 顾颉刚：《顾颉刚日记（1913—1926）》卷一，1925 年 8 月 15 日条，第 653—654 页。

所以我惟一希望的路，就是在版税上可以支持生计，使得我经济独立，我便把什么职事都辞去了，把我的精神归纳在一条路上。我并不是贪闲的人，只是这样做，那样做，忙的方向不一致，弄得精神错乱，实在极不愿的。"①他把这些痛苦比作社会的压迫，实际上并非如此。他也明白，他的痛苦是志愿和生活的冲突："我自问在学问上是一个可以有为的人，只是社会不能顺了我的性情用我，几乎把我的才具放在铁匣里封锁了。我在很无聊的时候，也未尝不想：'我的苦是苦在志愿上：要是把这志愿打消，只随着别人混过一世，这个痛苦也会没有的。'但我究是一个不会过混混生活的人，所以一转身又觉得与其混混而除痛苦，反不如保存这志愿而加增痛苦为有意味了。"② 学问的嗜好和生计的压力，使他无时无刻不在焦虑、彷徨中度过。

三 "在版税上维持生计"

生计的压力是直接和迫切的，顾颉刚不得不另有打算，他希望从版税上取得生计上的独立。顾颉刚明白，他能够读完北京大学与父亲的支持是分不开的，因此他一直想报答这份恩情。毕业前夕，他在家书中提到要分担家累。他对父亲说："每念吾家家计之重，数年来大人在杭支两职，薄书鞅掌，辛苦万分，甚愿稍分担负……"③ 不过，他也明白，父亲送他念书，并不是要他在学术上有所创造，而是抱着升官发财的梦想。本来他可以选择挣钱比较多的职业，但是由于对学术的热爱而放弃了。当他选择北大图书馆编目员后，工资长时间拖欠，"金钱上给家里逼得太紧了"，因此他希望通过出书取得版税来缓解这种压力，因为"除了这条路也没有法子"。④他对胡适的诉说，便有了他标点姚际恒《古今伪书考》的一个缘由。胡适在信中说得很明白，希望能够出版书籍补贴他的生活，并且能够保证它的销售。⑤ 对于胡适无私的帮助，顾颉刚当然非常高兴，激起了他以著述为职业的想法。他说："我并没有什么大希望，只要每月贴补我二三十元，也尽满意了。自此以往，每年出两种书；出他十年，未必遂无百余元一月的收

① 顾颉刚：《致殷履安》（1924年3月2日），《顾颉刚书信集》卷四，第386页。
② 顾颉刚：《致李石岑》（1924年1月29日），《顾颉刚书信集》卷二，第93页。
③ 顾颉刚：《致父》（1920年5月23日），《顾颉刚书信集》卷四，第6页。
④ 顾颉刚：《致胡适》（1920年10月28日），《顾颉刚书信集》卷一，第285页。
⑤ 胡适：《嘱点读〈伪书考〉书》（1920年11月24日），顾颉刚编著《古史辨》（一），上海古籍出版社，1981，第6页。

入，我不做教员也不要紧了。"① 从此，靠出版维持生活成为顾颉刚的追求。

在商务印书馆，顾颉刚结识了许多新的朋友，如李石岑、郑振铎、周予同等人，他们都是受新文化影响且对学术有追求的年轻人。朋友在一块经常谈论一些问题，其中生计的问题都是大家面临的，也是经常谈论的话题。1921 年底，北大因经费问题开始裁人，顾颉刚的同事子水、敬轩、冰如都在内，学术界生存的问题日益凸显。他在和李石岑的信中指出："我们应该讨论一个实际问题，即是如何可以打出一个专心治学的境遇来。这不能全靠于个人意志之努力，而社会之供给资材尤为要紧。在现在的中国，不能得到这种的帮助亦在意中，但任其迁延下去，则学术界永没有希望，岂非大可伤心之事！……我们应该如何鼓吹，使得真有学术社会出来？"② 李石岑（1892—1934），现代哲学家，时任商务印书馆《教育杂志》主编。作为与顾颉刚有相同职业理想和信念的学者，他充分认识到"知识阶级"生计问题的重要性和迫切性。于是，他将顾颉刚的书信发给友人，请他们展开讨论。顾颉刚的信，立刻引起了具有相同遭遇的朋友们的呼应。之后，李石岑将他们的讨论内容以《学术界生活独立问题》为题发表在《教育杂志》上。

针对顾颉刚提出的"如何可以打出一个专心治学的环境"的问题，郑振铎首先提出解决之道，他认为有四种方法：第一，把现在的社会组织根本改造；第二，改造现在的中国政府；第三，奖掖资本家去供给"学术社会"的需费；第四，淡泊自守，躬耕自给。③ 后者的讨论基本围绕郑氏提出的四种解决方案进行论证。大部分人认为前两种方法非常好，但不具有可操作性。大家主要针对后两种办法各抒己见。沈雁冰认为第四种方法比较合适，但是如按照传统读书人的耕读模式，在当下社会显然是不行的，因为"现代研究学问，不借重于实验室，就要借重于图书馆，一个人赤手空拳，抱几本破书，是干不了的"。他指出："我以为现在要实行'躬耕读书'，也得照合股公司的办法，大家打伙儿去办，合同志二十个，买来书大家公用，便不难对付了。"④ 常乃惪认为："我们现在惟一的办法，只有鼓吹政府资本家——尤其是资本家——出钱来创办各种科学研究所。我并且平

① 顾颉刚：《致殷履安》（1920 年 11 月 22 日），《顾颉刚书信集》卷四，第 311 页。
② 顾颉刚：《致李石岑》（1922 年 4 月 9 日），《顾颉刚书信集》卷二，第 88 页。
③ 郑振铎：《致李石岑》（1922 年 5 月 20 日），《教育杂志》第 14 卷第 5 号，第 1—2 页。
④ 沈雁冰：《致李石岑》（1922 年 5 月 20 日），《教育杂志》第 14 卷第 5 号，第 2—3 页。

常有一种狂想，觉得在中国的现在，与其拿钱办小学，不如拿钱来办戏院办电影；与其办中学，不如办图书馆博物馆；与其办大学，不如办研究所。"① 他显然结合了顾氏和郑氏的想法。

还有学者提出职业化诉求。常道直指出："我以为如欲使学术界能真正独立，当先令其能自立（Self-supported）。自立方法便是择一与己所研究学科有关系之职业所得报酬不求甚多，但须要求充足的研究时间。有人不免谓这种办法将破毁所谓专心治学的境遇。果然我也承认如果能在此时此国找出一个纯然专心治学的境遇，自然是好极了；无如在此学术界'蒙尘'的时代，那里去找寻？所以为目前计只有这条路可走，照这样办法每日虽费去一部分时间于他事，但为时有限且系与己所专供之科学有关者，也许除维持生计外还能有调剂终日在研究室中之单调的生活。"② 虽然解决之道并未达成共识，但是"学术阶级生活独立"的问题，是他们共同关心的议题。因此，李石岑在讨论结尾说道："今请略述一种事实，或亦可为学术界生活独立之先导。"③ 这次讨论为朴社的建立埋下了伏笔。

如何解决"学术界生活独立"的问题，一直困扰着顾颉刚及其同人。两年之后，无奈的他仍旧呼喊："'我要压死了！有谁人肯来救我？救我的方法，就是供给我为学的费用，替我向社会中赎出这个身子。'"④ 同时期的朱自清也发出了"我第一要使生活底各个过程都有他独立之意义和价值"⑤ 的呼声。他们清楚地知道，社会不会理睬他们的要求，他们选择了经商的道路。1923 年初，在商务印书馆工作的几位同人闲聊中，郑振铎提出发起一个组织，筹集资金，自己出书，靠版税独立生活。于是朴社就在这种需求下诞生了。⑥

朴社建立后，他们开始召集一些志同道合的朋友。朴社建立初，一共十人，不到一个月的时间，便将近二十人了，分别是振铎、雁冰、六逸、予同、圣陶、伯祥、愈之、介泉、缉熙、燕生、达夫、颂皋、平伯、济之、

---

① 常乃悳：《致李石岑》，《教育杂志》第 14 卷第 6 号，第 1 页。
② 常道直：《致李石岑》（1922 年 5 月 11 日），《教育杂志》第 14 卷第 5 号，第 7 页。
③ 李石岑：《致颉刚、振铎、雁冰、愈之、既澄、导之、燕生、达夫诸兄》（1922 年 6 月 19 日），《教育杂志》第 14 卷第 6 号，第 3 页。
④ 顾颉刚：《致李石岑》（1924 年 1 月 29 日），《顾颉刚书信集》卷二，第 93 页。
⑤ 姜建、吴为公编《朱自清年谱》（1922 年 11 月 7 日），安徽教育出版社，1996，第 41 页。
⑥ "振铎发起自己出书，不受商务牵掣，约集伯祥、圣陶、六逸、予同、雁冰、愈之、达夫、燕生及我十人，每月公积十元，五个月内预备出版品。"顾颉刚：《顾颉刚日记（1913—1926）》卷一，1923 年 1 月 6 日条，第 311 页。

介之、天挺、颉刚、绍虞。① 这些人日后大多成为著名的学者、作家。顾颉刚向他的好友介绍了建立朴社的目的，他说："我们为生计不能自己做主，使得生活永永不能上轨道，受不到人生乐趣，所以结了二十人，从本年一月起，每人每月储存十元，豫备自己印书，使得这二十人都可以一面做工人，一面做资本家；使得赚来的钱于心无愧，费去的力也不白白地送与别人。"② "我们别有希望，只希望著述上可以立足的人得终身于著述，不受资本家的压制，社会上的摧残。我们的生活，靠政府也靠不住，靠资本家也靠不住，非得自己打出一个可靠的境遇就终身没有乐趣了！"③ 为了避免与商务印书馆产生误会，顾颉刚在给胡适的信中提到了他们创办朴社的缘由："我们的事，由于大家出了学堂门之后，总觉得精神与生活的不安定，想自己打出一个安定的境界。所以几个人一发起，赞成的很多。商务书馆固是随处给我们以刺激，但别种机关也未必不如此。我们的事，将来自不必与商务对垒，但总想自己打出一个安心立命之境。事情能做成与否是不可预料，但总不可不做，因为若不做未免太对不起自己了。我们所近情的唯有纸笔，所以要在书籍一方面做事业。"④ 它的成立，反映了新学术阶层面对生存挑战的一个积极应对。

朴社建立后，顾颉刚坚决辞掉了商务印书馆的工作。至于生活来源，他寄希望通过朴社出书，靠版税谋得生活独立。他认为北京已经是一个"学术社会"了，如果利用朴社出书的话，"即不登广告，不事批发，生意亦做得出"，因为"北京学界人多且比较肯求学，单事门卖亦可发展也"。⑤ 他对妻子说："倘使我能教书而又肯教书，照社会上责望我的情形，一个月赚五六百元是不难的。但我既不能，又不肯，只得苦一点了。我不信在出版界上打不出一个地位来，可以顾全我的生计。"⑥ "版税的事，我觉得很可靠。……我的书固然专门一点，但现在我的名望似乎很好，也不怕销不出。大约一年收一千元的版税，在二三年中是可以希望到的。十年后若能年收五千元，我就把北大的事也辞去，和你住到西山清泉之畔了。"⑦ 正当顾颉

---

① 顾颉刚：《致郭绍虞》（1923 年 2 月 20 日），《顾颉刚书信集》卷二，第 149 页。
② 顾颉刚：《致郭绍虞》（1923 年 2 月 20 日），《顾颉刚书信集》卷二，第 149 页。
③ 顾颉刚：《致郭绍虞》（1923 年 2 月 20 日），《顾颉刚书信集》卷二，第 150 页。
④ 顾颉刚：《致胡适》（1923 年 3 月 23 日），《顾颉刚书信集》卷一，第 390 页。
⑤ 顾颉刚：《致陈乃乾》（1924 年 10 月 8 日），《顾颉刚书信集》卷二，第 244 页。
⑥ 顾颉刚：《致殷履安》（1924 年 3 月 23 日），《顾颉刚书信集》卷四，第 396 页。
⑦ 顾颉刚：《致殷履安》（1924 年 5 月 10 日），《顾颉刚书信集》卷四，第 425 页。

刚踌躇满志希望靠出版在北京站稳脚跟时，江浙战争爆发了，上海朴社同人因战事要求解散朴社，将筹集的资金用来逃难，成立两年的朴社解体了。身在北京的顾颉刚虽然极力反对，仍无法劝住生活在战争阴影下的友人。无奈，他立即在北京成立新的朴社，重新组织社员。

经过一年的筹资，北京朴社具有了一定的经济实力。这时，顾颉刚着手租房屋，开设书店。他注意到"马神庙一带尚无书肆，开此一家必可获利也"。① 1925 年 11 月 15 日，书社开幕，取名景山书社，"予从事照料，见人颇觉不好意思。想不到我也会做商业的"。② 为了经济独立，顾颉刚不得不从事商业活动。为了赚取版税，顾颉刚着手编辑《古史辨》，他对胡适说："此书由朴社出版。朴社勉力积聚了三年，居然有二千余元了，可以印一点书。我们开销既少，故版税可以分得多一点。从前我只是不敢出书，现在为要挣得版税，颇愿在数年中多出些书。如版税竟有可以维持生计的一天，决计把所有事务一切辞去。"③ 正当顾颉刚编书为版税时，受到了好友的非议，"希白前有书来，谓不应为标点之事以趋时"。④ 他说："你说我投时好，我的工作确有投时好的嫌疑，但不如此如何可以过日子？我因为自己愿意做的学问是史学，愿意研究的一部分是古史，所以无论投时好也罢，不投时好也罢，都向着这两方面走。替亚东图书馆标点《东壁遗书》替商务印书馆编辑《崔述选本》，都为的是古史。替北大编辑的《年表》，替孔德编辑的讲演稿，都为的是普通史。我总想把'维持生计'与'加增学问'两件事情打通了，无论如何困难，我总是照着这方面走。万一我将来生计方面宽裕，可以不必操心，我自然专心努力向学问做去。"⑤ 从 1925年下半年开始，顾有心朝出版方面发展，以求得版税，谋得经济独立。

朴社在建立初期，经济效益还不错。据他的日记记载，1926 年 2 月 7日，"今日生意颇好，每天可得四十余元"。⑥ 然而朴社正处在发展阶段，顾颉刚主要仍需靠大学的薪俸维持生计。1925 年以后，随着国内的局势开始恶化，国立大学欠薪的情况更加严重。顾颉刚在日记中详细地记录了北大薪水领取的情况。1925 年 1 月的薪水 100 元分三次领取，分别是 6 月 17 号

① 顾颉刚：《顾颉刚日记（1913—1926）》卷一，1925 年 10 月 8 日条，第 670 页。
② 顾颉刚：《顾颉刚日记（1913—1926）》卷一，1925 年 11 月 15 日条，第 681 页。
③ 顾颉刚：《致胡适》，1925 年 9 月 13 日，《顾颉刚书信集》卷一，第 427 页。
④ 顾颉刚：《顾颉刚日记（1913—1926）》卷一，1924 年 9 月 22 日条，第 535 页。
⑤ 顾颉刚：《致容庚》（1924 年 9 月 22 日），《顾颉刚书信集》卷二，第 166 页。
⑥ 顾颉刚：《顾颉刚日记（1913—1926）》卷一，1926 年 2 月 7 日条，第 716 页。

领 22 元，25 号领 70 元，7 月 16 号领 8 元。9 月的薪水拖到了第二年的 5、6 月领取，① 以后的薪水自然没有了着落。由于薪水的不稳定和日常开销大，至 1924 年 10 月 8 日，据他统计已经欠下 1150 元的债务，② 到了 1926 年 1 月 6 日，更欠下了高达 1652.605 元的债务。③ 1926 年 6 月，因要付房租无钱，没有办法，"只得向适之先生开口借钱，承借六十元"。回到家中，他感到万分委屈，竟哭了一场。④ 悲痛之情跃然纸上。他在日记中这样写道："因知生活不定，必难从事学问。近年国内学殖荒落，学者固个人无志之罪小，社会不安宁之责大也。"⑤ 表达了他的无奈之情。随着北伐战争的进展，顾颉刚开始考虑退路，他接受林语堂的邀请最终选择了薪金优渥的厦门大学，渴望通过版税维持经济独立的愿望落空。

四　结语

20 世纪 20 年代正是中国学术研究运动的开启时期，也是近代学术研究职业化形成时期。以学术研究为职业的学人开始面临一个新的课题：如何处理学术研究和生计的关系。对于以学术研究为志业的顾颉刚，早在求学时代，就和友人探讨过这个问题。"自问家无恒产，志殊经国，将来立身，不事则足以困家，事大则足以困性；而又耽于泛览，弗欲离书，心神颠倒，有如沈痼。两全之道，如何可寻？"⑥ 怎样取舍学问和生计的关系，他还是给出了答案："回顾己身，至切至深者，莫如生计，而学问次之。"⑦ 但是，学问的魅力还是超过了生计的压迫。"我觉得学问原是我的嗜好，我应当尊重它，不该把它压作了我的生计的奴仆，以至有不忠实的倾向而生内疚。然而学问的忠实谈何容易，哪能限定了一天写几千字，把生计靠在上面。与其对学问负疚，还不如熬着困苦：这是我的意志的最后的决定。所以我虽困穷到了极端，卖稿的事情却始终没有做过几回。"⑧ 然而北京政府时期

① 顾颉刚：《顾颉刚日记（1913—1926）》卷一，第 703—704 页。
② 顾颉刚：《顾颉刚日记（1913—1926）》卷一，第 571 页。
③ 顾颉刚：《顾颉刚日记（1913—1926）》卷一，1926 年 6 月 6 日条，第 754—755 页。
④ 顾颉刚：《顾颉刚日记（1913—1926）》卷一，1926 年 1 月 6 日条，第 707 页。
⑤ 顾颉刚：《顾颉刚日记（1913—1926）》卷一，1926 年 2 月 21 日条，第 721 页。
⑥ 顾颉刚：《致王伯祥》（1915 年 5 月 31 日），《顾颉刚书信集》卷一，第 98 页。
⑦ 顾颉刚：《余师录》（六），《读书笔记》卷十五，《顾颉刚全集》第 30 册，中华书局，2010，第 209 页。
⑧ 顾颉刚：《走在历史的路上——顾颉刚自述》，江苏教育出版社，2005，第 105 页。

军阀混战，政局动荡，作为学人主要栖息地的北京高校连年欠薪，受生计问题的驱使，顾颉刚不得不就职商务印书馆。因在商务印书馆的经历，他与同人共同创办了出版机构——朴社，希望通过版税来取得生计上的独立，向社会"赎回自由之身"。在维持生计的同时，他们更向社会提出了这样一个课题：如何在中国建立一个"学术社会"。他希望通过自己的呼吁和努力在民间构建一个学术研究平台，以期打造一个适宜的求学环境。古史辨派的形成便是这一时期的产物。然而，在战争和生计双重危机的干扰下，这种努力也受到很大的制约。

顾颉刚的努力，反映了近代学人开始试图通过学术研究职业化来确立知识事业自身的价值。即使受到生计和社会动荡的影响，他们也没有消极应对，而是通过出版机构和出版物来谋取经济独立和职业化诉求。

（作者简介：李周峰，贵州师范大学马克思主义学院副教授）

"泰西藩属"的诞生

——国际法翻译中的"藩属"观念与晚清藩属观念的衍化

〔韩〕李动旭

内容摘要 从 19 世纪后半叶开始,晚清士人在翻译国际法过程中将西方封臣国(vassal state)、保护国(protected state)、从属国(dependent state)、殖民地(colony)等概念译成中国原有的"属国"等词语,形成对所谓泰西"藩属"的新认知,也引起中国本土藩属观念的变化。泰西"藩属"观念本身由数种西方国际关系混杂而成,模糊而多歧,将西方保护关系、殖民关系、其他各种从属关系都纳入"上国-属国"观念,不仅影响了时人对藩属问题的新思考,也对后世认识东西方国际关系影响深远。这说明晚清东西两种国际关系的交叉互动情形,或许比既有的理解更加复杂。

关键词 国际法 藩属 宗藩关系

晚清宗藩秩序与国际法秩序的冲突(或可以说是朝贡体系与条约体系的冲突)是学界比较热门的话题,最近一些研究关注到 19 世纪后半叶两种国际秩序的共存并互动,倾向于注重中国传统的宗藩秩序与西方国际秩序(条约体系或殖民体系)之间的矛盾和张力的同时,还注意到清政府从 19 世纪 70 年代前后开始为保持宗藩秩序利用西方国际法的观念和规则应付西方的国际法话语权势的实践。① 类似的研究倾向在国内外晚清中朝关系史研

---

① 相关研究中,张启雄偏于强调两种国际秩序冲突的一面(参见张启雄《东西国际秩序原理的冲突——清末民初中暹建交的名分交涉》,《历史研究》2007 年第 1 期),权赫秀强调两者的共存与互动(参见权赫秀《晚清对外关系中的"一个外交两种体制"现象刍议》,《中国边疆史地研究》2009 年第 4 期)。注意到清政府运用国际法保持宗藩关系的实践,参见曹雯《晚清政府对外政策的调整与朝鲜》,《清史研究》2008 年第 2 期;林学忠《从万国公法到公法外交——晚清国际法的传入、诠释与应用》,上海古籍出版社,2009;张卫明《在宗藩体制与国际公法之间:晚清中朝秩序的重新建构》,《学术研究》2011 年第 3 期;张卫明《"执盟府之成书,援万国之公法":中法战争前宗藩关系的合法性建构》,《史林》2013 年第 2 期。

究领域较多出现。虽然观点不尽相同，有学者用宗藩关系"嬗变"和"畸变"概括中朝关系上出现的这种现象，说明中朝宗藩关系已经脱离传统的轨道。① 这与韩国、日本学界比较流行的晚清政府在甲午战争前的十余年尝试将中朝属邦体制从传统的体制转换为近代属邦体制的看法有相通之处。② 总之，学界大体赞同 19 世纪后期，尤其 19 世纪 80 年代以后清朝藩属政策的实践中，已经接受和运用国际法或者西方国际秩序的原理和规则。

但是，相关研究尚未重视一个问题：在这一过程中，晚清中国人怎样解读和理解西方国际秩序中相关内容？这是讨论他们如何接受和利用西方国际法观念之前需要解决的问题。比如，李鸿章主张"中国的藩属与泰西不同"③ 时，他所认为的"泰西"的"藩属"指的是什么？是殖民地吗？还是指被保护国？还是指在土耳其宗主权下的埃及、保加利亚等国家？晚清中国人究竟如何认定西方某些政治单位是"藩属"？

为讨论这一问题，需要探讨国际法文本翻译的问题。翻译是一个文明理解另一个陌生文明不可缺少的过程。因此，讨论晚清中国人输入和利用西方国际秩序的部分观念来维护宗藩秩序的实践时，不可忽视翻译者用什么样的词语翻译了西方文本中的什么内容，其结果使中国的读者将原书中的内容理解成什么样的内容的问题。而后，我们才可以更深入地讨论晚清国际法输入和实践中与宗藩秩序相关的问题。既往大部分研究忽视了这一问题，却往往断定西方"宗藩体系"为西方"殖民体系"或"保护国体

---

① 宋慧娟：《清代中朝宗藩关系嬗变研究》，吉林大学出版社，2007。笔者不太赞同这些见解，因为"嬗变"和"畸变"，以及从"传统"到"近代"的"转换"这种说法，前者尝试将"传统"宗藩关系视为典型的、正常的关系，容易陷入在时间演变的中朝关系中跳出特定时段的关系模式化的陷阱。后者则带有传统与现代二分法的含义，且"转换"一词的含义具有比较强的隔断和转折的意义，又不太符合实际历史中维持传统关系的一面。从这一角度看，相关史料中常出现的"变通"一词或许更符合历史的全貌。

② 参见〔韩〕宋炳基《近代韩中关系史研究——十九世纪의 联美论과 朝清交涉》，首尔：檀国大学出版部，1985；〔韩〕权锡奉《清末对朝鲜政策史研究》，首尔：一潮阁，1986；〔韩〕金正起《1876—1894年 清의 朝鲜政策研究》，首尔大学校博士学位论文，1994；〔日〕茂木敏夫『中华世界の「近代」の再编』东京大学博士学位论文、1994，〔韩〕金容九《世界观冲突의 国际政治学：东洋礼와 西洋公法》，首尔：나남出版社，1997；〔韩〕具仙姬《韩国近代对清政策史研究》，首尔：혜안出版社，1999；〔韩〕金容九《世界观冲突과 韩末外交史（1866—1882）》，首尔：문학과지성사，2001；等等。

③ 《复出使俄德和奥大臣洪》（光绪十四年二月二十二日），《李鸿章全集》第 34 册，安徽教育出版社，2008，第 340 页。

制"，与清朝的"宗藩体系"做对比。① 虽然，一些研究开始注意到了 19 世纪国际法文本中的宗藩关系翻译问题，但其研究仍处于初步阶段，尚待进一步探讨。②

---

① 陈伟芳曾认为"宗藩关系"一词含有西方殖民体系观念，建议代之使用"东方式封贡体系"（陈伟芳：《甲午战前朝鲜的国际矛盾与清政府的失策》，《甲午战争九十周年纪念论文集》，齐鲁书社，1986，第 31 页）；李大龙则指出"宗藩"一词在古代中国仅仅是指皇家宗室受封诸王，从未用于周边国家和地区，并认为该词并不能准确地反映传统中国与周边国家关系的特点，因而建议使用"藩属关系"（参见刘志扬、李大龙《"藩属"与"宗藩"辨析——中国古代疆域形成理论研究之四》，《中国边疆史地研究》2006 年第 3 期）。刘清涛指出"宗主权""宗主国"的词语从 20 世纪初才开始使用，源于日本人对"suzerainty""suzerain state"的翻译；"宗藩关系"这一概念也从 20 世纪 30 年代才开始被学术界接受使用（参见刘清涛《宗主权与传统藩属体系的解体——从"宗藩关系"一词的来源谈起》，《中国边疆史地研究》2017 年第 1 期，第 1—14 页）。这些研究虽然批判了从前西方"宗藩关系"和中国古代与周边的关系混淆的倾向，但没有注意到为什么出现这些中西方观念混淆的现象。

② 从这一角度看，冈本隆司与刘バダ的研究直接与本文的主题关联且最前沿：冈本隆司通过《万国公法》与《公法会通》中西文本的对照，指出了被中文词语译出来的"suzerain (ty)"概念的暧昧性，使清、朝、日三国对"上国"概念所设想的内容不一致，启示晚清藩属问题以及中国对外关系史研究中注意 19 世纪国际法概念的汉译问题的必要性。可惜其探讨的翻译例不全面，尚需进一步检讨（参见冈本隆司「宗主権と国際法と翻訳——'东方问题'から'朝鲜问题'へ」冈本隆司编『宗主権の世界史——东アジアの近代と翻訳概念』名古屋大学出版会、2014、90—118 頁）。刘バダ就《万国公法》与《公法会通》中有关属国、半主地位的章节进行了中西文本的对照，主张清朝因西方"dependent state""vassal""tribute"的存在与清朝"敕封""朝贡"行为的类似性，不顾中西国际秩序的差异，权宜性地以原有的"属国""藩封""朝贡"对应了这些西方概念，结果形成了清朝的属国等同于国际法上的"属国"的认识。通过 19 世纪国际法书籍的检讨，他指出这些国际法上的"属国"与"殖民地""被保护国"不同，一般至少拥有部分主权，有的还可享有立约通商的权利。他的这些发现值得关注，不过它忽略了一个重要的问题：《万国公法》其他章节中，还有用"属国"一词译出"colony"的不少例子。这说明《万国公法》中的翻译并非用一个汉语中的概念来对应一个西方概念的，有时用一个汉语中的概念来翻译几个不同的西方概念，也有可能存在相反的例子。因此，为了避免反复同样的错误，只能全面检讨整体文本的翻译结果（参见유바다《19 세기 후반 조선의 국제법적 지위에 관한 연구》，고려대학교박사학위논문，2016 년 12 월，32－62 쪽）。此外，有关晚清时期引入国际法的既往研究中，关注国际法文本翻译的问题的著作有田涛《国际法输入与晚清中国》，济南出版社，2001；〔日〕佐藤慎一《近代中国的知识分子与文明》，刘岳兵译，江苏人民出版社，2008；林学忠《从万国公法到公法外交——晚清国际法的传入、诠释与应用》，上海古籍出版社，2009；刘禾《帝国的话语政治》，杨立华等译，三联书店，2014；赖骏楠《国际法与晚清中国——文本、事实与政治》，上海人民出版社，2015；等等。杨焯著《丁译〈万国公法〉研究》（法律出版社，2015）就《万国公法》崇实本和英文原版进行了全面的核对，确认了具体哪些内容是翻译过程中被删改或添加、意译的，并提供 20 万字的英汉文对照表。不过这些研究成果较少关注"藩属"观念的翻译问题以及晚清中国人所理解的西方国际秩序中"藩属"的问题。

为弥补这一问题，本文尝试检讨甲午中日战争以前由同文馆汉译刊行的《万国公法》《公法便览》《公法会通》三部国际法书籍中与"宗藩关系"相关概念的翻译，以及在19世纪出版的几部英华、华英字典中相关词语的诠释，并进一步讨论晚清输入国际法对时人对宗藩体制问题的思考和实践的影响。

一 《万国公法》的翻译与藩属概念的衍化

西方什么样的观念是被翻译成西方的"藩属"的呢？了解情况之前，我们需要注意刘禾对翻译的观点：

> 可译性指的是不同语言之间虚拟的对等关系（hypothetical equivalences between languages）以及这种虚拟对等关系的历史建构过程。在一开始，这些对等关系，也许不过是临时抱佛脚式的现炒现卖，之后由于通过反复使用，被或多或少的固定下来，或者，被后代人所认定为的更恰当的某种假定的对等关系取而代之。……人们的翻译活动，并不是在对等的词语之间进行，而是在主方语言和客方语言之间的中间地带，创造出来的对等关系的喻说。这个充斥了新语词想象的、由虚拟对等关系所形成的中间地带，往往就是人们所说的历史变化的一个基础。[1]

她的主张提出几点重要启示：首先，词语之间的可译性并不意味着作为翻译对象的两种词语的意思实际相同。翻译往往是"现炒现卖"似的被假定为具有相同意义的词语之间进行，这样形成的"可译性"经过反复使用被固定下来或被新的"虚拟对等关系"取代。其次，因为这种翻译的特性，被译出来的词语在主方语言和客方语言之间形成"中间地带"，是充满"新语词想象"的由"虚拟对等关系"形成的语境。最后，这种"中间地带"往往成为历史演变的一个"基础"。笔者认为在这三点之外，还需要指出：翻译工作时可译性往往不是"一对一"的词语之间进行的，而是在

---

① 刘禾：《帝国的话语政治》，杨立华等译，第148—149页。

"一对多"甚至"多对多"的词语互换的基础上，结果形成"多对多"的"虚拟对等关系"，其结果形成的两种语言之间的"中间地带"的语境往往是语意重叠的，这还容易影响到主方语言中相关概念的衍化。本文讨论的正是这一问题。简而言之，《万国公法》中西方的殖民地、保护国、从属国等观念同时被翻译成"属邦"，结果中国的"属邦"观念除固有语境中的语意之外，还添加了西方"属邦"的语境，形成了概念的重叠，导致晚清士人及官僚认知中属邦观念的衍化，即属邦不仅意味着中国固有观念中的属邦，还意味着西方国际秩序中的殖民地、保护国、从属国等各种与中国的属邦不同的实体。

这恰恰说明晚清《万国公法》等国际法书籍在翻译的过程中，翻译者将欧洲的某种国际（或国内）关系与清朝原有的藩属秩序之间假定了"虚拟对等关系"，由此形成了中西语境的"中间地带"——西方"藩属"的观念。而这种观念并非在汉语中的一个概念与西方的某一种概念之间画等号，而是在多个概念之间"现炒现卖"地设定了互译关系。

《万国公法》汉译的英文版底本是惠顿著《国际法原理》（*Elements of International Law*）的 1855 年第 6 版，作者编纂此书的目的是"试图收集支配（或被认为支配）各国在和平与战争中相互交往的，并因此得到国际法名称的规则和原则"，以便"为从事外交和其他形式的公共生活的人编写一份基础工作"。[1] 惠顿认为其"规则和原则"基本上是"可以被普遍认为是获得了大多数文明而信奉基督教的国家同意的一般原则"。[2] 虽然该书从1855 开始将土耳其和欧美国家的关系纳入国际法体系之内，[3]《万国公法》记载的大部分国际关系的事例是欧洲基督教文明特定历史时期的产物，这些"大多数文明而信奉基督教的国家同意的一般原则"自然不一定符合其他文明区域国际关系的规则与原则。但《万国公法》的汉译和出版以后，清朝人士逐渐接受并援用《万国公法》中西方国际体制的例子来维护被欧美列强和日、俄等国削弱的"权利"，并将《万国公法》的地位提升到所有国家应该遵守的规则。虽然也有些人提出国际法无用论，但清朝

---

[1]　Henry Wheaton, *Elements of International Law*, 1855, pp. cxcv – cxcvi.

[2]　Henry Wheaton, *Elements of International Law*, 1855, pp. cxcv – cxcvi.

[3]　유바다，《19 세기 후반 조선의 국제법적 지위에 관한 연구》，고려대학교박사학위논문，2016 년，쪽.

至少在洋务运动时期，坚持采取了遵守国际法并要求外国遵守国际法的态度。①

《万国公法》的翻译者在翻译西方国际秩序观念的过程中，除了新造"主权""权利"等一些词语来翻译生硬的观念之外，还沿用了大量的中国固有国际秩序和法律中使用的词语。另一方面，《万国公法》的翻译并不是西方观念和中国观念之间一对一的互换，而往往是一个国际法用语具有复数的译语。有学者认为这些特点可能与《万国公法》翻译过程的特点有关：丁韪良与英语教师先讲述英文底本中的内容，中国助手将其内容用文言文整理后，再次进行了审阅和润文的过程。在这样的过程中，中国助手对传统法律等的知识影响到了国际法用语的翻译，至于词语的"一对多"甚至"多对多"的互译也许是其翻译方式导致的，也许是多数翻译工作参与者所留下的痕迹。② 这样的过程给了中国助手在翻译陌生的西方国际秩序观念时发挥素养和知识的较大空间，其结果，《万国公法》不仅使用大量的中国固有的词语来翻译西方国际法观念，还存在以复数的译语来对应特定国际法用语的问题。

或可以说，他们通过类比相似的中西方观念，按照他们的世界观理解西方的国际法观念，选择了他们认为适合表述西方观念的中文词语，创造出中西方语境的"中间地带"。而这种翻译的"中间地带"使19世纪后半叶中国人对中西方宗藩秩序产生独特的解释。

笔者首先梳理了《万国公法》全书的内容并找出中文版本中有关"宗藩关系"的中文词语，然后再将载有这些词语的内容与西文版本的相关部分进行了核对，从中了解到了什么样的西文词语被翻译成这些词语。结果发现《万国公法》中有关"宗藩关系"的词语有属国、属邦、藩邦、藩属、屏藩、属部、属地、省部、进贡（之国）、半主（之国）等，而这些词语分别对应的英文底本的词语如下：

---

① 关于甲午战争前清政府与晚清士人对国际法的态度，参见〔日〕佐藤慎一《近代中国的知识分子与文明》，刘岳兵译，第33—81页；林学忠《从万国公法到公法外交》，第201—208页；赖骏楠《国际法与晚清中国》，第125—143页。

② 韩国学者李根宽的研究提供《万国公法》与《大清律》里共同使用的78种中文法律用语，以及194种英语国际法用语在《万国公法》中的翻译例，论证了《万国公法》翻译中的这两种特点。이근관，《동아시아에서 유럽국제법의 수용에 대한 고찰 – 만국공법의 번역을 중심으로 – 》，《서울국제법연구》，9권2호，2002，pp. 35 – 43。

属国：dependent states①；colony or province②；cördinate states③；protected states（states under protection of a superior state）④

属邦：colonies and （or） dependencies⑤；a province or colony⑥；colonies⑦；kingdoms and states⑧

藩邦：states having a feudal relation to each other⑨

藩属：vassal state⑩；coördinate states⑪

屏藩：colony⑫；vassal⑬；feudal dependence⑭

属部：colonies⑮；provinces⑯

---

① （清）惠顿《万国公法》，丁韪良译，清同治三年嵩实馆刻本，卷三第一章第一节、卷三第三章第一节；Henry Wheaton, *Elements of International Law*, 1855, pp. 274，317。

② （清）惠顿《万国公法》，丁韪良译，卷一第二章第七节；Henry Wheaton, *Elements of International Law*, p. 32。

③ （清）惠顿《万国公法》，丁韪良译，卷二第二章第十八节；Henry Wheaton, *Elements of International Law*, p. 198。

④ （清）惠顿《万国公法》，丁韪良译，卷三第一章第三节；Henry Wheaton, *Elements of International Law*, p. 274。

⑤ （清）惠顿《万国公法》，丁韪良译，卷二第一章第三节、第七节；Henry Wheaton, *Elements of International Law*, pp. 87，97。

⑥ （清）惠顿《万国公法》，丁韪良译，卷三第一章第四节；Henry Wheaton, *Elements of International Law*, p. 275。

⑦ （清）惠顿《万国公法》，丁韪良译，卷二第三章第二十一节、卷四第一章第二十一节；Henry Wheaton, *Elements of International Law*, pp. 208，411。

⑧ （清）惠顿《万国公法》，丁韪良译，卷三第二章第十五节；Henry Wheaton, *Elements of International Law*, p. 348。

⑨ （清）惠顿《万国公法》，丁韪良译，卷一第二章第十四节；Henry Wheaton, *Elements of International Law*, p. 51。

⑩ （清）惠顿《万国公法》，丁韪良译，卷一第二章第十三节、第十四节；Henry Wheaton, *Elements of International Law*, p. 51。

⑪ （清）惠顿《万国公法》，丁韪良译，卷一第二章第八节；Henry Wheaton, *Elements of International Law*, p. 32。

⑫ （清）惠顿《万国公法》，丁韪良译，卷一第二章第十三节；Henry Wheaton, *Elements of International Law*, p. 48。

⑬ （清）惠顿《万国公法》，丁韪良译，卷一第二章第十四节；Henry Wheaton, *Elements of International Law*, p. 52。

⑭ （清）惠顿《万国公法》，丁韪良译，卷一第二章第十四节；Henry Wheaton, *Elements of International Law*, p. 52。

⑮ （清）惠顿《万国公法》，丁韪良译，卷四第三章第二十七节；Henry Wheaton, *Elements of International Law*, pp. 573－574。

⑯ （清）惠顿《万国公法》，丁韪良译，卷一第二章第十节；Henry Wheaton, *Elements of International Law*, p. 34。

属地：possessions①；a part of the domain②；territory③

省部：provinces④；subject province⑤；a province or colony⑥

进贡之国：tributary states⑦

半主之国：dependent states（states which are dependent on other states）⑧；semi-sovereign states⑨；semi-sovereign or dependent states⑩；protected states（states under the exclusive protectorate of another power⑪；states under protection of a superior state⑫）；states which could not be considered as completely sovereign⑬

相对而言，英文底本中的相关概念被翻译为中文概念：

Dependent state/dependency：属国、属邦、半主之国

---

① （清）惠顿《万国公法》，丁韪良译，卷二第四章第五节、卷三第二章第十五节；Henry Wheaton, *Elements of International Law*, pp. 218, 348。

② （清）惠顿《万国公法》，丁韪良译，卷四第一章第二十一节；Henry Wheaton, *Elements of International Law*, p. 410。

③ （清）惠顿《万国公法》，丁韪良译，卷四第三章第四节；Henry Wheaton, *Elements of International Law*, p. 487。

④ （清）惠顿《万国公法》，丁韪良译，卷一第二章第十三节、卷三第二章第十五节；Henry Wheaton, *Elements of International Law*, pp. 51, 348。

⑤ （清）惠顿《万国公法》，丁韪良译，卷一第二章第十三节；Henry Wheaton, *Elements of International Law*, p. 51。

⑥ （清）惠顿《万国公法》，丁韪良译，卷一第二章第十节、卷三第一章第四节；Henry Wheaton, *Elements of International Law*, pp. 34, 275。

⑦ （清）惠顿《万国公法》，丁韪良译，卷一第二章第十四节；Henry Wheaton, *Elements of International Law*, p. 51。

⑧ （清）惠顿《万国公法》，丁韪良译，卷一第二章第十三节；Henry Wheaton, *Elements of International Law*, p. 45。

⑨ （清）惠顿《万国公法》，丁韪良译，卷一第二章第十三节、卷一第二章第十三节、卷一第二章第十四节、卷三第一章第三节、卷三第二章第一节；Henry Wheaton, *Elements of International Law*, pp. 45, 51, 53, 274, 317。

⑩ （清）惠顿《万国公法》，丁韪良译，卷三第二章第一节；Henry Wheaton, *Elements of International Law*, p. 317。

⑪ （清）惠顿《万国公法》，丁韪良译，卷一第二章第十四节；Henry Wheaton, *Elements of International Law*, p. 53。

⑫ （清）惠顿《万国公法》，丁韪良译，卷三第一章第三节；Henry Wheaton, *Elements of International Law*, p. 274。

⑬ （清）惠顿《万国公法》，丁韪良译，卷一第二章第十三节；Henry Wheaton, *Elements of International Law*, p. 51。

Vassal/vassal state/feudal dependence：藩邦、藩属、屏藩

Colony：属国、属邦、屏藩、属部、省部

Province：属国、属邦、属邦、省部

Possession/domain/territory：属地

Semi-sovereign state：半主之国

Protected state：属国、半主之国

Tributary state：进贡之国

由此可以看出《万国公法》翻译的两个特点。首先，除"半主（semi-sovereign）""保护""省部""属部"等词语外，《万国公法》翻译有关从属关系的西文词语时使用的中文词语中，大多是中文语境中已存在的，表述中文语境中的藩属观念的词语。之所以出现"中国的属邦"与"西方属邦"、"中国的藩属"与"泰西藩属"的说法，实基于这样的翻译结果。

其次，出现"一对多"甚至"多对多"的词语之间的互换。西文中的一些词语原本具有不同概念，但被翻译成一个词语或具有同一概念的词语，或者西文中的一个词语或指一个概念的词语被翻译成两种以上的不同概念的词语。比如，英文中的"colony（现译：殖民地）"一词，《万国公法》一书中竟然被翻译成"属国""属邦""屏藩""属部""省部"等至少五个以上的词语；而"属邦"一词被用作西方从属国（dependent state）、封臣国或附庸国（vassal state）、殖民地（colony），有时甚至行省（province）的译语。

相对而言，《万国公法》所用的"属地"和"属部""省部"等观念用来翻译占有（possessions）和领土（domain；territory）观念比较明显的"colony（殖民地）"和"province（远离首都的地方；省、州）"等概念，而"藩邦""藩属"等词语被用来对应西方封建附庸（vassal or feudal dependent）关系。

需要注意的是，《万国公法》将"属邦""属国""屏藩"这些词语用来指西方国际秩序中的"从属国（dependent state）"和"殖民地（colony）"这两种不同层次的观念。在西方，从属国与殖民地原本是不一样的体制，"从属国"可拥有一定程度的主权（一般是对内主权），包括起源于封建关系的封臣国或附庸国（vassal state）与由近代保护关系形成的"被保护国

（protectorate）"，以及联邦国家的各成员国。这些国家从是否拥有完全主权的基准看，虽然一些国家可被视为自主国（sovereign state）即主权国家，但大部分属于"半主国（semi-sovereign）"，即现代国际法用语中的部分主权国家或者不完全主权国家。这些国家至少在形式上与没有主权的、由本国政府派遣官员统治的殖民地（colony）不同。① 但是，《万国公法》的翻译反而削弱了这些差异，使用"属邦（属国）"或"屏藩"一词泛指西方的"从属国"与"殖民地"。其结果是晚清中国人对西方"属邦"的含混模糊的理解，即他们理解的西方"属邦"体制，有时指《万国公法》中记述的，是西方大国与其从属国（附庸或被保护国）的体制，有时指西方殖民体制。

二 《公法便览》与《公法会通》中藩属概念的翻译

《公法便览》与《公法会通》两书是《万国公法》出版十余年后，因应清政府对反映其间国际秩序变化的新书的需求而翻译的国际法书籍。② 《公法便览》是以吴尔玺原著《国际法研究导论》（*Introduction to the Study of International Law*）③ 1872 年英文第 3 版为蓝本的译著；④ 《公法会通》（又名《公法千章》）的原著是布伦知里（Johann Kaspar Bluntschli）的德文版著作《文明国家的现代国际法》（*Das Moderne Völkerrecht der Civilisierten Staten*）。据傅德元的推论，丁韪良组织同文馆学生翻译此书时所使用的底本应该是由 M. Charles Lardy 翻译的法文版⑤的 1870 年第 1 版或 1874 年第 2 版。⑥ 而笔者根据《公法会通》收录的 1871 年发生的德国统一以及

---

① 其间还有词义更广泛的"dependency"一词，这一词可被译为"附属国""附属地"，概括指从属于一个国家但没有被正式合并的国家或土地。实际上，这与"殖民地"词义之间的境界比较模糊，因为"殖民地"一词可以定义为"广义"和"狭义"、"间接"和"直接"的。"独立（independence）"与"从属（dependence）"的问题上也存在名义与实际内容的不一致。

② （清）吴尔玺：《公法便览》自序，丁韪良译，清光绪三年同文馆活字本，第 1 页。

③ Theodore D. Woolsey, *Introduction to the Study of International Law* (Third Edition, Revised and Enlarged, New York: Scribner, Armstrong & Co., 1872)。本文的中英文本对照使用了 1874 年第 4 版。

④ 傅德元：《丁韪良与近代中西文化交流》，台湾大学出版中心，2013，第 273 页。

⑤ Johann Kaspar Bluntschli, *Le Droit International Codifié* (2e edition, Paris: Librairie de Guillaumin et Cie, 1874).

⑥ 傅德元：《丁韪良与近代中西文化交流》，第 293 页。

日本废藩置县的事例，认定《公法会通》翻译的底本为 1874 年法文第 2 版。

《公法便览》有关藩属观念翻译的特点，是"附庸"一词的出现。即《公法便览》的翻译者用中国原有的"附庸"概念对应了西方的被保护国（protected states）或者从属国（belonged to another nation or state，即 dependent state）的观念。但除此之外，可发现属部（province or colony）、属地（colony；territory；boundaries；settlement）、屏藩（vassal）、藩邦（states of the empire）等的翻译例有逐渐被固定下来的倾向，属国、属藩等词语具有从属国（dependent state）和殖民地（colonies；provinces）的仍然具有两种层次的观念。这些词语分别对应的英文底本的词语如下：

附庸：protected states[①]；a state which is under the protection of another[②]；a protected or dependent state[③]；become merged in another organization[④]；belonged to another nation or state[⑤]

半权：half-sovereigns[⑥]

属国：dependencies[⑦]；colonies[⑧]；the states under (other state's) supremacy[⑨]

[①] （清）吴尔玺：《公法便览》，丁韪良译，卷一第一章第二节、第十六节；Theodore D. Woolsey, *Introduction to the Study of International Law*, 1874, pp. 51, 76。

[②] （清）吴尔玺：《公法便览》，丁韪良译，卷一第一章第二节；Henry Wheaton, *Elements of International Law*, p. 51。

[③] （清）吴尔玺：《公法便览》，丁韪良译，卷二第一章第五节；Henry Wheaton, *Elements of International Law*, p. 145。

[④] （清）吴尔玺：《公法便览》，丁韪良译，卷一第一章第二节；Henry Wheaton, *Elements of International Law*, p. 51。

[⑤] （清）吴尔玺：《公法便览》，丁韪良译，续卷第二章第一节；Henry Wheaton, *Elements of International Law*, p. 435。

[⑥] （清）吴尔玺：《公法便览》，丁韪良译，卷一第一章第十六节；Henry Wheaton, *Elements of International Law*, pp. 75, 76。

[⑦] （清）吴尔玺：《公法便览》，丁韪良译，卷三第三章第一节；Henry Wheaton, *Elements of International Law*, p. 230。

[⑧] （清）吴尔玺：《公法便览》，丁韪良译，卷四第四章第四节；Henry Wheaton, *Elements of International Law*, p. 322。

[⑨] （清）吴尔玺：《公法便览》，丁韪良译，卷四第四章第四节；Henry Wheaton, *Elements of International Law*, p. 323。

属部：states①；provinces②；estates③；province or colony④；colony⑤

属地：colony⑥；colonial possessions⑦；territory⑧；boundaries⑨；settle-ment⑩

属藩：colonies⑪；dependencies⑫

外藩：provinces or colonies⑬；male fiefs⑭；fiefs⑮

屏藩：vassals⑯；a vassal state⑰

---

① （清）吴尔玺：《公法便览》，丁韪良译，卷一第一章第五节；Henry Wheaton, *Elements of International Law*，p. 55。
② （清）吴尔玺：《公法便览》，丁韪良译，卷一第一章第九节；Henry Wheaton, *Elements of International Law*，p. 61。
③ （清）吴尔玺：《公法便览》，丁韪良译，卷二第三章第四节；Henry Wheaton, *Elements of International Law*，p. 175。
④ （清）吴尔玺：《公法便览》，丁韪良译，续卷第二章第一节；Henry Wheaton, *Elements of International Law*，p. 436。
⑤ （清）吴尔玺：《公法便览》，丁韪良译，续卷第二章十七节；Henry Wheaton, *Elements of International Law*，p. 465。
⑥ （清）吴尔玺：《公法便览》，丁韪良译，卷一第三章第十二节、续卷第 28 页；Henry Wheaton, *Elements of International Law*，pp. 114，401。
⑦ （清）吴尔玺：《公法便览》，丁韪良译，续卷第 21 页；Henry Wheaton, *Elements of International Law*，p. 390。
⑧ （清）吴尔玺：《公法便览》，丁韪良译，续卷第 21 页、第 26 页；Henry Wheaton, *Elements of International Law*，pp. 390，395。
⑨ （清）吴尔玺：《公法便览》，丁韪良译，续卷第 27 页；Henry Wheaton, *Elements of International Law*，p. 398。
⑩ （清）吴尔玺：《公法便览》，丁韪良译，续卷第 51 页；Henry Wheaton, *Elements of International Law*，p. 461。
⑪ （清）吴尔玺：《公法便览》，丁韪良译，卷四第六章第二节、第七章第六节、续卷第 32 页；Henry Wheaton, *Elements of International Law*，p. 331，p. 353，p. 414。
⑫ （清）吴尔玺：《公法便览》，丁韪良译，续卷第 13 页；Henry Wheaton, *Elements of International Law*，p. 382。
⑬ （清）吴尔玺：《公法便览》，丁韪良译，卷一第一章第六节；Henry Wheaton, *Elements of International Law*，p. 56。
⑭ （清）吴尔玺：《公法便览》，丁韪良译，续卷第二节第 18 页；Henry Wheaton, *Elements of International Law*，p. 387。
⑮ （清）吴尔玺：《公法便览》，丁韪良译，续卷第三节第 19 页；Henry Wheaton, *Elements of International Law*，p. 388。
⑯ （清）吴尔玺：《公法便览》，丁韪良译，续卷第五节第 30 页；Henry Wheaton, *Elements of International Law*，p. 407。
⑰ （清）吴尔玺：《公法便览》，丁韪良译，续卷第 34 页；Henry Wheaton, *Elements of International Law*，p. 417。

藩邦：estates of the empire①；states of the empire②；empire③

藩部：colonies④；states⑤

相对而言，英文底本中的相关概念被翻译为中文概念：

Dependent state/dependency：属国、属藩、藩邦、藩部、附庸

Protected states：附庸

Vassal/vassal state；fiefs：藩邦、屏藩、外藩

Colony：属国、属藩、藩部、属部、属地、外藩

Province：属部、外藩

Possession/domain/territory/estate/boundary/settlement：属藩、属部、属地

half-sovereign state：半权

简而言之，《万国公法》出版十余年后出版的《公法便览》（1877）仍然没有脱离中西方概念之间"多对多"的对等关系。但三年后出版的《公法会通》的相关翻译例在这方面显示出巨大的进步。下面梳理了《公法会通》中有关藩属观念的词语分别对应的法文底本的词语：

屏藩：état vassal（états vassaux）⑥；vassal⑦；la souveraineté vas-

---

① （清）吴尔玺：《公法便览》，丁韪良译，续卷第一章第一节第 7 页；Henry Wheaton, *Elements of International Law*, p. 377。

② （清）吴尔玺：《公法便览》，丁韪良译，续卷第一章第一节第 7 页；Henry Wheaton, *Elements of International Law*, p. 377。

③ （清）吴尔玺：《公法便览》，丁韪良译，续卷第一章第 11 页；Henry Wheaton, *Elements of International Law*, p. 381。

④ （清）吴尔玺：《公法便览》，丁韪良译，卷三第三章第一节第 27 页；Henry Wheaton, *Elements of International Law*, p. 230。

⑤ （清）吴尔玺：《公法便览》，丁韪良译，续卷第 39 页；Henry Wheaton, *Elements of International Law*, p. 436。

⑥ （清）步伦：《公法会通》，丁韪良译，卷一第六十八章、第七十六章至第七十八章、第九十二章；Johann Kaspar Bluntschli, *Le Droit International Codifié*, 1874, pp. 87, 91~93, 98。

⑦ （清）步伦：《公法会通》，丁韪良译，第七十六章；Henry Wheaton, *Elements of International Law*, p. 92。

sale①；rois dépendant d'un autre état②

　　藩属：états vassaux③

　　赖他国保护：état protégé④；états soumis à un protectorat⑤

　　属国：dépendance⑥；états vassaux⑦

　　属部：partie du territoire⑧；colonies⑨；provinces⑩

　　属地：Domination⑪；colonies⑫

　　外藩属地：colonies⑬

　　盟邦：états faisant partie d'une confederation⑭

---

① （清）步伦：《公法会通》，丁韪良译，第七十七章；Henry Wheaton, *Elements of International Law*, p. 92。

② （清）步伦：《公法会通》，丁韪良译，第八十九章；Henry Wheaton, *Elements of International Law*, p. 97。

③ （清）步伦：《公法会通》，丁韪良译，第七十六章；Henry Wheaton, *Elements of International Law*, p. 91。

④ （清）步伦：《公法会通》，丁韪良译，第七十八章；Henry Wheaton, *Elements of International Law*, pp. 92 – 93。

⑤ （清）步伦：《公法会通》，丁韪良译，第九十二章；Henry Wheaton, *Elements of International Law*, p. 98。

⑥ （清）步伦：《公法会通》，丁韪良译，第九十二章；Henry Wheaton, *Elements of International Law*, p. 98。

⑦ （清）步伦：《公法会通》，丁韪良译，第一百六十章；Henry Wheaton, *Elements of International Law*, p. 130。

⑧ （清）步伦：《公法会通》，丁韪良译，第四十八章；Henry Wheaton, *Elements of International Law*, p. 77。

⑨ （清）步伦：《公法会通》，丁韪良译，第七十九章、第八十章、第四百七十四章、第七百六十三章、第七百九十九章、第八百章；Henry Wheaton, *Elements of International Law*, pp. 93，271，422，446，448。

⑩ （清）步伦：《公法会通》，丁韪良译，卷二第一百六十一章；Henry Wheaton, *Elements of International Law*, p. 131。

⑪ （清）步伦：《公法会通》，丁韪良译，卷三第二百七十九章；Henry Wheaton, *Elements of International Law*, p. 171。

⑫ （清）步伦：《公法会通》，丁韪良译，卷一第四十九章；Henry Wheaton, *Elements of International Law*, p. 78。

⑬ （清）步伦：《公法会通》，丁韪良译，卷一第四十九章；Henry Wheaton, *Elements of International Law*, p. 78。

⑭ （清）步伦：《公法会通》，丁韪良译，第九十二章；Henry Wheaton, *Elements of International Law*, p. 98。

半主：demi-souveraineté①；états mi-souverains②；état protégé③

相对而言，法文底本中的相关概念被翻译为中文概念：

demi-souveraineté/états mi-souverains：半主
état vassal（états vassaux）/vassal/la souveraineté vassal：屏藩、藩属、属国
Dépendance/état de dépendance：屏藩、属国
état protégé/états soumis à un protectorat：半主、赖他国保护
états faisant partie d'une confederation：盟邦
colonies：属部、外藩属地
provinces：属部
partie du territoire/domination：属部、属地

可以看出《公法会通》的翻译中，屏藩、属国、藩属对应"vassal"或者"état vassal"等从属国观念，属部和属地对应"colonies""provinces"等殖民地观念。这说明，属国、屏藩、藩属等观念至少在《公法会通》一书中脱离了与殖民地观念的虚拟对等关系。这一现象反映了这些词语的对等关系通过反复使用，逐渐被整理和固定下来。

不过，因为《公法会通》并非取代《万国公法》和《公法便览》，而这三部著作翻译的本来的意图在于互相对照和参考，即可以说当时人认为这三部著作是"相表里"的关系。④ 实际上，《万国公法》与《公法便览》仍然广泛被阅读和使用，这意味着从这两部著作引起的"多对多"的虚拟对等关系仍然可以影响到中国人对西方"藩属"的形象。

并且，《公法会通》中一些西文概念仍然没有被固定下来翻译，如

---

① （清）步伦：《公法会通》，丁韪良译，第七十八章；Henry Wheaton, *Elements of International Law*, p. 93。
② （清）步伦：《公法会通》，丁韪良译，第九十二章、第九十三章；Henry Wheaton, *Elements of International Law*, pp. 98 – 99。
③ （清）步伦：《公法会通》，丁韪良译，第七十八章；Henry Wheaton, *Elements of International Law*, p. 93。
④ （清）步伦：《公法会通》，丁韪良译，公法会通序。

"Dépendance"一词还有"借上国以理外交者"①　"弱国归附于强国者"②
"此国归附于彼国者"③ 等翻译例，类似情况并不罕见，因上述翻译例只能
说是比较稳定的例子，并不是所有的翻译按照上述翻译例进行。

　　有趣的是，国际法翻译中的一些概念只在汉译版上存在，在西文原文
中却未见，"下邦"可以说是这样的例子：

　　　　会盟合一之国，遇一邦或数邦，与上国抗命，而上国伐之，则不
　　谓战而谓之讨，其事属内政而不属公法，然上、下两国仍彼此认为战
　　国……瑞士于一千八百四十七年、美国于一千八百六十一年，均有此
　　事，上国皆名下邦为逆党……一千八百六十八年，奥、布两国失和，
　　奥尚为日耳曼之盟主，诸邦从奥者过半，谓非两国交战，乃上国讨下
　　邦也。④

　　引文中的"上国"在西文原版中的词语是"le pouvoir central（中央政
府）"或者"le pouvoir fédéral（联邦政府）"，"上、下两国"在原文中的对
应词语是"deux parties"⑤，即可译为双方。"上国皆名下邦为逆党"的原文
是"Le pouvoir fédéral donna dans les deux pays le nom de rebelles aux
séparatistes"⑥，该句可译为"联邦政府皆名这两国为分裂主义者"。其中
"下邦"的对应词语是"les deux pays"，即"两国"。而最后"上国讨下
邦"一句在原文中没有对应的词句意译。

　　从中可知，该书在翻译过程中，一定程度上反映了翻译者对文本的主
观理解，结果诞生"下邦"的概念，被汉译的文本突出了原文中几乎看不
见的上下等级制世界观。

　　另外，《公法会通》中的"半主国"概念被定义得更为广泛和明确。它
包括了"屏藩（états vassaux）"、"赖他国保护（被保护国，états soumis à

①　（清）步伦：《公法会通》，丁韪良译，第七十六章；Henry Wheaton, *Elements of International
　　Law*, pp. 91 - 92。
②　（清）步伦：《公法会通》，丁韪良译，第八十章；Henry Wheaton, *Elements of International
　　Law*, p. 93。
③　（清）步伦：《公法会通》，丁韪良译，第八十章；Henry Wheaton, *Elements of International
　　Law*, p. 93。
④　（清）步伦：《公法会通》，丁韪良译，第五百一十四章。
⑤　Henry Wheaton, *Elements of International Law*, p. 290。
⑥　Henry Wheaton, *Elements of International Law*, pp. 290 - 291。

un protectorat)"、"盟邦（构成联邦或者邦联国家的成员国家，états faisant partie d'une confédération)"。① 在这样的观念下，屏藩＝属国＝藩属的国际身份被认为是同等于被保护国、盟邦等其他半主国。这形成属国＝半主的观念，与中国的属邦向来自主的观念以及《万国公法》中"进贡之国并藩邦，公法就其所存主权多寡，而定其自主之分"②的规则相竞争。可见，属邦半主、自主之争也是西方藩属观念影响的结果。

三 19 世纪英华、华英字典中藩属概念的可译性

这些国际法书籍在翻译过程中出现的上述词语之间的对应，从早期英华字典中也可以发现。晚清时期，西方人翻译中国的属国的英语词语中最常见的有"tributary state""vassal state""dependent state"。其中"tributary state"强调进贡（payment of tribute）行为，可译为"朝贡国"。在清朝的观念中，朝贡国即属国，在西方国际法秩序中，进贡行为未必能代表宗藩关系，③但仍然被视为宗藩关系的必要条件。④"vassal state"一词起源于封建秩序中的宗主–封臣（suzerain-vassal）关系，更注重与宗主国的封建关系上的身份；"dependent state"或"dependency"其词义偏重于依附性和从属性。但这三者都可成为"属国"的互译语。

笔者从台北中研院近代史研究所英华字典资料库所收录的 19 世纪出版的 8 种英华、华英字典中查到，⑤最早与中国的属国（朝贡国）观念相对应的观念是"tributary state"，但"属邦"这一观念逐渐被用来对应"dependent state"及"colony"的词义，到《万国公法》刊行之后，属国一词不仅

① （清）步伦：《公法会通》，丁韪良译，第九十二章；Henry Wheaton, *Elements of International Law*, p. 98。

② （清）惠顿：《万国公法》，丁韪良译，卷一第二章第十四节。

③ （清）惠顿：《万国公法》，丁韪良译，卷一第二章第十四节；Henry Wheaton, *Elements of International Law*, p. 51。

④ W. H. H. Kelke, "Feudal Suzerains and Modern Suzerainty," *The Law Quarterly Review*, No. XLVII, pp. 223 – 226.

⑤ http://mhdb.mh.sinica.edu.tw/dictionary/index.php。笔者所利用的 8 种字典分别是《马礼逊英华字典》（1822）、《卫三畏英华韵府历阶》（1844）、《麦都思英华字典》（1847—1848）、《马礼逊五车韵府》（1865）、《罗存德英华字典》（1866—1869）、《卢公明英华萃林韵府》（1872）、《井上哲次郎订增英华字典》（1884）、《邝其照华英字典集成》（1899）。

与西方属国，还与西方的殖民地观念形成了"虚拟对等关系"，换句话说，被定为这些西方词语的"同义词"。

这种"虚拟对等关系"的历史建构过程，正如刘禾所说："在一开始，这些对等关系，也许不过是临时抱佛脚式的现炒现卖，之后由于通过反复使用，被或多或少的固定下来，或者，被后人认定的更恰当的某种假定的对等关系取而代之。"[1] 比如对于"colony"一词，或许是当时中国没有准确地对应该词的观念，在《万国公法》刊行以前出版的英华字典中，将其解释为"火灶迁徙""新州府"，[2] 直到《万国公法》刊行后出版的《罗存德英华字典》才收录了"新埠、属地、属国"的解释。[3] 至于"殖民地"一词，是从日本引进的词语，甲午战争之后才开始流通，[4] 始于 1908 年《颜惠庆英华大辞典》收录。[5] 可见，《万国公法》刊行后的 30 余年间，属邦成为"colony"的几种译语之一。

除此之外，早期英华词典对"理藩院"一词的解释，将清朝的"外藩"观念与西方"殖民地（colony）"观念建立了"虚拟"的对等关系，这也是值得注意的现象。1847 年《麦都思英华字典》将"理藩院"误记为"理蕃院"并以此做"Colonial Office（殖民部）"的互译语之后，在 19 世纪出版的一些字典中出现将"理蕃院"与"理藩院"分别译成"Colonial Office"与"foreign Board（外部）"的奇现象。但将理藩院的"藩"英译为"colonial"的占了上风，目前通用的"理藩院"的英译也是"Court of Colonial Affairs"。如上所见，19 世纪的翻译使"藩"一词本身带有的封建含义（vassal，feudal dependency）外，再加上了新的词义，并使理藩院所管辖的蒙古、西藏等地与英国的殖民省管辖的印度、香港等地通过翻译成了"对等"关系。结果，人们指西方"宗藩关系"，其内涵不仅是宗主国－属国的关系（suzerain-vassal relationship），也泛指本国－殖民地的关系了。

如上所述，19 世纪国际法在翻译过程中，因使用中国原有的观念译出

---

① 刘禾：《帝国的话语政治》，第 149 页。
② 《马礼逊五车韵府》（1822），第 75 页；《卫三畏英华韵府历阶》（1844），第 40 页；《麦都思英华字典》（1847—1848），第 259 页。
③ 《罗存德英华字典》（1866—1869），第 426 页。
④ 据笔者所查，该词始见于《论英国在亚洲殖民地》（《时务报》1897 年第 24 册），该文译自日本《国民报》同年 3 月 24 日的新闻。
⑤ 《颜惠庆英华大辞典》，第 416 页。

西方宗藩关系的观念，中西方宗藩秩序之间画上了等号，尤其是原本不同的中国的"属国（属邦）"观念与西方从属国及殖民地观念成为"同义词"或者"近义词"。其结果，汉语中的"属国""属邦""屏藩"的词义衍化成三个层次：一是中国原有的"属国（属邦）""屏藩"观念；二是西方从属国（dependent state）观念；三是西方殖民地（colony）观念。而属邦观念的衍化逐渐影响到晚清朝野人士对清朝属邦体制的看法，使他们将中国固有的属邦观念与从《万国公法》等国际法书籍以及其他手段得到的西方属邦、殖民地体制的信息结合起来思考，无论改变体制的人还是维护体制的人都不得不对中西"属邦"体制进行比较和类推。

四　"上国"观念的衍化

那么，"宗藩关系"中，相对于"藩属"的"宗主国"的观念在国际法书籍中如何翻译呢？本节将讨论该问题。首先要指出的是，"宗主权""宗主国"等词语从 20 世纪初才开始使用，源于日本人对"suzerainty""suzerain state"的翻译。[①] 19 世纪后半叶与之对应的概念是"上国""大国"等概念。但是，"大国"一词在国际法书籍中多指强国或者列强，并且用例太多，不太适合分析。因此本文就"上国"概念在国际法书籍翻译中的翻译例探讨相关问题。

在《万国公法》一书中，并没有出现对应英文原版中"宗主权"词语的概念，只用"听命……"动词句来表述，"宗主（suzerain）"一词也被译为"主"，没有依照传统语境中"上邦""上国"等词语来对应藩邦、藩属、属邦、属国的惯例。到《公法会通》一书，"suzerain"一词被译为"上国"，并出现对应于"屏藩（état vassal）"的"上国（état suzerain）"概念的比较固定的翻译例。[②]

有趣的是，《万国公法》中"上国"一词仅出现五次，都是指"合盟之国"（即联邦或邦联）的政府机构（federal government；confederation；federal

---

① 参见刘清涛《宗主权与传统藩属体系的解体——从"宗藩关系"一词的来源谈起》，《中国边疆史地研究》2017 年第 1 期，第 1—14 页。

② 冈本隆司「宗主権と国際法と翻訳——'東方問題'から'朝鮮問題'へ」冈本隆司編『宗主権の世界史——東アジアの近代と翻訳概念』名古屋大学出版会、2014、90—118 頁。

head)。① 例如，英文原文中的下面一句被译为"各邦此等主权皆归于上国之主权，而其国即所谓合盟之国也"：②

> The independence of the respective States, in this respect, is merged in the sovereignty of the federal government, which thus becomes what the German public jurists call a Bundesstaat. ③

《公法便览》继承了这一翻译，将联邦国家的中央政府（central government; general government）译成"上国"，④ 但并没有使用"上国"一词来翻译"suzerain"概念。该书有时将德国（日耳曼）的皇帝（emperor）或者帝国（empire）本身也翻译为"上国"，⑤ 这一例子似乎接近"suzerain"概念，但同时具有联邦中央政府的意义。

这样的翻译实际影响了清朝士人对现实国际秩序的认识，如19世纪80年代的驻美大臣张荫桓也称美国各州为"属邦"。⑥ 这使清朝固有的"上国–属邦"观念多加了一层含义，使他们认为几乎所有类型的"数邦相合"的国家，即现代国际法用语中的"复合国（composit state）"——"联邦"或"邦联"的国家体制中，都存在"上国–属邦"关系。⑦

如上所述，在《公法会通》的翻译中，"上国"与"suzerain"才形成对应关系，并且大量出现"上国"的翻译例。但是，《公法会通》一书中"上国"一词被用来翻译至少五种概念，即宗主国（état suzerain⑧；suzerain⑨；

---

① （清）惠顿：《万国公法》，丁韪良译，卷一第二章第二十四节、第二十五节、卷四第四章第二节；Henry Wheaton, *Elements of International Law*, pp. 77 - 80, 610。

② （清）惠顿：《万国公法》，丁韪良译，卷一第二章第二十四节。

③ Henry Wheaton, *Elements of International Law*, pp. 77 - 78。

④ （清）吴尔玺：《公法便览》，丁韪良译，总论第八节，第4页；Theodore D. Woolsey, *Introduction to the Study of International Law*, 1874, p. 24。

⑤ （清）吴尔玺：《公法便览》，丁韪良译，续卷第一章第一节，第6页；Henry Wheaton, *Elements of International Law*, p. 174。

⑥ 《张荫桓日记》，任青、马忠文整理，上海书店出版社，2004，第36页。

⑦ 关于这种认知对具体历史事件的影响，参见拙稿《数邦相合的天朝：西方联邦观念的引进对晚清藩属观念的影响》（待发表）。

⑧ （清）步伦：《公法会通》，丁韪良译，第七十六章、第七十七章、第九十二章；Johann Kaspar Bluntschli, *Le Droit International Codifié*, 1874, pp. 91 - 92, 98。

⑨ （清）步伦：《公法会通》，丁韪良译，第七十八章；Henry Wheaton, *Elements of International Law*, pp. 92 - 93。

*souveraineté suzeraine*①；état principal②）、保护国（état protecteur③）、联邦的中央政府或者联邦政府（pouvoir central④；pouvoir fédéral⑤）、殖民本国（métropole⑥），有时指称皇帝（empereur⑦）或帝国（empire⑧）或土耳其宫廷（Porte⑨）。这些"上国"观念经常与下位观念相对应，如"宗藩关系"下的"上国（état suzerain；suzerain；souveraineté suzeraine）－屏藩、藩属、属国（état vassal；vassal；souveraineté vassale）"⑩ 及"上国（état suzerain；état principal）－属国（état de dépendance）"⑪，保护关系下的"上国（état protecteur）－赖他国保护者（états soumis à un protectorat，即被保护国）"⑫、联邦国家的"上国（pouvoir central；pouvoir fédéral）－各邦、盟邦、下邦（états particuliers、états faisant partie d'une confédération）"⑬，殖民关系下的"上国（métropole）－属部（les colonies）"⑭ 等。

---

① （清）步伦:《公法会通》，丁韪良译，第七十七章；Henry Wheaton, *Elements of International Law*, p. 92。

② （清）步伦:《公法会通》，丁韪良译，第八十章；Henry Wheaton, *Elements of International Law*, p. 93。

③ （清）步伦:《公法会通》，丁韪良译，第七十八章、第九十二章；Henry Wheaton, *Elements of International Law*, pp. 92 – 93, 98。

④ （清）步伦:《公法会通》，丁韪良译，第九十二章、第一百六十章、第五百一十四章；Henry Wheaton, *Elements of International Law*, pp. 98, 130, 290 – 291。

⑤ （清）步伦:《公法会通》，丁韪良译，第一百六十章、第五百一十四章；Henry Wheaton, *Elements of International Law*, pp. 130, 290 – 291。

⑥ （清）步伦:《公法会通》，丁韪良译，第七十九章；Henry Wheaton, *Elements of International Law*, p. 93。

⑦ （清）步伦:《公法会通》，丁韪良译，第一百六十章；Henry Wheaton, *Elements of International Law*, p. 130。

⑧ （清）步伦:《公法会通》，丁韪良译，第七十六章、第一百六十章；Henry Wheaton, *Elements of International Law*, pp. 91 – 92, 130。

⑨ （清）步伦:《公法会通》，丁韪良译，第七十六章；Henry Wheaton, *Elements of International Law*, pp. 91 – 92。

⑩ （清）步伦:《公法会通》，丁韪良译，第七十六章至第七十八章、第九十二章；Henry Wheaton, *Elements of International Law*, pp. 91 – 93, 98。

⑪ （清）步伦:《公法会通》，丁韪良译，第八十章；Henry Wheaton, *Elements of International Law*, p. 93。

⑫ （清）步伦:《公法会通》，丁韪良译，第七十八章、第九十二章；Henry Wheaton, *Elements of International Law*, pp. 92 – 93, 98。

⑬ （清）步伦:《公法会通》，丁韪良译，第九十二章、第一百六十章、第五百一十四章；Henry Wheaton, *Elements of International Law*, pp. 98, 130, 290 – 291。

⑭ （清）步伦:《公法会通》，丁韪良译，第七十九章；Henry Wheaton, *Elements of International Law*, p. 93。

此外，《公法会通》还有表述国际或者国内关系的上下等级制观念的几种词语，如"保护者（souveraineté supérieure）－半主之国（demi-souveraineté）"①、"主国－半主之国（état mi-souverain）"②、"本国（ancien état）－属部叛而自立者（nouvel état；état nouveau）"③、"本国（l'état dont ces provinces dépendent）－属部（provinces）"④ 等。可见，这些对应的观念分别是保护关系、从属关系、殖民关系中的上下位概念的结合，而这些"保护者""主国""本国"概念与上述"上国"概念是重复的，实际上"上国"概念概括了西方国际或者国内政府的上下等级制观念中的上位概念。

这些上下等级制观念的表述在 1877 年出版的《公法便览》中不太明显，而在三年之后出版的《公法会通》中突出，笔者暂时不详其原因，很可能是两种书籍西文原版的文本表述本身的差异导致了这些现象，或许是其间清朝的对外交涉实践中，这些用例已经被固定下来，结果出现了这样的现象。无论如何，汉译《公法会通》中出现这些"上国－屏藩、属国、盟邦"等的对应关系，说明传统上国－属邦观念已经开始衍化，直到这一书籍的刊行，"上国"概念不仅仅是指传统中国的"天朝上国"观念，也指所有西方宗主国－藩属体制、保护体制、联邦国家体制、殖民体制中的上位国家的观念。不难想象，这与上述的"藩属"观念的衍化相结合，产生了西方也有上国与藩属的观念，直接或间接地影响了晚清中国人对藩属问题的思考。

五　余论：西方语境影响下的"藩属"观念

一般认为西方近代国际秩序强调主权国家之间平等的国际秩序，中国的藩属秩序却强调不平等的、等级制的国际秩序。不过，翻阅《万国公法》《公法便览》《公法会通》等 19 世纪的国际法书籍，不难发现至少 19 世纪

---

① （清）步伦：《公法会通》，丁韪良译，第七十八章；Henry Wheaton, *Elements of International Law*, pp. 92 – 93。

② （清）步伦：《公法会通》，丁韪良译，第九十三章；Henry Wheaton, *Elements of International Law*, pp. 98 – 99。

③ （清）步伦：《公法会通》，丁韪良译，第三十章、第三十二章；Henry Wheaton, *Elements of International Law*, pp. 68，70。

④ （清）步伦：《公法会通》，丁韪良译，第一百六十一章；Henry Wheaton, *Elements of International Law*, p. 131。

的西方国际秩序本身也存在不平等的、等级制的封建秩序的遗产，就是宗主－封建附庸（suzerain-vassal）关系的存在。① 并且，欧洲向世界不断扩张的结果，这些公法书籍还将欧美国家与非欧洲文明之间接触的结果也纳入国际秩序的系统，它不仅仅是本国－殖民地（parent state-colony）关系，还有宗主国－附庸（suzerain-vassal）关系、保护（protectorate）关系等国与国之间的各种依附或从属关系（dependent relations）。19 世纪国际法将这些依附或从属于他国的国家统称为"半主国（semi-sovereign state）"或"半权国（half-sovereign state）"，即现代国际法中的不完全主权或者部分主权国家。中西方"藩属"观念的接触与传播，恰是基于 19 世纪国际秩序的时代特点。

本文通过梳理《万国公法》《公法便览》《公法会通》等 19 世纪后半叶由同文馆刊行的三部国际法汉译著作以及 19 世纪出版的英华、华英字典中有关"藩属"与"上国"等观念的词语的翻译例，初步确认了这些书籍使用中国原有的"藩属"与"上国"观念翻译什么样的西方观念，结果发现西方的封建和近代的所有从属关系和保护、殖民关系的上下位观念都被翻译成中国原有的表述"天朝属国"与"藩属"的词语。尤其是"上国"一词与"属邦""属国"这些词语与西方的多种国际或国家体系中的多种观念形成"虚拟的对等关系"，变成了这些词语的"同义词"或"近义词"，是值得注意的现象。

这些虚拟的"同义词"或"近义词"的出现可以说明，晚清中国人与生硬的西方国际体系接触时，除一些新造词外，多少还是借用传统体制中的概念去理解西方国际体系中的概念，就本文讨论的对象而言，产生了"泰西"也有"上国"和"藩属"的印象。其结果出现"中国藩属与泰西"相比较或者类推的思虑。

1883 年《申报》载的《论中国藩属与泰西各国不同》的社论正反映了这些现象。该文认为，西方"所有属国"，"不啻中国之行省，不但王位之

---

① 冈本隆司与刘巴达都关注到《万国公法》《公法会通》汉译版中收录的这一关系对晚清宗藩秩序的影响，尤其刘巴达《万国公法》中这些因素使 19 世纪的国际法秩序与清朝藩属体制可吻合。不过，冈本对这些关系的理解偏重于奥斯曼土耳其帝国与其巴尔干半岛的属国之间的关系，不太注意这些关系的欧洲起源。刘巴达则批评冈本的这一点为西方近代主权国体系－东方宗主国－属国体系的二分法视角（参见冈本隆司编『宗主権の世界史——东アジアの近代と翻訳概念』名古屋大学出版会、2014；参见유바다，《19세기 후반 조선의 국제법적 지위에 관한 연구》，고려대학교박사학위논문，2016년 12월，쪽）。

废立，皆大国为之主持，即其平日之钱粮、税项，亦皆由大国派官以为之……属国均不得稍有自专，一听大国之裁制焉"；而"中国之属国，则仍予以自主之权，但其立国立君，受天朝之敕命，听中国之节制，其余一切进退官僚、交纳与国、以及商务、军务、暨国中所有政务，中国皆不与闻，而一听其自设。其有大悖乎中朝，则兴师命讨，明正其罪，苟无大悖逆，则皆任其自为，中国绝不过而问焉"。这起因于中西属国观念的不同，因为西方人认为"既谓之属国，则其国属于我，即其之政教号令、一切庶务，当无一不属于我"；但中国的属国观念不同，"中国之于各属国，皆听其自主国政，并不参预于其间，而但于立国立君颁予敕命，以示羁縻，胥本此意"。由此西方人"每言自主之国，不得谓之藩属"，但中国的属国"虽与泰西之所谓属国者有异，而究不得谓非属国"。①

实际上，西方"所有属国"未必如此，有如英国驻日公使巴夏礼曾说："国际法对独立国家之间关系规定得十分明确，但附属国家的规定则因国而异。"② 这些半主国拥有不同程度的主权，有的国家的主权被限制得几乎等同于殖民地，有的国家拥有的主权几乎接近于自主国家。但是中西藩属的如此对比，恐怕是代表晚清人心目中的西方"属国"的形象了。这部分起源于现实外交交涉实践中与西方人接触的结果，如有位西方外交官认为："在近代这一时代和现在普及的文明中，不可能有朝贡国这种制度。因为殖民地是和首都一样的被管辖区域。"③ 但这里所说的殖民地与朝贡国之间假定对等关系，将两者概括为"藩属"，正是本文讨论的翻译活动中产生的概念衍化的结果。

值得注意的是，《论中国藩属与泰西各国不同》提出"虽与泰西之所谓属国者有异，而究不得谓非属国"，这一句恰恰说明关于"属国"的话语权势已经逐渐转移到西方，因此中国人还需要"力与之辩"，但这也究竟说不通，西方人还是依据西方标准断定中国的属国"非属国"。

晚清人回应这种西方标准的挑战有明显的分歧。一种态度是以李鸿章为代表，则"中朝之于藩属，有体制，有界限，原与泰西事例迥殊"，虽然"近知其为东方大局所关，不能不稍稍代谋，以为自固藩篱之计"，但不能

---

① 《论中国藩属与泰西各国不同》，《申报》（上海版）第 3729 号，1883 年 8 月 30 日，第 1 页。

② 〔日〕冈本隆司：《属国与自主之间》，黄荣光译，三联书店，2012，第 181 页。

③ 〔日〕冈本隆司：《属国与自主之间》，第 367 页。

从根本上改变清朝的藩属政策。① 另一种态度则是改变清朝的藩属政策，以回应西方及日、俄的威胁。如何如璋为对付西方人在朝鲜问题上"每谓亚细亚贡献之国，不得以属土论"，因而"考泰西通例"，"遍查万国公法"，得到朝鲜问题上"有德意志联邦之例可援"的结论；② 黎庶昌也曾提出参照西例改变清朝属邦体制的建策：

> 办理属邦之道，首宜夺其王而废置之，如英人之于印度。次亦宜挟全力以威制之，如德人之于日耳曼。否则联合与国共保之，如瑞士、比利时之属，庶几足以自存。强邻环伺，三策俱无，诚不能以一日安矣。③

从何如璋与黎庶昌的言论中可以看出藩属观念已经开始衍化。何如璋的"德意志联邦"将清朝的属国朝鲜视同联邦国家的一个盟邦，黎庶昌则将清朝的属邦与殖民地（印度）、盟邦（日耳曼）、共保的对象（瑞士、比利时）等假定"对等关系"。并且，他所说的"办理属邦之道"实际上是西方国家对等"属邦"的办法，这恰恰说明黎庶昌已经将西方"属邦"视同中国的属邦。

这些问题不仅仅局限于属国的问题上，如曾纪泽曾言：

> 窃思西洋各大国，近者专以侵夺中华属国为事，而以非真属国为词。盖中国之于属国，不问其国内之政，不问其境外之交，本与西洋各国之待属国迥然不同。西藏与蒙古同乃中国之属地，非属国也。然我之管辖西藏，较之西洋之约束属国者犹为宽焉。西洋于该处亦只称中华属国，而已视内地省分固为有间。我不于此时总揽大权，明示天下，则将来称属地为属国者，将复称属国为非真属国，又有侵夺之虞矣。④

---

① 《复出使俄德和奥大臣洪》，光绪十四年二月二十二日，《李鸿章全集》第 34 册，第 340 页。
② 何如璋：《主持朝鲜外交议》，《何如璋集》，天津人民出版社，2010，第 92—94、229—231 页；郭廷以主编《清季中日韩关系史料》，中研院近代史研究所，1972，第 439—441 页。
③ 《总署收出使大臣黎庶昌函》（光绪九年九月初四日），《清季中日韩关系史料》，第 1200 页。
④ 《伦敦再致李傅相》，乙酉七月初九日，曾纪泽：《曾纪泽集》，喻岳衡校点，岳麓书社，2008，第 198—199 页。

曾纪泽也同样进行西方属国与中华属国的对比，并感到西方话语权势对清朝的强制。而他提出的对策竟然是由清朝"总揽"属地与属国的"大权"，即改变既往清朝对待藩属的体制，使之符合西方标准的"属地"或"属国"，并将其"明示天下"，以杜绝西方人的寻衅。这说明西方"藩属"观念在西势东渐的时代背景下，影响了清朝外交官员对藩属问题的思考。

另一部分士人提出同样改变清朝属邦体制的主张，却援引了中国固有的思想资源。但其内容与仿西例的主张非常相似，只是附会的对象不同而已。例如，张謇曾主张："于朝鲜，则有援汉元菟、乐浪郡例废为郡县；援周例置监国；或置重兵守其海口，而改革其内政；或令自改，而为练新军，联我东三省为一气。于日本，则三道出师，规模〔复〕流虬。"① 张佩纶也提出"朝鲜善后六事"，其中包括简派大员为朝鲜通商大臣管理朝鲜外交，并监视和干预朝鲜内政。②

而实际上，晚清的藩属政策的决策是在这些主张互相对立、竞争的张力下进行的，③ 可知西方"藩属"观念对晚清中国人思考藩属问题的影响。

另外，现代学者也同样受到西方"藩属"观念的影响。19世纪30年代，蒋廷黻与他的学生王信忠曾提出在朝鲜问题上"中国传统的宗藩观念与近代的国际公法之宗藩观念的冲突"的说法，他们断定"中国传统的宗藩关系"是落后的、"畸形"的、"不能适用于国际关系复杂之十九世纪"的，而"按国际实例，宗主国对于属国之内政外交，而尤以外交为最，不但有干涉之权利，且有干涉之义务"。④ 类似的观点恐怕迄今仍有影响。

总之，在19世纪刊行的国际法书籍的汉译版及英华、华英字典的翻译例显示晚清中国人心目中西方"藩属"观念的产生过程。通过翻译的过程，西方"藩属"观念成了网罗西方从属国（dependent state）、附庸国（vassal state）、被保护国（protectorate）、殖民地（colony）的模糊的观念，这与实

---

① 《致韩国钧函》，宣统三年三月，李明勋、尤世玮主编《张謇全集》第2卷，"电函"上，上海辞书出版社，2012，第270—271页。

② 张佩纶：《条陈朝鲜善后六事折》，光绪八年九月十六日，《涧于集》奏议二，第63—66页；《议复张佩纶条陈六事折》，光绪八年十月初五日，《李鸿章全集》第10册，"奏议"十，安徽教育出版社，2008，第111页。

③ 其具体内容将另文探讨。

④ 王信忠：《中日甲午战争之外交背景》，国立清华大学，1937，第5页。

际外交交涉的经验相结合，形成了西方对"藩属""政教号令、一切庶务，当无一不属于我"的形象。这不仅影响了晚清士人对藩属问题的思考，恐怕还影响了现代研究者对晚清藩属体系的研究思路。

（作者简介：李动旭，北京大学历史学系博士研究生）

派分与合作：战时中国史学会的
筹备活动（1940—1943）

易　龙

内容摘要　抗战期间，筹备中国史学会重新被提上议事日程。几乎同时，以四川大学史学系为主干的学人，文史杂志社与史地教育委员会开始筹备他们理想中的中国史学会。最终，前两次努力均告失败，至少表面更有代表性的史地教育委员会则借助政府力量，完成了相关的筹备。不过由于多种政治势力的介入，中国史学会从一开始就蒙上了难以驱散的阴影。

关键词　中国史学会　《史学季刊》　《文史杂志》　史地教育委员会

抗战时期的中国史学会虽然迟至1943年才成立，其实准备工作甚早。据现有史料来看，与其关系最密的机构分别是四川大学、文史杂志社与教育部史地教育委员会。就人脉而言，《史学季刊》实际以四川大学为依托，又与顾颉刚等史语所外"非主流"（王尔敏语）学人关系密切；《文史杂志》主要负责人是顾颉刚；而史地教育委员会实际负责人为黎东方。其中顾颉刚、傅斯年与黎东方分别依靠的是朱家骅与陈立夫。在中国史学会后来的筹备与实际运作中，上述实际存在的派系争斗与一度缓和的学术分野，互相纠缠，使中国史学会内部本已脆弱的向心力更趋弱化，最终未能发挥应有的作用。

限于主题、材料、篇幅等，学界目前对中国史学会筹备活动的梳理还稍显不足。① 随着专题研究的深化与新材料的不断涌现，在充分继承前人研

---

① 桑兵对《史学季刊》《文史杂志》与中国史学会的关系做了简要梳理，可为继续研究的起点与基础，桑兵：《20世纪前半期的中国史学会》，《历史研究》2004年第5期；吴忠良简要阐述了史地教育委员会在中国史学会筹备过程中的作用，吴忠良：《南高史地学派与中国史学会》，《福建论坛》（人文社会科学版）2005年第2期；张凯则重点论述川大史学系学人及史学季刊社发起筹备中国史学会的努力，张凯：《"义与制不相遗"：蒙文通与民国学界》，博士学位论文，中山大学历史学系，2009，第169—175页。

究的基础上，融贯新旧史料，推进相关问题的研究，显得尤为必要和可能。

一　沟通与心结：《史学季刊》

全面抗战的爆发及随后的大学西迁，相当程度地调整了原本分布极不均衡的高等教育资源。就居处而言，川省及成都似一跃而成大后方屈指可数的学术文化重镇；然学术发展并非立竿见影，作为川人代表的川大，要想预流，尚需热心努力；创办《史学季刊》即可视为其与西南学人预流的一次重要尝试。

该刊的实际筹备工作，川大史学系的蒙文通、周谦冲似负责较多。① 与此同时，他们还广泛征求各方学人联署，列名者多达 74 人，形成了相当大的声势，后续还有征集，因无材料，具体情况不得而知。据笔者的简要统计，发起者（按人数多少）来自东大、川大、金陵、浙大、西北、中山、齐鲁等高校和科研院所，甚至还包括远在沦陷区的学人。不过遗憾的是，当时的北大、清华及史语所的重要学人几乎被完全忽略。抛开主观意图不论，既然是发起中国史学会，如果没有史语所、北大学人的参与，恐怕很难名副其实；还需要指出的是，该刊发起人中虽不乏青年党等，但对左翼学人，又完全将其排拒在外。

不过，与受到派分影响的发起人名单相比，顾颉刚捉刀的发刊词倒是显得相当高明。② 为了调和各派学人，顾颉刚颇费思量，短短 1600 字，他居然花了 4 天时间。③ 发刊词是这样开头的：

> 史学者何？以人类过去之一切活动为对象而研究之者也。历史之本身，为史实而非文字记载，犹人之为人，为其身体与精神而非画像。然事已逝矣，当事者不可见矣，则惟有索之于记载，犹不可亲接之人但得仿佛其声音笑貌于图绘中也。执笔记载者非一人，其注目之点互有不同，其得之传闻者复因人而异，而才有高下则所记又有短长，此

① 顾颉刚：《顾颉刚日记》第 4 卷，中华书局，2011，第 641 页。
② 该刊出版时间标明为 1940 年 3 月，但由于《发刊词》完成于 6 月 25 日，料该刊实际发行不会早于 1940 年 6 月底，所以应为倒填日期；《李源澄先生年谱长编》亦将时间注为 1940 年 3 月，当未细检。王川：《李源澄先生年谱长编》，中华书局，2012，第 44 页。
③ 顾颉刚：《顾颉刚日记》第 4 卷，第 391、392、393 页。

皆无可奈何者。集种种异同之材料而评判之，举散无友纪之事件而贯穿之，绳以科条，要以必信，俾后人得识其统绪而瞻其真象，是则史学家之大任也。故研究史学之方术有二：其一，定传说之是非，寻残存之实物，重建已逝之史实，使过去人类活动一一显现于吾人之前，若目睹然。其二，将古今生活演进之事实融会贯通，取其原理原则构成一体系，俾后学者有以见史迹之核心。前一事之任务为审订史料，谓之"考据"，是为历史科学。后一事之观点或唯心，或唯物，或侧重其他因素，谓之"史观"，是为历史哲学。

在资料相对寡少的古史领域，注意到各种不同记载及其成型潜因，因而提倡"集种种异同之材料而评判之"，与傅斯年强调的比较研究主旨一致。不过傅在强调比较而得近真的同时，"更可以比较而得其头绪"，[1] 而顾氏似未言及。不难看出此种方法论，如"定传说之是非"，似乎天然就是顾颉刚自身研究的经验投射。在考证史实的基础上，他同样承认"史观""历史哲学"的重要性，甚至混淆二者的区别，这一点大概是彼时的傅斯年难以接受的。面对战前持续争论的考据、史观问题，顾颉刚试图弥缝：

> 凡不由历史科学入手之历史哲学，皆无基础者也。历史科学家惯于研索小问题，不敢向大处着眼，其视考据工作为史学家之终极使命，谓解释之事惟当贻诸社会学家及哲学家，非史家所当问津者。然而人类活动如此其繁赜，历史范围如此其广漠，一人之身，年寿不长，精力有几，若不参以历史哲学，俾于考据对象作相当之选择，而辄靡费穷年累月之工夫于无足轻重之史实中，真固真矣，非浪掷其生命力而何！故凡不受历史哲学指导之历史科学，皆无归宿者也。夫考据之功无尽期，历史哲学之建立固不必待至一切历史考据完成之后，然必当建立于若干颠扑不破之考据上固无疑。观各国新史学发达之历程，均先赖考据方术之改进，而后有正确解释之产生，知无史观之考据，极其弊不过虚耗个人精力。而无考据之史观则直陷于痴人说梦，其效惟

---

① 傅斯年：《史学方法导论》，欧阳哲生编《傅斯年文集》第 2 卷，中华书局，2017，第 326—327 页。

有哗惑众愚而已。[①]

对历史哲学本身及其与史学之关系，似仍受流俗影响；因而尽管主张调和，具体措施却未必可取。虽然如此，史料之于史学的根本作用，顾颉刚依然不敢轻忽，因而具体照顾之外，其尚有万变不离其宗的根本，即"审订史料"乃"最基本之功力，亦最急切之任务"。而这一论调在稍早的《责善·发刊词》中有更具体的说明。末了，着眼于抗战以来学术界的实际需要与具体条件，顾颉刚呼吁发起成立中国史学会，并主张以《史学季刊》为"先声"。

该刊总共出版两期，从刊登的文章来看，仍然偏重于考据与通论性文字。第一期出版后，随即引起学术界关注。[②] 在加紧出版刊物的同时，组织中国史学会的工作也悄然有了动静。1940 年 9 月 3 日、5 日，顾颉刚连续与萧一山两次晤谈，均为"史学会事"，顾颉刚还草拟了具体的分组名单。[③]

《史学季刊》在出版了两期之后，蒙文通又欲出版第三期，但由于经管该刊的张维华"竟不报收支账"，且告蒙文通"七百册查无着落"，导致该刊无法继续进行。顾颉刚得知此事后，深感羞愧，觉"无以对文通、谦冲"，因此怒气冲冲，去函齐鲁校长刘书铭查实，"如无结果则法律解决"。[④]几天以后，顾颉刚再次与蒙文通、周谦冲、张维华、黄仲良等晤谈相关事宜，似亦未有具体措置。[⑤] 一直到 1944 年初，西南联大史学系曾借雷海宗寓所召开史学系会议，"谈编辑《史学季刊》事"。[⑥] 据现有材料判断，该校史学系似未有同名刊物；更何况雷海宗本身即川大《史学季刊》发起人之一。因此，该刊或即川大之《史学季刊》。果真如此，则史学季刊社同人对主流的西南联大，似未见得十分排斥。

不过，史学季刊社发起中国史学会的初次努力最后还是不了了之。

---

① 顾颉刚：《发刊词》，《史学季刊》第 1 卷第 1 期，1940 年 3 月。桑兵已注意到顾颉刚此说的用心与学术意义。桑兵：《20 世纪前半期的中国史学会》，《历史研究》2004 年第 5 期。

② 进：《期刊介绍：〈史学季刊〉第一卷第一期》，《图书季刊》新第 2 卷第 4 期，1940 年 12 月。

③ 顾颉刚：《顾颉刚日记》第 4 卷，第 423、424 页。

④ 顾颉刚：《顾颉刚日记》第 4 卷，第 641 页。

⑤ 顾颉刚：《顾颉刚日记》第 4 卷，第 644 页。

⑥ 郑天挺：《郑天挺西南联大日记》下册，中华书局，2018，第 806 页。

二　《文史杂志》及其编辑风波

仅就目标而言，《史学季刊》无疑更多体现了川大学人预流主流、平衡学术的理想，顾颉刚虽得到倚重，但毕竟有主客之别。顾氏一生治学以外，事业心极强，抗战以后，为了争取更多的学术资源，实现自己的理想抱负，也为了与一生的老对手傅斯年争胜，相当热衷于组织学术与团体。[1] 其接手《文史杂志》便体现了这种努力。

该刊实际创刊虽在 1941 年初，但其动议也很早。由于朱家骅的派差，傅斯年曾为其作《党员读书目录》及《民族革命史》。在编辑《党员读书目录》时，他深感战时适用书籍少、青年人无知识，又多为异端邪说卷席而去。为此，傅斯年建议：

> 中秘处可组织一编译会，以党员读书为主体，兼及其他相连者，旁与编译馆及中基会编译会合作，期以一年而党员应读之书略备，两年而三民主义有一标准的注疏（Kommentar），此事与三民主义青年团亦有莫大之关系。[2]

从傅斯年提倡的编译会性质看，或为后来《文史杂志》的某种滥觞。《文史杂志》更换编辑之际，傅斯年敢于以诤友的身份向朱家骅直言犯谏，私交甚笃之外，当与其首倡之功不无关联。此事中间似无下文，直到卢逮曾加入，才有所改观。

《文史杂志》的最初主事者卢逮曾也有傅斯年类似观感。1940 年 12 月 15 日，卢氏致函远在美国的胡适。鉴于"现在后方刊物多偏于空疏浮泛，而青年求知欲不易满足"，"一般文人多渐因经济压迫而左转或颓废"的状

---

[1] 顾颉刚曾言："许多人都称我为纯粹学者，而不知我事业心之强烈更在求知欲之上。我一切所作所为，他人所毁所誉，必用事业心说明之，乃可以见其真相。"顾颉刚：《顾颉刚日记》第 4 卷，第 689～690 页。可见坊间一般以为顾颉刚是纯粹学者的论调，是如何的厚诬古人。更有甚者，白寿彝曾与他讨论，以为研究、翻译、交际人物须罗致，而"政治、军事及企业家"亦须培养，虽未免书生之见，但也可见师徒二人在组织干部、争取资源的征途上，走得远比一般人想得远。顾颉刚：《顾颉刚书信集》第 3 卷，中华书局，2011，第158—160 页。

[2] 王汎森、潘光哲、吴政上主编《傅斯年遗札》第 2 卷，社会科学文献出版社，2015，第719—720 页。

况，卢逮曾想"先办一种学术性质的刊物，定名为《文史杂志》，半月发刊一次，每期约七八万字"，并且他表示"这个计划很久了"，而且傅斯年、罗常培均有文章来捧场。① 时任国民党中央组织部部长的朱家骅应该注意到傅斯年、卢逮曾的呼声，终于有所准备。

就在《史学季刊》第二期出版前后的 1941 年 1 月，国民党中央组织部终于同意在渝创刊《文史杂志》，并拟邀请顾颉刚前来主持。因为顾颉刚的一再推脱及该刊一触即发的形势，不得已暂时聘请曾为北大文学院秘书的卢逮曾顶替。② 卢能顶替，当与之前的倡议有关，况且卢与胡适、傅斯年等关系甚密，由他们向朱家骅推荐，也是顺理成章的事。不过，朱家骅如此做法，却逐渐引起后来傅斯年、卢逮曾与顾颉刚之间不可调和的矛盾。

对于朱家骅的诚邀，顾颉刚开始颇多顾虑，主要有三点：其一，本人与妻子均宿疾未愈；其二，齐鲁国学研究所已上轨道，骤然离开，颇有不舍；其三，也是最重要的，就是顾颉刚此时门人星散，聚集不易，因而难以成事。③ 不过几番讨价还价后，因为朱家骅答应顾颉刚与萧一山组织"文史学会"，"以作文史半月刊之后援"的建议；④ 顾颉刚终于投桃报李，于 1941 年 9 月抵渝出掌文史杂志社。这样一来中国史学会的筹备工作，便由史地教育委员会主持，黎东方负责筹办而一变为史地教育委员与文史杂志社分头行动。而他们背后则分别是以陈立夫为首的教育部和朱家骅掌控的组织部。考虑到朱陈之间的斗法以及黎东方、傅斯年、顾颉刚之间的复杂关系，中国史学会先天最缺乏的恐怕就是人和了。

具体到朱家骅系内部，亦因《文史杂志》编辑风波而造成顾颉刚与傅斯年进一步交恶，从而直接影响日后在中国史学会的合作。因被朱家骅迫以"即日交代"，卢逮曾主编的《文史杂志》只勉强出了八期。为此，大概知悉其中"把戏"且与顾颉刚交恶的傅斯年，也对朱家骅动了"正义的火

---

① 中国社会科学院近代史研究所中华民国史研究室编《胡适来往书信选》中册，社会科学文献出版社，2013，第 759—760 页。

② 卢逮曾，生卒年不详，字吉忱（据罗尔纲称，卢号吉忱），历任北大文学院及文科研究所秘书；抗战期间曾短暂就任《文史杂志》编辑，（重庆）独立出版社总经理；1947 年 1 月至 1948 年 9 月，曾发行《现代学报》（月刊，总共 2 卷 11 期），1948 年当选第一届立法委员，后去台湾。

③ 顾颉刚：《顾颉刚书信集》第 2 卷，中华书局，2011，第 385～386 页；顾颉刚：《顾颉刚日记》第 4 卷，第 471 页。

④ 顾颉刚：《顾颉刚书信集》第 2 卷，第 388 页。

气"。1941 年 6 月 18 日，他致函朱家骅，函谓：

> 卢逮曾兄事，前经奉上一书，并经面陈一事，言之甚急，劳兄海涵，至感。今此事已成过去，然有数点似仍当请兄知之，盖此事之发生，与兄以后向教育界借材，尤其是北大，（北大必闻之）不无观感之变化也。
>
> ……
>
> 二、颉刚扬言，兄勉以兼任，故齐鲁大学事不辞，弟深觉与兄言之有异。假如兼著，则文稿来源要以齐鲁大学为本营，且劼刚跑去跑来，此间派两个大学新毕业生照料（弟已知之，一男一女）而已，其结果比逮曾为何如，不难想象。友人中有一传说，谓颉刚于所报报一期出版时，便问"这期有我文章否？"曰："有"，"何名？"曰："何名"。盖颉刚近年负其名字之文，多出他人之手，编辑亦是人代为之，兹奉上《责善》数册，颉刚之把戏也，乞一看。若兄真任其在成都兼著，不定弄出何等事来。且以国民党办之报，而为未立案之教会大学之研究所之附属品，岂非笑话？
>
> 三、凡与颉刚共事，最后总是弄到焦头烂额，如徐旭生，天下之君子也，今言及慨然。前年颉刚以美金大拉昆明几个机关之人，故旧友多不来往，今兄念旧可佩！然其结果，看着而已。
>
> ……
>
> 五、卢之"抗交代"，似其中亦有委屈，因颉刚前者非即刻接受不可也。至于兄所云兄左右某某云云，此人对卢之云云，兄闻之矣。此人在外对兄所发各种评论，兄闻之乎？（弟闻之矣）要以全不闻之为是耳。
>
> 六、卢好乱说，故得罪人，弟屡劝之，亦无可如何，咎由自取，然此人自是比较肯干之人，兄失之可惜，（或兄不作此感）弟劝其返北大办事事处也。
>
> 七、此事毛病在不早告之，而临时迫以即日交代。弟感不平者如此。为兄计之，若兄以后用人全是甘家馨之流，则一切可不谈，若仍是读书人出身者，则似乎应预告者，预告之。此待士之道也。
>
> ……
>
> 弟连篇错字，因为此事心中怀实多也。恐血压高了好些，一笑。

弟向责友人甚严。然此等非待士之道，弟久为国民党惜之。[1]

可以看出，傅斯年在结果尚未落定之时，曾与朱家骅有所交涉。申诉这么多，无非就是两点，其一为顾颉刚不合适此事，其二为罢免卢逮曾实为可惜。现在既然尘埃落定，仍因"心中心怀实多也"而责备贤者，可见此事对其刺激之深，一度导致其血压大升。傅斯年的申诉，私怨以外，公心也是昭著，因而很有说服力。只不过在朱家骅面前，将两人的过节和盘托出，表面或许友朋之间的忠告，暗中不免有让朱家骅好自为之之意。通览《傅斯年遗札》所收致朱家华函，出语如此，可算绝无仅有了。不过，傅氏敢于放言，绝非交浅言深，朱家骅之"礼贤待士"，亦可见一斑。

此时的卢逮曾虽自知人微言轻，更未必知晓傅斯年的仗义相助，也不敢开罪大佬，但绝非默不敢言。[2]在《文史杂志》第 1 卷第 8 期"编辑后记"中，卢逮曾写道："傅先生闻悉本刊编者将有更替时，在病床上即屡欲完成此篇，以赶在编者所主持的最末期上发表。这种正义深情自为编者所感愿，但为傅先生的健康计，亦屡劝其不必勉强。现在时不我与，只好将此半篇先行刊布以昭信于读者，并深望傅先生的血压恢复平常时，续成斯篇，解此疑问。"看似平常介绍，实则将"傅老板"抬出以壮声势。而傅斯年不顾宿疾未愈之险，履行承诺，虽得无宿诺的美名，终究还是因对顾颉刚有极大憎恶。最后，卢逮曾表示，"本刊创始之初，党国先进对之曾有续承国粹学派的希望，因为时代关系，编者颇以为只做到《国粹学报》的方式，尚不足以因应今世而达成任务。但对于这一类的文稿，也深为努力的约请"。[3]被迫辞职之际，仍然坚持认为个人早已尽力，外力来袭，难以抗拒。

卢逮曾的申辩与拉大旗，自称"岂无争胜之心"的顾颉刚自然看在眼里。他在第 1 卷第 9 期的《编辑后记》中回应道："在这发扬民族文化的迫切要求之下，我们必须打开沉闷的局面，造成活跃的气象；抛弃空洞的议论，实行深刻的探讨；肃清轻浮的习尚，养成朴实的态度；铲除机械的论

---

[1]　王泛森、潘光哲、吴政上主编《傅斯年遗札》第 2 卷，第 890—892 页。

[2]　1941 年 6 月 11 日、18 日，朱家骅、顾颉刚、辛树帜等两次与卢逮曾谈及《文史杂志》交接事宜，但卢逮曾"极负气"，"大发牢骚"，"甚不欢"。顾颉刚：《顾颉刚日记》第 4 卷，第 543—544、546 页。

[3]　卢逮曾：《编辑后记》，《文史杂志》第 1 卷第 8 期，1941 年 8 月 15 日。

断，建立求真的研究。"① 排比式的批评，既可以用于整个学界，也可用来鞭挞前任的作为不力，甚至主要指向后者。证据如下：不久之后，顾颉刚假读者来函，借题发挥，声称，"本刊自第一卷第八期后，全部改组。虽然刘先生所指责的诸点都是属八期以前的，我们无法代为负责，但我们还是'乐于接受'"。② 言辞之间，颇露今是而昨非之意，更将"乐于接受"转手奉赠，干净利落，使人无从置喙。

此次风波还在西南大后方持续发酵，与顾氏关系早已恶化的罗常培也站出来为卢逮曾打抱不平。1941 年 5 月至 8 月，梅贻琦、郑天挺、罗常培等奉命赴渝向教育部报告西南联大校务并视察联大叙永分校，途中顺便参观大西南后方的高校、科研机构。8 月 25 日，即将离渝之际，罗常培、李季谷、卢逮曾、金少英、徐苏甘等几位友好假座渝市聚丰园话别。也许卢逮曾在席上大吐苦水，引得罗常培一番感慨。"我上次过重庆的时候，吉忱正在兴高采烈地办《文史杂志》，很恳切地向各方面拉文章。这次会面才知道他已经交卸了。平心而论，他所编的八期博得学术界的好评，假如创办这个杂志的旨趣是在提倡学术，不属杂别的作用，那么，就这样办下去岂不很好？为什么要顾名而不顾实，交给一个事实上不能兼顾的人去办，却牺牲了一个理想的编辑？我颇对卢君同情，并且替《文史杂志》可惜。"③ 所谓"顾名而不顾实"，"事实上不能兼顾的人"，无疑直指顾颉刚。但惋惜之中也包含若干私心，因二人同样不睦已久；而"博得学术界的好评"，外间意见并不一致。

风波之后，文史杂志社后来又多有纠纷。限于各种条件，顾颉刚办理未善。为此，朱家骅对其啧有烦言，以为卢虽然可恨，可是顾办理"并不比他好"，又以为"孟真对此系内行"。顾颉刚从刘英士处得知以后，怒从心头起，猜测傅斯年一定又在朱家骅面前说他的坏话，并对这位 20 多年来的老同学、老对手如是评价道：

　　　孟真真是我的政敌，他处处不肯放过我。"不招人忌是庸才"，予当自慰也。孟真与我，真所谓"有功亦诛，无功亦诛"，有功则激起其

---

① 编者：《编辑后记》，《文史杂志》第 1 卷第 9 期，1941 年 10 月 1 日。编者当为顾颉刚。

② 《来鸿》，《文史杂志》第 2 卷第 2 期，1942 年（月日不详）。来信者为刘济民。

③ 罗常培：《蜀道难》，《罗常培文集》编委会编《罗常培文集》第 10 卷，山东教育出版社，2000，第 199 页。

妒心，无功则快其笑骂。①

同根如此相煎，令人嘘唏。

三　官方意图：教育部史地教育委员会

史学季刊社、文史杂志社参与筹备的中国史学会，最终都未成功。在此前后的 1940 年 3、4 月间，教育部成立了史地教育委员会。按照公开的说法，此举为遵奉蒋介石"革命教育须以史地为中心之训示"，并为"促进史地教育之发展起见"。该会委员分为聘任、指派两类，聘任委员有吴稚晖、柳诒徵、钱穆、蒋廷黻、吕思勉、陈寅恪、黎东方、傅斯年、顾颉刚、胡焕庸、黄国璋、张其昀、徐炳昶、雷海宗、萧一山、金毓黻、缪凤林、陈援庵、张西堂等 19 人；指派委员有吴俊升、顾树森、陈礼江、张廷休、孟寿椿、陈可忠、许心武等 7 人，又吴俊升、张西堂、黎东方 3 人兼专任委员，并派陈东原兼任该会秘书。② 该委员会甫一成立，黎东方即专程拜访金毓黻，谈及该会工作，"拟从编撰断代史入手，次及分类史，为大学教本之用"。③

史地教育委员会成立以后，行动迅速，频频开会商讨相关工作事宜，因而部分委员也相对热情，多有提案。④ 1940 年 5 月 14 日，史地教育委员会召开第一次会议，出席者有陈立夫、顾孟余及委员傅斯年、胡焕庸、金毓黻、缪凤林、张西堂、黎东方、许心武、吴俊升、张廷休、孟寿椿、陈可忠及秘书陈东原等 15 人。会议由陈立夫致辞，余井塘主席，讨论并通过提案多达 17 种。⑤

时间来到 1941 年，史地教育委员会着手召开第二次会议。7 月 2 日，会议开幕，持续时间较长。⑥ 4 日，该会在幼稚园续开，到会者有徐旭生、

---

① 顾颉刚：《顾颉刚日记》第 5 卷，中华书局，2011，第 271 页。
② 综合参考《教育部设置史地教委会聘邵力子等为委员》，《中央日报》1940 年 4 月 6 日，第 3 版；《教育部设置史地教委会聘吴稚晖等为委员》，《申报》1940 年 4 月 15 日，第 2 张第 8 版。
③ 金毓黻：《静晤室日记》第 6 册，辽沈书社，1993，第 4527 页。
④ 顾颉刚：《顾颉刚日记》第 4 卷，第 374 页。
⑤ 《教部召开史地教育委员会第一次会议通过提案多起》，《申报》1940 年 5 月 15 日，第 3 张；《图书季刊》更有详细报道。
⑥ 金毓黻：《静晤室日记》第 6 册，第 4741、4742、4743 页。

钱穆、胡肖堂、黄国璋、孟寿椿、王星舟、陈东原、吴士选、黄仲良、郑颖荪、金静庵、缪赞虞、张西堂、许心武、陈可忠、滕仰支、张廷休、王献唐、郭莲峰、邹树椿、朱康廷、陈立夫、余井塘。钱穆、徐炳昶、缪凤林、胡肖堂等还发表了演说。① 两个多月后，《大公报》还专门登出钱穆题为《革命教育与国史教育》的演说词。

蒋介石曾在训词里说："我们今后教育目的，要造就实实在在能承担建设国家复兴民族责任的人才。而此项人才，简单说一句，先要造就他们成为一个真正的中国人。"钱穆颇以蒋氏此话为然。他指出，我们这个时代是极需要历史知识的时代，可不幸偏偏又是一个极缺乏历史知识的时代。因此现时史地教育更急迫的目的，"不尽在国史知识之推广与普及，而尤要则更在于国史知识之提高与加深"。换句话说，"不在于对依然知道爱好国家民族的民众作宣传，而在于对近百年来知识界一般空洞浅薄乃至于荒谬的国史观念作纠弹"，"尤在于对全国民众依然寝馈于斯的传统文化，能重新加以一番认识与发挥"。② 提倡以温情、敬意对待传统文化，发扬其优美的一面，借此反对五四运动以来对传统文化的污名化，展开路径与《国史大纲》的脉络一气相通。

在此次会上，顾颉刚、缪凤林、金毓黻、黎东方等人联合提出《由本会辅助设立中国史学会案》。③ 该会正式发起中国史学会，并征集签名。④ 事前曾经召开分组审查会，当与发起征集签名有关。⑤ 无论如何，这已是不长的时间内第三次发起中国史学会的努力了。

此次会议期间，适逢七七事变四周年，教育部顺势而为，在中央图书馆组织"七七学术讲演"（见表1）。

表 1　1941 年"七七学术讲演"日程

日期	讲演者	题目
7 日	黄国璋	西康的游历印象

---

① 顾颉刚：《顾颉刚日记》第 4 卷，第 553—554 页。
② 钱穆：《革命教育与国史教育教育部史地教育委员会第二届开会演说辞》，《大公报》1941年 9 月 7 日，第 1 张第 3 版。战时部分报纸印刷质量堪忧，难以识别，不得已只能借助文集，识者察之。
③ 顾潮：《顾颉刚年谱》（增订本），第 353 页。
④ 顾颉刚：《顾颉刚日记》第 4 卷，第 554 页。
⑤ 金毓黻：《静晤室日记》第 6 册，第 4742 页；顾颉刚：《顾颉刚日记》第 4 卷，第 554 页。

续表

日期	讲演者	题目
7 日	徐炳昶	大禹与洪水
8 日	黎东方	国族与民族
9 日	顾颉刚	甘青的游历印象
9 日	钱穆	民族争存与文化争存
10 日	张西堂	经学与文学
10 日	顾颉刚	通俗读物
11 日	金毓黼	由北宋的外患说到现在
12 日	胡焕庸	地理上之中国与世界
12 日	黎东方	历史上之中国与世界

资料来源：《图书月刊》第 1 卷第 6 期，1941 年 9 月 30 日。

徐炳昶讲演主旨在于指出，禹实有其人，籍贯河南，其所治之水，即洪水，即今天之滹沱河。中国固定国家的形成，也可以追溯到禹。《大公报》因而评论道："徐氏引用材料亟丰富，对于史学家非'疑古化'，即'理想化'皆有所批评。"[①] 演说与《论信古》思路如出一辙，或许并非有意以民族精神为虑。

钱穆的讲演《民族争存与文化争存》，历时两小时之久。他力言：民族之产生与文化是分不开的，有共同文化之形塑才能造成民族意识与民族精神。如果一个民族对文化没有发生兴趣，必定走向灭亡。近百年来的中国，国势衰颓。从"中学为体，西学为用"到新文化运动，皆是文化争存的表现。章太炎认为"一个国家必须保留的是历史"，钱穆认为可以将"历史"改为"文化"。中国文化即使从世界范围来看，也是伟大的。但与外国相比，总有长处、短处。近百年来的国人，似乎只看到了外国的长处和自己的短处。"中国文化要新陈代谢，不要借尸还魂。"政治不上轨道，当从传统中寻求解决之道，其道有二：一去病，二绌短。在此基础上，输入科学，中国文化即可争存。我们对自己的民族文化，应该充满"文化自信"，况且民族争存与文化争存本来也是分不开的。[②] 这一理念与《国史大纲》及本次会议开幕式演说一脉相承，即当努力认识民族文化，发扬其优长之处，以

① 《教部学术讲演周各学术家连日挥汗讲演》，《大公报》1941 年 7 月 9 日，第 1 张第 3 版。

② 《教育部学术讲演顾颉刚讲游历甘青印象勉励青年到边疆去工作钱穆讲民族文化之关系》，《大公报》1941 年 7 月 10 日，第 1 张第 3 版。

此求得民族的演进与生存。

表面上看，上述活动似乎十分热闹，但若据此说教育部成立史地教育委员会纯为提倡学术，恐怕时人也不同意。[①] 实际上，彼时以陈立夫为首的CC系，十分热衷在教育、学术界扩张势力。在战时条件下，这一活动主要表现在两方面：其一，收服各大学，主要通过经济手段。[②] 其二，成立学术审议委员会和史地教育委员会。据时人的观察，学术审议委员会的设立，主要目的是取代中央研究院；[③] 另一目的，欲将大学教授的聘任权，从大学收归教育部。实际上如此操作，无异于将教授资格的"最终审核权，由大学之手，移诸部中司长、科长而已，其成绩必不佳也"。王世杰任教长期间，曾竭力阻止的提议，现在终于付诸实施。[④] 今人多乐道所谓"部聘教授"，诚然，仅就预其数者而言，多为名副其实，但也有萧一山这种党棍混迹其间。无论如何，此举无疑开了政治势力明目张胆干涉学术的恶劣先河。[⑤] 遗患非细。

史地教育委员会在黎东方的运作之下，颇有超出教育范围而"统制一切史学机关"的趋势。该会第二次会议之后，曾有通知发起史学会，不以为然的傅斯年了解情况后，函责黎氏：

> 前按贵会发起史学会之通知，（用教育部信纸，通信处在贵会，知是由贵会主持也。）其中各条颇有可笑者，发起名单中若干与史学全不相干，（当是"社会名流"一笑！）转令人填写履历，其办法有"社会名流"一项，事属可笑。（所定入会之资格太宽，入会之手续太易，此是职业团体，且自标为学术集合，不应太滥也。）弟意，此时开会，谈何容易，只能就重庆或仅青木关人士成一大会，而称中国史学会耳。中国若干学会，本根健全，颇有好工作，如地质、物理、算学等，然

---

① 顾颉刚：《顾颉刚日记》第 5 卷，第 50 页。
② 顾颉刚：《顾颉刚日记》第 5 卷，第 7 页。
③ 竺可桢：《竺可桢全集》第 9 卷，上海科技教育出版社，2005，第 357 页。
④ 王世杰：《王世杰日记》第 3 册，台北：中研院近代史研究所，1990，第 277 页。
⑤ 张瑾曾就教育部学术审议委员会的渊源、建制、作用、影响进行过比较详细的梳理；似乎过于偏重纸上制度条例及其常情，而对其变态及其人事纠葛很少涉及；由此引出另一个问题，即对教育部学术审议委员会的作用有过于乐观的估计，较为忽视"历史意见"。张瑾：《抗战时期教育部学术审议委员会述论》，《近代史研究》1998 年第 2 期。

以创设不健全而后来生纠纷，转无益处者多矣。此事发起，弟意应由各大学史学系主任为发起人，共举一筹备委员会，再拟章程，不必先自定之，较为得体，而有益于后来之成功也。①

从专业的学术立场，傅斯年的指责无可非议。不过麻烦就在于此时的中国史学会筹备活动，显然不是单纯的学术活动，至少陈立夫是有进一步掌控整个教育界野心的。傅斯年明白这一点，偏又知其不可为而为之，或许这就是他论学、论政过于天真之处。中国史学会如果不能充分酝酿而仓促行动，恐怕很难成为真正的"中国史学会"。为何？代表性不够，不是学术的集合，而是偏于政治的集合。

中国史学会成立前后，史地教育委员会也在继续活动。1943 年 3 月 24 日、25 日，该会召开了第三次会议，总结了三年来的成绩，考核认为"尚著成效"。出席会议者有吴稚晖、雷海宗、胡焕庸、蒋廷黻、缪凤林、傅斯年、曾世英等 20 余人，列席专家卫聚贤、姚从吾、张贵永、郑鹤声、陈安仁、王迅中、候墇等 30 余人。会议先后由陈立夫、徐炳昶担任主席，此次会议以改进大学史地各科一案讨论较为充分，亦"最有收获"。② 远道赴京的中山大学代表陈安仁还在会中提出编纂华侨问题丛著一案，如华侨拓殖史、华侨教育史、华侨革命运动史、华侨抗战史等，与其他各委员提案多获通过。③ 尽管如此，深知其中究竟的顾颉刚还是不满意，以为该会"四年中开了三次，决而不行，大家无精打采，故此次议案极少，议一天即毕，且杂以嬉笑"。④

据黎东方回忆，该会曾签奉陈立夫之命，做过四件事。其一，通令战时史地教科书中，不得再用"猺獞"等侮辱"支族"同胞的名词，须一律改用"傜""僮"等。其二，通令全国各大学搜集抗战史料。其三，通过何炳松代转，按期接济身在沦陷区的学者如吕思勉等。其四，编印《中国史学》。⑤

---

① 王汎森、潘光哲、吴政上主编《傅斯年遗札》第 3 卷，社会科学文献出版社，2015，第 955 页。
② 《教育部举行史地教育会议决改进大学史地科目》，《中央日报·扫荡报联合版》1943 年 3 月 27 日，第 3 版；《教部举行史地教育会议》，《图书月刊》第 3 卷第 1 期，1943 年 11 月。
③ 陈安仁：《赴渝旅次观感记》，《文讯》第 4 卷第 4～5 期，1943 年 5 月 30 日。
④ 顾颉刚：《顾颉刚日记》第 5 卷，第 46 页。
⑤ 黎东方：《平凡的我：黎东方回忆录（1907～1998）》，中国工人出版社，2011，第 205 页。

　　最终，还是在史地教育委员会名义下成立了中国史学会。学人的普遍愿望虽然看似得以实现，但由于该会的介入，等于将 CC 系与朱家骅派拉入其中，看似集众广意，实则将原本相对单纯的学术工作拖入派系恶斗的泥淖，为后来中国史学会一系列矛盾及纠纷埋下了伏笔。

　　　　　　　　　　　（作者简介：易龙，中山大学历史学系博士研究生）

中华全国体育协进会与近代体育知识的传播（1924—1949）[*]

陈明辉　刘宗灵

内容摘要　中华全国体育协进会对近代体育知识在中国的传播发挥了举足轻重的作用。它主要通过体育书籍、报刊及电影等大众传播，通过开展体育巡回表演和举办体育谈论会、体育演讲、体育讲习会及体育培训班等群体传播，通过联络社会各界名流、派遣体育指导员等人际传播，以及通过下设体育组织和各地分支会等组织传播方式来传播近代体育。这不仅极大地促进了体育在社会各界的广泛传播，提高了民众对体育的认识与兴趣，增强了民众参与体育运动的能力，而且促进了体育科研的发展，培养和锻炼了大量体育人才，推动了近代体育的大众化进程。

关键词　中华全国体育协进会　体育知识　大众传播

"西体东渐"是近代中国体育转型和发展的重要内涵。除了传教士、教会学校及基督教青年会外，中华全国体育协进会（以下简称"中华体协"）亦是西方近代体育知识在中国传播的重要力量。作为民国时期社会体育事业领导机关的中华体协，是其时规模最大、影响最广的全国性体育组织。它以促进国民体育发展为宗旨，并为此进行了不懈的努力，积极采用各种方式传播体育，极大地推动了民国时期体育的传播和发展。然而，学术界对近代体育传播的研究主要聚焦于教会学校、基督教青年会、传教士和留学生等方面，对中华体协在近代体育知识传播中的作用尚无专题研究。因此，笔者不揣简陋，从传播学视角就中华体协传播近代体育知识的路径及

---

*　2014 年国家社会科学基金青年项目"国家体育非营利组织现代治理研究"（14CTY016）研究成果。

其在其中发挥的作用做一梳理，就教于方家。

现代传播学理论依据各种传播活动的不同形式，将传播分为人内传播、人际传播、群体传播、组织传播和大众传播等五种传播类型。[①] 中华体协作为一个社会体育组织，其传播活动自然属于组织传播的范畴。但是，由于组织目标、任务和对象等的复杂性和多样性，单一的传播方式和媒介是不能胜任组织传播任务的。因此，中华体协综合采用了大众传播、群体传播、人际传播及组织传播等多种传播方式。

一 中华体协与近代体育的大众传播

民国时期，大众传播主要是指通过报纸、杂志、书籍、广播、电影等媒介，向社会大传递信息的过程。鉴于大众传播的公开性、广泛性等特性，中华体协常常通过编撰、出版体育刊物，编译、撰写体育著作，报纸报道以及放映体育电影等方式向大众传播体育。

（一）编撰、出版体育刊物

1924 年中华体协成立后，曾先后编撰、出版了《裁判员手册》、运动规则图书等小型刊物。[②] 遇大型比赛，它还编撰、出版各种专刊，如《第九届远东运动会特刊》《柏林世运会》《第十一届世界运动会出国须知》《中国代表团参加第十一届世界运动会报告》《第十四届世界运动会中华代表团手册》等。

此外，中华体协先后编撰发行了《中华全国体育协进会年刊》（1927）、《体育季刊》（1935—1937）、《体育通讯》（1944—1946）三种会刊，促进了近代体育知识在中国大地的传播。下面就发行时间较长、出版期数较多的《体育季刊》和《体育通讯》进行剖析。

20 世纪 30 年代，外侮日亟，民族危机深重，"体育救国"呼声高涨。王正廷等中华体协职员认为"国难方殷，图强宜亟，发展体育，尤以普及与速进为程"。但是，中国"幅员辽阔，推进难周，外县偏区，多付阙

---

① 鲁威人编著《体育传播学》，清华大学出版社，2013，第 86 页。

② 《中华全国体育协进会民国三十二年十月至三十三年十二月工作报告》，行政院档案，中国第二历史档案馆编《中华民国史档案资料汇编》第 5 辑第 2 编，文化（2），档案出版社，1998，第 775 页。

如"。因此，中华体协"特发季刊，广资倡导，藉文字为宣传，循宣传为推进"。① 1935 年 1 月，《体育季刊》创刊，正式发行。《体育季刊》，顾名思义，一季一期，四期为一卷，每年一卷。1936 年 4 月 30 日，第三次常务董事会议决议"定季刊出版周期为三、六、九、十二月四期"。② 1937 年 6 月，由于受时局影响，已经出版了 10 期的《体育季刊》被迫停刊。

由于隶属于中华体协，《体育季刊》除了"研究体育学术，供给材料，发表言论"外，还承担着以下四个使命：第一，倡导体育思想；第二，沟通各区体育消息；第三，沟通世界体育消息，研究各国体育之学说；第四，公布修改之规则。③ 可见，《体育季刊》是一种内容丰富、形式多样、涵盖甚广的综合性体育刊物。就内容层次而言，既有理论性较强的体育教材、论著、译述等体育学术信息，也有通俗性的体育消息；就范畴而言，既有群众体育，也有竞技体育，同时也关注学校体育；就信息来源而言，既包括中华体协及其分会，乃至整个中国的体育信息，也包括世界各地的体育信息；就时间而言，既有体育历史的回顾，也有体育发展现状的介绍，更有体育未来发展趋势的展望；就体育文化内容而言，既包括体育项目、体育设施等体育物质文化，也包括业余运动规则、运动竞赛规则等体育制度文化，还包括自然体育思想、民族体育思想等体育精神文化；就体育项目而言，既关注西方近代体育项目，也关注中华传统体育项目，体现了中华体协"土洋结合""中西融合"的体育观；就形式而言，以文字信息为主，同时也有不少的表格、图形等图表信息。

《体育季刊》的投稿人以马约翰、袁敦礼、董守义、方万邦、吴蕴瑞、程登科、张汇兰、许民辉、郝更生等民国时期著名的体育理论家为主，他们中的相当一部分人曾留学美国春田学院、美国维尔斯利大学、哥伦比亚大学、德国柏林国立大学、日本东京师范高等专科学校等，受过专业的、系统的体育学教育和体育训练，具有很强的理论素养和丰富的体育实践经验，是我国体育界的中流砥柱。因此，《体育季刊》中的许多言论，如郝更生的《我国体育今后在分工合作原则下进展的动向》、吴蕴瑞的《论总锦标》，以及程登科、章辑五、吴蕴瑞等人关于"体育军事化"问题的讨论，

---

① 《发刊词》，《体育季刊》（中华体协版）第 1 卷第 1 期，1935 年，第 1 页。
② 《第三次常务董事会议记录》，《体育季刊》（中华体协版）第 2 卷第 2 期，1936 年，第 303 页。
③ 《本刊之使命》，《体育季刊》（中华体协版）第 1 卷第 1 期，1935 年，第 2—3 页。

都成为全国体育发展的风向标，对全国体育发挥了积极的指导性作用。[①]
《体育季刊》亦逐渐成为"我国体育刊物的权威、全国体育学会的研讨和消
息联络的中心"，[②] 起到了传播体育知识，促进体育研究，沟通国内外体育
资讯，促进体育传播和普及的作用。

如前所述，中华体协创办的《体育季刊》被迫于 1937 年 6 月停刊。中
华体协内迁重庆后，逐渐开始恢复各项工作。"兹为介绍体育新知识与新方
法，并供给体育参考研究资料起见"，中华体协甫一复会，即"拟重新组织
编辑委员会，恢复《体育季刊》，以饷社会人士而利体育事业"，[③] 并计划自
1941 年 7 月开始征稿，9 月刊行。然而，"经费是如此的支绌，材料是如此
的贫乏，使我们迟迟不能做大胆的尝试"。该计划在长达三年的时间里皆未
能实现。但是，中华体协并未放弃发行体育刊物的计划，他们认为"体育
活动如果没有学术的研究和探讨作为根据，就如同一个人只有躯壳而无灵
魂的支持是一样的没有生气"。[④]因此，中华体协在复刊不成的情况下，于
1944 年 9 月转而接办原由中华体协重庆分会主办的《体育周讯》，改名《体
育通讯》，并改为半月刊，每期 8—10 页不等。

《体育通讯》设有各地通讯、陪都杂缀、学府风光、新闻汇志、名人与
体育、解答、人事动态、论说、文苑、读者之声、译文等栏目，内容涉猎
广泛，包含社会体育言论、体育科研、体育政策、体育技术、体育赛事和
中国以及世界各地体育实施计划、动态等内容，是以体育赛事报道和学术
报道为主的综合性体育期刊。在体育通讯社同人的共同努力下，至 1946 年
3 月停刊止，《体育通讯》总共出版了 38 期，在人力、物力、财力极为困难
的抗战时期能有如此成就实属不易。[⑤] 总体而言，《体育通讯》不仅为体育

---

① 郝更生：《我国体育今后在分工合作原则下进展的动向》，《体育季刊》（中华体协版）第 1 卷
第 1 期，1935 年；吴蕴瑞：《论总锦标》，《体育季刊》（中华体协版）第 1 卷第 3 期，1935
年；程登科：《读方万邦先生"我国现行体育之十大问题及其解决途径"中所引对体育军事
化不切实用的探讨》，《体育季刊》（中华体协版）第 1 卷第 3 期，1935 年；吴蕴瑞：《体育与
军事训练之关系》，《体育季刊》（中华体协版）第 2 期第 2 卷，1936 年；章辑五：《读了方万
邦程登科两先生的大著之后》，《体育季刊》（中华体协版）第 2 卷第 3 期，1936 年；吴蕴瑞：
《体育与军事训练之关系》，《体育季刊》（中华体协版）第 3 卷第 1 期，1937 年。

② 董守义：《中华全国体育协进会与我国社会体育》，重庆市体育运动委员会、重庆市志总编
室编《抗战时期陪都体育史料》，重庆出版社，1989，第 34 页。

③ 《中华全国体育协进会三十年度工作计划》，行政院档案，中国第二历史档案馆编《中华民
国史档案资料汇编》第 5 辑第 2 编，文化（2），第 757 页。

④ 陈海涛：《本刊一周年献词》，《体育通讯》第 25 期，1945 年，第 1 页。

⑤ 《足球表演赛专号》，《体育通讯》第 38 期，1944 年。

爱好者提供了体育运动与训练方法，以及中国与世界各地的体育信息，而且为体育工作者进行学术研究和探讨提供了丰富资料和平台，为国民体育活动提供了政策指导和理论指导，对近代体育的传播和普及起到了积极的推动作用。

（二）编译、撰写体育著作

中华体协的职员如董守义、吴蕴瑞、袁敦礼、宋君复、江良规等人皆为著名体育专家，编译、撰写了数量众多的体育著作，促进了体育知识的传播。表 1 列举了中华体协及其职员编译、撰写的部分重要著作。

表 1　中华体协职员编译、撰写的部分重要著作

著作名称	作者或编者	翻译者	出版时间	出版单位
体育原理	宋君复		1929	商务印书馆
女子篮球训练法	宋君复		1932	上海勤奋书局
女子垒球训练法	宋君复		1935	上海勤奋书局
垒球	宋君复		1943	教育部石印室
运动学	吴蕴瑞		1930	商务印书馆
田径运动	吴蕴瑞		1932	上海勤奋书局
体育建筑及设备	吴蕴瑞		1933	上海勤奋书局
体育原理	吴蕴瑞、袁敦礼		1933	上海勤奋书局
体育教学法	吴蕴瑞		1933	上海勤奋书局
中小学体育教授细目（24 册）	吴蕴瑞		1935	上海勤奋书局
世界运动会丛录	宋如海		1930	商务印书馆
篮球术	董守义		1930	上海青年协会书局
田径赛术	董守义		1931	北平利华书局
最新篮球术	董守义		1947	商务印书馆
国际奥林匹克	董守义		1947	世界书局
个人与团体之运动	金兆钧等		1930	中大体育科
体育行政	金兆钧		1931	上海勤奋书局
实用按摩与改正体操	金兆钧等		1932	上海勤奋书局
早操与课间操	金兆钧等		1932	上海勤奋书局
第十届世界运动会代表团报告	沈嗣良		1933	上海勤奋书局

续表

著作名称	作者或编者	翻译者	出版时间	出版单位
第十届世界运动会各国著名田径赛选手电影姿势图	霍姆斯	宋君复	1935	中华体协
世界体育史略	章辑五		1936	上海勤奋书局
国民健身操	吴澄等		1942	名生印刷局
田径训练图解	江良规		1935	上海勤奋书局
德意志体育概况	江良规		1942	体育与健康教育研究社
从体育中培养品格	江良规		1944	教育部石印室
体育原理	江良规		1945	商务印书馆
田径训练图解	江良规		1949	上海勤奋书局
田径赛规范	程登科、袁浚		1930	杭州集益合作书局
军事体育	程登科		1933	四川集训总队教育大队总义
战时体育补充教材	程登科		1944	重庆教育部国民体育委员会
世界体育史纲要	程登科		1945	商务印书馆
军警体育	程登科		1945	教育部石印室

资料来源：刘彩霞主编《百年中文体育图书总汇》，北京体育大学出版社，2003，第162页；北京图书馆编《民国时期总书目（1911—1949）》（教育·体育），书目文献出版社，1995；张天白主编《我国中文体育报刊篇目索引》，人民体育出版社，2012。

由表1可见，中华体协职员编译、撰写的书刊涉猎甚广，既有体育原理、学校体育学、体育史学、奥林匹克学、体育管理学、体育社会学等体育人文社会学科方面的著作，又有运动训练方法、运动技术教学等运动技术学科方面的著作，甚至还有体育建筑、器材设计等体育工程学科方面的著作。无疑，这些书刊促进了体育知识的传播和体育研究工作的开展，提高了国人对体育的认知，推进了体育的大众化和普及化进程，具有重大的理论价值和现实意义。

此外，中华体协还托人从海外代购体育图书，"以供我国体育界人士之参考"。鉴于"抗战以来，体育书籍及杂志极其缺乏，致体育从业者虽有进修之志，而苦无书可供参考"，中华体协于1944年12月22日委托行将出国之江文汉、张伯瑾代购大批图书杂志。[①]

---

① 《书荒中的好消息》，《体育通讯》第9期，1945年，第7页。

（三）报纸报道

报纸由于其传播的广泛性、时效性和较强的文字表现力等特性，成为民国时期体育大众传播的重要途径。中华体协亦不例外，积极通过《申报》《时报》《益世报》《中央日报》《大公报》《新华日报》等报纸传播体育。

介绍体育运动项目和体育赛事。近代中国的体育项目大都是从西方传入中国，国人知之不多。因此，中华体协积极通过报纸传播近代体育项目，报道其主办或者由其主持参加的各种体育赛事的消息，以达广泛传播之目的。以远东运动会为例，中华体协成立前，《申报》对第1—6届远东运动会的报道篇数分别为1篇、19篇、32篇、6篇、166篇、90篇。中华体协正式成立后，主持中国参加远东运动会，《申报》对第7—10届远东运动会的报道篇数分别为107篇、232篇、260篇、316篇。除了第7届远东运动会的报道数量低于第5届外，其余各届均远远超过中华体协成立前的报道数量。[①] 出现这一现象的原因是多方面的。但毋庸置疑的是，中华体协这个组织者主动将其动员、筹备及参赛等工作通过《申报》公之于众是其中的重要原因。

再如，中华体协将其主持中国参加的第九、十、十一、十四届世界运动会的全过程通过报纸予以报道。1928年，以中国副代表身份出席第九届世界运动会的中华体协名誉干事宋如海在参观、考察阿姆斯特丹世界运动会时，以连载的形式，在《申报》发表了14篇题为《第九届世界运动会记》的通讯，较为详细地介绍了第九届世界运动会的开幕式、比赛经过及闭幕式盛况。在中华体协和报社的通力合作下，《申报》和《大公报》对第十届世运会的报道分别达到246篇和54篇，对第十一届世运会的报道分别达到533篇和478篇，对第十四届世运会的报道分别达到336篇和200篇。[②] 这些报道不仅较为及时地向国人报道了世运会的赛况，增进了国人对奥林匹克运动和世界体育状况的了解，而且促进了奥林匹克运动在中国的传播。

除了远东运动会和世界运动会外，中华体协还通过《申报》《大公报》《新华日报》《时报》等报纸向大众介绍中华体协主持或参加的台维斯杯运

---

① 王群：《1913—1934年〈申报〉远东运动会报道研究》，硕士学位论文，北京体育大学，2010，第36页。

② 郭佳：《民国期间〈申报〉和〈大公报〉三届奥运会新闻报道研究》，硕士学位论文，北京体育大学，2008，第22—66页。

动会、上海万国运动会、上海万国篮球赛、上海万国足球赛、全国分区足球赛及全国分区网球赛等各种体育赛事的经费筹募、运动员选拔与训练、参赛经过与结果等情况，这不仅促进了近代体育运动项目的推广和体育知识的传播，而且扩大了国内外体育赛事的影响，推动了体育的大众化进程。

公布体育运动规则和运动纪录。体育运动规则是体育运动的基本规范和基本准则，是体育运动尤其是竞技体育运动广泛开展、有序进行的基本前提和基本保证。鉴于此，中华体协常常将翻译、审订或修改的运动规则刊登在《申报》等报纸上。例如，中华体协曾在《申报》刊登《各项运动规则出版》《全国体协会公布男子篮球规则更改（上）》《1934—1935年女子篮球规则更改》《1936—1937年男子篮球规则更改》《1937年女篮规则更改条文》《1939—1940年男子篮球规则更改》《中华全国体育协进会业余运动规则订定》等运动规则；① 在《中央日报》刊登《全国体育协进会修正业余运动规则》《远东运动会更改比赛规则　田径赛及排球二项　中华体协会即将出版新规则》等运动规则。② 无疑，中华体协通过报纸及时公布运动规则，不仅有利于社会大众了解、参与体育运动，并遵守统一和规范的运动规则，从而促进体育运动的广泛传播和普及，而且有助于体育运动项目在不断的改进和扬弃中得到完善，焕发出更大的吸引力和更强的生命力。

鼓吹发展国民体育。为发展国民体育事业，中华体协职员常常通过报纸发表评论文章，畅谈发展体育之意义，呼吁社会各界关注体育事业，探讨体育发展路径，并动员社会大众参与体育运动。例如，张伯苓的《张伯苓谈提倡体育之意义》《张伯苓谈促进中华体育方法》《张伯苓赴京与教育部商谈改进我国体育方法》，③ 郝更生的《救国建国中之体育》《郝更生公

① 《各项运动规则出版》，《申报》1927年8月26日，第7版；《全国体协会公布男子篮球规则更改（上）》，《申报》1934年11月18日，第14版；《1934—1935年女子篮球规则更改》，《申报》1934年12月11日，第14版；《1936—1937年男子篮球规则更改》，《申报》1937年2月2日，第12版；《1937年女篮规则更改条文》，《申报》1937年6月1日，第18版；《1939—1940年男子篮球规则更改》，《申报》1939年7月21日，第7版；《中华全国体育协进会业余运动规则订定》，《申报》1931年6月10日，第10版。

② 《全国体育协进会修正业余运动规则》，《中央日报》1942年9月15日，第5版；《远东运动会更改比赛规则　田径赛及排球二项　中华体协会即将出版新规则》，《中央日报》1930年9月29日，第12版。

③ 《张伯苓谈提倡体育之意义》，《中央日报》1934年3月13日，第4版；《张伯苓谈促进中华体育方法》，《申报》1930年6月7日，第17版；《张伯苓赴京与教育部商谈改进我国体育方法》，《申报》1930年6月9日，第13版。

开演讲我国体育回顾及前瞻》《全国运动会之历史与意义》《郝更生昨日返京谈参加世运感想，失败固在意中未有良好表演为憾，今后应详研发展我国体育之途径》，[1] 王正廷的《体育界应有的新觉悟》《王正廷谈我国参加世运目的》，[2] 沈嗣良的《沈嗣良回国述美国体育状况　望我国普遍提倡》，[3] 褚民谊的《褚民谊在夕阳会演讲，对于世运之感想，我国此次失败早在意料中，今后应努力提倡民众体育》。[4]

可见，中华体协通过《申报》《大公报》《新华日报》《时报》等报纸不仅向大众介绍中华体协主持或参加的各种国内外体育赛事的经费筹募、运动员选拔与训练、参赛经过与结果等情况，还介绍新式体育运动项目、运动规则和运动纪录，传播体育赛事制度和体育思想。这不仅向大众传递了许多体育赛事消息，而且对近代体育项目、体育思想及体育制度等进行了深入的介绍，促进了西方近代体育在中国的广泛传播和中国体育事业的发展。

相较于专业体育著作而言，中华体协在报纸上发表的文章大都专业性较低，较为通俗易懂，但也更适合非体育专业的普通民众阅读，并拥有更广泛的读者群体，对于体育的传播和普及发挥了积极的作用。

（四）放映体育电影

正如时人所论："我们应当知道电影教育之力量，对于一般劳苦大众，是最有力量的一种教育方法，如能常常开映，一定能给民众一种最深刻的印象。"[5] 因此，中华体协也时常采用放映体育电影的方式来传播体育。

第九届远运会结束后，日本体育协会赠送中华体协"第九届远东运动会影片"。为宣传体育及筹募经费，1930 年 12 月 28 日，中华体协常务董事

---

① 郝更生：《救国建国中之体育》，《申报》1938 年 12 月 12 日，第 4 版；《郝更生公开演讲我国体育回顾及前瞻》，《申报》1946 年 6 月 11 日，第 5 版；《全国运动会之历史与意义》，《申报》1935 年 10 月 10 日，第 22 版；《郝更生昨日返京谈参加世运感想，失败固在意中未有良好表演为憾，今后应详研发展我国体育之途径》，《中央日报》1936 年 10 月 5 日，第 4 版。

② 《体育界应有的新觉悟》，《中央日报》1934 年 4 月 20 日，第 4 版；《王正廷谈我国参加世运目的》，《申报》1936 年 4 月 1 日，第 18 版。

③ 《沈嗣良回国述美国体育状况　望我国普遍提倡》，《申报》1930 年 7 月 19 日，第 17 版。

④ 《褚民谊在夕阳会演讲，对于世运之感想，我国此次失败早在意料中，今后应努力提倡民众体育》，《中央日报》1936 年 8 月 28 日，第 8 版。

⑤ 王庚：《民众体育》，《体育季刊》（中华体协版）第 2 卷第 2 期，1936 年，第 147 页。

会议决，"片中如无不当之处，可在国内公演"。① 第十一届世运会结束后，德国矮克发公司赠送中华体协关于第十一届世运会场地各项建筑设备、开幕典礼及各项运动竞赛情形的影片。其中，含"田径赛、球类、游泳、跳水、技巧全集等十二大项表演，均集世界之菁华，洋洋大观"。② 为传播奥林匹克运动及"为运动界参考"起见，中华体协购置放映机一架，在各地巡回放映该影片，"藉作推进体育之助"。为扩大体育宣传，中华体协还决定免费租借影片和放映机给"公众团体、学校或机关"。③ 抗战时期，中华体协又多次公开放映第十一届世运会影片，"以饱热心体育人士之眼福"。④

鉴于放映体育电影的良好宣传效果，1946 年初，中华体协购置两架电影放映机，体育活动影片数十种，"以资向社会大众传播体育"。⑤

综上可见，中华体协通过编辑、出版体育刊物，编译、撰写体育著作以及放映体育电影等大众传播媒介传播体育，提高了民众对体育的认识与兴趣，极大地促进了体育在社会各界的广泛传播，为体育的大众化和普及化奠定了坚实的基础。

二　中华体协与近代体育的群体传播

群体传播主要是指群体内部或外部的信息传播活动。由于群体传播可以在一定的场合比较自由地做直接、多向性的沟通交流，具有在短时间内向一定数量的民众快速传播信息的优点。因此，中华体协常常通过组织体育巡回表演团、体育讲习会、体育演讲、体育讨论会及体育培训班等方式吸引特定的群体，并对这些群体传播体育知识。

（一）开展体育巡回表演

1943 年，中华体协制定了"组织体育巡回访问团，分赴各地表演示范

①　《本会会议记录》（1930 年 12 月 28 日），《体育季刊》（中华体协版）第 1 卷第 1 期，1935
　　年，第 135 页。
②　《体育影片不久放映》，《体育通讯》第 10 期，1945 年，第 6 页。
③　《映演第十一届世运会影片志略》，《体育季刊》（中华体协版）第 3 卷第 2 期，1937 年，
　　第 254 页。
④　《体育影片不久放映》，《体育通讯》第 10 期，1945 年，第 6 页。
⑤　《中华全国体育协进会进化简史》，中华全国体育协进会干事部编《第十四届世界运动会中
　　华代表团手册》，中华全国体育协进会，1948 年 5 月。

宣传，以提高各地运动兴趣"的工作方针。① 实际上，中华体协亦组织"体育巡回辅导团"等体育表演团，奔赴各地，实地表演体育运动，教授体育运动方法。

1943 年底，由国手王玉增、唐宝堃等人组成的中华体协巡回团篮球队成立，由董守义率领奔赴昆明、贵阳等地表演、示范、宣传篮球运动，以制造篮球运动氛围，提高各地的运动兴趣。该篮球队辗转于昆明、贵阳、遵义等地，与当地篮球队开展篮球表演赛，取得 12 战 11 胜的佳绩。其中，在昆明 6 战 5 捷（败于美陆军篮球队），在贵阳 4 战 4 胜，在遵义两战两胜。② 1944 年 1 月 21 日，中华体协巡回团篮球队到达贵阳。中华体协贵州分会暨省垣星期球会联合主办欢迎巡回篮球队篮球表演赛。最终，中华体协巡回团篮球队以 39 比 25 获胜。"当时有名的'国手'王玉增、唐宝堃曾来贵阳表演，对于贵阳篮球界个人技术水平的进一步提高，起到了促进作用。"③ 可见，中华体协巡回团开展的篮球表演赛扩大了篮球运动的传播和影响力，提升了西南地区民众对体育特别是篮球运动的兴趣，促进了西南地区篮球水平的提高。

为宣传、推广抗战时期中国人发明的板羽球运动，中华体协重庆分会组织板羽球表演队分赴各机关团体介绍板羽球运动规则与方法，并进行示范表演。仅 1943 年度就曾先后赴扫荡报社、渝鑫炼钢厂、军委会、大公报馆等 20 余个机关团体进行板羽球表演，极大地推动了板羽球运动的传播，使之迅速为重庆民众所熟知，并成为战时深受民众喜欢的一项体育运动。"板羽球之所以有今日普遍者，实本会（注：中华体协重庆分会）板羽球队之功也。"④

（二）举办体育讨论会和体育演讲

1. 举办体育讨论会

"为集合全国体育专家对于本国各项体育问题做学术上之研讨起见"，中华体协于 1935 年 7 月在山东青岛举办暑期体育训练会和讲习会的同时，

---

① 《中华全国协进会民国三十二年十月至三十三年十二月工作报告（节录）》，行政院档案，中国第二历史档案馆《中华民国史档案资料汇编》第 5 辑第 2 编，文化（2），第 766 页。
② 《体协篮球队远征凯旋》，《中央日报》1944 年 2 月 8 日，第 3 版。
③ 贵阳市地方编纂委员会编《贵阳通史》，贵州人民出版社，2011。
④ 《中华全国体育协进会举行临时会议》（1942 年 10 月 1 日），重庆市档案馆·重庆市社会局卷，《抗战时期陪都体育史料》，第 48 页。

举办暑期体育讨论会。① 讨论会聘请袁敦礼为主任，并制定了《中华体协体育讨论会办法大纲》和《讨论会日程》，就讨论会的宗旨、分组、讨论方式、费用等做了较为详细的规定。② 1935 年 7 月 29 日上午，讨论会正式开幕，参加者有张伯苓、沈嗣良、袁敦礼等 200 余人，共分体育行政、大学体育、中学体育、民众体育四组进行，每组皆由中华体协邀请体育专家做主题论文报告，继由与会人员就此论文及相关问题展开讨论。经过 5 天的热烈讨论，讨论会于 8 月 2 日宣告闭幕。③

此次讨论会成果有二：其一，通过了组织中华体协学术组案，并于 8 月 2 日举行中华体育学会学术组织发起人大会，推定袁敦礼、吴蕴瑞、沈嗣良、郝更生、程登科 5 人负责准备，为中华体育学会的成立奠定了基础。④ 其二，整理讨论会论文及讨论结果，并提出具体建议，形成《讨论会论文及讨论撮要》，供全国体育界之参考。⑤

当然，此次讨论会也存在一些不足。就讨论会分组而论，对于体育之基础的小学体育并未设定专组进行讨论，"实为一大憾事"；就讨论会的过程而论，正如时人所批评的，"提出论文似嫌过多，而少切中实际之讨论，故有人喻之为讲演会"。⑥

2. 举办体育演讲

面对中国民众"尚未了解比赛性质，对于运动观念幼稚"的状况，张伯苓极力主张应使"一般民众能深切了解运动之重要与性质后，发生运动兴趣，则十年之后，中华民族体格之健康，定有相当之进步"。⑦ 受此思想

---

① 《本会举办暑期体育训练会、体育讲习会及体育讨论会情形》，《体育季刊》（中华体协版）第 1 卷第 3 期，1935 年，第 440 页。

② 《中华全国体育协进会体育讨论会办法大纲》，《体育季刊》（中华体协版）第 1 卷第 3 期，1935 年，第 443—444 页；《中华全国体育协进会体育讨论会日程》，《体育季刊》（中华体协版）第 1 卷第 3 期，1935 年，第 444—445 页。

③ 《中华全国体育协进会编》，《体育季刊》（中华体协版）第 1 卷第 4 期，1935 年，第 599 页。

④ 赵庶常编《中华全国体育协进会暑期训练、讲习、讨论会专号》，青岛体育协进会，1935，第 3 页；《中华体育学会会务状况及有关文书·中华体育学会会务状况表》（1938 年 12 月 5 日），中国第二历史档案馆藏，南京国民政府社会部档案，一一/7611。

⑤ 《暑期体育讨论会详纪》，赵庶常编《中华全国体育协进会暑期训练、讲习、讨论会专号》，1935，第 3 页。

⑥ 《暑期体育讨论会详纪》，赵庶常编《中华全国体育协进会暑期训练、讲习、讨论会专号》，1935，第 1 页。

⑦ 《张伯苓谈话主张有体育大运动》（1933 年 10 月 18 日），龚克主编《张伯苓全集》第 2 卷，著述言论（二），南开大学出版社，2015，第 164 页。

影响，中华体协常常举办体育演讲，以传播体育知识，介绍世界各地体育发展状况及活跃体育学术气氛。中华体协在山东大学举办暑期讲习会期间，曾邀请国内著名体育专家举办了 3 场公开体育演讲，《从教育立场谈中国体育》（张伯苓）、《中国的国际体育》（沈嗣良）、《欧美最近体育状况》（章辑五），向讲习会学员介绍了国内外体育界的前沿观点和最新状况，增进了他们对体育前沿知识和最新动态的了解，促使他们进一步开展体育理论研究和进行学术创新。①

　　中华体协职员还常常应社会各界之邀做体育方面的演讲，以向社会各界传播体育知识。例如，1930 年 6 月 19 日，张伯苓应天津基督教青年会联青社之邀，做关于"日本何以强　中国何以弱"的演讲，分析了第九届远运会中国惨败与日本大胜的原因，并从治标、治本两个方面提出了振兴中国体育的方法；② 1936 年世运会结束后，褚民谊应邀在夕阳会做"对于奥林匹克运动大会之感想"的演讲，简介了中国参加世运会的大致情况，坦言"我国此次失败早在意料中"，并表示"今后应努力提倡民众体育"，推动体育的普遍发展；③ 1936 年，中华体协名誉总干事沈嗣良从柏林世运会回上海后，即应上海青年会之邀，做关于"吾国参加世运会的经过"的演讲，介绍了柏林世运会以及我国参加柏林世运会的经过，传播了奥运会等体育知识，使民众及时地了解我国及世界体育发展之最新动态。同时，指出体育运动的真义和我国体育发展中存在的问题，并殷切希望"使体育普及到各乡各镇，甚至各村去"；④ 1942 年 12 月 18 日和 28 日，中华体协干事关延煦赴中央训练团青年干部训练班"讲演有关体育问题"和"上课"；⑤ 1945 年 1 月 27 日，总干事董守义应重庆新运模范区之邀，在夫子池忠义堂做题为《战时体育问题》的演讲，指导社会各界在战争时期如何继续参加或开展体育运动；⑥ 1945 年 6 月 7 日，总干事董守义应青年军 201 师之邀，前往该师做题为《体育与青年军》的演讲，介绍了体育对于军队的重要性及青年军

---

① 《暑期讲习会公开演讲》，《体育季刊》（中华体协版）第 1 卷第 3 期，1935 年，第 443 页。
② 《中国之病在何处？日本何以强　中国何以弱》，《益世报》1930 年 6 月 20 日，第 2 版。
③ 《褚民谊在夕阳会演讲　对于世运会之感想》，《中央日报》1936 年 8 月 28 日，第 4 版。
④ 《沈嗣良昨在青年会演讲吾国参加世运的经过》，《申报》1936 年 9 月 17 日，第 15 版。
⑤ 《中华全国体育协进会工作日志》（1942 年 12 月 18 日），中国第二历史档案馆藏，南京国民政府教育部档案，五/15043（3）；《中华全国体育协进会工作日志》（1942 年 12 月 28 日），中国第二历史档案馆藏，南京国民政府教育部档案，五/15043（3）。
⑥ 《忠义堂上话英雄》，《体育通讯》第 11 期，1945 年，第 7 页。

如何正确开展体育运动等问题，"深受全体官兵之热烈欢迎"。①

值得注意的是，这些演讲不仅扩展了民众的体育知识，而且在实践上推动了社会体育事业的发展。1945 年初，总干事董守义先生到自贡市考察体育，并向各界公开演讲体育之重要性，"听者动容"。自贡市社会各界人士极为赞同董守义之说，咸以为成立体育协进会为十分重要且迫不及待之事，遂迅速开始筹备成立自贡市体育协进会。②

除了举办体育讨论会和体育演讲外，中华体协职员还时常应邀讲学。1945 年 11 月，昆明汽车训练班聘请马约翰为体育总教官，除规划全班体育课程及课外活动外，并担任理论课程"体育及运动道德"教师。③ 1945 年 11 月 17 日，总干事董守义应军委会政治部业务研究班之邀，前往讲授"体育概论"课程，"甚受学生欢迎"。④

（三）举办体育讲习会和培训班

1. 举办体育讲习会

鉴于"欲求全国体育的普及，尤应广造师资指导民众"，⑤ 中华体协总干事沈嗣良等人决定于 1935 年 7 月 15 日训练会举办的同时，举办暑期讲习会，以"供给中等以上学校体育教员、民众体育指导及体育行政人员之进修机会"。⑥ 消息传出后，各省市之报名参加者异常踊跃。由于校舍有限，只招收了 200 名学员，但亦涵盖"各省市区及南洋侨胞"，"堪称普遍之至"。为给更多体育从业者提供进修机会，讲习会还接收 42 名青岛小学教员参加旁听。⑦

讲习会以马约翰为主任，总理一切事务，并制定了《中华体协暑期讲

---

① 《小新闻》，《体育通讯》第 20 期，1945 年，第 8 页。

② 《三十三年度 - 直属自贡支会工作报告书》，《体育通讯》第 9 期，1945 年，第 3 页。

③ 《司机需要体育　马约翰任总教官》，《体育通讯》第 29、30 期，1945 年，第 10 页。

④ 《体育通讯》第 29、30 期，1945 年，第 10 页。

⑤ 沈嗣良：《十年来的中国体育》，中国文化建设协会编《抗战十年前之中国》（1927—1936），台北：文化出版社，1974，第 612 页。

⑥ 《本会举办暑期体育训练会、体育讲习会及体育讨论会情形》，《体育季刊》（中华体协版）第 1 卷第 3 期，1935 年，第 440 页。

⑦ 《暑期讲习会会务概况》，赵庶常编《中华全国体育协进会暑期训练、讲习、讨论会专号》，第 1 页。

习会章程》。① 该章程就举办讲习会的缘由、组织机构、具体的学习安排等事项做了详细的规定。根据章程规定，本次讲习会以课堂教学为主，课程科目包括理论学科 6 科和技术学科等 11 科。章程明确规定每个学科至少选48 小时，至多 72 小时。当学员于某一学科内缺课时间超过上课时间 1/3时，即以不及格论。学员所选之学科有两科以上不及格时，即不给予讲习会证明书。② 除课堂教学外，该讲习会还举行了讨论会、公开演讲、参观游览及游艺等课外活动，学员均可随意参加。③

讲习会原定 8 月 20 日结束，后因学员之要求，提前到 8 月 15 日考试。考试及格者共 159 人，当晚张榜发给证书，以资鼓励。④ 虽然无法量化考察讲习会的成效，但可以肯定的是，来自全国各地的 200 名学员经过 1 个月左右的理论学习和技术学习，或多或少会提升自身的体育理论素养和体育技术水平。这些学员回到原籍，将讲习会中学到的体育理论和体育技术传播到当地，势必在一定程度上促进体育知识的传播，进一步推动当地体育运动的大众化和社会化。

当然，体育讲习会也存在不少缺陷，为时人所诟病。中央大学体育教师史龙云批评名额太少，建议扩充但未被采纳。⑤ 在讲习会举办的过程中，由于"教材之深浅，为教学上之一大困难"，以及"宿舍之设备因借用关系，未能予学员以充分之便利"，"不满意之感觉，为全体学员共有之表现"。⑥

2. 举办体育培训班

"发展中国体育，应从'普遍'二字作起。"⑦为了培养民众参与体育运动的兴趣和能力，推动体育的大众化，中华体协及其分会还开办民众体育

---

① 《中华全国体育协进会暑期讲习会章程》，《体育季刊》（中华体协版）第 1 卷第 3 期，1935年。

② 《中华全国体育协进会暑期讲习会章程》，《体育季刊》（中华体协版）第 1 卷第 3 期，1935年，第 442—443 页。

③ 《中华全国体育协进会暑期讲习会章程》，《体育季刊》（中华体协版）第 1 卷第 3 期，1935年，第 443 页。

④ 《全国暑期讨论、讲习、训练会联合开幕礼志盛》，赵庶常编《中华全国体育协进会暑期训练、讲习、讨论会专号》，第 1 页。

⑤ 史龙云：《对于本年暑期体育讲习会之贡献》，《体育杂志》第 1 卷第 2 期，1935 年，第103—104 页。

⑥ 《暑期讲习会会务概况》，赵庶常编《中华全国体育协进会暑期训练、讲习、讨论会专号》，第 1 页。

⑦ 《张伯苓在京畅谈体育道德技术——欲求发展须从普遍作起，想得善果应由精专用功》，《大公报》1931 年 3 月 7 日，第 8 版。

培训班，进行日常的组织与训练工作。

以中华体协重庆分会为例，1942—1943 年开办的民众体育训练班有：（1）垒球班。共举办 10 期，培训人数达 502 人。（2）板羽球班。共举办 6 期。其中，第 4 期至第 6 期共有 151 人参加。"这些人学会了这个游戏以后，不仅自己在继续练习，听他们讲每个人都在积极的提倡，所以参加这个班的人数虽然很少，可是真正受这个班的影响的人那就不知有多少了。"[①]（3）机巧班。在一年多的时间里，机巧班培训机巧练习者达 1500 人左右。（4）国术班。中华体协重庆分会聘请中华国术学会的同人指导民众练习摔跤、举石担子和徒手拳。一年来共举办 4 期，参加人数达 1269 人。[②]

此外，为适应抗战建国的需要，培养更多的体育师资，加速体育的传播和普及，中华体协还曾在重庆开办社会体育干部训练班。[③]

此外，中华体协还通过举办体育展览会的方式来引起民众对体育的兴趣，以达到宣传体育的目的。1945 年 6 月 4 日，中华体协趁重庆市第四届运动大会开幕之机，在复兴关励志社"展览体育器材模型及图表，教人如何做各种体育用具"。[④]

三　中华体协与近代体育的人际传播

人际传播是人与人之间所进行的一种传播活动，是中华体协传播体育的一种重要形式。

（一）联络社会各界名流

如前所述，中华体协领导群体中不仅有教育界名流，而且有军政界和工商界名流，还有基督教青年会干事等社会各界人士。中华体协通过与他们的联系和互动，并经由他们与社会各界建立了广泛的联系网络，不仅扩大了中华体协的影响力和资源汲取能力，而且促进了体育在社会各界中的传播，推动了体育的社会化、大众化进程。

中华体协与教育界的关系。中华体协的发起人张伯苓、陈时、方克刚、

---

① 《重庆体育协进会工作报告书》（三十二年度），《抗战时期陪都体育史料》，第 43 页。
② 《重庆体育协进会工作报告书》（三十二年度），《抗战时期陪都体育史料》，第 42—43 页。
③ 董守义：《中华全国体育协进会与我国社会体育》，《抗战时期陪都体育史料》，第 35 页。
④ 《重庆第四届运动大会情况反映》，《抗战时期陪都体育史料》，第 175 页。

曹云祥、郭秉文、沈嗣良等皆供职于教育界，并大都担任校长、副校长等要职，为当时著名的教育家。张伯苓等人利用他们在教育界的地位和影响力，大力宣传和鼓吹，不仅使近代体育广泛地进入学校教育体制，而且扩大了近代体育在教育界的影响，许多体育教育家纷纷加入中华体协。除了前文所述的董守义、马约翰、郝更生等著名体育教育家进入中华体协领导群体外，还有程登科、吴邦伟、吴澂、金兆均、萧国忠、徐英超、黄中孚、舒鸿等体育教授担任运动员资格审查委员会、运动规则审订委员会等专业委员会委员。中华体协吸收这些著名体育教育家担任中华体协的各项职务，一方面增加了中华体协领导群体和职员群体中的体育专业人士比重，使中华体协"体育社团"的特性愈加凸显，会务和业务的开展亦渐趋专业化，中华体协亦逐渐确立起在体育界的权威地位和领导角色。另一方面，随着这些热心体育事业的体育教育家加入中华体协这样一个全国性社会体育团体，近代体育亦随之逐渐开始由学校推及社会，扩展了近代体育的传播空间，推动了体育的社会化进程。例如，1935 年在程登科等人的组织下，华西体育协进会宣告成立。[①] 1935 年 10 月 23 日，在方克刚、陈时等人的积极努力下，华中体育协进会召开成立大会。[②]

上述这些教育界名流除了在中华体协兼任职务外，还在许多其他社会团体供职。中华体协通过他们与社会各界建立了一定的联系，形成了一定的社会网络，促进了中华体协及社会体育事业的发展。例如，中华体协在重庆恢复办公之初，由于绝大多数董事、职员四散，人手严重不足，董守义只好利用自己曾任北平师范大学教授的身份，延揽曾经的学生为中华体协服务。根据董守义夫人邝亚英回忆，"体协工作人员共计十余人，都是董守义过去的学生，现在是教师或干部"。虽然到中华体协帮助工作"兼职不兼薪，是义务性质"，但是他们"工作情绪高昂"，"会计、总务等业务也完全由他的学生担任。他们自己刻蜡版，自己油印，定时出体育刊物，分别寄送各单位。白天敌机轰炸的时候停止工作，晚上自动前来，自觉地积极地工作。从此，体协的业务逐渐开展起来"。[③] 再如，1941 年，中华体协向教育部申请每年 5 万元补助经费，迟迟未能得到批准。最后，张伯苓、董守

---

① 王振亚编《旧中国体育见闻》，人民体育出版社，1987，第 7 页。
② 《华中体育协进会正式成立》，《勤奋体育月报》第 3 卷第 3 期，1935 年，第 284 页。
③ 邝亚英：《解放前的中华全国体育协进会》，全国政协文史资料委员会编《文史资料存稿选编》第 23 辑，文化，中国文史出版社，2002，第 754 页。

义通过与南开大学有关系的行政院秘书长蒋廷黻及主管教育部门张平群，才获得补助。[1]

中华体协与军政界的关系。中华体协成立之初，领导群体中大多为教育界、工商界人物，极少有军政界人物。北京政府统治时期，中华体协的领导群体之中只有王正廷一人属于军政界人物。直到南京国民政府建立，尤其是南京国民政府基本统一全国后，中华体协领导群体中的军政界人物才开始逐渐增加。这种变化，一方面是由于南京国民政府建立后，开始整顿民间组织，并通过人员渗透、经费支持等方式逐渐加强了对社会团体的控制。另一方面，中华体协领导人也逐渐认识到，要想在政治动荡、经济凋零的时局中维持生存与发展，不得不与军政界人物上下联通。因此，南京国民政府时期，中华体协充分利用各种关系，与军政界人物保持一定的联系，以获得生存和发展所必需的各种资源。

通过与军政界要人的私人关系，并邀请军政界人物担任中华体协的各类职务，是中华体协传播体育、汲取社会资源及扩大社会影响力的主要方式。作为中华体协主要领导人的张伯苓虽然以教育事业为主，但他的社会活动并没有局限于教育领域，而是涉及政治、外交、军事、文化、宗教等诸多领域，与民国时期的军政界要人黎元洪、冯国璋、段祺瑞、徐世昌、蒋介石、张学良、汪精卫、孔祥熙、冯玉祥等多有交往，拥有广泛的社会关系网络。[2] 1938 年以后，张伯苓加入国民党，并先后担任国民参政会副议长、中央监察委员、考试院院长等职，进一步密切了与政界的联系，并借此社会关系网络，提倡社会体育事业。中华体协的另一位主要领导人王正廷是民国时期著名的政治家，曾在北京政府和南京国民政府担任外交部长等要职。他素来热心体育，并积极利用与军政界的密切关系，沟通中华体协与军政界的联系，以获得各种社会资源。1939 年，王正廷考虑到"体协是个民众团体，其经费以及中国参加奥运会的经费来源都是依靠政府补助、社会捐助和门票收入三项。因此，国际奥委会中国委员会必须找一个能向政府说话的人，有找钱能力的人才行"，遂推荐时任行政院院长的孔祥熙担

---

① 董守义：《奥林匹克旧事》，中国人民政治协商会议全国委员会文史资料研究委员会编《文史资料选辑》第 18 卷第 53 辑，中国文史出版社，1964，第 108 页。

② 《代序》，龚克主编《张伯苓全集》第 1 卷，著述言论（一），南开大学出版社，2015，第7 页。

任国际奥委会中国委员。① 孔祥熙也确实在经费方面给予中华体协一定的帮助。例如，1943—1944 年度，时任行政院院长的孔祥熙补助中华体协 20 万元经费。② 为筹募参加第十四届世运会经费，中华体协于 1948 年 2 月 18 日向政府申请 5 万美元，但发函之后一直杳无回音，经过"张伯苓和王正廷多次向行政院院长张群催促"，行政院方于 5 月 10 日批准了半数。③ 可以想见，如果没有张、王与政界的密切关系，恐怕连这"半数"也难以获得。

中华体协不仅邀请褚民谊、朱家骅、吴铁城、杨森、戴传贤、陈立夫等军政界人士担任董事、理事等职务，还邀请军政界人士组成筹募经费委员会，以利用他们的广泛社会资源和社会关系网络募集经费。1944 年，推举重庆市市长贺耀祖、市党部主任委员方治、议长康心如、教育局局长雷啸岑等政府官员为筹募体育事业基金委员；④ 1948 年，中华体协推举吴铁城（立法院院长）、朱家骅（教育部部长）、吴国桢（上海市市长）、谷正纲（社会部部长）等政要为参加第十四届世运会经费筹募委员会委员。⑤ 有的军政界要人虽然没有担任经费筹募委员，但也积极捐助中华体协。第十一届世运会时，时任三十二军军长商震应中华体协请求，资助 4 名拳击运动员赴德参赛；杨森、吴铁城等亦纷纷解囊，赞助中华体协。⑥

遇有重大体育赛事，中华体协还邀请军政要人担任体育赛事的领导职务，以扩大影响。第八届远运会时，中华体协会长王正廷面谒蒋介石，请示办法。蒋总司令"慨允担任大会总裁"，"并允捐款赞助，以成盛举"。⑦ 第九届远运会时，中华体协聘请蒋介石为筹备委员会名誉会长，政府要员王宠惠、宋子文、戴传贤、张学良、陈果夫、孙科、何应钦、林森、唐绍

---

① 董守义：《奥林匹克旧事》，《文史资料选辑》第 18 卷第 53 辑，第 104 页。虽然董守义在文中认为王正廷推举孔祥熙担任国际奥委会中国委员的主要目的是拉拢势力强大的孔祥熙，但不可否认的是，中华体协确实有网络军政界名流，为中国体育服务的先例。因此，笔者认为，王正廷此举虽然不可避免地带有私心，但亦有为中华体协谋发展的考虑。

② 《中华全国体育协进会常务董事张伯苓为申请补助费致孔祥熙函》（1943—1944 年），行政院档案，中国第二历史档案馆编《中华民国史档案资料汇编》第 5 辑第 2 编，文化（2），第 758—759 页。

③ 董守义：《奥林匹克旧事》《文史资料选辑》第 18 卷第 53 辑，第 116 页。

④ 《筹募体育事业基金》，《体育通讯》第 2 期，1944 年，第 6 页。

⑤ 《我国应该怎样参加世运？中华全国体育协进会的三次会议》，东南日报体育版编《伦敦世运前夕》，东南出版社，1948，第 15—16 页。

⑥ 教育部教育年鉴编纂委员会编《第二次中国教育年鉴》第 12 编，上海商务印书馆，1948，第 1312 页。

⑦ 《蒋总司令任远东运动会总裁》，《申报》1927 年 7 月 7 日，第 10 版。

仪、冯庸、赵戴文、蒋梦麟、谭延闿等为名誉董事，王正廷、孔祥熙、张静江、朱家骅、张群、陈绍宽、陈铭枢、褚民谊等为竞赛董事。[①] 这些军政届要人的参与，势必会扩大体育赛事及体育在军政界等社会各界的传播和影响力，而且有助于扩大中华体协的社会影响力和推动中华体协在体育社团中领导地位的确立。

此外，中华体协还常常通过邀请军政界要人参加本会会议、宴会等方式，借以联络感情，获取政府赞助和增强合法性。1934 年 8 月 3 日，中华体协召开临时董事会议，邀请行政院院长汪精卫和教育部部长王世杰莅会指导，"请赐教言"，"企盼政府之拨助与领导"。会上，汪精卫表示："现既有专门诸君之计划、提倡，则政府在旁协助之，义当不容辞。将来参加世界运动会，集中训练以及协会工作上发展等事，有恃政府之扶助，以敝人力量所及，决当尽力代为筹划云。"王世杰在称许"协会悠久之历史，对于我国体育界已获相当成绩"的同时，亦明确表示，"敝人在教育部方面亦愿在旁臂助"。[②] 事实上，政府也确实对中华体协主持参加第十一届世运会工作给予了大力的支持。抗战胜利后，中华体协积极筹备复员工作，无奈经费困难，中华体协迟迟未能迁往南京。为争取政府的支持，1945 年 12 月 13 日，总干事董守义宴请内政部长张厉生。经过一番交流，张厉生不仅表示内政部要借助中华体协分支会的工作人员来共同推进体育事业，而且明确表态，对于中华体协的复员问题，"无论在经费方面，人力方面，均愿极力协助"。[③] 事实证明，政府确实在经费、会址等方面给中华体协提供了一定的帮助。

中华体协与工商界的联系。中华体协作为民间体育社团，其运作资金除了来自政府的补助外，还必须通过社会捐赠以获得发展的经费。为解决资金问题，中华体协成立之初就邀请热心体育事业的工商界名流担任中华体协董事。在中华体协的 9 名发起人董事中，就有卢炜昌、聂云台、冯少山、穆藕初等 4 位工商界名流。此后，还陆续邀请了陈光甫、刘鸿生、钱永铭、黄明道、周寿臣、林珠光、胡文虎、赵锡恩等海内外工商界名流担任董事、名誉董事、经济董事等职。这不仅扩大了中华体协在工商界的影响，

———————————

① 《筹备参加第九届远东运动会大会职员》，中华全国体育协进会编《中国参加第九届远东运动会特刊》，中华全国体育协进会，1930，第 1 页。

② 《本会临时董事会议记录》（1934 年 8 月 3 日），《体育季刊》（中华体协版）第 1 卷第 1 期，1936 年，第 143 页。

③ 《本会宴请张厉生部长畅谈体育与内政》，《体育通讯》第 31、32 合期，1945 年，第 7 页。

而且促进了近代体育在工商界中的传播，推动了工商界人物参与体育运动的热情，同时还直接促成并扩大了中华体协的资金筹集渠道。遇有需款孔急之时，这些工商界名流大都会慷慨解囊。第九届远运会时，陈光甫、刘鸿生、林珠光分别捐款 200 元、750 元、1000 元。①

这些工商界名流除了自己捐款外，还积极利用自身的社会网络代为募捐，并通过自身的社会影响力推动工商界赞助体育事业。第七届远运会时，商务印书馆为鼓励中国赴菲选手代表精神起见，设宴饯行，以壮行色，并拟"于日内赶印赴菲选手纪念物多种"，准备在启程之日，赠予选手；② ABC 内衣店总理允诺赠送赴菲选手，自制精美之运动衣裤 140 余件；③ 三友实业社赠送本届预选大会游泳池最佳选手"自制之精美浴衣全套"。④ 第九届远运会时，国内工商界部分捐款情况如下：上海交通银行 500 元、上海中国银行 500 元、华安保险公司 138.89 元、浙江兴业银行 100 元、钱业公会 1000 元、纱布交易所 1000 元、荣宗敬 500 元、张慰如 500 元等。⑤

值得注意的是，在中华体协以及华侨巨商冯少山、胡文虎、周寿臣、林珠光等人的宣传和热心劝募下，海外侨胞亦踊跃捐款。第九届远运会时，海外侨胞及工商界团体捐款情况如下：荷兰华侨联合会 140.89 元、横滨华侨商会 1800 元、咪埠中华商会 223.13 元、神阪华侨赞助会 9116.77 元、横滨华侨商会 1800 元、东京华侨商会 450 元、横滨华侨后援会 673.76 元、朗吗倪地中华商会 74.17 元、李清泉⑥ 300 元等。⑦ 第十届远运会时，菲律宾华侨商会团体捐款 7000 元。⑧

---

① 《中华全国体育协进会参加第九届远东运动大会收支总结表》，中华全国体育协进会编《中国参加第九届远东运动会特刊》，第 38 页。
② 《商务印书馆饯送选手代发》，《申报》1925 年 5 月 7 日，第 11 版。
③ 《ABC 内衣店赠送运动衣》，《申报》1925 年 5 月 7 日，第 11 版。
④ 《三友业实社之赠品》，《申报》1925 年 5 月 9 日，第 11 版。
⑤ 中华全国体育协进会编《中国参加第九届远东运动会特刊》，第 37—40 页。
⑥ 李清泉（1889—1940），菲律宾华商，是促成南侨总会成立的关键人物，并且担任该会副主席。1919 年至 1924 年连任六届马尼拉中华商会会长，1936 年再次当选第 33 届会长。抗战爆发后，菲律宾华侨组成华侨援助抗敌委员会，李清泉担任主席，领导 10 万菲律宾华侨开展募款工作，自己带头购买 40 万元公债。详见任贵祥、李盈慧《中华民国专题史》第 14 卷《华侨与国家建设》，南京大学出版社，2015，第 302 页。
⑦ 中华全国体育协进会编《中国参加第九届远东运动会特刊》，第 37—40 页。
⑧ 《参加第十届远东运动会报告》，《体育季刊》（中华体协版）第 1 卷第 1 期，1935 年，第 8 页。

（二）派遣体育指导员

"体育之提倡，务求普遍，以全体国民为对象，单独造就少数选手，固不能视为体育之进步也。"① 中华体协及其分会为求体育普遍发展，常常派遣体育指导员深入机关团体，宣传"体育的意义、价值、和范畴"，并指导他们进行体育活动。1943 年，中华体协重庆分会派遣体育指导员到交通银行总管理处、军需署、军政部、第廿一兵工厂、大公报、组织部、电力公司、中央电工器材厂、第一兵工厂、外交部、江联队等 12 处宣传体育的价值，并进行体育指导。②

此外，中华体协重庆分会还经常派体育指导员"指导到本会体育场练习的爱好体育活动的个人，除给予技术的训练外，也时常对他们谈些关于体育上极为重要的问题"。③

四　中华体协与近代体育的组织传播

中华体协除了通过大众传播、群体传播、人际传播等方式来宣传体育外，还通过组建体育组织的方式来传播体育。组织传播是以组织为主体的信息传播活动。

（一）通过下设体育组织传播

中华体协成立后，积极组建社会体育组织，并联合国内体育组织，开展各种体育活动，努力将体育由学校推及社会，以实现体育的普及化、大众化。

为推动社会体育的发展，中华体协成立后，首先在会所所在地——上海，陆续成立了上海中华足球联合会、上海中华篮球联合会、上海中华网球联合会、上海中华棒球联合会等 4 个单项体育组织，为我国主办及参与各种体育赛事奠定了组织基础，打破了学校主导上海华人体育竞赛的局面，有力地推动了体育运动由学校走向社会，促进了上海及华东地区体育活动

---

① 《体育不能脱离教育：确定体育目标　须普遍施行　缺乏研究工作　政府应加提倡》（张伯苓演说），《大公报》1935 年 8 月 4 日，第 8 版。
② 《重庆市体育协进会工作报告》（三十二年度），《抗战时期陪都体育史料》，第 44 页。
③ 《重庆市体育协进会工作报告》（三十二年度），《抗战时期陪都体育史料》，第 44 页。

的开展。

1. 上海中华足球联合会

上海中华足球联合会成立于 1924 年 11 月 7 日，隶属于中华体协，是上海最主要的地方性足球运动组织。自 1924 年起，上海中华足球联合会每年举办一次中华足球联赛，直到 1937 年八一三事变发生才停止，一共举办了13 届联赛和若干届杯赛。该联赛是国人自办自组的第一个足球联赛，率先打破了由西方侨民独霸上海足球比赛的格局。[①]

由于上海中华足球联合会的成立及其足球联赛的举办，社会业余球队日渐增多，参加足球联赛的球队也与年俱增，不仅活跃了上海足坛，培养、锻炼了众多优秀的足球人才，而且推动了足球运动由学校逐渐走向社会，促进了中国足球运动的普及，并逐渐成为民国时期最受大众欢迎的运动项目。

2. 上海中华篮球联合会

上海中华篮球联合会成立于 1924 年，是上海地区主要的篮球运动组织。1924 年至 1937 年，共举办了十届上海篮球联赛，[②]促进了篮球运动的发展，极大地推动了上海地区篮球运动的社会化和大众化进程。

3. 上海中华网球联合会

上海中华网球联合会成立于 1925 年，是上海地区主要的网球运动组织，推动了上海中华网球联合会会务的开展和上海网球运动的发展。

上海中华网球联合会成立之后，举办了多种类型的网球赛。其一，上海华人网球公开锦标赛。这是上海地区首个华人网球赛，打破了外国人独霸上海网球运动的局面。其二，会员赛。1926 年，上海网球联合会举办了"会员单打让步比赛"和"会员双打比赛"。[③] 其三，上海网球联赛。

1934 年，中华体协迁往申园，网球场由华侨球星邱飞海接办，改名为上海网球会。[④] 此后，受场地的限制，上海网球联合会举办的各种网球比赛大都夭折。

---

① 上海图书馆编《老上海风情录（四）体坛回眸卷》，上海文化出版社，1998，第 88 页。
② 《第十届上海篮球会联赛经过及成绩》，《体育季刊》（中华体协版）第 3 卷第 1 期，1937年，第 123 页。
③ 《一九二六年上海中华网球会简章及会员比赛成绩》，《中华全国体育协进会年刊》第 1 期，1927 年，第 207—209 页。
④ 马学新、曹均伟：《上海文化源流辞典》，上海社会科学院出版社，1992，第 613 页。

4. 上海中华棒球联合会

上海中华棒球联合会成立于 1926 年 4 月 26 日，是上海地区的棒球运动组织。"国人对于棒球，素少注意，自斯会组织，颇引起相当之兴趣。" 1926 年 5 月 5 日—6 月 20 日，上海中华棒球联合会举办了第一届上海棒球联合会比赛，美国公学、圣约翰大学、西人公学、中华青年体育会、沪江大学、上海棒球队、日本同文书院等 7 支中外棒球队参加了比赛。经过激烈角逐，日本同文书院战胜中国上海棒球队，夺得冠军。①

（二）通过各地分支会传播

中华体协以"联合全国体育团体，促进国民体育"为其成立的首要宗旨。鉴于当时国内社会体育团体数量不多，并且主要集中在上海等交通便利的大城市，中华体协除了积极组建上海地区的体育组织外，还"发动各地体育界或热心体育事业人士，组织各该地区体育协进会"，② 以推动各地体育事业的发展。

经过中华体协及各地热心体育人士的共同努力，截至抗战全面爆发，先后在广东、香港、天津、湖南、山西、安徽、河南、云南、四川、浙江、山东、广西、湖北、上海、江苏等地成立了 29 个分支会。③

由于抗战前中华体协建立的各种组织大都停止工作，各地体育活动虽然日渐开展，但缺乏有力的组织。因此，中华体协"自客岁（1941 年——笔者注）由沪内移，即着手各省市县分会之组织，期与地方行政机构相配合，以推动各地方社会体育事业"。④ 在总干事董守义的带领下，中华体协同人不辞辛劳，奔走各地，积极联络，指导各地组建中华体协分支会。经中华体协及各地热心体育人士的多方联系和大力提倡，"各地政府机关和社会人士莫不响应，各机关首长尤多热心倡导，甚至亲自主持会务"，成绩斐然。1942 年 8 月，总干事董守义在中华体协常务董事会议上报告称，"除原有的重庆、川北、绵阳、汉中、贵州、遵义、柳州、昆明、兰州、江西、

---

① 《第一届上海棒球联合会成绩》，《中华全国体育协进会年刊》第 1 期，1927 年，第 218 页。
② 《中华全国体育协进会民国三十二年十月至三十三年十二月工作报告（节录）（1945 年 10 月）》，行政院档案，中国第二历史档案馆编《中华民国史档案资料汇编》第 5 辑第 2 编，文化（2），第 764 页。
③ 《各地体育协进会》，《体育季刊》（中华体协版）第 1 卷第 1 期，1935 年，第 147—149 页。
④ 国家体委体育文史工作委员会、全国体总文史资料编审委员会编《体育史料·中国近代体育议决案选编》第 16 辑，人民体育出版社，1991，第 266 页。

香港十一分会外，又成立西安、宝鸡分会，洛阳、湖南两地分会在筹设中"。截至 1943 年 10 月，中华体协各地分支会的组织计有"重庆、汉中、贵州、西安 、宝鸡、昆明、兰州、泰和、西康等十四所"，并且"各地分支会的组织，由最大的都会以至很小的县镇，正在继续不断的增加中"。①

抗战时期，兵荒马乱，民不聊生，中华体协的许多分支会名存实亡，甚至夭折。尤其是沦陷区内的分支会，多数早已停止工作，甚至消失匿迹。因此，抗战胜利后，中华体协积极筹备重建分支会，以为推广社会体育之基础。截至 1947 年 1 月 8 日，"战后全国已成立分会支会城市共十九处，计北平，天津，河北，□□，保定，通县，沧县，唐县，河南，上海，南京，青岛，东北，沈阳，长春，台湾，新加坡，广州，香港"。② 除此之外，已经组织中华体协分支会的城市还有汉口（1947 年成立）、江安（1946 年 4 月成立）、贵阳（1946 年 7 月 2 日成立）、唐山（1946 年 5 月成立）、新疆（1948 年 6 月 22 日成立）、南京（1947 年 1 月 8 日成立）等地。

综上可见，中华体协组建的各种社会体育组织已由成立之初的偏居上海一隅，逐渐扩散至全国各地。随着中华体协各地分支会体育活动的开展，体育亦随之由以上海为中心的局部地区逐渐扩散至全国各地。

（作者简介：陈明辉，华中农业大学马克思主义学院讲师；
刘宗灵，电子科技大学副教授）

---

① 董守义：《中华全国体育协进会与我国社会体育》，《抗战时期陪都体育史料》，第 35 页。
② 《全国体育协进会昨开常务理事会》，《中央日报》1947 年 1 月 8 日，第 5 版。

论李秉衡在甲午山东战役中的努力及其战略失误

李英全　李　辉

内容摘要　学术界对甲午战争山东半岛战役中李秉衡的军事战略问题研究相对较少，对李秉衡的评价也有较大的争议，这些都有重新探讨的必要。本文认为李秉衡在出任山东巡抚的三四个月的时间里，勇敢地担起了海防的历史重任，采取了一些措施，用以加强海防建设，这是值得肯定的。但是，由于思想守旧和所掌握的军事知识不够，在军事战略思想的运用上犯了一些重大错误，不能建立一支强大的游击预备军队，在军事设防上重此忽彼，把主要兵力放在威海西海岸一线的防御，而完全忽略了威海东海岸一线的防御，在海防中犯了致命的严重失误；在得知日敌在荣成登陆后又不能集中主要兵力去阻击和消灭进犯的日敌，在威海保卫战中也没有派出山东省陆军主力去威海协同作战，没有与李鸿章进行有效配合。因此对李秉衡在山东战役中的作用仍需重新评价。

关键词　李秉衡　甲午战争　山东战役　战略失误

山东战役在中日甲午战争中处于什么地位，其重要性程度有多高，应当不用争议。可是，大学本科历史教材中对山东战役却只提威海卫之战，对山东其他陆地方面战斗情况所述甚少，一般认为威海卫战役的失败是甲午战争的一个重要转折点。《中日甲午战争全史》对它的战略意义评价很高，认为它是决定整个中日战争胜负的关键一战，在此战役中北洋舰队全军覆没。此役标志着甲午中日海战的结束，使整个甲午战争接近尾声。①

---

①　关捷等总主编《中日甲午战争全史》第 3 卷，战争篇（下），吉林人民出版社，2005，第177 页。

　　学术界对李秉衡一直褒贬不一，存在较大的争议，网上很多人更是广泛贬斥李秉衡。此外，对于清军在威海卫保卫战中失败的原因及责任的争议也一直没有停止，更多的人把责任归咎于李鸿章或丁汝昌，却极少有人把责任推在李秉衡身上。有学者对李秉衡与甲午山东半岛之战的关系进行过研究，认为李秉衡在山东从多方面做了海防努力，包括增兵、选将、备械和筹饷等，并取得一定成效，但因其备战时间短，只有四个月时间，再加上清廷在战略指导上有重京畿辽沈而轻山东的问题，没有给山东省调一兵一卒等，因此山东防务没有得到根本改变。李秉衡海防部署的特点是分兵把口，一线设防，没有机动兵力和预备队，忽略对敌侦探等，弱点明显。威海陆路失守的责任不能归咎于李秉衡，因为李秉衡派了 11 个营助守威海，并非按兵不动，威海卫失守主要因为山东半岛清军兵力不足和清政府战略指导失误。总体而言，李秉衡功远大于过，他是甲午战争中一个值得肯定的人物。①

　　有学者认为，当时的威海卫（今威海）和山东省的军队其实分属两个系统，威海卫的军队丁汝昌能指挥，但是山东省的军队还需李秉衡定夺。自甲午战争爆发之后，李秉衡跟丁汝昌的配合并不默契。承诺的支援并未兑现，如李秉衡向炮台守将戴宗骞承诺，派出军队驻守威海湾南北岸的南、北帮炮台。可实际上未发一兵一卒，导致北帮炮台失守。到战事最后，李秉衡的举措之偏执几乎到了令人无法理解的地步。日军已经在威海荣成登陆两天，可李秉衡坚决要求军队防守烟台，不对丁汝昌发出援军。《清史稿》载，"秉衡悉萃精兵於西北，而荣城以戎备寡，为日军所诱而获，时论诟之"。即便如此，丁汝昌还对李秉衡抱有希望，刘公岛被包围了，他派手下夏景春从刘公岛游过冰冷的海水到岸上去，希望山东巡抚李秉衡麾下陈凤楼 5 个营的兵力能够支援刘公岛，信中写道："我们已经到了这步境地，你们再不来救我们就完了。"但是不仅没有获得支援，陆军反而撤退了。外援无望之后，1895 年 2 月 12 日凌晨，丁汝昌服下鸦片自杀，北洋水师全军覆没。李秉衡在甲午战争中的所作所为，在当时就受到世人诟病，时至今日，仍然在史学界被人争论。有人认为李秉衡所为是不懂兵略的表现，但也有人认为李秉衡之所以拒援实际上是出于政治斗争的需要。中国海军史研究会会长陈悦认为，丁汝昌当时想给岛上的水师官兵留一条生路，但下令撤走陆上援军的李秉衡和李鸿章是政敌。海战开始后，和李鸿章合作很

---

　　① 张红军：《李秉衡与甲午山东半岛之战》，《山东社会科学》1992 年第 5 期。

好的山东巡抚被调走，李秉衡被光绪和翁同龢调来对付李鸿章，他们认为这场战役刚好可以削弱李鸿章的力量。①

也有学者把威海卫清军战败归咎于李鸿章和丁汝昌。更多学者把责任归于李鸿章"避战保船"的消极防御方针，戚其章根据《东方兵事纪略》的材料，认为应由李鸿章来承担北洋海军避战保船株守军港全军覆灭的责任。杨志本、许华《论丁汝昌战役指挥失误问题》认为，这个责任在于北洋海军提督丁汝昌战役指挥上的严重失误。比如没有能够采取积极主动的防御作战行动捕捉有利战机去突击日军的登陆输送队，反而是率领舰队株守军港，坐以待毙，实在是海战史上典型的蠢举。穆景元《甲午威海海战北洋海军失败原因探》（《锦州师院学报》1987年第4期）认为，应该把海战与陆战结合起来看，威海战败的原因不是"避战保船"，它与威海卫至成山角一带海岸和陆地防御薄弱、没有援兵解围有很大关系。②

有学者认为，从军事角度看，甲午战争谁胜谁负，很大程度上取决于双方对海陆协同作战的认识水平，以及由此形成的作战条件、作战准备及作战指挥。在山东战役中，李鸿章将防御重点集中在威海基地。他曾向威海守军下达海陆协防命令，即有警时，海军应出港，在炮台火力范围内与炮台合力迎击，不得远出大洋浪战；陆上守军但各固守大小炮台，效死勿去。山东巡抚李秉衡则在除威海之外的所有山东半岛北部沿海要地设防。他始终没有搞清日军可能的登陆地点，故明知兵分力单，仍不敢集中兵力专注一处，将有限的兵力散布于威海后路东南至荣成、西至登州共500里之遥的沿海防线上。③

总的来看，学术界对甲午山东战役中李秉衡所做的努力及其所犯的军事战略失误方面的探讨和研究仍是相当薄弱的，因此需要做专论来探讨。

一 李秉衡到任前山东省的军事布防

山东半岛地理位置十分重要，京畿门户，南北咽喉。山东半岛地处京

---

① 田野：《巡抚李秉衡的功和过：不援丁汝昌致其自杀》，《信网》2015年11月19日。
② 戚其章：《中日甲午战争研究四十年》，《历史教学》1991年第2期。海莹：《新中国成立以来甲午战争史研究概况及热点聚焦》，《文史知识》（北京）1994年第11期。王禹浪、许盈：《中日甲午战争近三十年国内研究综述》，《大连大学学报》2014年第2期。
③ 《甲午中日战力差距悬殊根本在于海陆协同作战能力之差》，《参考消息》2014年4月18日。

津地区的左辅，与辽东半岛隔海对峙，两者之间有如巨蟹之双螯，是渤海的重要门户，京津地区海防不可缺失的重要区域。

李秉衡到任前，山东省的陆军兵力已有逐渐增加的态势。但是从全国来看，山东省的陆地兵力相对其他省区而言，总体实力仍然不强。1894 年五六月间，日本接连挑衅，中国海防告急，清廷令山东省要加强海防建设，当时任山东巡抚的福润开始重视海防，进行军队防务调整，并在原有兵力基础上进行增募陆兵的工作。增募之前，山东省原有陆军兵力为：步兵 40 营，马兵 8 营，水雷兵 2 营。如果每营以 500 人计算，全省陆军总数为 25000 人。但也有学者认为甲午战前，山东全省陆军共 47 营 2 哨，其中步队 39 营，马队 7 营 1 哨，炮队 1 营 1 哨。①

福润扩军工作第一步是增募炮兵 4 营（计有炮 36 门），把海防的重点放在威海卫地区，对于其他地区的军事布防没有变动。威海卫地区的设防安排是：北岸地区由统领戴宗骞率领的绥字军 4 营负责防卫；威海南岸地区由总兵刘超佩率领的巩字军 4 营负责防卫（包括驻守日岛炮台）；刘公岛军港由总兵张文宣率领的护字军 2 营负责防卫。以上这些军队共 10 营，由直隶总督李鸿章直接指挥。② 这种单一的海防工作并不能让清廷放心，总署认为山东省的沿海布防仍然很弱，令福润加强沿海地区的军队设防工作。福润扩军工作第二步是增募步兵 4 营（7 月），增加济南和青岛地区的防务。新增募的步兵 4 营，加上原有的旧军 4 营，一起称为福字军（共 8 营），其中 6 营驻防济南，2 营调往青岛。福润扩军工作的第三步是增募步兵 3 营（8 月），增加烟台地区的防务。福润在烟台编成东字军 3 营，由统领曹正榜负责率领驻防烟台。同时还在沿海地区实行民团令，由沿海渔民组织民团，加强民兵力量。

到 8 月中日两国已经宣战，福润与直隶总督李鸿章之间关系密切，福润的海防工作力度不够，李鸿章明显有些不放心。丰岛海战后，海上风声趋紧，日本军舰时常到威海卫军港口外侵扰，炮击海岸守军，岸上炮台虽有开炮轰击，但不能轰毁日本军舰。山东海防因此更加趋紧。在此背景下，李鸿章对威海卫地区的兵力也有所增加，以加强威海卫军港的防务。主要是在威海北岸炮台和南岸炮台各增加了 1 个营的兵力，由原来的 4 个营增加到 5 个营。刘公岛的守兵也由 2 个营增加到 4 个营，以防备日本海军的进

---

① 戚其章：《甲午战争史》，吉林人民出版社，2005，第 359 页。
② 关捷等总主编《中日甲午战争全史》第 3 卷，战争篇（下），第 220 页。

攻。如此威海军港守军由 10 个营增加到 14 个营。戴宗骞把新增的 2 个营分别称为绥字军新前营（驻神道口）和新右营（驻长锋寨），并奏准将李荣光率领的驻在济南的嵩武军 4 营也调到威海卫地区附近的登州沿海。①

以上这些海防工作，都是巡抚福润在与李鸿章的密切商议下进行的，因为山东的海防工作有两个不同的体系，山东陆军由巡抚负责指挥，威海卫军港由北洋大臣李鸿章直接指挥。福润每次调动陆军的布防工作，都与李鸿章进行电商。如 8 月中旬调道员李荣光率领驻在济南的嵩武军 4 营前往登州沿海进行布防，调总兵孙万林（烟台嵩武军指挥官孙金彪的部将）率领在烟台的嵩武军部分士兵去布防荣成。福润可能觉察到威海卫南面的海岸地区陆军防务的薄弱与不足，李鸿章虽然对此也有所重视，但他认为威海卫北面的海岸地区防务更为重要一些，因此调派孙金彪的一部分兵力到酒馆集附近布防。而对于威海卫军港的继续增兵计划却坚持反对，因此福润当巡抚期间，山东省的扩军计划是有限的，总计在原有 50 营的基础上扩军 4 营炮兵和 7 营步兵，由李鸿章直接领导的威海卫防区军队扩军 4 营，共计陆军总数约为 65 营，人数约为 32500 人。

此外还有为数不多的旗兵，山东省的八旗兵主要驻防在德州和青州两处，德州驻防旗兵初为 500 人，青州驻防旗兵初为 2016 人，基本编制保持不变，后来既有增加，人数也不会很多。② 《清史稿》记载："设德州、青州、武定三营参将或守备将领八或六，兵共二千二百有奇。"③ 这不到 3000 人的旗兵，此时早已成为一种特殊的公民，失去任何战斗能力。总体而言，在山东驻军中，有一半以上分扎在山东半岛沿海一带，拱卫于威海后路。威海卫附近有绥字军 5 营、巩字军 5 营和北洋护军 4 营；芝罘嵩武军 4 营；胶州湾附近嵩武军（含广武军若干）5 营；登州嵩武军 2 营和登营练军 2 营；青州驻防部队 1 营，马队 1 营；济南嵩武军 4 营，济字前营 1 营，泰靖营 2 营，靖健营 2 营，抚济营马队 1 营；武定附近精健营 1 营；兖州济字营 2 营，形字营 1 营和精健营马队 1 营；曹州济字营 1 营，山东步队练军 3 营，济字营后营马队 1 营，松字营马队 1 营；沂州附近新健营马队 1 营。后来福润奏请增募的炮队 4 营和步兵 4 营（福字军），其中 2 营驻在青岛（由总兵章高元率领），其他 6 营驻扎于济南（由副将冯义德编成）。福润后来扩编

---

① 关捷等总主编《中日甲午战争全史》第 3 卷，战争篇（下），第 222 页。
② 鄂尔泰：《八旗通志》，东北师范大学出版社，1985，第 543—545 页。
③ 赵尔巽：《清史稿·兵志》，中华书局，1998，第 3892 页。

的泰靖左营 1 营驻在济南，广武军 4 营和炮队 4 营驻于青岛附近，马队 1 营驻于滕县。总计有 60 多营，但因为在设防上是零散布局，形成不了很强的战斗力。

二　李秉衡到任后的海防举措

李秉衡到山东任巡抚时，中日战争已经发生，战争发生后清廷重用他，把他安放在战线前沿的山东省，主要是考虑到在中法战争时他在广西办理军务比较得力和务实，有一定声望，清廷认为他老成持重且忠勇知兵，因而重用他。李秉衡是在光绪二十年七月十六日接到旨令调补山东巡抚的。他在当年五月刚调任安徽巡抚，八月就调任山东巡抚，到任前他专程到天津会晤李鸿章，商议山东海防事宜。八月十二日到达山东省城，从福润手中接过巡抚关防。光绪帝要他先办理海口防务以及曹州一带的盗匪。可见，李出任山东巡抚是临战受命，责任重大，海防是重任也是一种挑战。如何办理任务艰巨的海防是摆在他面前的首要重大任务。值得肯定的是，李秉衡勇担重任，不怕担责。他认为山东为表海封疆，渤海门户，皆在汛地。山东地理位置的重要性决定了海防重任决不能专属北洋李鸿章，因此打算将省城诸事稍为料理，就先去青州、莱州两府，然后再到登州府，再到胶澳和烟台等地部署海防防务。"总期一气联络，屹若长城，以固吾圉。惟省门迤西一带将届冬防，缉捕正难稍懈。且武闱场期正迩，诸凡重要，实有难以兼顾之势。于是将省城诸事交由藩司汤聘珍经理兼代办武闱事宜。"①

李秉衡海防工作第一项重要事务是增练营伍，重点设防胶澳、威海和登州。李秉衡认为，海防紧要，山东防营太少，因此计划增练劲旅，以备缓急。山东省城以东，各郡县大半滨海，原有防营甚少，先前经调任巡抚福润添募福字 8 营，仍属不敷分布。朝廷电旨抽拨登州、胶澳等处 8 营往援旅顺，登州尤见空虚。李秉衡因此饬令提督夏辛酉先招募数营，以充实登州的防务。"惟合计兵力尚单，必须另有一大枝游击之师，以资策应。续行招募，以二十营为率，先赶募十余营，拟五营设一统领，十营设一总统，择朴勤廉勇者任之。所募勇营规制，以习劳戒奢、惩办虚额为先务。购军械，需款项，拟取给于海防捐输，并饬藩司挪措。"② 李秉衡计划增募一大

---

① 《奏赴登州府经画海防折》，戚其章辑校《李秉衡集》（上），中华书局，2013，第 194 页。
② 《奏海防重要请添募劲旅折》，戚其章辑校《李秉衡集》（上），第 223 页。

支游击之师，以 20 营为率，先募 10 营，得到清廷同意，并先调内地巡防的嵩武军 4 营，檄饬候补道李正荣统带，援赴登州扼扎。电饬署登州镇总兵章高元就近招勇 2 营，并将修筑胶州炮台的广武 2 营、嵩武 2 营，停止工作，即归章高元调遣（总计 6 营）。派统带精健营胶州协副将冯义德、候补道多培驰赴曹州、济宁等处，各募步勇 3 营，每营 500 人（总计 6 营）。成军后择要分布。随后，章高元募步兵 1000 人，编为福字中军左、右 2 营，于七月二十三日成军；并将冯义德所带的精健营改为福字中军中营，共 3 营，于八月七日成军。以上总计扩军 15 营。章高元督带原统 4 营并新募 2 营驻防胶澳，冯义德所带的 3 营扼扎威海，多培所带 3 营作为登州后路策应之师，已一律抵防。① 按照此数，登州的章高元所部共有 6 营调防胶澳；冯义德所部 3 营驻防威海；夏辛酉所部新募数营驻防登州，登州无险可据，前巡抚福润已派候补道李正荣管带嵩武 4 营，又新募福字 2 营驻扎该处；多培所部 3 营作为登州后路策应之师。陕西汉中镇总兵孙金彪所带嵩武 4 营驻扎在烟台。山东省因为中日之战而扩招的军队越来越多，据李秉衡所述："统计前后添募各营，及截留各军，几及八十营之多，所需官弁勇夫薪饷，并制造转运军火、器械等项，月需饷银二十余万两。"② 福润当巡抚时山东省军队已有 68 营左右，李秉衡又扩军 15 营左右，80 营这个数应当是少算了的。

李秉衡海防工作第二项重要工作是筹饷购械，充实军备。"现在倭氛不靖，沿海筹防，募勇练兵，以筹饷为最要。"③ 军队扩建，多招兵士，枪械会严重不足，急需枪械弹药。山东省机械局制造的铅丸、火药等项，岁拨银 1 万两采办外洋物料，仅敷常年操防之用。此时海防需用军火倍于以前，必须先期多备，方足以资接济。先由藩库额拨本年银 1 万两，续又添拨 1 万两，委江苏候补道潘学祖就近在上海预为购定外洋各种铜、铅、钢、铁、硝磺等物，并强水、漆油一切应用杂料，派员送来山东，赶紧制造，以备缓急。④ 旧存军械无多，各营纷纷请领，无法供应。且全系旧式洋枪，难以及远。"倭人枪炮尤为猛烈，非急购西洋新式快炮快枪无以制敌。此实全军性命所关，即地方安危所系，必须赶紧图维者也。"而司道各库没有多余闲款，"近因接奉部议，另筹待拨巨款，业已搜罗一空。而购备枪炮，势又万

---

① 《奏新募各营成军日期折》，戚其章辑校《李秉衡集》（上），第 225—226 页。
② 《奏请援案截留京协各饷折》，戚其章辑校《李秉衡集》（上），第 301 页。
③ 《奏分别筹款免借商本折》，戚其章辑校《李秉衡集》（上），第 201 页。
④ 《奏委员向洋商订购铅丸火药等项片》，戚其章辑校《李秉衡集》（上），第 203 页。

难稍缓。准臣先行提动正款银三万两，以便迅即购买外洋快及快枪毛瑟等枪，俾可应手，而免贻误"。① 购买枪械弹药处处需款，筹款成为一大难题。用什么办法是个头痛之事，因为山东省兵饷、勇粮、赈抚、机器各局，黄、运两河工程等项经费，支解纷繁，已形竭蹶。李秉衡采用裁并局员的办法，也是一种创新。筹办海防，款无所出，裁并局员是为了节省靡费。他主要选择局费太繁、委员太冗者分别裁并。除工程局停撤外，如厘金、土药、军械并入善后为一局，赈抚、赈捐并为一局，书局、通志并为一局，均委藩司汤聘珍总办；保甲、机器两局，均委桌司松林总办；南、北两运并为一局，派委运司李希莲总办；洋务、河营及河防局，均委济东泰武临道张上达总办，概无薪水。其会办、提调、收支、文案必不可少者，即于候补道府同通州县中每局遴委数员，分司其事，酌给薪水。其余局所全都裁撤，"核计每月经费节省颇巨"。② 李秉衡认为，山东省商力已疲，办法只能于藩库内逐款搜括，积铢累寸，凑集银 10 万两，作为的款候拨。盐商情愿摊捐一次银 10 万两。自光绪二十一年起，分作四年随同引票缴足。复于各库局中，无论是何款项，亦不计其能否动用，暂行凑挪银 10 万两，移缓就急，随时弥补。以上的款、另款，共计银 30 万两。李秉衡到任后只半个月，群策群力，得以筹此巨款。"然已搜罗殆尽，不遗余力矣。"③

李秉衡海防工作第三项重要工作是整治吏治，整治将领腐败，选用贤能朴实将领，并防奸细。对于山东省庸劣不职的官吏分别降职或革职，以整肃官场。李秉衡认为："天下之治乱，视乎百姓之安危；百姓之安危，视乎守令之贤否。监司又守令之所效法。山东吏治之坏，积习相沿已非一日。为牧令者，知有上司，不知有百姓，但以趋奉迎合为能，而舆情之休戚向背，概置不问。为上司者，亦喜其趋承应奉，而乐为引援。是非不明，则赏罚失当。处积重难返之势，非痛加惩创，将有江河日下，莫可挽回之忧。"因此，对相关官吏进行降革。比如，对候补道黄玑（揽权纳贿）、候补道叶润含（行为苟且）、候补知府严福保（得势妄为）、前候补直隶知州范一双、单县知县署长清县知县松年、淄川县知县黄华、候补知县郭秉均、候补知县朱铺、候补知县郑桐、代理观城县知县即用知县李子春、托疾引

---

① 《奏提正款购买外洋枪炮片》，戚其章辑校《李秉衡集》（上），第 204 页。
② 《奏裁并各局片》，戚其章辑校《李秉衡集》（上），第 198 页。
③ 《奏分别筹款免借商本折》，戚其章辑校《李秉衡集》（上），第 199—201 页。

退的巡检王翰等人进行革职或降职。① 同时，对一些腐败的将领也进行整治。有统领福字中、前、后三营的胶州协副将冯义德，自七月间经前巡抚福润派委招募福字三营，李秉衡抵任后檄令驻扎文登县属的柳沟村，以防威海后路。得知该营有虚短额数、克扣勇粮等情，该副将于各营军衣、粮米，皆其亲属自行采办，在各勇营粮内任意摊扣，其队伍亦未能精壮足额。遂将该副将撤去统领，即行革职，委派记名总兵李楹接带这三营。② 同时还防范日本奸细。山东省口岸有倭酋奸佃，扮作商人，以暗号发报，潜通消息，不可不防。"要饬下北洋大臣，通饬各省电报局，除官报外，凡沿海有军务处所暂停商报一月，以昭以理慎重。待军务稍定，再行复旧。军情吃紧，益加慎密。"③ 山东的吏治腐败积习相沿已非一日，因此要多补一些朴勤结实廉正有为的官员。"且倭氛方炽，沿海防营仍嫌单薄。臣拟增练数营劲旅，以备缓急策应。万须谋勇兼优之将领。"李秉衡起用前广东雷琼道朱采（回浙江原籍）、山西候补知府锡良、广西候补副将杨昌魁（在龙州边防军营），把他们调到山东，令杨昌魁招募黔勇两营带来山东，令广西巡抚拨给军械，筹拨两个月的行粮。④

以上这些海防举措，有一些是有效的，比如整治贪官、筹措款项等项，收效立竿见影，而有些却未见其效果，比如军队扩招、营伍扩建，以防日军入侵。山东省陆军扩招最后防营总数有 80 营左右，还是不能阻止日军的登岸入侵。这说明李秉衡的海防努力最终都成了泡影。虽说李秉衡是在战争发生后才到山东省的，经营海防的时间不长，限制了李经营海防的效果，但是 4 个月时间足可以让他筹措好海防事务，不至于如此快便惨败。可是李秉衡完全辜负了清廷对他的重托。李秉衡经略海防的失败，原因很多，也相当复杂，但是有一点比较突出，那就是李秉衡的个人能力和军事战略上出现了问题，即李秉衡个人的智慧、才识、能力和军事战略思想等，仍处于十分低下的水平，不足以领导山东半岛战役取得胜利。

三 李秉衡海防军事战略上的失误

李秉衡的海防理念决定了其海防决策，这种理念和决策影响了他在山

① 《奏甄别不职各员折》，戚其章辑校《李秉衡集》（上），第 230、257、275 页。
② 《奏参副将冯义德折》，戚其章辑校《李秉衡集》（上），第 229 页。
③ 《奏各省电报及所奉电旨按月汇报片》，戚其章辑校《李秉衡集》（上），第 221 页。
④ 《奏调朱采等来东片》，戚其章辑校《李秉衡集》（上），第 218 页。

东省对清军的军事布防，也影响了清军在山东半岛战场上的发挥，更影响了其海防举措的成效。

李秉衡认为，山东海防以威海和登州最为重要，烟台次之，胶澳又次之。威海为北洋门户，"近十年中经北洋大臣极力经营，已成重镇"，直隶道员戴宗骞统带的绥巩 13 营驻防此地。烟台据要害，得形势。对面有刘公岛，距岸 8 里，为海军存储重地，所筑炮台轰击可以相应。又有李秉衡所派副将冯义德统带的福字 2 营驻扎在威海后路，"大致尚属完固"。登州郡城与旅顺对海，其北水城上即蓬莱阁，阁下即大洋，并无炮台巨炮，设守十分困难。城西沿海有天恒山，城东海岸有沙冈十里许，可以安设炮位。李秉衡下令防营沿着沙冈赶挖长沟，间段覆以板泥，为列队避炮立足之地。有广炮五六百斤及千斤者，全都排列在冈上。天恒山顶赶筑土炮台，围以后墙，并在烟台找出五六千斤炮位数尊，设法运往天恒山安置。派提督夏辛酉统率嵩武各营并登荣练军 1 营，扼要驻扎，"期于毫无把握中力求守御之法"，登州成为李秉衡海防的重点。烟台隶属福山县，登州在烟台的西北，威海在烟台的东南，为各口岸适中之地。李秉衡处此地"居中调度，以期兼顾"。烟台为各国互市之所，驻有北洋所派汉中镇总兵孙金彪统带嵩武 4 营及登莱道刘含芳练军 1 营，共计 5 营兵力。烟台的炮台有两座，"均得形势，修筑亦甚完固，可资扼守"。胶州偏在沿海西南一面，距烟台 600余里，先有登州镇总兵章高元统带广武、嵩武 4 营驻扎青岛。清廷下令李秉衡拨营援助旅顺。李秉衡于是酌调章高元统带所部 4 营，并拨原驻登州 4 营东渡援助旅顺。①

由此可知，李秉衡经营山东省的军事战略思想以威海和登州为最重要。李鸿章经营威海已有十年，李秉衡认为不用担心，又有李秉衡所派冯义德率福字 2 营驻威海后路，已经完固。而李秉衡对登州的防务有些担心，因为"东省防务，惟登州无险可扼，较费经营"。② 但李秉衡还是做了相应的经营，让防营赶挖长沟，在冈上安放广炮，在天恒山上筑土炮台，安放大炮，李正荣管带嵩武 4 营（后改由提督夏辛酉统率），又新募福字 2 营，还有登荣练军1 营，驻扎该处。清廷电旨李秉衡抽调登州、胶澳等处 8 营往援旅顺，登州因此更显空虚。李秉衡遂饬提督夏辛酉先招贤募数营，以充实登州防务。李秉衡计划增募 20 营作为游击之师，放在登州附近地区。说明他对登州防务的重

---

① 《奏报驰抵烟台一带筹办海防折》，戚其章辑校《李秉衡集》（上），第 219—220 页。
② 《奏查明御史所奏匪徒一节据实覆陈折》，戚其章辑校《李秉衡集》（上），第 205—206 页。

视，他认为"登州无险可扼，防营、炮械不如旅顺之多，设守之难，岌岌可虑。万一有失，西路伏莽必乘机而起，山东全省更难收拾，畿疆亦不免震动，有关全局匪浅。章高元驻扎青岛，臣已发咨拨队，星夜来登"。①

李秉衡海防军事战略思想最大的错误在于把军事布防的重点过于放在威海和登州，完全忽略了威海到荣成之间海岸线的布防。山东半岛形如马头状，威海在马嘴，烟台在马头上方，登州也在马头上方偏西（烟台之西），其军事战略地位固然重要，李秉衡计划用 20 营左右的陆军作为游击之师放在登州附近地区，其用意之深远是可以理解的。但是他忽略了马嘴下方从威海到荣成沿线地区的军事布防，这是其最大的失误。从威海到荣成有 300 余里沿海地区李秉衡没有派驻重兵，更没有派出策应的游击之师，而总共只派了 5 营左右的微小兵力，这是他的重大失责。李秉衡最后在失责表白书中只能找借口说："荣城距威海百里，岛屿纷歧，可登岸之处太多，处处设防无此兵力"；"自威海至烟台一百八十里，皆威海后路。其烟台、宁海、上庄等处，兵力本单，若全调赴威，恐倭人趁隙又从西路登岸，则威、烟并危"。② 李秉衡调赴荣成 5 营兵力，派副将阎得胜泰靖 1 营、都司叶云升精健 1 营往防倭岛；以副将戴守礼 1 营往防俚岛；派巡检徐抚辰济右 1 营、参将赵得发河成 1 营在荣成附近地方驻扎，以备策应。其龙须岛防队，系由威海守将戴宗骞派往。这种设防明显忽略了威海到荣成沿海地区的军事防务。整个山东半岛，如果以威海卫为中心进行军事布防，在重点布防威海到烟台到登州一带沿海地区的同时（布防 20 营为率的游击之师），必须同时把重点布防在从威海到荣成一带沿海地区，设置 20 营左右的游击之师，一旦发现日军从口岸登陆，即率这两支游击之师同时向这个口岸地区攻击，以消灭来犯之敌。李秉衡以山东防营太少为理由，忽略这一带沿海地区的重点设防，这是他作为一省主政者最大的失职了。

以上是军事设防方面其的失误，这个失误原本是可以弥补的，但李秉衡没有用心去弥补他的过错，当他得知日军从荣成登陆后，却没有快速派重兵去阻击和消灭敌军，而是依然认为登州、烟台后路更为重要。他说："山东沿威海地面，北自武定府属的海丰，南至沂州府属的日照，周匝几二千里，登、莱、青三府直插海中。论海防大势，以登、烟、威海为最重要，而莱、潍、黄县一带为登、烟后路，即为省城门户。武定各属紧接津、沽，

---

① 《奏缓赴胶澳片》，戚其章辑校《李秉衡集》（上），第 224 页。
② 《奏查明荣成县失守情形折》，戚其章辑校《李秉衡集》（上），第 259—260 页。

现在一路所驻各营分布尚单，且多半新募。武定府属仅驻四营，莱、滩、黄县一带虚无一营。近日倭寇已踞荣成，则威、烟一带兵力应须加厚，腹地处处空虚，省城门户洞开，毫无屏蔽。东省为南北通衢，海防、陆路与直隶处处毗连，海运不通，运道尤关紧要，设有梗阻，大局何堪设想？""臣通盘合计，非添三十营劲旅不可。前奏调广西副将杨昌魁、副将王宝华，又檄调湖南提督李定明各募数营，急切未能赶到。定购外洋枪械，须俟来年二月后方能到齐。再四思难，实属无从措手。"① 二十五日，李秉衡得知倭人在龙须岛近岸，即电调开赴上倭、俚岛 3 营折回堵御。这明显是儿戏，不懂军事的人都知道这是鸡蛋碰石头，何况是一省之主？李还电饬酒馆驻扎的提督孙万林 2 营，"前往合剿，均未赶到"。李秉衡知道日军会大举进犯，日敌有 3 万人以上，却仍只饬令 5 营这么少的兵力来"堵御"，真是贻笑大方！倭人已由落凤港登岸，猛扑县城。城中根本没有防营驻扎，其驻扎附近的徐抚辰、赵得发 2 营开队向前迎敌，奋力抵御，势不敌，伤亡颇多。阎得胜、叶云升 2 营先后赶到，"未及整队，已被倭炮轰击，抵敌不住，倭遂蜂拥入城"。② 李秉衡还添派孙万林等军与戴宗骞所部绥军，会合堵剿。这些都是李秉衡应付清廷的话语。李秉衡没有认真去思考他自己军事部署上的失误，而认为是阎得胜、叶云升、徐抚辰、赵得发等五营将领的错误，所以就将他们革职，让他们戴罪图功，以观后效。李秉衡说分统副将阎得胜有临敌退缩情事，后来又于正月初四日饬孙万林将阎得胜在军前正法。阎得胜成了一个替死鬼。

李秉衡在不了解、不确定日军在何处登岸的情况下，制定了不完善的防御计划，是在不完全掌握日军情报的情况下假设而行的，因为他不拥有对敌侦察的必要手段。其具体计划为：日军如果在宁海附近意图登陆，即以李楹所部福字 3 营、曹正榜所部东字 3 营作为前敌，全队出击，在龙门港的曹凤仪襄字军出七成对其接应；日军如果在酒馆附近意图登陆，即以孙万龄所部嵩左等营、李楹所部福字 3 营作为前敌，全队出击，曹正榜抽拨 2 营接应，孙金彪率 2 营驰往救援；日军如果径犯威海西海岸，即以孙万龄嵩左营，并督率谭邻都福字炮队营及曹正榜、李楹各抽拨 2 营，并曹凤仪抽拨半营，由孙金彪统带嵩武 2 营，督同各营前往威海扺敌之背，与威海各军前后夹击；日军若由荣成成山头等处登陆，即以阎得胜所部 2 营、戴守礼 1 营

---

① 《奏调董福祥军来东片》，戚其章辑校《李秉衡集》（上），第 261 页。
② 《奏查明荣成县失守情形折》，戚其章辑校《李秉衡集》（上），第 259 页。

作为前敌，迎头堵击，徐抚辰、赵德发各 1 营为接应。① 这是一个粗略的计划，李秉衡前三个重要估计，是日军在威海西海岸一线登岸，这是他重点设防的地区，他在这一区域布防的军队不少于 30 营。可是，在威海的东线海岸线直到荣成一带，李秉衡基本上是忽略的或不重视的。这就是他在军事布防方面所犯的重大军事战略错误，既然设定如果日军在荣成成山头等处登陆，那就应当在此布防重兵，至少应当有一支 30 营以上的游击之师，才可以应对可能出现的阻击日军登陆的战斗。而李秉衡把大部分的兵力布防在威海西海岸一线，而在威海东海岸一线直到荣成一带的沿海地区，只布防了区区 5 营 2500 人的兵力，何以能阻击日军几万人的大举进犯？而且这 5 营中有 2 营是河防营队，枪械亦缺，极不任战，根本没什么战斗力。"河防营者，河涨则集，涨平则散，无常饷，知畚跽，不知行阵，盖士夫，非战兵也。又以羽檄调青州驻防步兵千、马队二百，亦窳陋不可用。于是山东沿海等于无兵。"② 李秉衡得知日军在龙须岛登陆的警报后，派多少兵力去荣成阻击日军的问题，可以说明他对此事是重视还是不重视。他只下令孙万龄所部（嵩武左营并福字三队）自旧馆驰往荣成阻击日军，这些兵力数量十分有限。荣县如此轻易失守，关键原因还是李秉衡不重视，荣县清军太少，缺乏战斗力。李秉衡把山东省大部分的防营放在日军没有登陆的威海西海岸地区，等于把这大部分兵力闲置起来，而对于日军已经实施登陆的荣成一带，却始终轻视，不派重兵。③ 这是李秉衡的最大失职。

李秉衡还有一个军事战略失误是，忽略了对进攻威海日军的大举阻击，没有按照清廷旨意派重兵去攻击和消灭进犯威海卫的日军，而是应付了事，不积极主动。倭兵登岸，荣成失守，原本就是李秉衡军事战略指挥的重大失职，而被他说成是东省兵力较单，致有疏失。李秉衡自请议处，光绪帝给他加恩宽免，但同时旨令他："刻下贼已登岸，必将猛扑威海。著李秉衡厚集援军，迅往遏截，并激厉将士，如有能奋勇破敌者，立予重赏。威防戴宗骞等军守御尚能出力，现在贼踪逼近，仍著李鸿章饬令在防各军，固

① 《李秉衡饬诸将扎》，见《甲午中日战争纪要》，1935，第 158—159 页，转自关捷等总主编《中日甲午战争全史》第 3 卷，战争篇（下），第 228—229 页。
② 《东方兵事纪略》，中国史学会主编《中日战争》（一），人民出版社、上海书店出版社，2000，第 54 页。
③ 有人认为，由登州至荣成 500 余里的海岸线为李秉衡布防的主要地段，笔者对这个观点存在疑惑。见张红军《李秉衡与甲午山东半岛之战》，《山东社会科学》1992 年第 5 期，第 66 页。

结兵心，拼力截击，不得临敌畏却，致误大局。闻敌人载兵皆系商船，而以兵船护之；若将定远等船齐出冲击，必可毁其多船，断其退路，此亦救急之一策。著李鸿章速筹调度为要。"① 这里要强调，清廷给李秉衡的旨令是"厚集援军，迅往遏截"。而李秉衡各方面能力均有限，军事常识不足，他基本上不派重兵去围堵进犯威海的日军，李秉衡仅仅调派福字 2 营屯驻于北帮，后来又增募了襄字 2 营又 2 队（每队 250 人）并福字 3 队（一队 300人，另两队各 200 人），都是驻在烟台，零星屯戍，不足成军。而且军械也不备全，所用的军器全都是配以旧土枪及旧的前膛来夏枪。对于这些武器新兵也没有经过集训，就想将他们驱向战场，再加上士兵的饷银也寡薄，因此士气十分低下，缺乏战斗力。②

李秉衡对此并没有重视，而是为其军事战略上的失当找借口。他在电奏中，一方面强调日军数量太多，贼势太众；另一方面强调山东省清军兵力太单，仓促调募，不能有所作为。"倭寇距威不远，所派赴援之提督孙万林，已由威前进；又飞马由间道密饬倭、里岛折回之各营，蹑贼踪尾击，与孙万林合队，拼力堵剿。此次倭寇约近两万人，昨复有倭船十余只在威口外西驶，又难免不从西面乘隙上岸，因之所派嵩武等营，未能全趋东面，转致西面全虚。总之，此番贼势太众，威太危，烟亦岌岌。兵太单，东省仓猝调募，仅此营数，全以顾烟、威，即省西盗贼充斥之区，及武定紧接津沽，亦扎数营。至后路暨省垣腹地空虚，最关紧要，威、烟一有疏虞，则后路省门全行决裂。东省为畿疆屏蔽，南北通衢，海防隘路处处犬牙，海道不通，运道尤为紧要，设有梗阻，关系大局匪浅。拟奏请将贵州古州镇总兵丁槐所部五营截留，尚未奉到谕旨，惟欲急顾烟、威，兼力顾腹地，恐营少势难措手。惟有再恳天恩，俯准饬令提督董福祥带所部各营，星夜开拔来东。"③ 显然，李秉衡不派重兵围堵日军的理由太过于荒唐：兵力太少；省西盗贼充斥，需要有防营；省城腹地空虚，需兵驻防；威海西海岸不能空虚（日军可能由西线登陆包抄），嵩武等营不能调动。这算什么理由？他担心的事太多，迟疑不动，丧失了有利战机。李秉衡在总结中说：

---

① 故宫博物院编《清光绪朝中日交涉史料》，中国史学会主编《中日战争》（三），人民出版社、上海书店出版社，第 340 页。

② 有学者认为，李秉衡先想派 15 营后来只派了 11 营去助守威海，此说颇有疑点。见张红军《李秉衡与甲午山东半岛之战》，《山东社会科学》1992 年第 5 期，第 66 页。

③ 故宫博物院编《清光绪朝中日交涉史料》，中国史学会主编《中日战争》（三），第 341 页。

"臣筹布无方，愧愤万状。应请旨将臣交部严加议处。"清廷最后定论：李秉衡调度失宜，究因兵单所致，着加恩改为交部议处。交出到部，经吏部议，请将李秉衡照例降二级留任。山东省最后扩建的军队有 80 营之多，这还算兵单吗？"统计前后添募各营，及截留各军，几及八十营之多，所需官弁勇夫薪饷，并制造转运军火、器械等项，月需饷银二十余万两。"①

李秉衡还有一个军事战略失误，就是没有和李鸿章进行很好的配合，山东陆军也没有与北洋水师有效配合作战。海城被日军占领后，奉天形势十分危急，巡抚李秉衡下令登州镇总兵章高元率所部嵩武军北渡赴营口援助辽东。山东的问题十分严峻，李秉衡却没有妥善安排海防的问题，而是顾此失彼，调山东的防军去援助奉天，他的大局观念确实让人敬佩，可他主政的山东省自身的沿海防务却十分空虚。当初，李秉衡到山东时，中国东征朝鲜的兵事以及东北的军务问题已经相当棘手，有识之士都知道倭祸必在山东。其武定、莱州、登州诸府，海面辽阔，山东省群吏都向李巡抚提出了增募 30 营以防御登莱诸海口的建议和请求，李秉衡并不允许，其可能主要是考虑到山东省的财务困难。后来李秉衡驻守烟台，清军在辽东的失败消息不断传来，并且知道日军将来会图谋山东省。戴宗骞以威海后路空虚，并非守台勇力所能兼顾，于是向李秉衡请求要筹建一军分屯在威海炮台后路，以巩固威海后路的防务。李秉衡对此并不十分重视，最后只派了 6 营左右的防营，戴宗骞的防营守炮台都不够。而山东勇营很多是新募，没有精良炮械。当时署南洋大臣张之洞深表关切，并提出了一个可行的计策，就是让正在赶往东北的陈凤楼马队 3 营并率清淮马队 2 营、李占椿 5 营、万本华王营、张国林 5 营，共 20 营，从沂州府转向直趋烟台，到威海后路，相机援助山东海防。清廷对此不同意，只让"丁槐一军，准其留于山东调遣"。② 李秉衡方面与李鸿章并没有进行很好的合作，水陆淮军唯承北洋大臣李鸿章的意旨，不遵山东巡抚李秉衡的调度，"以致贼由荣成空船登岸，攀山越岭，水师不敢捣其空虚，陆师不敢击其涣散，从容整队，所向无前。今各路调援之军俱已首途，倘再令北洋掣肘其间，是东抚有督防之名，仍无统兵之柄，东省糜烂，大局其何堪设想？"③

李秉衡实际上只派孙万龄率所部 2 营加上阎得胜等 4 营，堵截威海南

① 《奏请援案截留京协各饷折》，戚其章辑校《李秉衡集》（上），第 301 页。
② 故宫博物院编《清光绪朝中日交涉史料》，中国史学会主编《中日战争》（三），第 340 页。
③ 故宫博物院编《清光绪朝中日交涉史料》，中国史学会主编《中日战争》（三），第 395 页。

路，进攻枫岭。李秉衡还下令调总兵李楹拔上庄所驻 3 营前往助剿。这点兵力，其实力可想而知。日军见清军势单力薄，对清军进行猛攻。万龄率军在前方督战，还令阎得胜率领接应队从旁侧抄截日兵。阎得胜未能应命，不战而退，清军寡不敌众，大败而逃，撤归桥头，而驻桥头的绥军 3 营早已空壁而去。清军各军之间矛盾重重，万龄与戴宗骞之间不能协同作战，各负怨言而离去，桥头不守，威海不守，也在情理之中，"于是枫岭以东无我军踪迹"。① 清军投入威海战役的军队到底有多少？有学者认为共有 31 营（绥军 6 营，巩军 6 营，新练炮队 4 营，北洋护军 4 营，外加东军 11 营）。② 到底有没有这么多兵力？其实，当时候选道戴宗骞统领绥字 4 营、巩字 4 营、绥巩新军 2 营、北洋护军 4 营，驻守山东威海卫，戴宗骞驻守威海北岸，总兵刘超佩（左边为王）分统数营驻守在威海南岸。这些守卫威海卫的清军，如以每营 500 人为额，则 14 营兵数约为 7000 人。据李秉衡在上奏中说："初五日，倭分道由岭入南帮，巩军不守，南路炮台、长墙俱失。倭得南帮，大股直趋北台，相持两日，绥、巩各军先后溃散，威海营垒尽为贼踞。戴宗骞仅率两营守北台。""初七日，倭以大股在羊亭东与孙万林等接仗，而潜师由南帮内沿海小道趋袭北山嘴炮台。水师船因海口倭船环进，不暇回顾，戴宗骞兵溃力竭，为队下拥上定远船。是日巳刻，北岸全台俱失。"③ 或许李秉衡派去围堵日军的只有孙万林等军，应付了事。

四　结语

甲午中日战争山东半岛清军失败的原因很多，是综合实力不如日军的结果，不是某一单个原因的结果，如果仅仅从巡抚李秉衡个人因素去寻找失败原因是不客观的。军队自身的原因十分重要，而省级最高领导人（决策者）的原因更为重要，因为他是头脑和灵魂，头脑和灵魂出现问题军队就会失灵，就会失去其应有的作用。决策者的能力、学识和精神力量决定军队的建设和未来，决定军队在战争中能否取胜。当时作为一国之主的慈禧太后、光绪帝就是一国军队的灵魂，作为山东一省之主的李秉衡就是山东省军队的灵魂。

---

① 《东方兵事纪略》，中国史学会主编《中日战争》（一），第 57 页。
② 张红军：《李秉衡与甲午山东半岛之战》，《山东社会科学》1992 年第 5 期，第 66 页。
③ 《奏威海失事自请严议折》，戚其章辑校《李秉衡集》（上），第 270 页。

李秉衡能力毕竟有限，他从捐官起家，通过捐钱买了个县丞，此后在直隶做官，成了直隶总督李鸿章的属下，先后任直隶枣强知县、蔚州知州和冀州知州。后来在山西得到山西巡抚张之洞重用，才步步高升，很快升为山西平阳知府，中法战争时张之洞南下两广，李秉衡也跟着，改调广西高钦廉道，后又升任护理广西巡抚。甲午战争爆发，李秉衡得到北京清流派支持和重用，1894 年 8 月 13 日刚提升为安徽巡抚不久的李秉衡在北京被军机大臣和内阁大臣考查，8 月 16 日，清朝廷下令将原山东巡抚福润调任为安徽巡抚，让李秉衡接任山东巡抚。

作为一个封建时代的旧式官僚，能从捐官县丞升到巡抚的高位，说明李秉衡政治仕途吉星高照，而且政治上有后台，但不能证明他具有超凡的能力（尤其是军事上的才能），他在山东战场军事战略上运用失误，最终导致清军在山东半岛战役中彻底失败。李秉衡没有与时俱进的军事战略思想和军事布置方略，只能用传统的零散的军事学识来应付近代新式战争，传统的军事思想已经严重落伍，他不能有所觉察，在日本现代化海陆军的强大进攻面前，显得无能为力，无所适从。有学者认为，山东半岛清军失败是两方面因素造成的：一是山东省兵力不足；二是清政府战略指导错误，以致李秉衡无法及时筹设大支游击之师。其他如清军素质低劣、战术不当，清军指挥体制紊乱、各部缺乏协同等，也是陆路失守的重要原因。[1] 这种说法虽然有一定合理之处，但明显是为李秉衡个人的军事战略失误开脱罪责。清军自身的原因很多，在此且不进行谈论。最高决策层即清廷的原因也有很多，诸如没有作战计划、内部腐败、军政体系紊乱等。那李秉衡有没有重大责任呢？这是此文必须回答的问题。

李秉衡在备战方面做了不少努力，这是值得肯定的。但如果以山东省兵少来为他开脱罪责则是不对的。李秉衡到山东后几个月的时间里不断扩建军队，山东省原有军队约 50 营，经李秉衡之手所扩建军队不下 20 营，并请求在山东建立 30 营左右的游击之师，说明他重视军队扩建。但是由于他思想比较守旧，传统老式知识占满其头脑，没有新式知识，因此无法进行自我更新，无法应对新式的近代战争，在不能判定日军在何处登岸的情况下，他不能建立可以随时运用的机动部队，而是把主要兵力布置在威海西海岸直到烟台这一线沿海地区，完全忽略威海东海岸直到荣成一线沿海地

---

① 张红军：《李秉衡与甲午山东半岛之战》，《山东社会科学》1992 年第 5 期，第 66—67 页。

区的军事防务工作，这是他在军事战略布防上犯的最大的错误。当他得知日军已从荣成一带登陆进犯时，他又没有把布置在威海西海岸一线沿海地区的清军主力快速调往威海东海岸地区去阻击和消灭日敌，而仍然把重兵放在没有敌人进犯的地区，让大部分清军在此地闲着无用，这是他的又一个重大军事战略失误。作为一省最大军政长官的李秉衡，与威海卫军港最高军事长官李鸿章之间，也没有很好地进行合作。守威海军港的清军（约6000 人）归李鸿章直接指挥，日军进攻威海军港，按理说李秉衡应当令山东所有陆军（不少于 40000 人）集中去威海附近地区攻击和消灭进犯的日军，与威海守军配合作战，但李秉衡没有这样做，且在上奏中找各种各样的理由为自己开脱罪责，清廷则完全相信了他，强调李调度失宜是兵单所致，只给他"照例降二级留任"。① 清廷对李秉衡这样的处罚明显是轻了。如果说威海失守、北洋海军全军覆灭，李鸿章有责任的话（消极防御和消极保舰，没有让海军主动出击），那李秉衡的责任或许更大一些。因为日军不是从正面攻下威海军港的，而是从陆路背后攻下威海军港的，这与李秉衡的军事战略失误有极大关系。因为他被动防御，不主动出击，不指挥全省军队消灭来犯之敌，任由日军在海岸线一带随意进犯。客观的因素虽然很多，诸如整个清政府军事思想落后、军事机器落后、清军战斗力差等，但是人因素是最重要的。一个思想守旧、军事知识落后、能力不强的人，去担当一省巡抚，没事之时尚不能看出其本来面目，一旦战争发生，他的真实面目就会显露出来。威海卫失守，在烟台的李秉衡都可以听到炮声，且听说日军将由海道来袭击，官民大恐，李秉衡也往西逃走，先逃到黄县。日军很快攻入文登。李秉衡又退驻莱州，并令孙万龄率所部自宁海移到海阳。而孙万龄误视电文，拔队退守莱阳。不能打胜仗，只能选择逃走了，结局不过如此。所谓李秉衡组织反攻威海的想法和计划不过是某些学者给李秉衡的一种臆想和抬举罢了，何以见得他就功大于过呢？②

（作者简介：李英全，华中师范大学历史文化学院副教授；

李辉，华中师范大学历史文化学院硕士研究生）

---

① 《奏为叩谢天恩折》，戚其章辑校《李秉衡集》（上），第 295 页。
② 张红军认为，李秉衡拟定了分路反攻威海的计划。张红军：《李秉衡与甲午山东半岛之战》，《山东社会科学》1992 年第 5 期，第 67 页。

"机构强似人"：资政院对清季国会
请愿运动的推进[*]

章　博

内容摘要　作为准代议机构，资政院对清季国会请愿运动的推进作用不容忽视。资政院开院前，国会请愿代表恳请都察院代为上奏折稿，却备受冷遇；请愿代表希望借满族亲贵之力推动国会速开，但或被敷衍，或被拒见。资政院开院后，成为民选议员的请愿代表借助议场为合法舞台，淋漓尽致地表达速开国会的意愿，并使"速开国会"迅速成为资政院重要议案。资政院全力发挥自己代议机构的职责，一方面全面地向清廷反映社会各团体速开国会的热烈要求，另一方面也明确表达了资政院要求速开国会的意愿。与此同时，溥伦对议长的身份认知发生变化，开始全力支持国会速开。机构强似人。在资政院的全力主持下，国会请愿运动取得了缩期三年召开的成果。

关键词　清季　资政院　国会请愿运动

1910 年 1 月至 11 月，各地士绅联合起来先后发起了三次国会请愿。前两次请愿均被清廷拒绝。清廷坚持，俟"九年预备完全"后，"再降旨定期召集议院"。[①] 第三次请愿发生后，清廷做出一定妥协，同意"缩改于宣统五年实行开设议院"。[②] 那么，前两次请愿为何以失败告终？第三次请愿又为何取得了一定成果？既往研究倾向于从请愿士绅和督抚两个面相进行解

---

* 　华中师范大学中央高校基本科研业务费项目"清季国会请愿运动研究"（CCNU17A0601）。

① 　中国第一历史档案馆编《宣统朝上谕档》（宣统元年），广西师范大学出版社影印版，1996，第 523 页；中国第一历史档案馆编《宣统朝上谕档》（宣统二年），第 70 页。
② 　中国第一历史档案馆编《宣统朝上谕档》（宣统二年），第 376 页。

读。① 那么，作为准代议机构的资政院在其中起什么作用？本文试图通过对比资政院成立前后请愿运动面临的不同境遇，以及资政院的实际作为，揭示资政院对国会请愿运动的推进作用。

一 都察院"代奏"之难

资政院成立之前，请愿士绅若希望速开国会的呼声上达天听，须通过都察院代奏折稿。而是否代奏，很大程度上取决于都察院对此事的态度和立场。遗憾的是，都察院内虽有少部分御史同情国会请愿运动，② 但总体策略上倾向于揣摩朝廷意图，为请愿代表制造难关。都察院总宪更是一意仰承枢臣鼻息，对请愿代表态度甚为冷淡乃至不友好。

比如，1910 年 1 月第一次国会请愿时，请愿代表原拟 1 月 18 日赴都察院呈递请愿书，但在 1 月 15 日时，请愿代表得知 1 月 18 日为都察院的休假日。因此，请愿代表决定尽速缮写呈稿，赶在 1 月 16 日投递，以便都察院能尽快将请愿书上奏。于是，请愿代表在 1 月 15 日赶办呈折至次日凌晨三点。呈折预备完毕后，代表们又马不停蹄地在 16 日 10 点赶至都察院，呈递请愿书。但代表们在都察院等候到下午 1 点多钟，副宪陈名侃才来到都察院，接受代表们呈递的请愿书。不久，总宪张英麟亦到都察院。请愿代表们希望面见总宪，得到的回复是"向例不见"。代表们再三请求，仍被婉言谢绝。③ 如果说请愿代表未能提前打探到都察院的工作日程，因此连夜赶办呈稿，并不眠不休地赶至都察院呈递，是他们自身的工作失误，其苦虽可悯，但亦不能据此指摘都察院。那么，请愿代表到都察院后所受到的冷遇，就不免令人唏嘘了。都察院收受请愿书后，为打探枢臣的意旨，又一再延

---

① 张朋园：《立宪派与辛亥革命》，上海三联书店，2013，第 52—60 页；耿云志：《论清末立宪派的国会请愿运动》，《中国社会科学》1980 年第 5 期；侯宜杰：《二十世纪初中国政治改革风潮——清末立宪运动史》，中国人民大学出版社，2011，第 190—225 页；高放等：《清末立宪史》，华文出版社，2012，第 262—297 页；张玉法：《清季的立宪团体》，北京大学出版社，2011，第 280—295、310—315 页。李细珠：《地方督抚与清末新政——晚清权力格局再研究》，社会科学文献出版社，2012，第 312—319 页；李振武：《督抚与请愿速开国会运动》，中国史学会编《辛亥革命与 20 世纪的中国》（上），中央文献出版社，2002，第 70—79 页。

② 《时报》1910 年 1 月 19 日，"专电"，第 2 版。

③ 《时报》1910 年 1 月 31 日，"要闻"，第 2 版；《志请愿国会代表在京情形》，《时报》1910 年 1 月 19 日，"专电"，第 2 版。

缓代奏，最终迟至 1 月 30 日才将请愿书上奏。①

第二次国会请愿时，都察院的态度也大同小异。6 月 16 日，国会请愿代表至都察院上呈请愿书。80 余名代表 8 点即到，在都察院等候了 4 个小时，才呈进请愿书。② 另外，总宪张英麟在收受请愿书后，于午后即"奔赴那相宅第会商两小时之久，复至庆邸面陈此事"。③ "那相"，指时任军机大臣的那桐；"庆邸"，指时任军机领袖的庆亲王奕劻。都察院对请愿代表之漠视，对军机大臣之仰承，可见一斑。更有甚者，在都察院同意代奏国会请愿书后，请愿代表团公谒都察院各堂官道谢，堂官亦多推辞不见。④

二　亲贵大臣的敷衍与拒见

请愿代表在请都察院代奏请愿书的同时，还希望面见满族亲贵，陈述速开国会之利。他们将请愿折稿缮写多份，分送亲贵大臣，并公推孙洪伊、方还等六人求见军机大臣。⑤ 当请愿代表面谒庆亲王奕劻时，奕劻一面向代表承诺："民甚善，我亦民，当力赞。"⑥ 一面却私下对人说："国会如果骤开，民权实属可怕。"⑦ 作为军机领班的奕劻态度若此，其他军机大臣又如何呢？

鹿传霖对国会请愿一事态度颇迟疑，当请愿代表谒见他时，他一面探问奕劻之态度，一面询问国会为何物。⑧ 请愿代表拜谒军机大臣那桐时，管理外务部事务的那桐满口应承，"此举我所素愿"，"此举有效亦甚利于外交"，但同时又询问庆、鹿对此事之态度。⑨ 那桐为人极善周旋肆应，素有"八方美人"之称。⑩ 因此其赞成之言并不足信。到第三次国会请愿高潮期

① 《时报》1910 年 1 月 31 日，"专电"，第 2 版；《申报》1910 年 1 月 28 日，"专电"，第 3 版；《补述国会代表请愿时情形》，《申报》1910 年 2 月 4 日，"紧要新闻一"，第 4 版。
② 《京师近信》，《时报》1910 年 6 月 25 日，"要闻"，第 2 版。
③ 《国会请愿近情种种》，《时报》1910 年 6 月 26 日，"要闻"，第 2 版。
④ 《时报》1910 年 6 月 21 日，"专电"，第 2 版。
⑤ 《时报》1910 年 1 月 19 日，"专电"，第 2 版；《志请愿国会代表在京情形》，《时报》1910 年 1 月 31 日，"专电"，第 2 版。
⑥ 《时报》1910 年 1 月 23 日，"专宪"，第 2 版。
⑦ 《时报》1910 年 1 月 31 日，"专电"，第 2 版。
⑧ 《时报》1910 年 1 月 23 日，"专电"，第 2 版。
⑨ 《时报》1910 年 1 月 23 日，"专电"，第 2 版。
⑩ 《北京政界之推测》，《时报》1910 年 10 月 24 日，"要闻"，第 2 版。

间，国会请愿代表才认清那桐之为人，为此特别登门质问那桐，谓"去冬今夏，某等因国会事两谒相国，皆极表赞成之意，而两次上谕发表，均不允所请，不闻相国有诤语，而署名于军机大臣之列。代表等窃疑相国非真赞成国会，而转导吾民以欺也"。①戴鸿慈亦反对国会速开，请愿代表拜谒他时，他表示：法律未备，国会如何速开？同时他亦担忧国会骤开，恐有流弊。②请愿代表赴谒世续时，世称"已商之宪政编查馆，各大臣多谓已有资政院，国会可缓开"，并诘问请愿代表："朝廷深仁厚泽，乃民有贰心否？"③

继拜谒军机大臣之后，国会请愿代表又公推五人预备晋谒王公大臣。④1 月 27 日，国会请愿代表联谒善耆、溥伦、载泽，三人均托词不见。载涛和毓朗倒是接见了请愿代表。载涛告诫请愿代表：召开国会一事，"上下俱愿，恐枢臣独阻。某某面许之言，颇不足信"。不论载涛此言动机如何，他的话确实道出了一定实情。载涛同时宣称自己"极望国会早开"，但又称"我辈军人，不当干涉国事"。毓朗表示"极为钦佩"请愿代表们的行动，⑤但亦声明："不在政府，未便主持。"⑥由此看，请愿代表并未争取到任何实质的支持。

溥伦方面，在代表们的屡请之下，1 月 28 日他最终接见了请愿代表，但其态度颇令代表们失望。溥伦称："资政院何异于国会？如有办理不妥之处，可请酌改，何必急需国会？"代表们虽婉言解释，但溥伦仍然认为："北方民人程度非南方可比，终难骤行召集国会。"当然，"如果奉旨准开国会，我亦甚愿"。⑦溥伦既不赞同国会速开，但亦不阻挠的态度，与资政院开院后他对请愿运动的大力支持有很大差异。由此亦可见资政院开院的重要影响。资政院开院前，溥伦虽为该院总裁，但对国会请愿运动的态度与其他王公大臣并无根本区别。资政院开院后，在议员和院内氛围的影响下，溥伦对议长身份的认知和认同发生重要变化，⑧因此亦开始大力支持国会请愿运动。

① 《国会代表与那相》，《时报》1910 年 10 月 20 日，"新闻旧闻"，第 2 版。
② 《时报》1910 年 1 月 23 日，"专电"，第 2 版。
③ 《时报》1910 年 1 月 26 日，"专电"，第 2 版。
④ 《时报》1910 年 1 月 31 日，"要闻"，第 2 版。
⑤ 《时报》1910 年 1 月 30 日，"要闻"，第 2 版。毓朗，时任步军统领，管理军谘处事务，宣统二年七月授军机大臣。
⑥ 李启成点校《资政院议场会议速记录》，上海三联书店，2011，第 108 页。
⑦ 《时报》1910 年 1 月 30 日，"要闻"，第 2 版。
⑧ 《时报》1910 年 11 月 20 日，"新闻旧闻"，第 2 版。

对于速开国会，枢臣和王公亲贵或反对，或拒见，或敷衍。反对者自反对，倒亦君子也。拒见者虽未必反对国会速开，但亦不会公开支持。敷衍者最不可捉摸。有的本是将敷衍作为一种应酬之术，如奕劻、那桐。时人对此深有体认："诸公游泳官场既久，经历内外变故人情至多，应酬之术，世界绝对无二。"故"其所谓赞成揄扬者，非半面语即应酬语，背转身来，诸公另是一副谈吐，一副面像"。另一种敷衍则稍为复杂，如载涛、毓朗。该二人此时羽翼未丰，正在积聚政治资本和声望，对他们来说，国会请愿或许是提高政治声望的一个不错契机，所以他们公开声言赞同国会速开，但或因实力所限，或因内心尚在犹疑观望，因此对国会请愿并未有实际支持。因此，请愿代表实际上并未争取到任何有力支持。但请愿代表当时并未能分辨出枢臣和王公亲贵的真实态度，再加上对速开国会的殷切期望，因此他们欣然对外界称：某邸赞成，某中堂赞成，某军机赞成。及至上谕下达，明确拒绝了国会请愿的要求，代表们才幡然醒悟。因此第三次请愿时，代表们曾就此事诘问奕劻、那桐等人。①

第二次国会请愿运动期间，枢臣对国会请愿运动的态度与第一次国会请愿运动高潮期间也无多大差异。各军机或"力主以严旨震嚇，以免哓哓不休"，或从"民心不可失，民怨不可积"的角度考虑，主张"婉言对付，以免酿生意外枝节"，但少有赞同国会速开者。② 上海商务总会国会请愿代表沈缦云曾向媒体披露，他到京后，曾遍谒执政诸公，借探政府之意向，但"诸公一闻国会代表，避之惟恐不远，拒不令见"。后经曲折往复，终于见到某相，某相直言曰："国会能否速开，朝廷自有权衡，断非人民所得而要求之。"③

国会请愿代表上书摄政王亦严重受挫。对上书摄政王，请愿代表不可谓不郑重。在费尽心思准备好呈书后，请愿代表孙洪伊等一行23人，于10月7日携带呈书及两位奉天学生割臂剜腿之血书，④ 乘马车浩浩荡荡地赴监

---

① 《国会代表晋谒庆邸详情》，《申报》1910年10月19日，"紧要新闻一"，第4版；《国会代表与那相》，《时报》1910年10月20日，"新闻旧闻"，第2版。

② 《国会请愿近情种种》，《时报》1910年6月26日，"要闻"，第2版。

③ 《大傣与国会代表之问答》，《时报》1910年6月15、16日，"新闻旧闻"，第2版。

④ 10月7日，请愿代表正准备出发赴监国府，奉天旅京学生赵振清、牛广生等十余人忽至，并携来致各代表书，并称"与其亡国后死于异族之后，不如今日以死饯代表诸君之行"，说罢欲剖腹自尽。在诸代表拦阻下，赵、牛二人未能自杀，但分别在右臂、左腿割肉一块，将血滴入致代表书。《国会代表团刊布血书》，《申报》1910年10月14日，"紧要新闻一"，第4版。

国府邸，呈递请愿书，并求见监国。代表们至监国府邸后，守卫队向府邸通报，可监国府回事处却传告称：监国已赴三所，请愿书不便收受。面临如此被动局面，已到监国府邸的 20 多位请愿代表临时商议，留下 6 人继续在监国府邸守候，其余人回去赶办将要上呈资政院和政务处的书稿。留下守候的 6 名请愿代表在监国府外柳荫下盘桓，或席地坐卧，或伫立鹄候，旁边围观者无数。闻讯而来的各级巡警乃至厅丞百般劝其离开。至晚上 10 点钟，监国仍未回府邸。此时，民政部尚书善耆亲自赶往监国府，劝慰代表们离开，并承诺将请愿书代递监国，请愿代表始回。①

三 "速开国会"成为"议案"

就在请愿代表四处碰壁之时，资政院于 1910 年 9 月 23 日如期召集。对都察院失望至极的请愿代表，开始将关注重点转向资政院。资政院亦未让请愿代表失望。请愿代表到资政院呈递请愿书时，资政院秘书长金邦平亲自收受，同时承诺尽快提交议长并通过一定程序及时处理此事。之后，在议员们的推动下，速开国会也确实成为资政院的一个重要议案，在院内引发全体关注。议员们积极参与速开国会的讨论，并出谋划策，最终使速开国会案不仅上奏朝廷，而且引发重要影响，使速开国会问题有了实质性的进展。速开国会案也由此成为资政院为数不多的取得成效的重要议案之一。下面，我们将详细考察速开国会问题在资政院提出、表决与具奏的一系列过程。

10 月 9 日，国会请愿代表孙洪伊等一行 6 人，赴资政院呈递速开国会陈请书。资政院秘书长金邦平亲自出来接受陈请书，并告诉请愿代表：今日议长未到，待议长到院时，立即将陈请书代交议长，然后由议长交资政院陈请股审查后即可办理。② 先不论资政院对国会请愿陈请书的处理，只言资政院接受陈请书时的态度，已与都察院的冷淡形成鲜明对比。

10 月 17 日，资政院根据议事日表讨论理藩部提出的振兴外藩实业并划

---

① 《申报》1910 年 10 月 9 日，"专电"，第 3 版；《第三次国会请愿上书记》，《申报》1910 年 10 月 13 日，"紧要新闻一"，第 3 版；《第三次国会请愿纪》，《申报》1910 年 10 月 16 日，"紧要新闻一"，第 3 版；《国会请愿近状》，《时报》1910 年 10 月 16 日，"要闻"，第 2 版。

② 《第三次国会请愿纪》（北京），《申报》1910 年 10 月 16 日，"紧要新闻一"，第 3 版。

一刑律案，但议员们认为该议案内容杂乱，且多系空论，而无具体解决办法，因此只是一个议题，并不能成为议案，不值得花费时间来讨论。① 那么，什么议题才值得讨论呢？在当时的处境下，一方面，资政院议员为国会请愿风潮所激荡；另一方面，部分民选议员本身亦为请愿代表。因此，多数议员认为，国会问题才是值得讨论的重要问题。议员易宗夔由此尖锐地提出，资政院开院已有半月，讨论的均是枝节上的问题，而不是根本上的问题。何为根本问题？那就是速开国会。基于此，他认为应当首先讨论各省谘议局联合会提交的速开国会陈请书，② 解决这个根本问题。易宗夔还急切地要求当日主持会议的副议长沈家本即时修改议事日表，讨论速开国会问题。但沈家本以为，会议议程未便轻改，因此拒绝了易宗夔的要求。可议员们并未轻易放弃。议员黄毓棠起而呼应易宗夔，赞同速开国会是根本问题。但黄毓棠更为讲究策略，他并未提议立即讨论此事。因为依据资政院章则，速开国会陈请书须先通过陈请股审查，然后才能编为议案。因此，黄毓棠质疑副议长沈家本，为何陈请股还未报告此事？议员罗杰和于邦华亦起而支持，催促副议长沈家本尽快将速开国会陈请书交陈请股审查。③ 应议员们的要求，该日会议结束后，议长溥伦和副议长沈家本将各省谘议局联合会呈递的速开国会陈请书交给资政院陈请股。陈请股则于 10 月 18 日召开股员会，依例对陈请书进行审查。④ 至此，议员们取得初步胜利。他们凭借议场为合法舞台，使速开国会问题迅速成为资政院的重要议题。

10 月 19 日，资政院再次开会。副议长沈家本请陈请股股员长赵炳麟报告陈请事件，并说明审查结果。沈家本认为，此事重大，不是寥寥数语可以解决的，因此应等到将速开国会案编入议事日表，成为议案后再行讨论。但在议员们的强烈要求下，沈家本承诺，下次会议即将速开国会作为议案进行讨论。得到沈家本的承诺后，议员们才算作罢。⑤ 10 月 22 日资政院会议上，陈请速开国会议案被列入议事日表。罗杰首先发言，他提出：国会速开一事为我国存亡问题，"此案不决，诸案均不能决"。因此，他倡议全体议员赞成并通过速开国会案，并要求议长从速上奏。罗杰还申明了各省

---

① 《资政院议场会议速记录》，第 38—39 页。
② 详见《谘议局联合会陈请资政院提议请速开国会提议案》，《直省谘议局议员联合会报告书汇录》，邱涛点校，北京师范大学出版社，2013，第 112 页。
③ 《资政院议场会议速记录》，第 40—42 页。
④ 《资政院奏请速开国会折》，《国风报》第 1 年第 28 期，第 79 页。
⑤ 《资政院议场会议速记录》，第 55—56 页。

谘议局联会会对互选议员的要求：不速开国会，不能承诺新租税。① 第二位发言的议员江辛继续罗杰的话题，他提出：关于速开国会一案，"本院议员想无有一个不赞成的"，"此案经表决后，望从速上奏"，"国会早一日成立，即国家早一日有转机"。接着发言的议员牟琳重申了国会与财政的关系，以及国会问题议决后人民才能负担租税等，然后他强调，国会速开不仅有利于人民，同时也有利于政府。因此，"速开国会一事，上自政府下自人民，都要全体赞成。国会早开一日，国家早强一日"。② 当沈家本宣布"如有赞成请开国会者起立"后，全体议员应声起立，鼓掌声如雷，并齐呼"大清帝国万岁！大清帝国皇帝陛下万岁！大清帝国立宪政体万岁！"楼上旁听的中国人和外国人亦随声应和，声震屋瓦。报刊评论说，此时情形"真壮观也"。③

其实，此时的情形何止壮观，实乃有划时代的意义。在资政院未开院时，请愿代表恳请都察院代为上奏折稿，却备受冷遇，无力与难堪之情，无法言述。请愿代表希望借满族亲贵之力推动国会速开，但或求告无门，或被敷衍，甚而被愚弄。资政院的开院，使他们摆脱了这种窘境。从此，他们可以借助议场为合法舞台，淋漓尽致地表达速开国会的意愿。资政院议员的合法身份，以及通过资政院赋予的权力，他们甚而可以质询军机大臣。并且，有资政院为后盾，他们可以将速开国会的意愿合理合法且有力地上奏清廷，并影响清廷的决策。机构的力量，在此尽显。关于此点，下文将详述。

四　资政院全力"具奏"

陈请速开国会案表决通过后，议员们开始讨论上奏的手续。这里牵涉到一个关键问题，即资政院是"代奏"还是"具奏"的问题。《国会请愿代表孙洪伊等上资政院书》内有"请代奏"字样，④ 但从法理上言，资政院是

---

① 不开国会则不能承诺新租税，实际是国会请愿代表团对各省谘议局联合会的要求。见《代表团提交谘议局联合会议案》，《直省谘议局议员联合会报告书汇录》，第 117 页。《代表团对于联合会之要求》，《申报》1910 年 8 月 31 日，"紧要新闻一"，第 5 版。

② 《资政院议场会议速记录》，第 75—76 页。

③ 《资政院议场会议速记录》，第 77 页；《时报》1910 年 10 月 23 日，"专电"，第 2 版；《议场两日所见录》，《时报》1910 年 11 月 1 日，"要闻"，第 2 版。

④ 《国会请愿代表孙洪伊等上资政院书》（续），《申报》1910 年 10 月 19 日，"代论"，第 3 版。

议决机关，不能代奏；从实际效果而言，若资政院仅代奏，那就同都察院的代为上奏一样，只是将呈请书如实上达天听，代为转达各省请愿代表们的意见而已，资政院并不就速开国会问题表达自己的意见，或者说并不参与国会请愿问题，因此对此案亦不负责任。若真如此，资政院在速开国会问题上所起的作用就会很有限，其代奏也不会对朝廷产生多大影响。鉴于以上两点，议员藉忠寅建议，应由议长根据资政院章程，将速开国会作为特别具奏案。议员汪荣宝也力主此案应由议长、副议长具奏。这样的具奏案，需在综合各陈请说帖意见的基础上，加入资政院自身的观点。议员们对此没有太多异议，并请议长指定请速开国会奏稿的起草员。依照资政院开院式后委托议员起草陈谢折稿的先例，议长在议员中指定赵炳麟、陈宝琛、孟昭常、汪荣宝、许鼎霖、雷奋等六人为起草员。①

从速开国会案在资政院的提出、编为议案以及表决过程可以看出，资政院议员既具议政热情，又言辞犀利，气势逼人；相较之下，主持会议的副议长沈家本则处处被动。另外，在讨论振兴外藩实业案中，议员们群起质问理藩部特派员，且言辞激烈，在场的理藩尚书寿耆则窘迫无措。② 议员们对自己淋漓尽致的表现自然颇为自得，报章杂志对此也大力称赞，认为这是议员们的大胜利。但政府已对此产生疑虑，认为资政院议场秩序混乱，议员近乎嚣张。同时，不知是出自政府授意，还是有人私自为之，资政院内部开始出现不利传言，声称部分钦选议员和少数民选议员秘密联合起来反对国会速开。原来共同致力于速开国会的议员，此时面临分化的危险。

为应对上述问题，同时也为了讨论和研究国会问题的下一步行动方案，资政院议员于 10 月 23 日下午在财政学堂开国会问题研究会。汪荣宝登台发表演说，首先是劝议员们"各除意见，略其所不必争而争其大者"。因为此时虽有识之士皆主张速开国会，但"政府不明外国历史"，不知会议性质，所以议员们在议场稍有争执，政府即疑为嚣张。为了尽量不赔人口实，议员们以后应对"小问题稍稍让步"，对"大问题则亟力争之"。其次，汪亦劝资政院同人和衷共济，在议场虽有争议，但不可因此心存芥蒂，引发内部派别意气之争。最后，汪荣宝从学理和事实上分析了国会制度的好处。

---

① 《资政院议场会议速记录》，第77页；《汪荣宝日记》，宣统二年九月二十日（1910年10月22日），中华书局，2013，第664页；《预算之大意与国会折之主旨》，《申报》1910年11月2日，"紧要新闻一"，第3版。

② 关于此事，《资政院议场会议速记录》（第39—47页）记载颇详，报刊上亦多有报道。

他认为，资政院近乎一院制国会，而现在东西各国多实行两院制国会。两院制国会出自英国，虽由其历史与国情使然，但欧美各国与英国的历史和国情不同，亦实行两院制，这并非盲从英制，而是两院制自有其好处。首先，有两院之后，议事可以郑重，经两院均以为然，事理详尽，必无窒碍难行的弊病。此外，更重要的是，实行两院制，立法、行政两个机关不至于常起冲突。若一院以为然，一院从而非之，这个时候相争相杀，纵有许多争端，常可消灭于无形。若是一院制，则议院之所议决者，政府即有执行之义务，万一议院与政府意见相反，非解散议院，就是政府辞职。若是年年都有这种事情，不特于政府不利，即国民亦间接受其影响。因此，"改资政院为国会，与谓为利民，宁谓为利政府"。① 汪荣宝将此学说上的依据全面地反映在请旨速开国会奏稿中，并由此建议朝廷和政府，与其维持现状，"得偏遗全"，不如采取各国通例，"径设两院之为愈也"。②

　　10 月 26 日下午，资政院开会讨论陈请速开国会具奏案。同为奏稿起草员的许鼎霖等人，公推汪荣宝作为起草员代表，说明具奏案主旨。汪荣宝首先强调，该奏稿是依照《资政院议事细则》一百零六条办理的具奏案。这个具奏案就是各国所谓上奏案，与都察院代奏不同。都察院代奏是按原奏折不加按语即行上奏，而具奏案是要将资政院的意思写上去。③ 接着汪荣宝报告了奏稿的主要内容。汪荣宝等人对奏稿的起草颇费心思。一方面，奏稿须反映出各团体速开国会的要求；另一方面，奏稿在内容安排和措辞上也非常需要技巧，既要有理有据，又要考虑朝廷和政府的接受能力。奏折初稿先由赵炳麟起草，后又经孟昭常修改。但该修改稿交给议长溥伦时，溥伦并不满意，因此汪荣宝又在孟昭常修改稿的基础上再拟一稿。④ 汪稿即最后上奏的折稿。奏稿首先说明，资政院此折稿反映了公众舆论的要求，是由顺直各省谘议局、各省人民代表孙洪伊、侨寓日本商民代表汤觉顿等呈递给资政院的陈请速开国会说帖引发的。其次，说明了奏稿的法理依据。

---

① 《汪荣宝日记》，宣统二年九月二十一日（1910 年 10 月 23 日），第 665 页；《资政院议场会议速记录》，第 80—81 页；《资政院议员研究国会问题》（北京），《申报》1910 年 10 月 30 日，"紧要新闻一"，第 2 版；《资政院议员预备会》，《时报》1910 年 10 月 30 日，"要闻"，第 2 版。

② 《资政院奏请速开国会折》，《国风报》第 1 年第 28 期，第 82 页。

③ 《资政院议场会议速记录》，第 80 页。

④ 《汪荣宝日记》，宣统二年九月二十一日（1910 年 10 月 23 日），第 665 页；《资政院议场会议速记录》，第 81 页。

根据资政院章程，资政院于"合例可采"之人民陈请事件，可以作为议案。同时该议案得到了全体议员的"合词赞成"，认为"应行具奏"。再次，陈述了资政院对国会的看法及必须速开国会的原因，并从学理上阐述了须改资政院为国会的理由。最后，提出资政院的要求："窃以为建设国会为立宪政体应有之义务，既不可中止，何必斤斤于三五年迟早之间。人心难得而易失，时会一往而不还。及今图之，犹可激发舆情，义安大局。朝廷亦何惮而不为？"因此，请朝廷"明降谕旨，提前设立上下议院，以维危局，而安群情"。①

该奏稿得到了全体议员的认同。当汪荣宝在资政院会议上将奏稿主旨报告完毕后，议长宣布表决，全体议员起立赞成，满场一致通过。②从资政院速开国会奏稿的形成过程可知，作为准代议机构，资政院并不回避自己的职责。相反，议员们主张全力发挥资政院的合法作用。也就是说，一方面，资政院要全面地向清廷反映社会各团体速开国会的热烈要求；另一方面，也要明确表达资政院自身要求速开国会的意愿。

五 议长溥伦力持

在资政院议员的影响下，议长溥伦对速开国会问题的态度发生重大变化。前文已提及，在资政院开院前，对速开国会问题，溥伦态度在两可之间。资政院开院后，溥伦与议员们开始密切接触。议员们除在议场内就速开国会问题向溥伦提出建议和要求外，还时常私下面见溥伦，就速开国会问题与溥伦交换意见，商讨对策。在此处境下，溥伦对议长身份的认知发生变化。他开始不满于枢府对资政院的态度，认为他们将资政院视为衙门，将议长视为堂官，对议员负有弹压之义务的看法，是根本谬误的。溥伦认为，"所谓议长者，原是议员中之一人"。对于资政院的决定，他认为"本是一体所议之事，亦是从众取决"，因此，议长并不能"违众独异"。③

由此，溥伦开始成为速开国会运动的有力后援。在议员们的要求下，溥伦积极劝说和联络其他王公大臣，希望他们赞助国会速开。度支部尚书

---

① 《资政院奏请速开国会折》，《国风报》第 1 年第 28 期，第 79—82 页。
② 《资政院议场会议速记录》，第 81 页；《汪荣宝日记》，宣统二年九月二十四日（1910 年 10 月 26 日），第 668 页。
③ 《时报》1910 年 11 月 20 日，"新闻旧闻"，第 2 版。

载泽是部臣中最有影响力者之一，但他对国会问题的态度不甚明朗，外界为此悬揣不一：有人认为载泽反对国会速开，[①] 有人认为载泽在反对和赞同之间模棱两可。[②] 溥伦与载泽原本即交好，为争取载泽对国会问题的支持，这一时期溥伦更是与载泽往还密切。两人就国会速开问题频频交换意见。溥伦向载泽痛陈利害，说明国会问题非缩短年限，无从解决。[③] 载泽此时正为财政问题大伤脑筋。一方面，新政陆续铺开，需费浩繁，再加上筹办海军，财政几至竭蹶；另一方面，作为度支部尚书的载泽却筹款无着。若国会召开，或许对筹款有所裨益。基于此，他赞同溥伦速开国会的主张，并且在摄政王密召其谕商国会问题时，力陈宜缩短国会年限，以"救阽危"，"慰民望"。[④] 载泽的密陈对摄政王颇有影响，摄政王表示：万不得已，当稍为缩短期限。[⑤]

为扩大速开国会问题的声势，并向外界公开宣示载泽对速开国会的支持，溥伦力请载泽亲莅资政院发表演说。载泽接受了溥伦的邀请，并在资政院开会讨论陈请速开国会具奏案的当日，亲临资政院会场。载泽演说的题目当然不能是国会问题，而是"预算案大意"。在演说中，载泽以度支部尚书的立场，陈说了财政困难的种种情形，但最后归结为：唯望国会早开，解决财政问题。[⑥] 议员们听闻此言，拍手不止，欢喜异常。通过载泽的演说，议员们确切地了解了他的主张，外界亦由此打消了对他的疑虑。[⑦] 在载泽方面，他也更好地了解了议员们要求召开国会的迫切心情。总之，此次演说不仅在心理上，而且在事实上坚定了载泽赞同速开国会的立场。此后他不会也不能再对速开国会问题发表异议。溥伦此举实有一石三鸟之效。

---

① 如国会请愿代表团曾在 1910 年 10 月 25 日开全体大会，研究"对待反对国会之泽公及沈林一、汪荣宝等办法"。《代表团谒见泽公之详情》，《盛京时报》1910 年 10 月 30 日，"中外要闻"，第 2 版。

② "又闻缩短国会问题，政务处已经会议。兹据详细访查，各政务大臣对于此事，惟外务部邹尚书、民政部肃邸……尚有赞成之意，他如度支部泽尚书、学部唐尚书则皆模棱两可。"见《政府大臣对于国会之心理》，《盛京时报》1910 年 10 月 23 日，"中外要闻"，第 2 版。

③ 《汪荣宝日记》，宣统二年九月二十二日（1910 年 10 月 24 日），第 666 页。

④ 《时报》1910 年 10 月 31 日，"专电"，第 2 版；《申报》1910 年 10 月 25 日，"专电"，第 3 版。

⑤ 《时报》1910 年 10 月 26 日，"专电"，第 2 版；《申报》1910 年 10 月 26 日，"专电"，第 3 版。

⑥ 《资政院议场会议速记录》，第 79—80 页。

⑦ 《泽公赞成速开国会之确证》，《申报》1910 年 11 月 4 日，"紧要新闻一"，第 3 版；《赞成国会与反对国会者》，《申报》1910 年 11 月 1 日，"紧要新闻一"，第 3、4 版。

除了运动王公大臣赞同国会速开外，溥伦也亲自向摄政王面陈时势之危迫，以及不能不早开国会以作补救之原因。对于议员们讨论速开国会时的痛切言辞，以及资政院表决速开国会案时议场的热烈氛围，溥伦亦详细地禀陈了摄政王。摄政王听后大为感动。[①] 溥伦还向摄政王奏陈：资政院即将上呈请速开国会折。该折出奏后，准否之权，虽说操诸朝廷，但就目前状况讲，以"即行批准"为宜。[②] 摄政王又问及缩短期限，溥伦奏曰：大抵至少非缩短三年，不足以餍天下之望。监国默然。[③]

在资政院紧锣密鼓地筹划上奏速开国会折的同时，督抚们就内阁与国会一事的筹商也已有结果。尽管有江督张人骏之公开反对和直督陈夔龙之不支持，多数督抚还是由李经羲主稿，锡良领衔，上奏了合词请设内阁国会奏稿，要求朝廷"立即组织内阁"，"明年开设国会"。[④]

资政院请速开国会折原拟 10 月 29 日或 30 日呈递，但在 10 月 27 日晚间得知各省督抚联衔请设内阁国会奏稿已到外务部，外务部拟于 28 日呈递后，资政院议员立即连夜赶办请速开国会奏稿，以使资政院的奏折与各省督抚的奏折能同时呈递，对朝廷构成更大压力，更有助于推动速开国会问题的进展。[⑤] 10 月 28 日晨，资政院请速开国会折上呈摄政王。同日朝廷下旨，将资政院奏请速开国会折、锡良等各省督抚联衔请设内阁国会之电奏，以及陈夔龙请明年设立责任内阁、宣统五年召集国会的电奏等交会议政务处王大臣阅看，并预备召见。[⑥]

资政院陈请速开国会折交阅后，军机处于 29 日召开秘密会议。多数军机主张宣统三年设内阁，宣统五年开国会，唯军机领袖奕劻不发一言。第二天，政务处王大臣集议召集国会期限问题，各部行政大臣多主张宣统五年说，但奕劻仍然默无一言，不置可否。因此会议最后决定由王公大臣等各拟说帖，汇齐后再上呈摄政王。[⑦] 此时溥伦颇为着急，一方面，议员们已

① 《国会只有赞成者矣》，《申报》1910 年 11 月 2 日，"紧要新闻一"，第 4 版；《时报》1910 年 10 月 27 日，"专电"，第 2 版。

② 《监国密召伦贝子之述闻》，《盛京时报》1910 年 10 月 26 日，"中外要闻"，第 2 版。

③ 《国会问题之大跃动》，《时报》1910 年 11 月 5 日，"要闻"，第 2 版。

④ 《国风报》第 1 年第 26 期，第 96 页。

⑤ 《汪荣宝日记》，宣统二年九月二十五日（1910 年 10 月 27 日），第 669 页；《汪荣宝日记》，宣统二年九月二十六日（1910 年 10 月 28 日），第 670 页。

⑥ 中国第一历史档案馆编《宣统朝上谕档》（宣统二年），第 270 页。

⑦ 《决议宣统五年召集国会原因》，《申报》1910 年 11 月 7 日，"紧要新闻一"，第 4 版；《时报》1910 年 11 月 2 日，"专电"，第 2 版。

风闻政府有宣统五年召集国会之说，并对此期限表示不满；另一方面，枢府对国会期限能否缩短三年尚无定议，特别是军机领袖奕劻态度不明。

在此紧要关头，溥伦决计让军机大臣直面议员，接受议员们关于国会问题的质询。于是，溥伦力邀军机大臣出席资政院会议，向议员们演说政府的宪政方针，他还建议军机大臣在演说时，"微示以缩短国会之意"，以瞻议员们的反应。军机大臣们在商议之后，答应了溥伦的邀请，决定由毓朗、那桐、徐世昌出席资政院会议，并由擅长辞令的毓朗发表演说。① 10 月 31 日毓朗在资政院发表演说时，议员们纷纷向毓朗陈说国会不得不速开的理由，希望毓朗将议员们的意见奏陈朝廷，并请毓朗坚请即开国会。议员们还急切地追问军机大臣对国会问题究竟是赞成还是反对，毓朗答以国会问题已奉旨交会议政务处公同阅看，目前朝廷尚未决定，所以不能宣布。议员们又追问，既然不能宣布朝廷的方针，那么就请毓朗宣布自己对国会问题的意见。在议员们的追迫下，毓朗不得不宣布："国会问题大概自上至下，无有不赞成的。"易宗夔进一步提出要求：若朝廷颁布不赞同明年即开国会的上谕，那么请毓朗不要副署名字。②

但无论如何，速开国会问题总算取得了一定成效。11 月 3 日，上谕下达，宣布"缩改于宣统五年开设议院"，"预即组织内阁"。③ 就请愿代表来说，竭全国人民之力，而国会年限仅缩短三年，自然不能完全满足他们的期望；但就政府而言，能从各方之请，更改先朝之明谕成规，亦算是极力俯顺舆情了。

综上所述，我们可知，国会请愿运动能最终取得缩期三年开设议院的成果，资政院功不可没。资政院接受各省士绅的陈请，将速开国会编为议案，经过议场内的充分讨论和全体议员表决，最后形成具奏案，正式向清廷奏请速开国会。作为体制化的准代议机构，资政院向清廷提出的郑重陈请，清廷不得不慎重对待。因此，后来清廷发布的上谕中明确指出："前据各省督抚等先后电奏"，"又据资政院奏称"，"陈请速开国会等语"，"著缩改于宣统五年开设议院"。④ 除了通过法定程序向清廷提出正式呈请外，议

---

① 《时报》1910 年 11 月 2 日，"专电"，第 2 版；《决议宣统五年召集国会原因》，《申报》1910 年 11 月 7 日，"紧要新闻一"，第 4 版。
② 《资政院议场会议速记录》，第 107—110 页。
③ 中国第一历史档案馆编《宣统朝上谕档》（宣统二年），第 376 页。
④ 中国第一历史档案馆编《宣统朝上谕档》（宣统二年），第 376 页。

员们和议长溥伦还通过其他各种渠道，努力争取政务大臣、枢府乃至摄政王对速开国会的同情与支持，为上谕的最后下达尽量扫清障碍。对资政院的这些努力，国会请愿代表亦有中肯评价。在清廷下达上谕后不久，国会请愿代表即公开通告各省同志，说明第三次国会请愿"幸值各省督抚连翩之电奏，力争于外"，"资政院全体之通过，主持于中"，才有"缩改于宣统五年开设议院"之结果。①

（作者简介：章博，华中师范大学中国近代史研究所副教授）

---

① 《国会请愿代表通问各省同志书》，《时报》1910 年 11 月 14 日，"新闻旧闻"，第 2 版。

曹锟贿选与法制局长选任风波

李 浩

内容摘要 1923 年曹锟贿选不仅是左右民国北京政府走向的重大事件，还影响了法制局的人事安排。大总统黎元洪、内阁总理张绍曾及部分国会议员为各自目的，联合抵制贿选。在此情形下，黎元洪任命国会议员易宗夔兼任法制局长。曹锟当选后，重用贿选议员，任命景耀月筹备国会改选。众议院为保持利禄，援引 1923 年宪法，发动审查议员兼任官吏案，导致易宗夔辞职。于是，曹锟任命贿选议员孙润宇继任局长之职。从整体上把握总统府、国务院、国会及其他政治势力的相互角力与影响，可以细致深入地展现北京政府人事任免与政局变动的史实联系。

关键词 曹锟贿选 法制局长 易宗夔 孙润宇

曹锟贿选在中国近代史的历史脉络中具有重要地位，不仅改变了北京政府的走向，还极大地冲击了"法统"观念。既往研究已对曹锟是否贿选、如何贿选进行了详细考察。① 本文试图转换视角，以法制局长的选任为切入点，深入而细致地考察曹锟贿选前府院会的态度，探讨贿选前后当局为什么会选派国会议员任法制局长，两任局长为何引起当权者的注意。透过人事任免中各种政治势力的相互角力，可深究北京政府府院会错综复杂的关系。

---

① 目前学界关于曹锟当选总统是否存在贿选，尚有争议。杨天宏在《曹锟"贿选"控告的法律证据研究》(《历史研究》2012 年第 6 期) 一文中指出，从法律证据层面考察曹锟"贿选"，相关举证存在瑕疵，所以曹锟"贿选"尚难视为法律意义上的结论。沙敏则根据北京市档案馆藏档案的一份《离京议员为过付大选贿款事致各银行书》，认为曹锟贿选毫无疑问 (见氏著《曹锟贿选总统的铁证》，《北京档案》2014 年第 12 期)。本文为了不改变当时的语境，仍沿用"曹锟贿选"的说法。

一 府院会联合抵制贿选

1923 年 3 月 31 日，国务总理张绍曾呈请将法制局长王宠开缺，大总统黎元洪同意所请，并任命众议院议员易宗夔兼任法制局长。张绍曾与黎元洪选择此时更换法制局长，实与曹锟贿选有关。

第一次直奉战争，奉张失败，直系独掌北京政权，驱逐了由安福国会选举出来的大总统徐世昌。吴佩孚主张恢复法统，拥护黎元洪出任大总统，召集民六国会，以拉拢护法各省，谋全国政权之统一。[①] 1922 年 6 月 11 日，黎元洪就任大总统职，宣布撤销 1917 年 6 月 12 日发布的解散国会令。[②]

对于北京政府而言，总统府与国会相继复立，组阁问题便迫在眉睫。"政府为责任内阁制，总统正位，当然以组成内阁为先决要政，而担任组阁的国务总理，必须与曹吴较为接近之人。"[③] 可是，直系内部出现分化，形成以曹锟为首的"津保派"与吴佩孚的"洛派"，导致先后署理阁务王宠惠、汪大燮组阁不顺。

黎元洪为使曹、吴两派满意，属意陆军总长张绍曾，认为张在政治上倾向津保派，又是曹锟的把兄弟，与吴佩孚谊属姻娅，由其组阁可得两派同意。[④] 张绍曾本人也积极筹划，为得到国会的支持，向议长吴景濂许诺，当选总理后任命其两个朋友为内阁阁员。[⑤] 在各方运动下，两院于 12 月 28 日、29 日通过张绍曾组阁案。1923 年 1 月 4 日，黎元洪任命张绍曾为国务总理。[⑥]

张绍曾内阁成为安福国会解散以来的第一任正式内阁，各方期许甚高。不幸的是，张绍曾面临的情况非常复杂：其一，阁员的分配，政党久困思舒，不能不略为点缀，若分配不匀，争端自起；其二，国务院与总统府素浅，况有最高问题（选举总统）掺杂其间，今后行政上府、院、保三方能

---

① 王军初：《第一次直奉战后北京政府之三幕剧》，中国人民政治协商会议全国委员会文史资料委员会编《文史资料存稿选编（晚清·北洋）》（下），中国文史出版社，2002，第 19 页。

② 《政府公报》第 2256 号，1922 年 6 月 14 日。

③ 王育楚：《曹锟贿选概述》，《文史资料存稿选编（晚清·北洋）》（下），第 34 页。

④ 来新夏等：《北洋军阀史》，南开大学出版社，2001，第 751 页。

⑤ 《顾维钧回忆录》第 1 册，中国社会科学院近代史研究所译，中华书局，1983，第 259 页。

⑥ 《政府公报》第 2451 号，1923 年 1 月 6 日。

否一致，诚属问题。①

其中，最棘手的问题当属最高问题。黎元洪复位之前，时人已对其合法性提出质疑："试问黄陂之任期已满，尚得认为合法大总统乎?"② 直系亦心知肚明，故仅将黎元洪视为过渡总统。章太炎特上书提醒黎元洪，谓"吴佩孚此次行事，颇效项城，但以资格未充，又于南方绝无信用，故不得不借公笼罩"。③

确如章太炎所言，吴佩孚恢复法统，"既可使南方失去护法的招牌，又可利用黎的任期，争取南北统一"。④ 不过，此法遭到津保派的反对，使吴佩孚"颇涉犹豫"。吴的幕僚白坚武"详陈利害，以去就力争"，吴佩孚才下定决心，通电各省，征求恢复第一届国会的意见。⑤ 四川刘湘、熊克武、刘存厚及湖南赵恒锡复电赞同，云如能依法请黎元洪复职，则西南方面无事不可商量。⑥

津保派不为所动，仍积极筹备总统选举，这与吴佩孚的统一政策相违背。因此，吴建议曹锟"缓办选举"。⑦ 1922 年 10 月 28 日，吴又发出通电，称"天津派借端捣乱，鼓动选举，并未得仲帅同意，应促议会先行宪法"。⑧ 1923 年 1 月 10 日，萧耀南、孙传芳、王汝勤、杨森、王怀庆、王承斌、张福来联名发出劝告，请曹锟中止最高问题。⑨

吴佩孚维护黎元洪的地位，是为了维持政局稳定，以便其统一全国。可是，黎元洪上台后，发表和平统一及废督裁兵的宣言，使吴佩孚大为恼

---

① 《张绍曾来往函札》，中国社会科学院近代史研究所近代史资料编辑组编《近代史资料》第 87 号，中国社会科学出版社，1996，第 169 页。

② 《许宝蘅日记》第 3 册，许恪儒整理，中华书局，2014，第 885 页。

③ 汤志钧编《章太炎政论选集》，中华书局，1998，第 767 页。

④ 李泰棻：《张绍曾传略》，《文史资料存稿选编（晚清·北洋）》（下），第 724 页。

⑤ 中国社会科学院近代史研究所编《白坚武日记》第 1 册，杜春和、耿来金整理，江苏古籍出版社，1992，第 359 页。孙丹林：《孙传芳与吴佩孚之貌合神离》，中国人民政治协商会议全国委员会文史资料委员会编《文史资料选辑》第 117 辑，文史资料出版社，1989，第 128 页。

⑥ 《吴佩孚之政治意见》，《盛京时报》1922 年 5 月 31 日，第 7 版。《黎黄陂复职将成事实》，《盛京时报》1922 年 6 月 4 日，第 7 版。

⑦ 《白坚武日记》第 1 册，杜春和、耿来金整理，第 386 页。

⑧ 《金永炎收电稿》，中国社会科学院近代史研究所近代史资料编辑组编《近代史资料》第 43 号，中华书局，1981，第 85 页。

⑨ 《最高问题之波折》，《晨报》1923 年 1 月 13 日，第 2 版。

怒。吴始附和曹锟的选举，不促成也不阻止。[①] 1922 年 12 月 2 日，吴佩孚亲至保定为曹锟祝寿，"陈报经手事件，请曹帅指示"。[②] 据此，时人认为"曹氏选举总统之时正不在远也"。[③]

为了抵制直系选举总统，黎元洪与西南省份联络，以为援手，且与民党方面颇有接洽。[④] 而且，总统府鉴于势单力薄不能抵制，又竭力联络现阁与国会。

内阁方面，张绍曾组阁之前，为获得吴景濂的支持，对其许有诺言。一些助张的议员也希望以此谋得利益，如赖庆晖、雷殷致函张绍曾，推荐两人，请交铨叙、印铸两局任用。[⑤] 上任之后，张绍曾没有兑现，引起吴的不满，国会与内阁之间因此发生龃龉。[⑥] 在吴景濂的鼓动之下，一些团体屡次提出不信任内阁案。此外，张绍曾虽与吴佩孚谊属姻娅，由于张氏与津保派及南方交往过密，故吴强烈反对其组阁。1922 年 8 月 28 日，张绍曾为组阁事派人赴洛阳与吴佩孚沟通，被吴"大斥之"。29 日，吴佩孚致电张绍曾，称"有朝行组阁，则夕即通电断绝关系语，以示申戒"。[⑦]

更重要的是，张绍曾组阁后，宣称"先办统一后办选举"，使和平统一成为内阁招牌，与黎元洪的政见暗合，不利于曹锟、吴佩孚。津保派为扫除最高问题的障碍，暗助倒阁派议员，以张其声势。张绍曾不得不运动部分议员百方抵制，又与"府方提携，以为维持内阁之计"。[⑧]

国会方面，安福国会解散，徐世昌拟重新选举议员，组织新一届国会，号称新新国会或民八国会，因种种原因未能集会。黎元洪恢复旧国会时，存在民六国会与民八国会之争。1922 年 9 月 19 日，赵翰纶致函提醒张绍曾，称"民六、民八问题，纷争不已，转瞬已届国会集会，必更生扰乱，

---

① 李根源：《我与政学会》，中国人民政治协商会议全国委员会文史资料委员会编《文史资料选辑》第 1 辑，文史资料出版社，1960，第 96 页。

② 《白坚武日记》第 1 册，杜春和、耿来金整理，第 395 页。

③ 徐兆玮：《徐兆玮日记》第 4 册，李向东、包歧峰、苏醒标点，黄山书社，2013，第 2414 页。

④ 《各不相让之首座问题》，《盛京时报》1923 年 1 月 14 日，第 7 版。

⑤ 《许宝蘅日记》第 3 册，许恪儒整理，第 928 页。

⑥ 《顾维钧回忆录》第 1 册，中国社会科学院近代史研究所译，第 259 页。

⑦ 《白坚武日记》第 1 册，杜春和、耿来金整理，第 373—376 页。

⑧ 《三方面之政局大势》，《盛京时报》1923 年 3 月 2 日，第 7 版。中国史学会、中国社会科学院近代史研究所编，章伯锋主编《北洋军阀》（4），武汉出版社，1990，第 244 页。

且恐另有暴烈举动，若不速筹协之法，殊大可虑也"。① 果不其然，10 月 22 日，国会开宪法审议会，民八议员徐清和抬了一口棺材，"声言护法不成只好自杀，但是要与吴景濂同死"。② 不仅如此，民八议员借最高问题，乘机活动，对国会议员、黎元洪、张绍曾造成不小压力。政府闻知此事，乃晓及国会议员，号召同心协力，抵制最高问题。③

恰在此时，孙中山入粤重新组织政府。黎元洪为联合南方政府，派李根源南下，与岑春煊、孙中山协商，主张最高问题须先得南北双方之同意，借以延长其总统任期。④ 孙中山表示，"南北未统一以前，国会对于总统选举应从缓举行，以免发生枝节。否则，西南各省自不能认为有效"。⑤ 在总统选举问题上，孙、黎两人达成共识，使部分原国民党议员与府方积极接洽，以抵制最高问题，并停止倒阁行动。⑥ 因此，总统府、国务院及部分国会议员为各自目的，达成联合，共同抵制曹锟贿选。

在府院会联合抵制曹锟贿选的大背景下，张绍曾适时地更换了法制局长。现任局长王耒于 1920 年 8 月 21 日得到徐世昌的心腹郭则澐的帮助，获得法制局长之位。⑦ 随着徐世昌与郭则澐下台，王耒便失去了政治资源。在 1923 年 3 月 31 日的内阁会议上，王耒被免职，遗缺以国会议员易宗夔接任。⑧

易宗夔（1874—1925），原名鼐，字伟舆，湖南湘潭人。1909 年由湖南谘议局选为资政院议员。1911 年 6 月与汤化龙、谭廷闿等人在北京成立宪友会，7 月与谭廷闿、陈炳焕等人成立宪友会湖南支部，标榜"以发展民权，完成宪政为目的"。民国成立，充国民党政事部干事。1913 年被选为众议院议员、宪法起草员。1916 年第一次国会恢复时，仍充众议院议员。1922 年第二次恢复国会，再任众议院议员。⑨

据《大公报》消息，王耒之所以开去法制局长，是因为其所用私人极

① 《张绍曾来往函札》，《近代史资料》第 87 号，第 142—143 页。
② 徐兆玮：《徐兆玮日记》第 4 册，李向东、包歧峰、苏醒标点，第 2392 页。
③ 《府院将拉国会为藤牌》，《晨报》1923 年 3 月 4 日，第 2 版。
④ 《酝酿中之最高问题》，《盛京时报》1923 年 2 月 27 日，第 7 版。
⑤ 《孙文反对最高问题》，《盛京时报》1923 年 3 月 3 日，第 7 版。
⑥ 《三方面之政局大势》，《盛京时报》1923 年 3 月 2 日，第 7 版。
⑦ 《京闻纪要》，《新闻报》1920 年 10 月 5 日，第 2 张第 1 版。
⑧ 《申报》1923 年 4 月 1 日，"国内专电"，第 4 版。
⑨ 张宪文等主编《中华民国史大辞典》，江苏古籍出版社，2001，第 381 页。湖南地方志编纂委员会编《湖南省志·人物志》上册，湖南出版社，1992，第 594 页。

多，亲戚朋从占据法制局，早已受人指摘。传闻王的妻子更改姓名，以一妇人而在法制局中得一办事员之缺，月支薪水 50 元，为局中人所不满，遂有控告王末之事。于是，张绍曾决心将王末开缺另简。然而，新局长易宗夔并不是张绍曾属意之人，而是"当此次倒阁声浪尚未尽息之秋，张绍曾固不得屈己从人，作顺水推舟之人情"。①

对于法制局长之席位，1922 年 12 月 16 日，齐燮元致张绍曾函电中有类似请求，"林君众难与弟畅谈数日，极相契好，且关于规画统一事项尤具热诚，偈托其赞助，必有良效。鄙意拟请我兄组织内阁时，于次长或铨叙、法制两局长酌予席，俾展所长，亦可对滇表示好感"。② 林众难即林学衡，1917 年 9 月 18 日被孙中山任命为大元帅府秘书。③ 从齐燮元与林学衡畅谈的内容可知，此时的齐燮元赞成和平统一，与南方相提携。1923 年 4 月 28 日是齐燮元 37 岁生日，张绍曾特派易宗夔为代表，前往祝贺，并携有寿诗、寿文及贵重礼物。④ 可见，易宗夔掌法制局长，并未引起齐燮元的反对，二者有无内在关系，限于资料，尚无法得知。

黎元洪为巩固自己的地位，曾令府秘书长饶汉祥在北海宴请包括政学会、宪友会在内的各派议员约 40 人。席间饶氏恳切说明总统心愿，"为促成宪法而来，为公布宪法而去，进退之间，别无所求"，并由总统府派议员藉忠寅、易次干等竭力联合，决以金钱使宪友会中的各派团结。⑤ 宪友会多数议员很快表态，宣布脱离倒阁运动，速倡制宪。⑥ 政学会亦积极赞成先宪后选，并由韩玉辰提出"先制宪法后举总统之议"，认为根据宪法选出宪法史上第一届总统，其理至公。⑦

此外，易宗夔的政见亦符合黎元洪先制定宪法的要求。自清末资政院开院后，易氏就竭力提倡并积极参与制定宪法事宜，进入民国，心志未改。1922 年 11 月 14 日，宪法起草委员会开会，易宗夔不满意天坛宪草，建议

---

① 《撤换法制印铸两局长之缘由》，《大公报》1923 年 4 月 2 日，第 1 张第 2 页。

② 《张绍曾来往函札》，《近代史资料》第 87 号，第 163 页。

③ 中国社会科学院近代史研究所中华民国史研究室、中山大学历史系孙中山研究室、广东省社会科学院历史研究所合编《孙中山全集》第 4 卷，中华书局，1985，第 181 页。

④ 《南北扰攘中之苏齐做寿》，《顺天时报》1923 年 4 月 19 日，第 2 版。

⑤ 《黎氏固为之计划》，《盛京时报》1923 年 3 月 21 日，第 7 版。韩玉辰：《政学会的政治活动》，中国人民政治协商会议全国委员会文史资料委员会编《文史资料选辑》第 48 辑，文史资料出版社，1964，第 204 页。

⑥ 《益世报》1923 年 4 月 5 日，"专电"，第 2 版。

⑦ 韩玉辰：《政学会的政治活动》，《文史资料选辑》第 48 辑，第 204—205 页。

"立行提出修正宪法案，必如此我第一届议员方为对得起国民"。①

当然，张绍曾举易宗夔并非"屈己从人"。孙中山重回广东组织政府，曹锟与吴佩孚要求张绍曾发布命令，令孙传芳等人入闽粤，讨伐孙中山。张绍曾认为"中央明令各省不得擅自用兵，乃以和平为武器，以公道为南征"，拒绝发布，以至于曹、吴拟改组内阁。② 1923 年 3 月 20 日，张绍曾不堪曹、吴的压力，副署了孙传芳等人的任命。③

国会议员以张绍曾未能贯彻其就职宗旨，甚为不满，而津保派以张态度游移，不利谋选总统，乃暗助倒阁派议员。④ 张阁摇动，黎元洪不得不连日疏通民党各系议员勿过持激烈，使倒阁形势缓和。⑤ 在双方的运筹下，众议院意见迭出，4 月 23 日不信任内阁案得众院全数通过，25 日又有人提出于法律无根据，致使 5 月 2 日的不信任案没有列入讨论的范畴。⑥

张绍曾为弥缝与南方的裂痕，派易宗夔南下为齐燮元祝寿之际，另命其赴沪，携函件致孙中山驻上海全权总代表孙洪伊，"讨论南北统一之步骤及本人现取之方针"，以表达合作之意。⑦ 不过，易宗夔曾是国民党干事的身份未能解除南方对张绍曾的不满。4 月 21 日，易到沪遍访孙中山驻沪代表，不得要领而返。⑧

从黎元洪对宪友会的借重，欲实施先定宪法后选总统，到张绍曾派易宗夔南下，调和与孙中山之间的矛盾，可见任命国会议员易宗夔兼任法制局长，是府院精心挑选的结果。而为了抵制最高问题，府院会还签订互相扶助条件，鼓吹黎元洪连任，巩固现有内阁，延长国会任期。⑨

府院虽然为了联合国会抵制最高问题，选任易宗夔为法制局长，但限于实力，未能对直系造成根本性的冲击。黎元洪为"延长其目前之位置"，

---

① 《前日之宪法审议会》，《晨报》1922 年 11 月 16 日，第 3 版。
② 《白坚武日记》第 1 册，杜春和、耿来金整理，第 404 页。《盛京时报》1923 年 3 月 11 日，"中外要电"，第 2 版。
③ 《政府公报》第 2523 号，1923 年 3 月 21 日。
④ 章伯锋、李宗一：《北洋军阀》第 4 册，第 244 页。
⑤ 《益世报》1923 年 3 月 27 日，"专电"，第 2 版。《府院攻守同门之计划》，《顺天时报》1923 年 3 月 27 日，第 2 版。
⑥ 徐兆玮：《徐兆玮日记》第 4 册，李向东、包歧峰、苏醒标点，第 2472—2473 页。
⑦ 《南北扰攘中之苏齐做寿》，《顺天时报》1923 年 4 月 19 日，第 2 版。
⑧ 《易宗夔不得要领而返》，《顺天时报》1923 年 4 月 26 日，第 3 版。
⑨ 《府院会三方进行统一之趋势》，《北京日报》1923 年 4 月 5 日，第 2 版。

从关税及崇文门收入中支出制宪经费发给议员作为出席费。① 此法激怒了直系。北京卫戍司令王怀庆、陆军检阅使冯玉祥以军饷无着，军心不稳，唆使军警大规模索薪。② 张绍曾、黎元洪即使有心恋栈，亦难以招架，不得不提出辞职。6 月 16 日，参众两院开联合会，赞成内务总长高凌霨兼任国务总理，摄行大总统职权。③

二　贿选议员出任法制局长

国会因总统选举分裂成两院常会及宪法会议，并有部分议员南下，导致无论制宪还是大选，均不足法定人数。④ 吴景濂以出席费为饵，诱南下者来京，部分议员认为任期将于 10 月 10 日届满，若不从速议决延长会期，则自身资格即将消灭，反对在京开会。因此，为打消部分议员的疑虑，众议院于 1923 年 9 月 7 日迅速通过国会延期案。⑤ 9 月 26 日，参议院以十数分钟完成三读会，通过众议院延长任期案。⑥

因此，部分议员北上，参与 10 月 6 日的总统选举，曹锟顺利当选。虽然抨击曹锟贿选的声音不断，但仍有人对其抱有信心，如孟宪彝认为天下或有望太平。⑦ 总统选举完成，国会届满，故改选事宜就纳入政府的议程之中。1924 年 1 月 1 日，曹锟发布众院改选令，要求各省众议院议员初选于 10 月 14 日举行，复选于 5 月 14 日举行。⑧

对于现任议员而言，国会改选，意味着其可能失去议员资格，故拼命恋栈。据说，运动议员代价高昂，每人至少 2 万元，议员虽有 5000 元的收入，却已消磨殆尽，无力竞争下届选举，只有拼命在延长任期上下功夫。⑨鉴于国会截至 2 月 26 日将满四月之期，参议院谋延长一个月，众议院援照参议院之方案，主张定为国会休会五天，3 月 1 日举行第二次临时会之开

---

① 徐兆玮：《徐兆玮日记》第 4 册，李向东、包歧峰、苏醒标点，第 2489 页。
② 《盛京时报》1923 年 6 月 6 日，"中外要电"，第 2 版。《盛京时报》1923 年 6 月 14 日，"中外要电"，第 2 版。
③ 凤冈及门弟子编《梁士诒年谱》（下），广东人民出版社，2014，第 261 页。
④ 凤冈及门弟子编《梁士诒年谱》（下），第 263 页。
⑤ 《留京议员通过延长任期案》，《申报》1923 年 9 月 11 日，第 6 版。
⑥ 《众议院延长任期确定》，《晨报》1923 年 9 月 27 日，第 2 版。
⑦ 孟宪彝：《孟宪彝日记》（下），彭国忠整理，凤凰出版社，2016，第 592 页。
⑧ 《政府公报》第 2800 号，1924 年 1 月 6 日。
⑨ 《新国会无召集希望》，《顺天时报》1923 年 10 月 22 日，第 2 版。

幕式。①

国会延长开会期限，与政府规定的选举时间相冲突。因此，内务部以众选命令颁布多日，而各省并未筹备，拟咨行催促，除有军事省份得暂缓举办外，余均一律筹备进行。② 4 月 16 日，曹锟为加快筹备国会选举，任命国会议员景耀月充筹备国会选举事务局长。③ 该命令一经发布，即引起国会的警觉。

4 月 25 日，国会以迅雷不及掩耳之势通过议员不准兼任现任官吏案，其理由为宪法第四十五条之规定议员不得兼任官吏。④ 国会依据的为曹锟强推的 1923 年宪法。国会所持理由虽冠冕堂皇，却让人无法辩驳。揆诸史实，该审查案完全是为景耀月而设。盖景耀月现筹备国会选举事宜，众议员因其显然违叛现国会，不能不以此手段对付之。⑤

不论众院发动审查议员兼任官吏案有何目的，开弓没有回头箭，而如此大规模的审查难免殃及池鱼。议员兼官吏的标准为：有正式任命，包括总统命令及部院与各地方长官之命令；凡在职中，虽经辞职未见明令者，仍以在职论。⑥

面对众院审查，法制局长易宗夔处理得相当坚决，25 日众议院发布命令，26 日即向众院声明辞职。其声明书谓：宪法第四十五条有两院议员不得兼任文武官吏之规定，自十二年三月三十日奉大总统令，任命宗夔为法制局长，当时宪法尚未颁布，故尔遵令就职，兹值实行国宪之际，自应钦遵宪法，辞去法制局长一职，专负议员责任。⑦

易宗夔虽是被迫辞职，但对他而言，这或许是一个好的结局。其掌法制局的大背景是府院会联合抵制曹锟贿选，现黎元洪、张绍曾早已去职，易氏则失去了政治资源。而且，易宗夔曾于 1923 年 7 月中风，不能言语，每日只能由家人稍进饮食，局务由参事送至本宅批示办理。⑧ 10 月 9 日，因易宗夔久病告假，政府决定由首席参事钟庚言代理局长，然其销假无期，

① 《国会延长将如何决定耶》，《顺天时报》1924 年 2 月 21 日，第 2 版。《众院休会问题》，《顺天时报》1924 年 2 月 21 日，第 2 张。
② 《内务部催办众选》，《晨报》1924 年 3 月 29 日，第 3 版。
③ 《政府公报》第 2899 号，1924 年 4 月 17 日。景耀月属全民社，为保系议员。
④ 《查办议员兼任官吏之声浪颇高》，《北京日报》1924 年 4 月 28 日，第 2 版。
⑤ 《兼官议员之催命符》，《益世报》1924 年 4 月 30 日，第 3 版。
⑥ 《审查中之兼官议员案》，《顺天时报》1924 年 5 月 2 日，第 2 版。
⑦ 《易宗夔辞法制局长》，《晨报》1924 年 4 月 26 日，第 3 版。
⑧ 《易宗夔病中办公》，《顺天时报》1923 年 8 月 13 日，第 2 版。

局长一席势难久悬。①

据说，法制局长继任者为王耒，此项命令本可发表，因印铸局长人选上，国务总理孙宝琦有意陈汉第，曹锟则属意张廷谔，使孙氏颇感抉择之难。吴毓麟见状，拟将易宗夔调任国务院参议，以陈汉第接任法制局长，如此张廷谔可顺利接掌印铸局。孙宝琦认为张廷谔担任院秘书时，声名太劣，不赞同其调任印铸局。而且，孙宝琦以易宗夔夙疾现已痊愈，对于局务颇能认真进行，值推行宪政，改订法规之际，实未便遽易生手，故更动之议业经打消。② 然根据《时报》的消息，孙宝琦所持理由难令人信服，"易宗夔病腿，始则坐抬椅到署，后乃并椅不能座，几成残废"。③

孙宝琦欲在印铸局人选上坚持己意，声称"总统不能干涉我（国务总理）用人之权"，④ 实在是毫无胜算，对于法制局长的调任亦是如此。闻法制局长一席竞争者有四人之多，府方交下二人，一为张名振，一为夏某，孙宝琦属意陈汉第，浙江同乡汪大燮极力推荐王耒，孙宝琦倍感为难，决将四人外另升孙润宇。⑤ 在 5 月 6 日国务院会议上，某阁员对孙润宇任法制局长颇有疑问，孙宝琦谓此系府方主张。⑥

孙润宇得以掌法制局，确实是曹锟有意为之。1923 年 6 月，曹锟与孙润宇在津接洽，孙允以 80 票助其选举总统，为此获得曹锟"最优之条件"。⑦ 黎元洪辞职后，孙润宇一直未出京，并于 8 月 18 日参加了民宪等 30 团体代表会议，吴景濂派主张速办大选，并推代表 12 人起草电稿，孙润宇即代表之一。⑧

议员徐兆玮因黎元洪去职后南下，孙润宇屡次请其北上。此时的宪法与选举问题绑在一起，与黎元洪先举总统后定宪法的情形不同。孙润宇请徐兆玮等人北上，最终目的就是请徐列席国会，参与投票，其自身于 10 月

① 《许宝蘅日记》第 3 册，许恪儒整理，第 972 页。《法制局长将易人》，《顺天时报》1923 年 9 月 29 日，第 2 版。

② 《要闻简报》，《时报》1924 年 3 月 26 日，第 2 张第 3 版。《两局长之去留》，《晨报》1924 年 3 月 28 日，第 2 版。《北京特约通信（二）》，《新闻报》1924 年 3 月 18 日，第 2 张第 1 版。

③ 《无聊之局》，《时报》1924 年 5 月 10 日，第 1 张第 2 版。

④ 《北京特约通信（二）》，《新闻报》1924 年 3 月 18 日，第 2 张第 1 版。

⑤ 《国务院消息》，《晨报》1924 年 5 月 6 日，第 3 版。

⑥ 《六日北京阁议记要》，《申报》1924 年 5 月 9 日，第 6 版。

⑦ 一鸣：《北京特约通信·总统问题急进中之种种风波》，《申报》1923 年 6 月 4 日，第 7 版。

⑧ 《申报》1923 年 8 月 20 日，"国内专电"，第 4 版。

6 日投票选举总统。① 不过，面对国会审查议员兼任官吏案，孙润宇很快做出抉择，"自愿为官，辞去众议院议员"。② 5 月 6 日，曹锟准免易宗夔辞职，任命孙润宇为国务院法制局长。③

众议院如此决绝的做法使政府陷入被动，当局采取反制措施。法制局拟具审计院组织法，严限院长资格，阁员、议员、军人均不得被任为院长，闻为抵制议员野心而设。④ 其理由是：一是现任国务员、议员、军人，对审计院长选举会均有暗中操纵的权力，若不加以限制，则选举时得票最多者为现居最要地位之人；二是查比利时、德国皆有审计官吏不得为两院议员之规定；三是宪法第四十五条规定"两院议员不得兼任文武官吏"。⑤

三 余论

不同势力组织内阁，并更换法制局长，本属情理之中。1923 年恰逢曹锟贿选，不仅影响了组阁，还使法制局长的选任变得更加复杂。贿选前后的两任局长都是国会议员，只是在这波谲云诡的政局中，代表不同的利益集团，结局自然不一样。曹锟贿选改变了北京政府的走向。胡适得到曹锟当选的消息，认为"反动的政治已达到了最高峰"。⑥ 孙中山因此放弃护法旗帜，指出曹锟一意孤行，甘冒天下之大不韪，"只有重行兴师北伐之一法"。⑦ 张作霖则与直系仇怨颇深，退回关外后，整军备战，段祺瑞亦蛰伏天津，不满曹锟破坏共和制度，孙、段、张三人派代表往返磋商，欲结成反直同盟。⑧ 直系内部亦因此矛盾重重，"各派纷纷争位置，争权利"。⑨保、洛两派互为防备，"豫为吴佩孚坐镇之地，其实不容再有第二异己者与

---

① 《国会议员之行踪》，《申报》1923 年 10 月 6 日，第 13 版。
② 《孙润宇愿为官吏·将任法制局长》，《京报》1924 年 5 月 7 日，第 3 版。
③ 《政府公报》第 2919 号，1924 年 5 月 7 日。
④ 《时事新报》1924 年 5 月 30 日，"电讯"，第 1 张第 1 版。
⑤ 《审计院组织法修订完毕》，《时事新报》1924 年 6 月 2 日，第 2 张第 1 版。
⑥ 胡适：《胡适日记（1923—1927）》第 4 册，曹伯言整理，安徽教育出版社，2001，第 188 页。
⑦ 《大元帅对贿选案之表示》，《民国日报》（上海）1923 年 10 月 18 日，第 1 张第 3 版。
⑧ 中国第二历史档案馆编《中华民国史档案资料汇编》第 4 辑上，凤凰出版社，1991，第 207 页。
⑨ 《北京政象之败坏》，《时报》1923 年 11 月 23 日，第 1 张第 2 版。

之相逼"，曹锟竟令冯玉祥督豫，"隐寓监视之意，殆势水火矣"。于是，冯玉祥成为左右时局之人物，"吴意令冯援闽，而曹意令人拱京师"。① 曹锟此种安排，为冯玉祥发动北京政变提供了便利。

（作者简介：李浩，中山大学历史学系博士研究生）

---

① 《白坚武日记》第 1 册，杜春和、耿来金整理，第 496 页。

19 世纪中后期中国朝野对西方
国家政体的认知

王富聪

内容摘要 鸦片战争前后，近代知识分子对西方的议会、选举、总统等制度做了初步的介绍和较高的评价，但尚未契合其实际，还属于初步了解层面。洋务运动时期的驻外使节实地考察了西方政体，政府官员在政治实践中提出设议院，他们对西方政体利弊之所在都有一定的研究。对西方政体既有推崇，也有批判，并对议会政体和共和政体做了分析比较。早期改良思想家思想最为活跃，言论最为激进，研究对象和内容也最为广泛，提出了明确的设议院目标，认识逐渐深化。维新运动时期维新派人士提出开国会、立宪法，并对之进行了适时的变通利用，认识上达到了吸收利用层面。纵观这一时期中国朝野对西方国家政体的认识，体现了从初步了解层面到深入认识层面再到吸收利用层面的进程。

关键词 政体 晚清 议院

鸦片战争前，中国人对西方国家政体了解甚少。一些传教士所编著之书引起当时中国一些知识分子的注意，对于国人初步认识西方国家政体起到了启蒙性作用。林则徐、魏源、徐继畬等近代知识分子的著作使国人第一次了解到西方国家政体。书中对西方的议会、选举、总统等制度做了初步的介绍和较高的评价。此后，随着中西方交流日盛，朝野精英对西方国家政体的认识也逐渐深入，更加注意西方富强与其政体之间的关系。

前人相关研究有的着眼于晚清中国朝野对西方国家的认识，① 有的着重

---

① 如吴翎君《晚清中国朝野对美国的认识》，硕士学位论文，台湾大学历史研究所，1987。

于对中国知识分子民主思想和思想转型的研究，① 有的学者从晚清使臣发挥作用的角度进行了较为系统的梳理。② 但对西方政体的认识进程的研究比较薄弱，在解释力度上还不够深入。本文在前人研究的基础上进行进一步研究，以期分析 19 世纪中后期中国朝野对西方国家政体的认识进程是怎样演变的。

一　鸦片战争前后朝野对美英政体的初步了解

鸦片战争以前，少数国人对英美国家政体的认识也只是简单介绍其议会制度。一般来说，中国人对西方政体的注意是随着传教士的传教事业开始的。在 1837 年前后，一些新教传教士开始在宗教出版物上刊载一些西方的历史、政治等内容。马礼逊牧师是新教来华的第一位传教士，著有《外国史略》。这是第一本较完整地叙述美国史的中文书籍，书中记载了美国的政治组织及制度。而最早有系统地介绍美国史地的中文专书是美国传教士高理文所著的《美理哥合省国志略》，此书成于 1838 年，为其后三四十年中国朝野了解美国情况的主要来源，也为后来的《海国图志》《瀛环志略》《大地全图》等书主要引用。

早期华人著作中常常可见对美国政治赞美有加之语。如 1834 年，叶钟进著《英吉利夷情纪略》中记："美利坚人勤力作，常以余粮济各国，设十二酋长以理事，一酋死，复公举之，必众服而后立，故其人最重行谊。无梗化，无催科，有军事，方治赋。"③

鸦片战争前，梁廷枏究心西事。鸦片战争后，梁廷枏据所搜集之海外旧闻及英美教士所编史志撰成《合众国说》一书，对美国之民主政治也是大加赞美。其序文言："予观美利坚之合众为国，行之久而不变，然后知古者可畏非民之未为虚语也。彼自立国以来，凡一国之赏罚禁令，咸于民定

---

① 苏全有、闫宏斌主编《近现代中国知识分子思想转型问题研究》，内蒙古大学出版社，2002；熊月之：《中国近代民主思想史》，上海社会科学院出版社，2002。

② 余冬林对晚清使臣使西日记中的议会术语及其文化变迁进行较为全面系统的梳理，见余冬林《晚清使臣"议会书写"研究》，华中科技大学出版社，2014；祖金玉论述了驻外使节对国内变革的贡献，见祖金玉《走向世界的宝贵创获——驻外使节与晚清社会变革研究》，南开大学出版社，2012。

③ 中研院近代史研究所编印《近代中国对西方及列强认识资料汇编》第 1 辑第 2 分册，1972，第 788 页。

其议，而后择人以守之，未有统领先有国法。法也者，民心之公也。统领限年而易，殆如中国之命吏，虽有善者终未尝以人变法，既不能据而不退，又不能举以自代，其举其退，一公之民。持乡举里选之意，择无可争夺、无可拥戴之人，置之不能作威、不能久据之地，而群听命焉。"① 梁廷枏一方面赞美美利坚的民主制度，另一方面也将之与儒家传统民本思想做对比，可见其并非真正理解美国政体之真谛。与梁廷枏类似，林则徐也对美国之政体有赞赏之辞。

林则徐 1841 年在广州刊发其组织编译的《四洲志》，对美、法、瑞士、英国的民主制一一做了介绍，其中对美国民主制度叙述特详。书中介绍了美国政制设总统一人，四年一任，期满更代。总统选择之法，"先有各部落人民公举依力多（Elector）经各部落官府办定，送衮额里士衙门（Congress），人数与西业（Senate）之西那多（Senator）、里勃里先特底甫（Representative）官额相若。各自保举一人，暗书弥封，存贮公所，俟齐发阅。以推荐最多者入选"。② 林则徐还叙述了美国国会之组成，参、众两院议员之选举资格、当选年限等，并微露赞赏美国之选举制度，他发表评论说："（美国）国政操之舆论，所言必施行，有害必上闻，令行禁止，与贤辟所治无异。"③ 林则徐认为美国政体亦有可取之处。

当时对西事有深一层认识的是魏源。1843 年，魏源据已译出之书报等著成了一部介绍世界大事的《海国图志》五十卷，书中对美国民主制度很是称颂。其《墨利加洲总叙》一文言："二十七部（州）公举一大酋总摄之，匪惟不世及，且不四载而受代。一变古今官家之局，而人心翕然，可不谓公乎？议事听讼，选官举贤皆自下始。众可，可之，众否，否之，众好，好之，众恶，恶之，三占从二，舍独徇……富且强，不横凌小国，不桀骜中国。"④ 可见其对美国政体之向往。相比美国，魏源对英国的君主立宪政治也有叙述，但没有多少好感。

1848 年，一向留意外事的徐继畬在所著《瀛环志略》中亦高度称赞美国政制，文中云："米利坚，合众国以为国，幅员万里，不设王侯之号，不

---

① 梁廷枏：《海国四说》，中华书局，2006，第 50 页。
② 中研院近代史研究所编印《近代中国西方及列强认识资料汇编》第 1 辑第 1 分册，1972，第 199 页
③ 《近代中国西方及列强认识资料汇编》第 1 辑第 1 分册，第 206 页。
④ 魏源：《海国图志》，李巨澜评注，中州古籍出版社，1999，第 389 页。

循世及之规，公器付之公论，创古今未有之局，一何奇也。"①徐继畬对美国共和政体的赞誉比君主立宪高。

总体而言，林则徐、魏源、徐继畬等人的著作代表了鸦片战争前后朝野精英对西方政体的初步观感。《四洲志》《海国图志》等书中对英美政体的描述代表了当时一部分精英人士对西方政体的认识。他们对西方的议会、选举、总统等制度做了初步的介绍和较高的评价。尤其是对英美民主政治不乏称赞，并将之比附中国历史上的三代，如以尧舜禅让附会美国总统选举，以三代议政比附英美议院等。但值得思考的是，他们大多未能直接观察英美国家的政治制度，对西方国家政体的认识尚未切合其实际。他们对西方政体的赞美，毋宁说是一种对西方政体的朦胧感觉，属于初步了解层面。

二 洋务运动时期对美英政体的比较与评判

咸丰十年（1860），英法联军攻占北京，咸丰皇帝由圆明园巡幸热河，为清朝 200 余年非常之变。朝野精英，无不痛心疾首。有识之士，谋师夷长技以制夷之策，欲充实军备而富国强兵，是为洋务运动。此一期，中外文教交流日盛，一些人对西方国家所以富强与其政体的关系则更加注意，对西方政体的认识也不断深化，表现在对之进行了一定的分析比较和批判。

（一）驻外使节和政府官员对西方政体的比较和批判

清廷败于英法联军之后，图自强自立之策，主动派遣使团赴欧美考察。自 19 世纪 60 年代后期，先后派遣斌椿随赫德游历西欧；志刚、孙家穀随同蒲安臣出访欧美，崇厚率员赴法；1872 年派陈兰彬率留学生赴美。1875 年后，正式派遣郭嵩焘使英、陈兰彬使美、何如璋使日、刘锡鸿使德，出使人员渐多。这些使节人员在他们的笔记、日记、函稿、著述中记述了西方议会制度、立宪制度的优胜之处，对于西方政体既有赞美之处，又有所批评。以下以对英美两国政体的记载为例。

志刚对西方政体的认识见于所撰《初使泰西记》。他对美国华盛顿之议事会堂及上下两院之运作赞叹不已，其言曰："华都有议事之上下会堂，会

---

① 徐继畬：《瀛环志略》，上海书店出版社，2001，第 291 页。

堂者，取公论之地也……惟赋税出于民者，下堂议之，条约法令出于上者，上堂议之，亦必上下询某佥同，或议从其数之多，而后上议于伯理喜顿，听其照准施行。故民情达而公道存。"① 志刚记英国则有不满之词，其言曰："现在英国改章，由民举官。因民所举，有似两党，此进则彼退，无所迁就。"②

另一中外交涉事务大臣孙家穀，写有《使西书略》一文，对美国政体颇为赞美。其言曰："国无君长，公议设立一统领，四年一更，择贤而立。"③

此时期，一些驻外公使对西方政体认识进一步深入，不再仅仅只是赞赏，也开始有所比较和批判。

驻美公使张荫桓对美国政体相当肯定，其言道："议绅视邦省人数多寡而公推，上院有定，下院无定，各有专司。美政所从出，总统高拱仰承画诺而已"，④ "美政决于议院"。⑤ 张荫桓对英国、法国政体亦有所分析，且和美国政体联系做比较。他认为"英为君民共主之国"，⑥ 又论"英……各部取决于议院。英之议院仍分上下，上议院多勋旧富人，下议院则民间公举，视城邑广狭人民众寡而定所举之数，与美议院同。上议院事简，下议院事繁，国之政令皆自下议院议之，议成上于上议院。大抵英之国权仍归两党，附君主者曰保党，乐民政者曰公党，上议院多爵绅，君党之气稍旺，然两党迭主朝政，七年一易，君主立其党魁以为相，于是诸部院皆宰相所举，党易则举朝皆易，与美之南北党同一机轴"。⑦ 其论法国政体则曰："法、美同为民主而制度各殊。议院权亦隆重。"⑧ 由于亲历西方国家，故能对其政体进行分析比较。可见，张荫桓对各国政体认识较前一时期之中国精英更为切合实际。

驻英公使郭嵩焘认识到议院是英国"立国之本"，他论英国政治道："计英国之强，始自国朝，考求学问以为富强之基，亦在明季，后于法兰西、日耳曼诸国。创立机器，备物制用，实在乾隆以后。其初国政亦甚乖

① 志刚：《初使泰西记》，湖南人民出版社，1981，第 22 页。
② 志刚：《初使泰西记》，第 54 页。
③ 孙家穀：《使西书略》，见志刚《初使泰西记》，附录页。
④ 张荫桓：《张荫桓日记》，上海书店出版社，2004，第 19 页。
⑤ 张荫桓：《张荫桓日记》，第 36 页。
⑥ 张荫桓：《张荫桓日记》，第 404 页。
⑦ 张荫桓：《张荫桓日记》，第 195 页。
⑧ 张荫桓：《张荫桓日记》，第 430 页。

乱。推原其立国本末，所以持久而国势益张者，则在巴力门（Parliament）议政院有维持国是之义；设买阿尔（Mayor 即市长）治民，有顺从民愿之情。二者相持，是以君与民交相维系，迭盛迭衰，而立国千余年终以不敝。人才学问相承以起，而皆有以自效，此其立国之本也。"① 对英国之富强的原因进行了探求之后，郭嵩焘认为其根本就在于通过议院可以通民情，君与民交相维系。

崔国因是近代中国向朝廷提出开设议院请求的第一人。1883 年，崔国因向朝廷提出开设议院的请求，见于其《奏为国体不立后患方深请鉴前车速筹布置恭折》。崔国因对美国政体也有相当之批判，其言曰："美之君臣亦守华盛顿之规模，而兢以仁义为念，此其所以立国不摇也。今则非昔比矣，其君臣有夜郎自大之意，其议院有俯视一切之心，其南北两党有莫能相下相为敌仇雠之怨。"② 崔国因看到议院中的两党竞争，对议院内两党之争则不以为然，对美国政体利弊有了深入的认识。

黄遵宪也对共和政体与立宪政体进行了比较。1882 年，黄遵宪奉调美国旧金山总领事。经过实地考察，他认为美国政体弊端很多，应该效仿英国实行君主立宪政体。他说："初见卢骚、孟德斯鸠之书，辄心醉其说，谓太平世必在民主国无疑。既留美三载，乃知共和政体万不可施于今日之吾国，而是以往，以立宪为归宿，于今未改。"③ 迨至 1890 年，黄遵宪随薛福成出使英国，目睹英国议会之成就，自此开始以立宪为归宿。

一些政府官员也关注了西方政体。1874 年洋务派领袖、总理衙门大臣文祥也对西方议院表一定的肯定。他在《密陈大计疏》中分析说："说者谓各国性近犬羊，未知政治，然其国中偶有动作，必由其国主付上议院议之，所谓谋及卿士也；付下议院议之，所谓谋及庶人也。议之可行则行，否则止，事事必合乎民情而后决然行之……中国天泽分严，外国上议院、下议院之设，势有难行，而义可取。"④ 根据文祥所述，他把上议院议员比附为中国的卿士概念，把下议院议员比附为中国的庶人概念，虽然认为中国难以设立外国那样的议院，但他对议院的理解已经很接近西方议会的原义了。

---

① 郭嵩焘：《郭嵩焘日记》第 3 卷，湖南人民出版社，1983，第 373 页。
② 崔国因：《出使美日秘国日记》，中研院近代史研究所编印《近代中国对西方及列强认识资料汇编》第 3 辑第 2 分册，1984，第 643 页。
③ 黄遵宪：《黄遵宪致梁启超书》，《中国哲学》第 8 期，上海三联书店，1982，第 223 页。
④ 《文祥传》，赵尔巽等：《清史稿》卷 386，第 11691 页。

张树声于 1884 年 10 月 26 日遗折中认为面对内忧外患，中国必须要变法，而变法须君民一心，因此须开设议院。张树声恳请朝廷采西人之体，以救危亡。又曰："圣人万物为师，采西人之体，以行其用。中外臣工，同心图治，勿以游移而误事，勿以浮议而躁动，尽穷变通久之宜，以奠国家灵长之业。"① 此折反映了中法战争中国战败后张树声对西方国家政体的认识，西方国家富强具有其体用，设议院是西政之体，主张采西人之体，以行其用。

概而言之，此时期的驻外使节和政府官员根据所见所闻，对西方政体的认识较前一时期认识更为深入，对其利弊之所在都有一定的研究，而且提出了设议院的重要性。他们对西方政体的认识，既有推崇之处，也不乏批判之论。

（二）早期改良思想家对西方政体的比较和批判

随着编译事业的兴起，晚清西学之推广日益加速，此时的中国知识分子对西方政体也有了较深的认识。早期改良思想家认为西方列强的富国之本在于开设议院，如冯桂芬、王韬、薛福成、马建忠、郑观应、陈炽、何启、胡礼垣、宋育仁等人曾提出类似的主张。这一时期的思想家虽然提出开议院，要求实行"君民共治"，但还没有发展到提出君主立宪政体，没有要求制定宪法、开国会等。他们认识到议院的效果是可以得人心、通上下之情、集思广益，可以作为君主制度的补充制度。

冯桂芬为改良主义之先驱人物。第二次鸦片战争结束不久，冯桂芬出版了《校邠庐抗议》，抨击君主专制制度，其言："人无弃才不如夷，地无遗利不如夷，君主不隔不如夷，名实不符不如夷。"② 冯桂芬还表现出对美国民主政体的欣赏，在其《校邠庐抗议》稿本的"公黜陟议"的末段曾有以下几句："米利坚以总统领治国，传贤不传子，由百姓各以所推姓名投匦中，视所推最多者立之，其余小统领皆然。国以富强，其势骎骎凌俄、英、法之上。"③ 冯桂芬追求的致富强之路，是以中国之伦常名教为原本，辅以诸国富强之术。所以，他认为对西方政体不无可取之处。

---

① 张树声：《遗折》，《张靖达公奏议》卷 8，光绪乙亥刻本。
② 冯桂芬著，戴扬评注《校邠庐抗议》卷下，中州古籍出版社，1998，第 198 页。
③ 陈旭麓：《近代史思辨录》，广东人民出版社，1984，第 221 页。冯著原稿本藏上海图书馆，据云原稿本的《公黜议》的末段删去了这几行文字。参考陈旭麓《关于〈校邠庐抗议〉一书——兼论冯桂芬的思想》，《新建设》总 182 期，1964 年 2 月。

继冯桂芬之后的变法论者，认为中国要变法富强，不仅在于"用"的层面上的制造船炮等，更重要的是进行"体"的方面的内政改革。从政体方面而言，这一时期的知识分子不仅认识到西方政体的可观之处，也比较了英式立宪政体与美式民主政体，认为前者较优。王韬主张仿效西法，先通上下之情，而实现富强。其曰："论者谓富强之道，必当仿效西法，则其效易欲速见。舍己从人，事贵变通。"① 当然，王韬也认为民主有很多流弊，故厌恶美、法式民主政体，而对英国政体非常赞叹，赞其"政治之美，实为泰西诸国所闻风向慕，则以君民上下互相联络之效也"。②

薛福成也看到了共和政体的弊端，因而不赞成美国的民主政体。他认为民主政体和君主政体各有利弊："民主之国，其用人行政，可以集思广益，曲顺舆情……政治之所以公且薄也。然其弊在朋党林立，互相争胜，甚且各挟其私见，而不问国事之损益。……君主之国，主权甚重，操纵伸缩，择利而行，……苟得圣贤君王，其功德岂有涯哉，然其弊在上重下轻，或役民如牛马，……是故民主、君主、皆各有利，亦皆有弊。"③ 相比而言，薛福成更欣赏君主立宪政体，在他看来，政体理想与否的判断标准在于其是否有利于君民之情相通。他比较西洋各国政体后说，"美国则民权太重，法国则叫嚣之气过重"，所以认为"唯英、德两国之制，颇称尽善"。④

马建忠对西方政体的认识有一个转变的过程。起初，他相信议院立则能下情上达，等到他了解西方政体后，又对之开始有所批判。他对英国君主立宪政体批判道："英之有君主，又有上下议院，似乎政治皆出此矣，不知君主徒事签押，上下议院徒托空谈，而政柄操之首相与二三枢密大臣，遇有难事，则以议院为借口。"⑤ 对于美、法式的民主共和政体，他看到更多的弊端，"美之监国由民选举，似乎公而无私矣，乃每逢选举之时，贿赂公行，更一监国，则更一番人物，凡所言者皆其党羽，欲望其治，得乎？法为民主之国，似乎入官者不由世族矣，不知互为朋比，除智雄杰出之士如点耶诸君，苟非族类，而欲得一优差，补一美缺，忧忧乎其难之"。⑥ 可

① 王韬：《弢园文录外编》，中华书局，1959，第 192 页。
② 王韬：《弢园文录外编》，第 36 页。
③ 薛福成：《出使日记续刻》，钱钟书主编《郭嵩焘等使西记六种》，三联书店，1998，第311—312 页。
④ 《近代中国对西方及列强认识资料汇编》第 3 辑第 1 分册，第 348 页。
⑤ 杨家骆主编《戊戌变法文献汇编》册一，鼎文书局，1973，第 164 页。
⑥ 杨家骆主编《戊戌变法文献汇编》册一，第 164 页。

见，马建忠对英国君主立宪政体中君主大权旁落及美法国家共和政体中的人事变动和党争都有所批判。

郑观应主张"君民平权"式的君主立宪政体，认为君民共主，权得其平。其言："盖五大洲，有君主之国，有民主之国，有君民共主之国。君主者，权偏于上；民主者，权偏于下；君民共主者，权得其平。凡事虽有上下院议定，仍奏其君裁夺，君谓然即签名准行，君谓否则发下再议，其立法之善，思虑之密，无逾于此。"① 郑观应也对英式君主立宪政体更为赞赏，认为美国政体民权过重而不可取。宋育仁认为德、美优于英、法，尤其推崇美国政体。其言曰："议院主议法，政院主行法，察院主断法，议成付察院推断，断可然后付政府施行，故察院之权，足以持议院之弊，德美之政，所以优于英法也。"② 宋育仁推崇德、美政体高于英、法政体，这是和前述几人不同的地方。

不难看出，早期改良思想家普遍对西方国家政体尤其是议院充满了赞美之情，认为议院可以通上下之情，是富国之根本，一些人还明确提出了从制度上设议院的建议。另外，这一时期对英国政体的赞美远远高于美国政体，这是和前一阶段不同的地方。从君民平权的角度考量，他们大多主张英国君主立宪政体，对美国民主共和政体则评价较低。

三 维新运动时期对立宪政体的变通与利用

甲午战败，时人更知旧法不足恃，一些维新思想家发表危言，一场自下而上，其后又自上而下的维新运动展开。从 1895 年康有为等发起"公车上书"，到 1898 年"戊戌变法"，朝野上下对西方议院、国会、立宪开始广为知晓，对立宪政体的认识更为深刻、全面，一些人服膺于议会，主张变通实行君主立宪。

维新运动期间，一些人开始提出兴民权、开议院，实行君主立宪。以郑观应、康有为为例，他们认为实行立宪，开设议会，就能言路畅开，纠专制之弊。但他们对立宪政体服膺的同时也进行了一定的变通。

郑观应第一次正式提出君主立宪思想。1895 年，他提出应"开国会、定宪法"，③ 作为救亡之法。从他写的一首诗中也可见其对宪法的看重，诗

---

① 杨家骆主编《戊戌变法文献汇编》册一，第 58 页。
② 宋育仁：《泰西各国采风录》，钱钟书主编《郭嵩焘等使西记六种》，第 346—347 页。
③ 郑观应：《与陈次亮部郎书》，《盛世危言后编》卷 4，华夏出版社，2002，第 14 页。

曰:"宪法不行专制严,官吏权重民太贱。妄谈国政罪重科,上下隔阂人心涣。"① 1898 年 3 月,郑又上书孙家鼐,建议"亟宜开国会,定宪法,固结民心,同御外侮"。② 可见,郑观应将议院和宪法作为君主专制制度的重要补充,以固结民心。虽说这种变通意义上的议院和宪法,并非西方国家三权分立意义上的立宪政体,但变通利用西方政体,在当时政治上更有可操作性。

康有为是晚清变法论的中心人物,他对议院推崇备至,认为议院是富强之基。他说:"通天下之气,会天下之心,合天下之才,政未有善于议院者也。泰西之强基于此矣,日本又用之而强矣。"③ 1895 年,康有为第三次上书提出"设议院以通下情",建言"凡有政事,皇上御门,令之会议,三占从二,立即施行……会议之事,仍取上裁定,不过达聪明目,集思广益,稍输下情,以便筹饷,用人之权,本不属是,乃使上德之宣,何有上权之损哉!"④ 在西方国家,议院与君主互相制衡,但这时的康有为认为议院与君权并不冲突,这也是一种变通的认识。

1898 年 1 月,康有为在《上清帝第五书》建言"明定国是,与海内更始。自兹国事付国会议行","采择万国律例,定宪法公私之分",⑤ 明确提出开国会、定宪法的要求。但 1898 年初康有为第七次上书,转而对俄国和日本政体更为青睐,他提出"中国变法,莫若法俄,以君权变法,莫若采法彼得"。⑥ 以尊君权而变法,实质上就是在确保君权的前提下进行吸收西法,这又是一种变通的认识。

百日维新期间,康有为代阔普通武拟的《为变法自强宜仿泰西设议院折》中称:"奴才窃思欲除壅蔽,莫若仿照泰西,设立议院……拟请设立上下议院,无事讲求时务,有事集群会议,议妥由总理衙门代奏,外省由督抚代奏。可行者,酌用,不可行者,置之。事虽议于下,而可否之权仍操之于上。"⑦可见,这种变通意义上的议院只是君主的咨询机构。

---

① 郑观应:《罗浮待鹤山房诗集》卷 1,广州毅社出版社,1918,第 18 页。

② 郑观应:《上孙燮臣师相条陈时事书》,《盛世危言后编》卷 3,第 6 页。

③ 康有为:《日本书目志》卷 5 按语,姜义华编校《康有为全集》第 3 集,上海古籍出版社,1992,第 748 页。

④ 康有为:《上清帝第四书》,姜义华、吴根梁编校《康有为全集》第 2 集,上海古籍出版社,1990,第 179 页。

⑤ 中国史学会编《上清帝第五书》,《戊戌变法》(二),上海人民出版社,1957,第 194 页。

⑥ 中国史学会编《上清帝第七书》,《戊戌变法》(二),第 203—204 页。

⑦ 阔普通武:《为变法自强宜仿泰西设议院折》,光绪二十四年七月三日,中国第一历史档案馆藏。

当然，这种变通意义上的立宪，最终遭到了统治集团的反对。这方面前人的相关研究已经很翔实。需要注意的是，康有为的变通主张也受到一些儒士的反对。他们认为重民权、设议院会导致君权受损，如张之洞的《劝学篇》反对倡言民权。湖南叶德辉认为"民有权，上无权矣"，[①] "议院设而废君，大逆不道之事更多矣"。[②] 王仁俊认为："必核乎君为臣纲之实，则民主万不可设，民权万不可重，议院万不可变通。不然者，罗马结死党，立私会，法党叛新君，南美洲民起而争权，不十年而二三十行省变为盗贼渊薮矣。"[③] 基于立宪政体在西方国家出现的弊端来立论。这些儒士坚持中体西用，对西方国家政体的认识有自己的学理分析和事实考量，与康有为等人的认识相去甚远。

晚清面临被卷入世界中而来的内忧外患，守旧不变，只能是坐以待毙，置国情于不顾，也不太现实。康有为等人对立宪政体进行了变通利用，试图在取保君权的前提下实现议院制度，作为有益的补充制度。虽然这种变通利用的主张还没来得及实施，就被戊戌政变打断了这一进程，但作为一种变通利用意义上的议院已经为有识之士所认同，并逐渐得到越来越多的人认同，在几年后被统治者不得不再次捡了起来，不能不说对议院之尊崇已经从暗流成为挡不住的潮流。

总之，维新运动时期，维新派人士等对西方议会政体认识更为全面而深刻，由推崇进而到变通利用层面。不仅认为议会和宪法可以收民心并御外侮，也提出要在君权之外尊民权的要求。在百日维新前提出开国会、定宪法的主张已经突破中国传统的政治体制。在政治实践层面，也能适时地变通利用。历史地看，在坚持君权的前提下，他们对立宪政体进行了一定程度的吸收和变通利用，认识上达到了吸收利用层面。只是这一认识在几年后才成为朝野都认同的潮流。

四　结论

鸦片战争前后，林则徐、魏源、徐继畬等人的著作使国人初步了解到

---

① 叶德辉：《宾凤阳等上王益五院长书》，《翼教丛编》卷5，（清）苏舆著《苏舆集》，湖南人民出版社，2008，第 165 页。

② 《宾凤阳等上王益五院长书》，《翼教丛编》卷5，（清）苏舆著《苏舆集》，第 166 页。

③ 王仁俊：《实学平议》，《翼教丛编》卷3，第 14—15 页，光绪二十年刻本，张勇主编《中国思想史参考资料集·晚清至民国卷》（上），清华大学出版社，2005，第 79 页。

西方议会政体。他们对西方的议会、选举、总统等制度做了初步的介绍和较高的评价。他们对西方政体的认识尚未切合实际，这种隔岸观火般的朦胧的认识属于初步了解的层面。

洋务运动时期的驻外使节和政府官员对西方政体的认识较前一时期较为全面深刻，对其利弊之所在都有一定的研究，认识逐渐深化。他们对西方政体的观感，既有推崇，也有批判，并对君主立宪政体和民主共和政体做了分析和比较。认识到西方富强的根本在议院，认为议院可以改善中国专制君主制的弊端，初步提出了开设议院等主张。早期改良思想家思想最为活跃，言论最为激进，研究对象和内容也最为广泛。改良派基本上主张英式君主立宪政体，对美式民主共和政体则看到弊端更多，也看到了各国政党之争的弊端。从君民平权的角度考量，他们大多主张英国君主立宪政体，对美国民主共和政体则评价较低。这种实际考察的方式、比较分析的方法、明确的目标意识，属于深入认识层面。

维新运动时期，维新派人士等对西方议会政体认识更为全面而深刻，提出开国会和立宪法的目标，并由推崇进而到适时变通利用。不仅认为议会和宪法可以收民心并御外侮，也提出要在君权之外尊民权的要求。虽然这种变通意义上的议院只是君主的咨询机构，并非当时西方已经实行的君主立宪政体，但历史地看，在坚持君权不动摇的情况下，他们对立宪政体进行了一定的变通吸收和利用，已经有了对西方政体有选择地利用的意识，属于吸收利用层面。

应该说 19 世纪中后期中国朝野对西方国家政体的认识演变与晚清政治生态的变化密切相关。一方面，内忧外患下的晚清朝野精英耳闻目睹西方国家政体，刺激之下，为了通上下之情，为了根本上富强，试图借鉴西方国家政体中的可取部分，倡设议院以为君权之辅助，形成了一股思想浪潮，最终选择了一种变通方法介入现实政治，一定程度上加速了晚清政治改革；另一方面，晚清政治生态的变化也在影响他们对西方国家政体的看法，在坚持君权的前提下，他们对立宪政体进行了有选择地吸收，因而他们的认识难以说得上是一种纯理性分析，而更多的是一种致用的认识。

（作者简介：王富聪，河北大学历史学院中国史博士研究生、《团结报》编辑）

"近代化进程中的城市财政与城市税收"
讨论会综述[*]

张　莉

2018 年 5 月 18 日，由华中师范大学中国近代史研究所主办、人文社会高等研究院协办的"桂子山财税史工作坊：近代化进程中的城市财政与城市税收"在研究所 7 楼莼思堂召开。来自中国社会科学院、北京大学、清华大学、武汉大学、华中师范大学、西南政法大学、江汉大学、湖北社会科学院的 10 位学者参加了本次工作坊。此次工作坊意在通过沙龙形式对城市财政与城市税收问题做深入讨论。

在城市财政与城市税收的概念及制度研究方面，江汉大学方秋梅以《近代城市税收与城市管理体制》发表了意见。她比较认同城市财政是因城市治理而发生的地方性财政这个定义。此财来自何处、此财为谁而理、谁在管理城市是城市财政研究涉及的三个关键问题。然而由于各个城市管理体制的不同，形成了其城市财政的独特性。作者认为，近代城市财政是近代城市管理的组成部分，但因管理城市而产生的财政不一定是城市财政；近代城市管理体制决定了城市财政的运作；城市财政的近代化与城市管理体制近代化相辅相成。

此次工作坊会议讨论的城市和地区涉及北京、天津、云南、汉口，各地区域经济及区域财政有别。北京大学教授倪玉平《清代北京的城市税收》从关税和杂税两方面对清代北京的城市税收情况及收入波动趋势做了分析。作为首都，北京城市财政及税收除了受经济本身的活跃程度影响之外，政治因素在清代及其之前的影响基本是起着决定性的作用。华中师范大学张

---

[*] 本文为国家社会科学基金重大项目"近代中国工商税收研究"（16ZDA131）的阶段性成果。

莉的《1930 年代前期天津财政政策转变研究——以营业税稽征为中心的考察》分析了天津营业税征收中政府提高税率与商人团体抗争之间的纠纷，政府在自征与商会代征之间频繁转换。西南政法大学朱海嘉的《抗战时期云南省直接的实施与社会反响》通过对 1938—1942 年财政部云南区直接税局税源结构、比例的分析，发现直接税各税种税源的比例结构呈现变动趋势，且各区域差异较大，原因主要是：滇缅战事影响致使滇省直接税源减少；各方意图逃税、抗税，伪造账册之风盛行；税政管理的滞后；等等。

在汉口研究方面，涉及地方商人团体与税收、契税、货物税等问题。华中师范大学魏文享的《近代汉口商会的税权表达与集体行动》从汉口商会视野中的中央税收、地方税收与城市税收的角度出发，论述了汉口商会在晚清及民初、国民政府时期的税权表达，汉口商会代表本地商人反映税负意见，参与税政。抗诉与协征是商人团体主要的税权表达方式。湖北社会科学院陈新立的《晚清民国武汉田房契税征管与地方财政》认为从晚清到民国田房契税征收单位变化多样，且征管中的城乡差异主要体现在买卖频度上及是否纳税上。契税及其附加税主要用于补充地方教育经费、建筑工程、弥补地方军饷等，背后揭示的更多是产权问题。华中师范大学王海燕的《战后汉口货物税征管制度研究》认为汉口货物税局依据财政部之规定，加强对人员任用、考核的管理，促进机构及各项人事制度的完善，但征管制度未能完全落实，地方对其征管等事宜并不积极。

武汉大学陈锋教授和北京大学徐凯教授担任此次工作坊的评议人。陈锋肯定了城市财政和城市税收概念提出的学术意义，认为此角度的研究可以从城市史和财政史两方面取得进展。他指出需做好以下几个方面：其一，厘清城市财政和税收概念的内涵，辩明源流，是当前需要做的一个重要工作；其二，学界目前从历史学角度讨论城市财政比较缺乏，亟须加强跨学科的研究以便深化；其三，注意城市财政收入支出与城市本身发展的关系；其四，在研究不同类别的税种时，要考虑与宏观财政的关系；其五，税、捐、费、公债、货币之间的复杂关系要理清楚；其六，要有全面整体的视野和眼光，要把晚清与民国结合起来，不能割裂。徐凯教授指出在以往城市史的研究中较少涉及城市财政史，是一大缺憾，以近代化的角度讨论城市经济和财政问题很有必要。他也赞同应对城市财政和城市税收的概念进行辨析界定，争取共识。在研究中，要注意不同类型的城市（如政治型城市、工商业型城市等）与城市财政的关系、城市税收与人员结构的关系、城市税收与城市构成的关系。他认为城市财政与城市税收是有区别的，尤其是边界不一致的问题，还需注意城市财政的区域性问题。同时，不同阶层对城市税收的影响、城市商业网络建构及城市财政的阶段变化等问题都值得重视。

通过讨论，大家对以下问题达成共识。其一，城市财政和城市税收的概念对促进城市财政史的研究十分重要；其二，注意城市财政和城市税收的边界的判断，既要看到其联系，又要注意其区别；其三，注意税收背后权利与资源的分配；其四，税源、财政的归属与城市息息相关，中央税和地方税要厘清；其五，商人团体对税权表达的差异值得进一步挖掘；其六，要有整体史的眼光。本次工作坊是促进城市财政和城市税收研究的初步尝试，今后会多组织类似活动加强各界交流，促进当前城市财政和税收研究的发展。

（作者简介：张莉，华中师范大学中国近代史研究所博士研究生）

"近代中国财税史青年学者论坛"
会议综述[*]

朱瑞琪

2018 年 10 月 13—14 日，由中山大学历史学系主办的"近代中国财税史青年学者论坛"在广州召开。来自清华大学、华中师范大学、复旦大学、厦门大学、中山大学等高校的 20 多位青年学者参加本次会议，就近代中国的财政、债务、税收问题进行了深入交流。

近代以来，中国开始从传统财政向现代财政转变，民国时期是中国财政现代化的重要阶段。西南交通大学付志宇（《民国财政改革的理论与实践之辨》）认为，以现代化为指向的民国财政改革理论与实践由交织走向分流，最终演变为两种不同的结果：民国财政理论在汲取了西方财政学中的现代化内涵的基础上根据中国的特色进行自身理论构建，并对政府的财政实践产生影响。厦门大学焦建华（《财政民主与政治专制：国民政府前期财政体制与国家治理体系的冲突分析》）指出，国地税划分上的失当、国民政府内部的权力倾轧及个人专权的顶层制度设计都使民主财政体制无法发挥效能，从而导致了劣质的国家治理，严重侵蚀了政权合法性。

安徽师范大学余治国（《清代传统财税体系的近代转型——以落地税为例》）以落地税为切入点，梳理和分析落地税从清初、晚清至北洋时期的变迁，揭示清代传统财税体系近代转型过程中诸多复杂而曲折的特点。西南民族大学卢征良（《从传统到现代：近代西康财政制度的演进》）从财政机构、预算制度、税收制度、财政支出制度等方面论述了近代西康从传统财政到现代财政的转变过程。华中师范大学张超（《抗战时期〈公库法〉的立法与实践》）探讨了抗战初期国民政府《公库法》的推行及其实际效果。

---

*　本文为国家社会科学基金重大项目"近代中国工商税收研究"（16ZDA131）的阶段性成果。

近代中国财政税收与债务有着密切的关系。安徽师范大学马陵合（《从实抵到虚抵——外债抵押方式转变与近代中国的税制变革》）指出造成近代税制与外债特殊关联的原因，在于以路作抵的铁路外债模式造成了路权不断丧失，这类所谓的产权抵押方式在近代有着明显的主权风险。中央财经大学马金华（《近代中国的政府债务与盐税抵押》）认为近代盐税是筹集国家财政收入的重要手段之一，充当了近代中央与地方政府债务的主要抵押品。南昌大学刘杰（《现代"公债"概念的生成与晚清政府财政实践》）梳理了"公债"一词进入中国的路径与知识传播的过程。安徽师范大学马长伟（《近代中国地方债务发行研究——以 1922 年安徽省整理旧债为例》）考察了 1922 年安徽省整理旧债的过程，重点分析了整理旧债的缘由及失败的原因。

税收问题是本次会议关注的重要议题。中国政法大学熊金武（《近代城市化中土地财税思想变迁——以亨利·乔治为中心》）认为孙中山对亨利·乔治的经济思想予以改造和创新，形成了涨价归公和平均地权的主张，试图借助土地财税制度的改革完成土地产权的变更。四川大学张杨（《旧田赋与新税制：川西地区 1949 年公粮的征收》）指出西南解放之初，中共以已失实的旧田赋廒册为依据划分成分和征收公粮，导致在实际征收中出现了任务轻重不均乃至"匪乱"等严重问题，故中共转而采取北方老区"查田评产"的方法，最终完成了 1949 年的公粮任务。江西财经大学戴丽华（《革命根据地税收立法及对当前构建现代财税体制的启示》）论文分析了革命根据地税收立法的背景和基本情况。

直接税是近代引自西方的一个重要税种。广州大学夏巨富（《清末民初印花税的知识移植及在广东的制度实践》）分析了清末西方印花税知识被清政府移植到中国及在广东的试办过程。河南师范大学任同芹〔《民国时期直接税税收流失问题及其治理（1936—1949）》〕认为制度性的税收流失、税收环境的恶化及相关配套制度不健全是抗战后期直接税流失越来越严重的重要原因。

中国传统税制的变革也引起了学者们的浓厚兴趣。中国社会科学院李晓龙（《就场征税与中国盐税制度的近代演变》）分析了近代盐税制度改革中就场征税的数次试行及最终夭折的过程。复旦大学于广（《市价与税制：南京国民政府时期卷烟统税的税级变动及原因》）考察了卷烟统税税级的变动情况。华中师范大学张莉〔《制度与法律下的利益之争：近代天津席行牙税纠纷案探析（1933—1934）》]认为席业商人、席业公会、天津政府及财政局均在法律与制度的幌子下为维护自身利益进行博弈。厦门大学张侃（《试论近代中国的花捐开征、展开及财政－社会的运作形态》）梳理了花捐开征、展开及花捐征收章程化和包税组织化的过程。

华中师范大学魏文享[《国共内战时期的天津商人与政府摊派（1946—1949）》]考察了国共内战时期天津商人承担摊派的类型，商人的承摊及抵制，以及摊派对地方财政的影响。地方政府过度依赖摊派等方式来获取非税收入，最终导致财政信用破产。复旦大学郭淇斌（《英国驻华高等法院与上海工部局的税收征稽》）认为英国驻华高等法院成立后，工部局的税收征稽既得到有效支撑，又受到一定约束。中山大学柯伟明（《二十世纪前期中国税收发展的特点》）论述分析了20世纪前期中国税收发展的几个特点，他认为中国税收发展并非简单地复制西方经验，而是随着中国政治与社会经济条件的变化，根据历史传统和现实需求，综合各方利益形成的。

与会学者围绕财政转型、税收与债务关系、政府与商界关系、税收与社会关系、财政与政治关系、税收与行业关系等问题进行了热烈讨论，呈现了许多新视角、新方法、新思路，对推动近代中国财税史研究有积极意义。

（作者简介：朱瑞琪，中山大学历史学系硕士研究生）

"第十届辛亥革命研究青年学者论坛"综述

段君峰

2018 年 10 月 27 日，由武昌辛亥革命研究室、辛亥革命武昌起义纪念馆与辛亥革命博物馆共同举办的第十届辛亥革命研究青年学者论坛在武汉洪山宾馆成功召开。来自湖北、湖南、江西、河南、北京、上海等地高校及科研机构的 60 余位青年学者和部分专家参加了论坛。根据论文主题，论坛分为 3 个大组，共 12 场讨论会，除辛亥革命史外，会议论文还涉及政治、经济及思想文化史领域的广泛议题。

一 辛亥革命及政治史研究

辛亥革命虽是传统议题，但仍有不少新见新解。关于革命因何而起、参与者有哪些特点，又产生了哪些政治上的影响，有多篇论文对革命进程中及前后的相关问题进行了探讨。

中央民族大学崔岷对清末团练办理模式进行考察。江西财经大学李凤凤在分析了政府与民间对立宪的不同主张后指出，清政府意在保护君权的前提下进行立宪，不能适应中枢机构从传统走向现代的发展趋势，偏离了宪政改革的轨道。湖北大学雷平对"省籍意识"及其对清末民初湖北社会发展的影响进行了初步探讨。

华中师范大学研究生宋柳以《辛亥首义人物谱》所载人物为基础，统计、分析了武昌起义新军群体的革命选择及其群体特征。辛亥革命博物馆潘志鹏探讨了辛亥革命前革命党人在新加坡进行宣传的形式及其影响。辛亥革命博物馆胡伟则探讨了同盟会中部总会对武昌起义的贡献。日本同志社大学霍耀林分析了辛亥革命后日本对华外交转折的过程。三峡大学王光霞探讨了江苏早期共产党人对辛亥革命精神的继承与发展。中国人民大学周家斌老师分析了辛亥革命到大革命之间"平民"概念的演变及其体现的革命主体的历史延续性。

在民国政治议题方面,华中师范大学承洪磊对袁世凯称帝前后的立宪问题进行了考察。华中师范大学张超对 1922 年湖北督军自兼省长问题进行了初步分析。河南大学黄俊华分析探讨了南京国民政府检查制度的制约因素。

外交史在会议上受到关注。华中师范大学博士生许龙生对民国初年中日两国围绕明治天皇葬礼所展开的外交活动进行了初步探析。武汉大学博士生冯钰麟认为 1914 年日德青岛战役是日本军机在中国的首次实战,为此后日本军机参展积累了经验。武汉大学博士生何飞彪对 1942 年美国共和党领袖威尔基访华进行了论述,并对其积极影响给予肯定。三峡大学研究生周圆对近代中葡关系进行了初步的梳理。

抗战史研究也是讨论热点。湖南师范大学郭辉对抗战时期"民族英雄"的构建与诠释进行了探讨。湖南师范大学研究生侯佳宁对抗战时期郭沫若对"民族英雄"的书写与研究进行了梳理。湖南师范大学研究生李白胜对抗战时期"秦始皇"形象的塑造与帝王记忆的构建困境进行了探讨。河北大学研究生张晨阳对国民党纪念张自忠抗日殉国事件进行了考释。华中师范大学博士生郭本意以山东地区为例,探讨了抗战时期国共两党的"铸币权"之争。三峡大学研究生廖思杰对周作人当汉奸的错误思想认识进行了分析与批判。三峡大学潘大礼以林徽因、梁思成夫妇为例探讨了文化名人对日本侵华的应对。武汉大学博士生段振华以《外交评论》为中心探讨了20 世纪 30 年代中国知识界对二战的想象。武汉大学博士生张亮分析了九一八事变与日本海军的关系。

此外,赣南师范大学刘魁探讨了苏区时期中国共产党对保甲秩序的突破。华中师范大学研究生全宏博以《申报》相关报道为中心,探讨了昌黎兵警冲突案交涉中社会团体的参与及影响。华中农业大学石武英考察分析了 20 世纪四五十年代农村选举制度的构件和影响。

二 社会及经济史研究

湖北及武汉地方经济受到关注。江汉大学方秋梅指出,汉口城市重建计划商界最早提出,官方也陆续出台了多个重建规划,但大多无果而终,并从经费筹集、政局变动、官民矛盾、执行不力等方面，探讨了 1912—1914 年汉口城市重建计划难以实施的原因。河南新乡学院常诚梳理探讨了汉口开埠初期湖北商贸的近代嬗变及其意义。平顶山学院刘立成通过对武汉气象史的梳理，分析了其中的殖民特色。湖北省社会科学院研究生许耀宗对清末民初樊口闸修建之争进行讨论。此外，武汉大学博士生赵正超考察分析了《马关条约》开放重庆的原委。

关于企业和行业史的讨论较为集中。三峡大学罗萍指出近代裕大华纺纱集团的历史实践，特别是将民主法制精神与本土文化的智慧融合，对今天探索"中国式管理"仍具有重要的参考价值。湖北理工学院左世元探讨了孙宝琦与盛宣怀、袁世凯的关系及他们之间的互动。三峡大学李超探讨了近代五峰县渔洋关茶叶的发展及其影响。华中师范大学研究生周江地以启新公司兼并案为中心，考察了大冶湖北水泥厂的发展始末。

华中师范大学博士生张莉对 1942—1945 年天津粮食配给制度进行了研究。华中师范大学博士生陈春兰考察了抗战期间中国印刷业的发展问题。江西萍乡学院王淼华分析了盛宣怀与清末南浔铁路国有事件的关系。三峡大学张学见对近代青岛旅游业的发展原因及发展特点进行了梳理。华中师范大学研究生郭倩分析了上海金都事件中的警宪冲突及其与国共政争的关系。华中师范大学研究生郭志炜考察了 20 世纪三四十年代冀东地区农村家庭的生活条件。华中师范大学研究生马晓菲以嵩县集市为例，考察了乡村社会的变迁。

三 思想文化及教育史研究

本次会议上，思想文化与教育史的议题也较为丰富。在人物思想方面，上海大学杨雄威从对待传统道德与共和新知的关系入手，探讨了梁济与梁启超二人对待新与旧的异同。中国人民大学博士生林哲艳对严复"社会"思想的传播过程进行了梳理，并对严复在社会学发展中的作用提出了自己的看法。上海师范大学秦文从杨鸿烈《袁枚评传》入手，探讨了袁枚的法律思想。三峡大学黄河则对晚清曾国藩的幕僚王定安的生平及著述进行了初步考察。三峡大学研究生刘琰从《黄侃年谱》分析了章太炎、黄侃的师生情谊及其特点，以及对当今师生关系的启示。

知识与学人关系紧密。中南民族大学谷秀青探讨了清末劝学所宣讲中的"旧制"与"新知"问题，指出宣讲作为清朝旧制，在清末劝学所设立后，宣讲内容出现新的特点，从圣谕广训、伦理纲常逐步转向新政改革与地方自治等新的知识，体现了文化动员和政治宣传的意味。苏州大学鲁萍从"科学"与"民族主义"视角，探讨了民国时期中西医的名分之争。贵州师范大学李周峰考察了顾颉刚与中研院史语所的关系。华中师范大学博士生杨金华对郭廷以与"胡适派"学人的关系提出了新解。

在报刊研究方面，武汉大学王萌以《同文沪报》舆论导向变迁的原因分析为例，考察了20世纪初日本外务省对日资报刊舆论的操纵问题。辛亥革命武昌起义纪念馆黄玉霜以《女子世界》的女学观出发，探讨了男性主导构建的"她世界"及特点。中山大学博士生何科围绕联合政府的权力分配问题，探讨了重庆谈判前后国民党、中国共产党、民盟等各自的诉求与舆论宣传及其影响。辛亥革命博物馆杨君君探讨了《信义报》的发展变迁。

另外，华中师范大学博士生崔泽枫以1940年国民政府教育部史地教育委员会的成立，分析了民族危机下政界与学界的融合及其意义。湖南师范大学博士生邓燕探讨了抗战前后历史教育中的英雄人物教学观。郑州大学汪巧红讨论民国时期高校校友对母校的捐赠问题。三峡大学研究生王迪以《矛盾日记》为中心，考察了新中国成立后矛盾的日常生活。湖北大学李灵玢对羊楼洞雷氏宗族族谱叙事展开研究。

本届论坛，青年学者在交流讨论中相互切磋、互通信息、共同进步，既有对传统文献的详细考证以求新知，也有利用国外档案资料等新材料讨论以前存疑的问题；既体现出史学研究的传统特色，也呈现了多学科交叉的时代特点和视角转换所带来的新的观点与认知。与会的华中师范大学严昌洪教授、罗福惠教授、刘伟教授、魏文享教授和武汉大学李少军教授等专家充分肯定了青年学者的学术热情，并及时指出了青年学者的不足与努力的方向。本届论坛规模超过以往，共收到68篇论文，组委会从中评出了7篇优秀论文，并为获奖论文作者颁发了证书及奖金。

（作者简介：段君峰，辛亥革命武昌起义纪念馆）

Table of Contents

Studies on Religious and Social History in Modern China

Providing a Basis for Governance and Legislation: The Government Survey of Christianity in Modern China   *YANG Weihua*

Abstract: In order to deal with the Sino-Foreign negotiations and resolve the conflicts between the Chinese people and the Christians, the Qing Government launched a Christian investigation. In particular, the Nationwide Survey, which began in 1891, continued for many years and had achieved great results. The survey was mainly led by Tsungli Yamen and the Ministry of Foreign Affairs with a strong diplomatic mark. After the establishment of the Republic of China, in order to eliminate the drawbacks of diplomaticization and put Christianity into the category of state governance, the Interior Ministry began to lead the investigation, mainly as part of a general religious investigation. But by 1943, in response to the new situation after the abolition of the unequal treaties, the Nationalist Government launched a special investigation into Christianity for providing a basis for governance and legislation. The surveys in different periods had achieved some results, and laid the foundation for successive governments to understand the truth about the existence of Christianity in China. However, due to effects of various factors such as the weakness of the central authority, the results of the survey were uneven. Central policy had its strengths and limitations in local practice.

Keywords: The Christian Religion; Religious Investigation; Modern China

On the Religious Characteristics of Confucianism   *GUAN Wanwei*

Abstract: In the rich connotation of Confucianism, it is not difficult to find out the factors similar to religion, which not only are religious but have more pure rationalism or humanism attribute. That is one of the main reasons why the religious transformation of the Confucianism failed to achieve more progressive results. Like all religions, Confucianism has a kind of social concern for compassion, but the care of Confucianism stops on this world and does not reach to the other shore. The Confucian pioneers also had a spirit of martyrdom, committing themselves to ascetic practices, but would not sacrifice themselves. Confucianism carries out sacrificial activities, which derived from the secular ancestor worship and are absolutely different from the religious rites of one god worship. Confucianism provides moral persuasion, but has never pointed out a way to the heaven, or to the other shore. Therefore, no matter how much religious perception we can obtain from Confucianism, the power of this perception happens only in the spiritual world, and neither involves the physical body, nor have the universal and taboo power like theocracy.

Keywords: Confucianism; Religion

Studies on University and Society in Modern China

Kuomintang Organization and Party Affairs Activities in the Central Politics School (1929-1937)   *ZHANG Huan*

Abstract: As the major political training institute for professional party cadres of Nationalist Party, the Central Politics School has established an organizational system from district party department, division department to training group. This provided an organizational basis for the Kuomintang to carry out various party affairs. However, the district party department is not the school's decision-making body. In order to fight for the right of training cadres, some factions of the kuomintang fought fiercely. Factional disputes have weakened the ideological formation of students. Party organization and party-oriented education in government and school is a way of exploring the cultivation of Kuomintang cadres. Through the relationship between "party" and "school", it provides a new perspective to re-examine the education of Kuomintang party-oriented.

Keywords: the Central Politics School; Party-oriented Education; Faction Struggle

Chen Xujing and Lingnan University in the Changing Times (1948-1949)
                                                                    GAO Zhijun

Abstract: 1949 is the important year of regime alternation. The changes in universities are particularly evident. Lingnan University is also facing many challenges under the surging tide of regime alternation, which can be described as internal and external constraints. Lingnan University actively responds to the current situation, adjusts in time, and further strengthens itself, showing a different face from the development of universities in the same period. Taking Lingnan University as an example, it can see not only the imprint of the current situation projected on Lingnan University, but also the interaction between Lingnan University and the times. It's the deep imprint of the times and the historical context of the development of universities in the changing times.

Keywords: Lingnan University; Chen Xujing; University President

Studies on Tax of Industry and Commerce in Modern China

Prostitution Tax in Modern China and Its Financial-social Formation

ZHANG Kan, LIU Weiyan

Abstract: In modern China, prostitution tax is a miscellaneous tax imposed on prostitutes. The prostitution tax originated from foreign concessions in China where western colonization implement the public prostitution system. With the spreading of the New deal in the late Qing, local governments began to collect tax on prostitutes in order to make up the shortage of funds for the police, which inspired by foreign concession management. From the Republic of China, the prostitution tax had been integrated into the local financial system, which gradually was institutionalized a kind of local tax.

Keywords: Prostitution Tax; Local Tax; Tax Constitution; Company of Prostitution Tax; Financial-social Formation

Local Debt and Fiscal Credit: Focus on the Debts Consolidation in 1922 Anhui Province

MA Changwei

Abstract: Since modern times, Anhui Province was in financial difficulty and had a serious deficit. In the face of huge military expenditure and heavy debt burden in 1922, Governor Xu Shiying set up a committee, intending to make statistics and sort out the debts of the provincial departments in charge, so as to maintain the debt and credit. During the period of Beiyang government, Anhui province had a high dependence on debt and a low debt repayment rate. The proceeds from the issuance of public debt were not used to repay old debts and failed to give full play to its economic effects. Most of the proceeds were transferred to military expenditure. Due to warlord disputes in 1922, the collection of old debts in Anhui province was just a flash in the pan, only staying in the debt statistics stage, failing to achieve the goal of clearing up old debts and saving finance. Anhui province's unsolved financial problem left a warning for future generation.

Keywords: Anhui Province; Local Government Debt; Debt Consolidation

The Second National Financial Meeting and the Consolidation of Local Tax in 1934

KE Weiming

Abstract: In order to solve the problems left over by the First National Finance Conference and to relieve the rural economy, the Nanjing National Government convened the Second National Financial Conference in May 1934. Under the plan of the Ministry of Finance, representatives of all parties actively participated in the meeting and put forward many proposals on reducing the tax burden and improving the tax system. After heated discussions, the Conference passed a series of resolutions to sort out local taxes, and provided an important reference for the National Government to formulate local tax policies. After the meeting, many tax policies were gradually implemented, especially leading to a campaign to alleviate the additional land tax and abolish the exorbitant taxes and levies, which reduced the tax burden of merchants to a certain extent. However, the original financial system was not changed by the Second National Financial Conference, and could not balance the central and local financial power fundamentally, thus affecting the effect of local tax consolidation.

Keywords: Second National Financial Conference; Local Taxation; Additional Land Tax; Exorbitant Taxes and Levies

Studies on Economy and Society

From "Folk Organization" to "Official Institution": On Yi Tu Structure of Jiangxi Province in Qing Dynasty and The Republic of China   *LI Pingliang*

Abstract: The Taxes and Corvee of system, which has undergone the transformation in Ming and Qing Dynasty, has not only a profound influence on the local administrations and the rural society, also brought about great changes in the way of taxes collecting. Yi Tu structure, as a way of taxes collecting, was popular in Jiangxi and Jiangsu provinces. Its emergence and development, which changed "local organization" to "official institution", reflected the conflict of interests between rural elites and local officials.

Keywords: Tax; Official Institution; Qing Dynasty; Republic of China; Yi Tu

The Livelihoods Dilemma Faced by the Scholars in the Process of Modern Academic Research Professionalization and Coping strategies: Discussion on the Ku Chieh-kang as the Center (1920-1926)   *LI Zhoufeng*

Abstract: How to deal with academic research and livelihoods, in the process of the professionalization of early academic research, Ku Chieh-kang's efforts were very representative. Facing the pressure of livelihood, he tried to maintain the independence of academic research and actively deal with it. On the one hand, he founded a publishing organization by gathering comrades and hoped to achieve economic independence by royalties. On the other hand, he made use of publications to form an academic community and create an atmosphere of academic research in an attempt to create an "academic society". His efforts reflect that modern scholars began to try to establish the value of the knowledge business through the professionalization of academic research.

Keywords: Academic Research; Livelihood; Professionalization; Ku Chieh-kang

Studies on Ideology and Culture

Chinese Translation of International Law and the Articulation of European Political Concepts into "Fanshu" in the Late Qing Period   *LI Dongxu*

Abstract: From the late 19th century, intellectuals of Qing Dynasty not only began to recognize European international relations but also embraced the foreign politics and concepts from the Chinese perspective. They understood the European politics in purview of Fanshu(藩属), a concept to explain the Qing imperial order. This article argues that such recognition emerged from the articulation of European terms such as feudal vassal, protected state, dependent state, and colony into Chinese terms including Shu(属) and Fan(藩) from international law textbooks concerning the European world order. The translation of European concepts followed by the synchronization with Chinese ones brought about the overlapping of acceptations, which resulted in the complication and transformation of the original Chinese concept of Fanshu. The translation of international law textbooks laid the foundation of the one-to-many and many-to-many hypothetical equivalences, which translated different concepts within the European context into a Chinese idea, or one European theory into different concepts in the Chinese context. As a result, these translations affected the Chinese articulation of "Shangguo(上国) - Shuguo(属国)" relationship, which included multiple concepts of protectorate, suzerain-vassal and colonial relations. These terms with new meanings, juxtaposed with its traditional ones, played a pivotal role in the development of Chinese political thought and policies regarding the Fanshu or frontier issues, not only in the late Qing China, but also in the contemporary recognition of Chinese world order and Western international order, as much as the recognition of historical relations between China and its neighboring countries.

Keywords: International Law; Chinese Tribute System; Suzerain-vassal Relations

Distribution and Cooperation: Preparatory Activities of the Chinese Society of History in Wartime (1940-1943)   *YI Long*

Abstract: During the war of resistance against Japan, the Chinese historiography society was put on the agenda again. Almost at the same time, scholars with the Department of History of Sichuan University, the Journal of Literature and History and the Committee of History and Geography Education began to prepare their ideal Chinese History Society. Eventually, the first two efforts failed, and at least the more representative committee on history and geology education, with the help of the government, completed the preparations. However, due to the involvement of various political forces, the Chinese History Society has been cast a shadow that is difficult to dispel from the very beginning.

Keywords: the Chinese Historiography Society; *the Historiography Quarterly*; *the Journal Literature and History*; the Education Committee of Historiography

The China National Amateur Athletic Federation and the Dissemination of Modern Sports Knowledge(1924-1949)　　　　　　　　*CHEN Minghui, LIU Zongling*

Abstract: The China National Amateur Athletic Federation has played an important role in the dissemination of modern sports. It is transmitted mainly through sports books, publications, newspapers and films, through sports tours, sports talk meetings, sports lectures, sports workshops and sports training classes and other groups, through liaising with celebrities from all walks of life, sending sports instructors and others, and through the set of sports groups. Weaving and other branches and other organizations to disseminate modern sports. It not only greatly promoted the wide spread of sports, improved the people's awareness of sports, enhanced the people's ability to participate in sports, and promoted the development of sports scientific research, trained and exercised a large number of sports talents, and promoted the process of modern sports popularization.

Keywords: The China National Amateur Athletic Federation; Sports Knowledge; Mass Communication

Studies on Politics and Military

Li Bingheng's Efforts and His Strategic Mistakes in the Battle of Shandong of the First Sino-Japanese War　　　　　　　　　　　　　*LI Yingquan, LI Hui*

Abstract: The battle of the Shandong peninsula is an important stage in the first Sino-Japanese war, why did the Qing army fail so quickly How did Li Bingheng, the governor of Shandong province, use strategy and tactics in Shandong province Why is the strategic of Japan in Shandong province successful, but Li Bingheng's "detachment defense" strategy is not satisfactory or even ends in failure In his three or four months, Li Bingheng as a governor of Shandong province, this is to be sure that he is brave to take up the historical responsibility of maritime defense and adopt a number of measures to strengthen the coastal defense construction. However, due to ideological conservatism and insufficient military knowledge, he made some major mistakes in the use of military strategic thought. He cannot build a strong guerrilla army, On the defensive of the military, it completely ignores the defense on the east coast of Weihai; The enemy was unable to concentrate the main forces to prevent and destroy the invading enemy on the day of the landing; No effective cooperation with Li Hongzhang. Therefore, the evaluation of Li Bingheng should not be too high.

Keywords: Li Bingheng; the First Sino-Japanese war; the Battle of Shandong; Strategic Mistake

Institutions Prevailed Over People: The Advisory Parliament's Boost To The Petition Movement in The Late Qing Dynasty ZHANG Bo

Abstract: As a quasi-representative body, the Advisory Parliament pushed forward the petition movement in the late Qing Dynasty, which could not be neglected. Before the start of the Advisory Parliament, the congress petition delegates earnestly requested the Department of Supervision to submit the draft of the report on their behalf, but were given a cold shoulder. Then the petition delegates wanted to use Manchurian dignitaries to push the establishment of the Congress, but were either put off or rejected. After the opening of the Advisory Parliament, the petition representatives who became elected members used the Council as the legal stage to express their full will to open up the Congress, and to make the "fast-opening Congress" quickly become an important bill of the Advisory Parliament. The Parliament has made every effort to give full play to its responsibilities as a representative body, on the one hand, to fully deliver to the Qing Dynasty the enthusiastic demands of the community to open up Congress, and on the other hand, to express clearly the will of the Institute to open up the Congress. At the same time, Pu Lun changed his identity with the speaker and began to give full support to Congress to open up quickly. Institutions prevailed over people. Under the full auspices of the Advisory Parliament, the congressional Petition campaign achieved the results of a three-year's contraction.

Keywords: the End of Qing; the Advisory Parliament; the Congress Petition Movement

Cao Kun's Bribery Election and the Choice of Director of Legal System LI Hao

Abstract: Cao Kun's bribery election in 1923 was not only a major event that influenced the direction of the Beijing government of the Republic of China, but also affected the personnel arrangement of the Legal Bureau. President Li Yuanhong, Cabinet Prime Minister Zhang Shaoceng and some members of Parliament jointly boycotted bribery elections for their respective purposes. In this case, Li Yuanhong appointed Congressman Yi Zongkui to serve concurrently as Director of Legal System. After Cao Kun was elected, he used bribery to elect members of Parliament and appointed Jing Yaoyue to prepare for the re-election of Parliament. The House of Representatives, citing the 1923 Constitution, initiated a review of the concurrent appointment of members of Parliament as officials, which led to the resignation of Yi Zongkui. So Cao Kun appointed Sun Runyu, a bribery-elected, to succeed him as Director-General. To grasp the mutual struggle and influence of the presidential government, the State Council, the Congress and other political forces as a whole can show the historical connection between the appointment and removal of personnel and the change of the political situation of the Beijing government in detail and in depth.

Keywords: Cao Kun's Bribery Election; Director of Legal System; Yi Zongkui; Sun Runyu

Study on the Cognition of the Chinese Government and the Public to the Polity of Western Countries in the Mid-late 19th Century *WANG Fucong*

Abstract: Around the opium war, modern intellectuals had made preliminary introductions and high evaluations of the Western parliament, elections, presidents and other systems, but they did not fit the reality yet, still were preliminary level of understanding. During the Westernization Movement, the diplomatic envoys had inspected the Western polity. Government officials proposed the House of Representatives in political practice, they had some research on the advantages and disadvantages of Western polity. They both esteemed and criticized Western polity, and also made an analysis and comparison between the parliamentary regime and the republican regime. The early reform thinkers were the most active in their thinking, the most radical in their speech, the research objects and contents were the most extensive, and they set clear goals for the House of Representatives, their understanding gradually deepened. During the Reform Movement, the reformists proposed to open a constitution and Congress, and made a timely flexible utilization to it, and the recognition had reached the level of absorption and utilization. Throughout this period, the Chinese government and the public's understanding of the polity of western countries reflected the process from the initial understanding level to the deeper understanding level to the absorption and utilization level.

Keywords: Polity; The late Qing; Congress

Reviews

Seminar of the Thesis of City Public Finance and City Tax In the Process of Modernization   ZHANG Li

Summary of the Youth Forum of Modern Chinese History of Public Finance and
Tax   *ZHU Ruiqi*

Summary of the 10th Youth Forum of 1911 Revolution   *DUAN Jufeng*

稿　约

　　《近代史学刊》为近代史学界交流学术成果之公开园地,原由华中师范大学出版社出版,至第11辑始,由社会科学文献出版社出版。由于学界的支持与厚爱,本刊在近代史学界获得了比较好的评价,并成为CSSCI收录集刊,中国知网也已经收录本刊全部论文。2014年起本刊改由社会科学文献出版社出版,并每年增加为两辑。为了进一步提升学刊水准,非常希望得到您的支持和赐稿。

　　本刊倡导"走出中国近代史研究中国近代史",因此,研究对象可以是1840—1949年的"近代中国"历史,也可以是1840年以前及1949年以后与近代中国历史源流有关的内容,以求融会贯通地理解近代中国的"古今之变"。本刊奉行英雄不问出处、佳作不拘形制的开放性编辑方针,专题论文、问题争鸣、学术综述、书介书评、读史札记均所欢迎,字数长可3万,短可数百,选取稿件唯在学术建树,实行匿名审稿,不收取任何费用。

　　本刊注释一律采取脚注形式,每页单独排序,标为①②③……具体规范请登录社会科学文献出版社网站(www. ssap. com. cn),从作者服务模块下载。

　　来稿邮箱:jindaishixuekan@126.com。一经刊用,将寄赠样刊并略致薄酬。

《近代史学刊》编辑部

图书在版编目（CIP）数据

近代史学刊. 第 20 辑 / 马敏主编. -- 北京：社会
科学文献出版社，2018.12
ISBN 978 - 7 - 5201 - 4092 - 8

Ⅰ.①近…　Ⅱ.①马…　Ⅲ.①中国历史 - 近代史 - 研
究 - 丛刊　Ⅳ.①K250.7 - 55

中国版本图书馆 CIP 数据核字（2018）第 288398 号

近代史学刊（第 20 辑）

主　　编 / 马　敏

出 版 人 / 谢寿光
项目统筹 / 宋荣欣
责任编辑 / 李期耀　李蓉蓉

出　　版 / 社会科学文献出版社·历史学分社（010）59367256
　　　　　地址：北京市北三环中路甲 29 号院华龙大厦　邮编：100029
　　　　　网址：www. ssap. com. cn
发　　行 / 市场营销中心（010）59367081　59367083
印　　装 / 三河市龙林印务有限公司

规　　格 / 开本：787mm × 1092mm　1/16
　　　　　印 张：20　字 数：335 千字
版　　次 / 2018 年 12 月第 1 版　2018 年 12 月第 1 次印刷
书　　号 / ISBN 978 - 7 - 5201 - 4092 - 8
定　　价 / 98.00 元

本书如有印装质量问题，请与读者服务中心（010 - 59367028）联系